iPhone- und iPad-
Programmierung für Einsteiger

Ingo Böhme

iPhone- und iPad-
Programmierung für Einsteiger

iOS-Apps entwickeln von Anfang an

Bibliografische Information der Deutschen Nationalbibliothek
Die Deutsche Nationalbibliothek verzeichnet diese Publikation
in der Deutschen Nationalbibliografie; detaillierte bibliografische
Daten sind im Internet über http://dnb.d-nb.de abrufbar.

10 9 8 7 6 5 4 3 2

14 13 12

ISBN 978-3-8272-4713-1

© 2012 by Markt+Technik Verlag,
ein Imprint der Pearson Deutschland GmbH,
Martin-Kollar-Straße 10–12, D-81829 München/Germany
Alle Rechte vorbehalten
Einbandgestaltung: Marco Lindenbeck, webwo GmbH, mlindenbeck@webwo.de
Lektorat: Boris Karnikowski, bkarnikowski@pearson.de
Herstellung: Elisabeth Prümm, epruemm@pearson.de
Korrektorat: Brigitte Hamerski, Willich
Satz: Nadine Krumm, mediaService, Siegen (www.media-service.tv)
Druck und Verarbeitung: Drukarnia Dimograf, Bielsko-Biala
Printed in Poland

Inhaltsverzeichnis

Vorwort

Als die erste Version dieses Buches entstand, war gerade einmal iOS 3.x aktuell. Kurz darauf kam das iPad auf den deutschen Markt, und aus dem gewohnten iPhone OS wurde die neue Bezeichnung iOS – weil es ja nun das gemeinsame Betriebssystem für iPhone, iPad und kurz darauf auch für das Apple TV 2 sein sollte. Und es wird sicher nicht lange dauern, bis auch auf dem Mac iOS Einzug halten wird. Erste Schritte sind mit dem neuen Betriebssystem OS X 10.7 – genannt Lion (Löwe; Apple benennt seine Betriebssysteme nach Raubkatzen) – bereits eingeleitet. An der Nummerierung des Betriebssystems hat sich hingegen nichts geändert. Nach einem kurzen Intermezzo mit der Version 4 stand Mitte 2011 bereits iOS 5.0 auf dem Apple-Zeitplan.

Während das Betriebssystem selbst den Funktionsumfang des iPhones, iPods touch und iPads beschreibt, ist etwas anderes für den Softwareentwickler noch viel wichtiger: die Entwicklungsumgebung, mit der iOS- aber auch MacOS-Anwendungen programmiert werden. Die Version 3 dieser Apple-eigenen Umgebung mit dem Namen Xcode wurde mit der Version 10.5 (Leopard) von Mac OS im Herbst 2007 eingeführt. Erst fast vier Jahre später sollte es die Version 4 geben. Und kurz nach deren speziellem Release gab es dann auch auf der WWDC – der weltweiten Entwicklerkonferenz von Apple – im Frühsommer 2011 die Version 4.2 zu sehen.

Die erste Auflage dieses Buches befasste sich nur und ausschließlich mit der Version 3 von Xcode. In diesem Buch wird es nun größtenteils um die Version 4 gehen. „Warum denn nur ‚größtenteils'?" werden Sie sich fragen. Nun, das ist ganz einfach beantwortet. Zum einen setzt Xcode 4 den Schneeleoparden – MacOS X 10.6 Snow Leopard – als Betriebssystem voraus. Und dieses kann oder will nicht jeder auf seinem System haben. Was das Betriebssystem der iDevices angeht, so ist seit der Version iOS 4.2 der Zug für ältere iPhone- und iPod-touch-Varianten abgefahren. Hier muss man schon ein iPhone 3G oder einen iPod touch der zweiten Generation haben, um an die Vorzüge der neuen Funktionen zu gelangen. Bei der Version 5 reicht auch nicht mehr die zweite Generation des iPod touch, sondern es sollte schon eines der darauf folgenden Modelle sein. Aus diesem Grunde werde ich in diesem Buch auch auf die älteren Betriebs- bzw. Entwicklungssysteme eingehen. Zum einen ist dies ein Einsteigerbuch. Und die Neuerungen, die in den aktuellen iOS-Versionen Einzug halten, haben nicht unbedingt etwas mit dem Verständnis der iPhone-Programmierung oder der Entwicklungsumgebung zu tun. Lediglich im letzten Kapitel, sozusagen bei den Tipps und Tricks, zeige ich Ihnen an einfachen Beispielen, wie Sie auch hier die eine oder andere der neuen Funktionen nutzen können.

Bei Xcode hat sich viel geändert. Vor allem, weil in der Version 3 noch die Programmier-umgebung und die grafische Umgebung, in der die iOS-Oberfläche der iPhone App gestal-tet wurde, aus zwei verschiedenen Programmen bestand. Letzteres wurde nämlich im soge-nannten Interface Builder durchgeführt und über recht komplizierte Mechanismen mit dem Code verbunden. Seit der Version 4.0 von Xcode befindet sich nun die gesamte Entwick-lungsumgebung unter einer Oberfläche. Das vermeidet das ständige Hin- und Herschalten zwischen unterschiedlichen Anwendungen. Zudem ist das Konzept durchgängiger gewor-den, und vor allem die Möglichkeit, die selbst entwickelten Anwendungen schnell auf einem echten iPhone testen zu können, wurde erheblich vereinfacht. Diese zweite Auflage wird also primär der Version 4 von Xcode gelten. Ich bemühe mich aber so gut ich kann die Nutzer der Version 3 auf eventuelle gravierende Unterschiede aufmerksam zu machen. Ich werde in einem Bereich meiner Homepage *www.IBMobile.de* ein Forum einrichten, in dem Sie mit mir oder untereinander eventuelle Probleme oder auch die Lücken bereden können, die die-ses Buch sicher hinterlässt. Da ich oft mit den Mail-Antworten nicht nachkomme – ja, ich muss zuweilen auch noch andere Dinge tun ;-) – möchte ich Sie bitten, Fragen in diesem Forum zu stellen. Ich werde mein Möglichstes tun, um sie dort für alle zu beantworten.

München, im Dezember 2011

Vorwort zur ersten Auflage, Mai 2010

Wo man hinsieht – überall nur iPhones, iPod touchs und seit April nun zunehmend auch iPads. Ob es nur daran liegt, dass die mobilen Begleiter so stylish und damit auffällig sind? Oder ob es tatsächlich der Fall ist, dass die Apple-Produkte nicht nur subjektiv, sondern auch objektiv immer mehr in der Öffentlichkeit auftauchen, sei einmal dahingestellt. Tatsache ist, dass die Zahlen für sich sprechen. Laut der inoffiziellen Seite *www.iphonemeter.com* waren es im Februar 2010 weit über 800.000 verkaufte iPhones allein in Deutschland. Weltweit knapp 33 Millionen. Natürlich zusammengerechnet vom allerersten Modell bis heute. Und alle paar Sekunden kommt eines hinzu. Und legt man das Verkaufsverhältnis 17:13 zwischen iPhone und iPod touch zu Grunde, wie es Greg Joswiak von Apple Anfang 2009 berichtet hat, kommen weltweit noch mal knapp 25 Millionen Geräte hinzu.

Allein das iPhone hat sich hierzulande fast 1 Million Mal verkauft.

Und allen Geräten ist eines gemein: Die Software, die zusätzlich gekauft wird, gelangt über den App Store auf die Systeme. Das ist einzigartig, weil niemand anders sich traut, derart restriktiv zu sein, wie Apple. Und der Markt macht es mit. Es hat Vorteile, sowohl für den Verbraucher als auch für den Entwickler. Der Entwickler braucht sich bei der Vermarktung keine großen Gedanken mehr zu machen. Alle Kunden und potenziellen Kunden gelangen über den App Store an die Software, die sie brauchen. Wer früher für den Palm Organizer oder den Pocket PC entwickelt hat, musste seine Applikationen in vielen verschiedenen Online-Stores aktualisieren. Ein iPhone-Entwickler hingegen braucht lediglich an einer einzigen Stelle Neuentwicklungen vorzustellen: dem App Store. Und der Verbraucher bekommt alles, was es tatsächlich für das iPhone gibt, an einer Stelle gebündelt. Die langwierige Recherche andernorts, ob es nicht doch etwas gibt, was die Bedürfnisse noch besser erfüllt, entfällt.

Wenn Sie also fürs iPhone entwickeln, stehen Ihnen schon hierzulande weit über eine Million potenzieller Anwender gegenüber. Und wenn Sie die richtige Idee haben, die vielleicht nicht nur für den heimischen Markt von Interesse ist, zeigt sich, dass es nie so leicht war, wie seit dem App Store, auf internationalem Parkett Erfolg zu haben und ein Vielfaches des Umsatzes zu generieren.

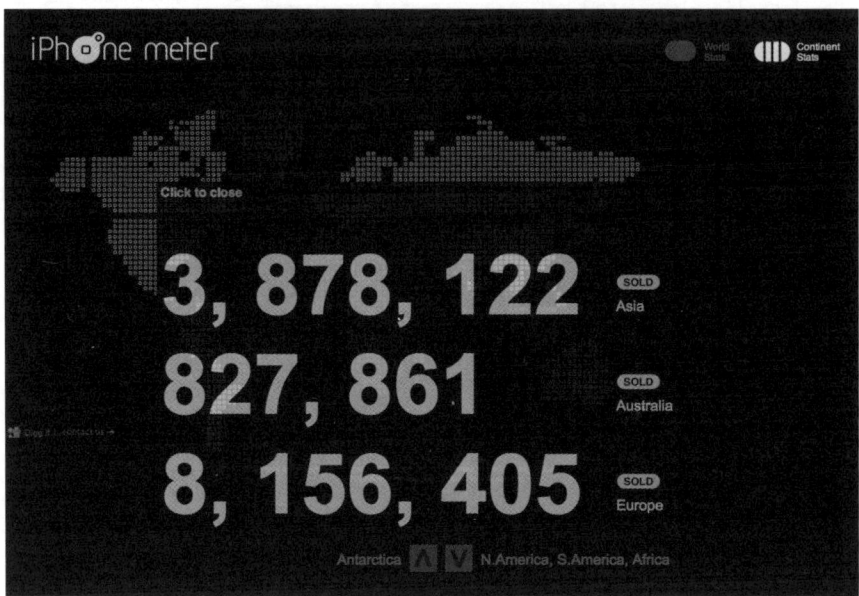

Europa und Nordamerika besitzen die größte iPhone-Dichte auf der Welt.

Windows-Entwickler aufgepasst!

Wer iPhone-, iPod- oder iPad-Software entwickeln möchte, benötigt einen Mac mit OS X. Die Entwicklungsumgebung – Xcode IDE genannt – gibt es kostenlos im iPhone Developer Center bei Apple.

Wer jedoch aus der klassischen Programmierung unter Windows kommt und nicht mit Xcode am Mac begonnen hat, stößt hier bereits auf die ersten Probleme. Denn die Entwicklung von Xcode-Applikationen – egal ob für die portablen Geräte wie iPhone, iPod touch oder iPad sowie für OS X selbst – unterscheidet sich grundlegend von allem, was unter Windows an Entwicklungsumgebungen bekannt ist. Egal ob Microsofts VisualBasic, Borlands Delphi oder beliebige andere Entwicklungsumgebungen: Alle ähneln sich im grundlegenden Umgang fast wie ein Ei dem anderen.

Xcode ist anders. Nicht nur, dass die zugrunde liegende Sprache Objective-C nahezu nur den Namen mit der Hochsprache C gemein hat. Lediglich Variablendeklarationen und einfache iterative Anweisungen, wie Schleifen, Verzweigungen oder Wertzuweisungen entsprechen der C-Syntax, wie die Entwickler von C – Kernighan und Ritchie – es in den siebziger Jahren des vergangenen Jahrhunderts festgelegt haben. Doch der Ablauf einer Anwendung ist völlig unterschiedlich, verglichen mit den Ereignis-Methoden-Ansätzen, die es in allen Windows-Entwicklungssystemen gibt. Dies kommt, weil der Ansatz der Sprache Objective-C sich eher aus der Sprache Smalltalk denn aus C und dem daraus entstandenen objektorientierten Varianten, wie C++, entwickelt hat. Während also Pascal, Basic und C unter Windows aus der prozeduralen Programmierung stammen und sich das Deckmäntelchen der Objektorientiertheit erst im Laufe der Zeit übergestülpt haben, kommt Objective-C aus dem rein objektorientierten Bereich und nutzt eben zuweilen auch solch dröge Techniken wie Variablen oder Verzweigungen. Weil man halt trotz aller Objekte und Methoden manchmal nicht drum herum kommt.

Auch ich stamme – ursprünglich – aus der Windows-Welt. Und programmiere dort seit knapp drei Dekaden. Es hat mich eine sehr, sehr lange Zeit gekostet, bis ich angefangen habe, den Sinn dieser sehr verwobenen und im ersten Moment schrecklich verwirrend und kryptisch erscheinenden Art, mit Xcode zu entwickeln, zu verstehen.

Mittlerweile – nachdem ich viele Vorurteile über Bord geworfen habe – empfinde ich diese Art, zu kodieren, als sehr effektiv. So möchte ich versuchen, all jene, die noch nie Kontakt mit Xcode und Objective-C hatten, durch diese ersten, sehr felsigen Untiefen zu lotsen. Ich werde versuchen, so viele Zusammenhänge wie möglich aus dem Verständnis anderer Programmiersprachen heraus zu erklären. Und ich hoffe, dass Sie nach den ersten Kapiteln des Buches bereits gesehen haben, dass Objective-C und Xcode Ihnen Werkzeuge an die Hand geben, um effiziente Programme schnell zu entwickeln.

Wie ist dieses Buch aufgebaut?

Sie suchen eine Referenz? Sie wollen die gesamte iOS-SDK-Bibliothek erklärt haben? Legen Sie dieses Buch weg! Das ist nicht meine Intention! Dafür gibt es genug Literatur. Auch hier von Markt & Technik oder Addison-Wesley. Nicht zuletzt gibt es dazu die Dokumentation von Apple selbst. Denn Xcode umfasst eine ganz hervorragende, wenn auch zu Anfang etwas verwirrende Beschreibung sämtlicher Bibliotheken (Frameworks), die das iOS SDK zu bieten hat. Und wenn Sie – das wird im dritten Kapitel der Fall sein – das Prinzip von Xcode bzw. das Prinzip des iOS SDK begriffen haben, dann können Sie all diese Informationen (immer vorausgesetzt, Sie sind der englischen Sprache mächtig) aus der Originaldokumentation von Apple samt unglaublich ausführlicher und hilfreicher Beispiele entnehmen.Sie wissen nun also, was dieses Buch nicht ist. Ich möchte Ihnen aber sagen, was es ist! Bereits Anfang der Neunzigerjahre des letzten Jahrtausends – damals war es unglaublich in, jedermann in Richtung IT umzuschulen, und das Arbeitsamt hat dies auch fast ohne Nachfrage immer bewilligt – habe ich am *Control Data Institut* als Dozent unterrichtet und völligen IT-Frischlingen den Einstieg in die Programmierung und meine Begeisterung dafür nähergebracht. Ich habe aus dieser Zeit einige didaktische Erfahrung mitgenommen, die ich auch in den letzten Jahren immer wieder beim Unterrichten – etwa an der Akademie der bayerischen Presse in München – auffrischen durfte. Und so wähle ich hier einen rein didaktischen Ansatz für das Buch. Ich möchte Ihnen auf den Weg helfen, sich im Xcode, in der visuellen Entwicklungsumgebung Interface Builder und in allem, was iPad-, iPhone- und iPod touch-Programmierung angeht, zurechtzufinden. Ich möchte das nicht schematisch machen. Ich werde nicht den Interface Builder in jeder seiner Varianten und Möglichkeiten beschreiben. Stattdessen gehe ich von dem Wunsch aus, ein gewisses Problem zu lösen. Und ich zeige Ihnen, wie Sie sich selbst helfen, wenn kein Buch, kein versierter Freund oder auch kein Dozent in der Nähe ist, die Ihnen helfen können.

Hilf mir, es selbst zu tun. Meinen Kindern habe ich beigebracht, auf zwei Füßen zu gehen. Das Laufen, als einfache Erweiterung dieser Fähigkeit, haben sie mit der Zeit selbst gelernt. Und glauben Sie mir: Am Ende dieses Buches, wenn Sie es wirklich von Anfang bis Ende gelesen haben, denn die einzelnen Kapitel bauen aufeinander auf und verwenden teilweise das Wissen aus den vorherigen Abschnitten, werden Sie laufen. Schnell laufen! Und Sie werden in wirklich unglaublich kurzer Zeit eine iPhone-Applikation schreiben, die – Ihre eigene Kreativität vorausgesetzt – auch sicher von vielen im App Store heruntergeladen wird.

Ich hoffe, dass mein nicht unbedingt konventioneller Weg und meine zuweilen recht flapsige Sprache auch für Sie geeignet sind. Aber ich lerne gerne! Von daher: Wann immer Sie eine Anmerkung haben, wann immer ich etwas voraussetze, was ich eigentlich nicht hätte voraussetzen dürfen: Schreiben Sie mir (*iBook@puco.de*)! Ich versuche, auf jede E-Mail zu antworten. Je nachdem, in welchem Projekt ich gerade stecke, oder ob sich mal wieder ein Verlag traut, einen so alten Knochen wie mich fest anzustellen ;-), kann es allerdings etwas dauern.

Und nun wünsche ich Ihnen genauso viel Spaß beim Lesen meines Buches, wie es mir gemacht hat, es zu schreiben.

P.S.
Registrieren Sie sich unter *www.IBMobile.de*, und ich halte Sie über Errata und neue Auflagen auf dem Laufenden.

Kapitel 1

Von der Idee zur App Store-App

In diesem Kapitel erfahren Sie, welche Systemvoraussetzungen Sie benötigen, um Applikationen für das iPhone, den iPod touch oder das iPad zu entwickeln. Danach folgt ein kleiner Rundgang durch die Entwicklungsplattform des iOS SDK und die verschiedenen sinnvollen Tools, um Spreu vom Weizen zu trennen.

1.1   Hard- und Software, die man braucht

Als Hardware benötigen Sie definitiv einen Mac. Die Entwicklungsumgebung Xcode läuft nur und ausschließlich unter Mac OS X. Zudem benötigen Sie einen der Macs der neueren Generation, also jene mit Intel-Prozessor. Darunter fallen alle aktuellen iMacs, MacBooks, Mac minis sowie alle Mac Pros. Wichtig ist, dass als Betriebssystem mindestens die Version Mac OS X 10.5 (Leopard) verwendet wird. Für Xcode 4 wird sogar mindestens die Version ab Mac OS X 10.6 (Snow Leopard) zur iOS-Entwicklung vorausgesetzt. Das ist jedoch kein Problem, weil zum einen die Betriebssysteme von Apple im Vergleich zu Windows recht kostengünstig sind. Zum anderen braucht man bei Apple nicht unbedingt einen stärkeren Rechner, wenn man die neueste Version des Betriebssystems einspielt. Im Gegenteil: Die meisten Anwendungen laufen unter Snow Leopard schneller als auf demselben System mit Leopard.

Wenn Sie von Windows kommen, wollen Sie wahrscheinlich nicht komplett zu OS X wechseln, sondern lediglich Anwendungen für iOS auf dem Mac entwickeln. Ich will Sie an dieser Stelle auch gar nicht vom Mac überzeugen. Das werden die Vorteile des Systems innerhalb kürzester Zeit von selbst erledigen. Mich jedenfalls hat die anfangs erzwungene Arbeit am Mac schon nach zwei Wochen bewogen, mir privat ein MacBook zuzulegen. Und mittlerweile stehen meine Windows-Notebooks in der Ecke, und der gelegentliche Exkurs zum Microsoft-Betriebssystem erfolgt an meinem iMac über die Virtualisierung *Parallels*, die stabiler läuft als je ein „echter" Windows-PC zuvor.

In jedem Fall reicht für die iOS-Entwicklung ein Mac mini völlig aus. Selbst ein gebrauchter, den Sie bereits für unter 400 Euro bei eBay ersteigern können. Achten Sie auch hier darauf, dass es sich um einen mit Intel-Prozessor handelt. Die Vorgängermodelle heißen G4 oder G5 und sind für die Xcode-Programmierung nicht geeignet.

Da im Mac mini ebenso wie in allen anderen aktuellen Modellen bereits sämtliche Netz-werk-Schnittstellen von Ethernet über Bluetooth bis hin zu WLAN – in der Apple-Sprache WiFi genannt – enthalten sind, brauchen Sie keinerlei weitere Kosten zu befürchten. Es ist alles schon an Bord, um mit der Programmierung zu beginnen. Selbst Xcode ist bereits auf der OS X-Betriebssystem-DVD enthalten. Allerdings ohne das iOS SDK. Das müssen Sie herunterladen und damit einhergehend die AGBs von Apple akzeptieren.

| Mac Pro | Mac mini | iMac | MacBook |

Abbildung 1.1: Sämtliche aktuellen Modelle der Mac-Hardware sind für die iOS-Entwicklung bestens geeignet.

1.2   Der kostenlose Entwickler-Account

Die Entwicklungsplattform für das iPhone, das sogenannte iOS SDK, erhalten Sie absolut kostenlos bei Apple. Die einzige Voraussetzung dafür ist, dass Sie sich online registrieren. Dann stehen Ihnen einerseits das *Software Development Kit* – an all jene, die von Windows kommen und unter dem Begriff *SDK* nur eine Sammlung von Bibliotheken verstehen – sowie die gesamte Entwicklungsumgebung samt aller Bibliotheken (im Apple Jargon *Frameworks* genannt) sowie zahlreicher Tools zur Verfügung, mit denen die Software getestet, überprüft und auf die unterschiedlichste Art und Weise erweitert werden kann. Öffnen Sie im Browser die Seite *http://developer.apple.com/programs/register*.

Dort können Sie sich kostenlos als Entwickler registrieren lassen. Klicken Sie dazu auf GET STARTED.

Abbildung 1.2: Die kostenlose Registrierung ist Voraussetzung für den Download des iOS SDK.

Als Erstes geben Sie – falls vorhanden – Ihre Apple ID an. Dies ist die Kennung, die Sie wahlweise bei iTunes, im Apple Online Store oder bei MobileMe nutzen. Haben Sie noch keines von den dreien, können Sie über CREATE AN APPLE ID auf der Folgeseite direkt eine ID anlegen. Sie erhalten abschließend per E-Mail einen Verifizierungscode, den Sie per Klick auf den Link bestätigen. Alternativ können Sie auch den übermittelten Code in das Formular im Webbrowser eintragen und abschicken. Schon haben Sie Zugang zu allen Entwicklerressourcen von Apple.

Gehen Sie dann auf *http://developer.apple.com/iphone*, und klicken Sie oben rechts auf LOG IN. Geben Sie im Anmeldebildschirm die gewählte Apple ID sowie Ihr Passwort ein. Und schon sind Sie auf der Seite mit allen Ressourcen für die iPhone-Entwicklung. War das nicht simpel und schnell?

Hinweis

Sie erhalten mit dem iOS SDK neben der Entwicklungsumgebung auch noch einen iPhone- und iPad-Simulator. Hier laufen alle Programme genauso wie auf dem richtigen Gerät. Um Ihr Programm allerdings tatsächlich auf einem echten iPhone, einem echten iPod touch oder einem echten iPad laufen zu lassen, müssen Sie am *iOS Developer Program* teilnehmen. Dies ist auch die Voraussetzung, um iPhone Apps in den App Store zu bekommen. Diese Zertifizierung, die auch zum Schutz der Anwender vor mangelhafter Software und der iDevices vor Instabilität dient, kostet jedes Jahr 99 US$ oder umgerechnet 79 €. Sollten Sie im Rahmen des Buches Apps auf Ihrem richtigen iPhone ausprobieren wollen, sollten Sie bereits jetzt die Mitgliedschaft beantragen. In meinem Fall hat es zehn Tage gedauert, bis ich den Status eines DevPro-Entwicklers hatte. Sie gelangen über JOIN THE IOS DEVELOPER PROGRAM in die selbsterklärende Registrierung. Nach der Registrierung, für die Sie eine Kreditkarten-Nummer zur Abrechnung benötigen, sind Sie noch nicht sofort beim Developer Program angemeldet. Das bedarf noch einer Prüfung bei Apple. Gegebenenfalls werden Sie sogar aufgefordert, zusätzliche Angaben zu machen und diese per Fax an die Registrierungsstelle zu schicken. Das war zumindest bei mir der Fall.

1.3   Das iOS SDK laden und installieren

Wenn Sie sich über *http://developer.apple.com/iphone* eingeloggt haben, stehen Ihnen zahlreiche Ressourcen zum Download zur Verfügung. Darüber hinaus sehen Sie auf der rechten Seite Informationen, die für iPhone-, iPad- und iPod touch-Programmierer interessant und wichtig sind. Dieser Content ändert sich ständig, und es macht Sinn, von Zeit zu Zeit einmal zu recherchieren, ob es etwas Neues gibt. Im unteren Bereich sehen Sie alle Varianten, in denen das SDK zur Verfügung steht.

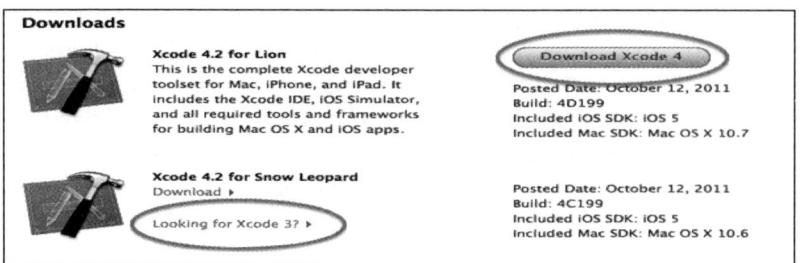

Abbildung 1.3: Auf der Download-Seite wählen Sie die passende Xcode-Variante für den Download.

Derzeit wird Xcode für Leopard (Xcode 3) und Snow Leopard sowie Lion (Xcode 4) ange-boten. Und nun sollten Sie sich etwas Zeit nehmen. Denn das SDK hat eine Größe von knapp 4 GByte. Auch bei guten Leitungen und einem schnellen Internet-Zugang sind Sie – genauer gesagt Ihr Mac – hier über eine Stunde beschäftigt. Der Download startet – und das ist für Windows-User ungewohnt – direkt nach dem Klick. Das Ergebnis liegt im Ordner *Downloads*, der sich direkt unter Ihrem Benutzerordner befindet. Es handelt sich um ein DMG, ein Disk Image, also unter OS X so etwas wie ein virtuelles Laufwerk, das Sie mit einem Doppelklick *mounten*. Öffnen Sie im Disk-Image-Fenster das Paketsymbol, und markieren Sie bei der Installation alle Optionen. Dann sind Sie auf der sicheren Seite und können für jede Betriebssystemvariante entwickeln. Sollten Sie irgendwann einmal Platz schaffen wollen, kennen Sie sich auch schon besser aus und wissen, was Sie brauchen und was nicht.

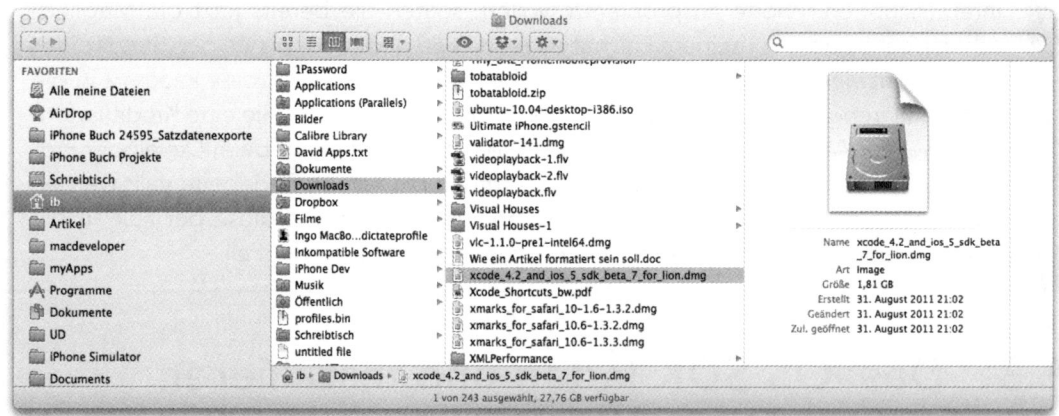

Abbildung 1.4: Das geladene iOS SDK finden Sie im Download-Ordner des Benutzers.

1.4 Bestandteile des iOS SDK

Während ein SDK für Windows-Programmierer normalerweise lediglich eine Sammlung an Bibliotheken ist, die in Delphi, C++ oder Java eingebunden wird, handelt es sich beim iOS SDK neben den Bibliotheken – *Frameworks* genannt – um eine komplette visuelle Entwicklungsumgebung sowie zahlreiche Tools für alle Belange des Programmierers. Ich möchte Ihnen im Folgenden einen kurzen Eindruck von den verschiedenen wichtigen Werkzeugen vermitteln. Einige lasse ich außen vor, weil sie nur für die OS X-Entwicklung gedacht sind. Bei einigen – etwa *Quartz* – mache ich hier eine Ausnahme, da sie sicher bald auch auf iOS verfügbar sind. Ich werde dann im Laufe des Buches auf die meisten dieser Tools konkreter eingehen, aber eben erst dann, wenn es auch in der Praxis wirklich Sinn macht.

Die Entwicklungsumgebung des iOS SDK und die dazugehörigen Programme finden Sie nicht – wie andere Software – im Ordner */Applications* oder */Programme*, wie es alternativ in der deutschsprachigen Variante von OS X heißt. Stattdessen gibt es direkt auf der Festplatte das Verzeichnis */Developer*, in dem sich sämtliche Daten des SDK befinden. Direkt unterhalb von */Developer* liegt der Ordner *Applications*. In ihm finden Sie alle Programme des SDK.

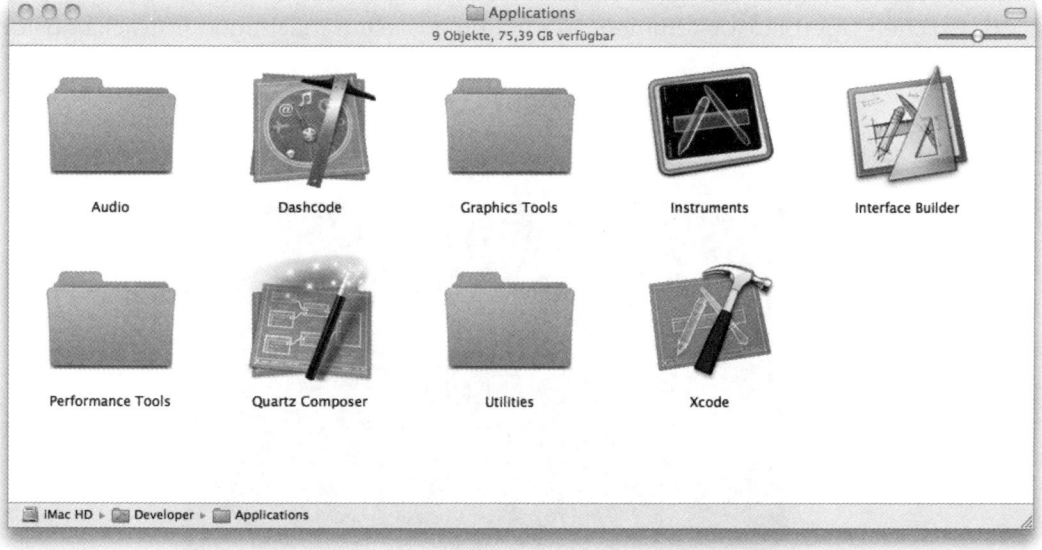

Abbildung 1.5: Im Ordner Applications des Verzeichnisses /Developer finden Sie alle Tools, die zum iOS SDK gehören.

1.4.1 Xcode

Xcode ist das Herz der gesamten Entwicklung. Dies ist eine code-orientierte Programmier-umgebung, in der Sie sich in 90 % der Zeit befinden werden. Xcode selbst ist eine Kombi-nation aus Projektverwaltung, visuellem Gestaltungstool (dem sogenannten *Interface Buil-der*), Editor und Compiler. Die Projektverwaltung beinhaltet sämtliche Ressourcen, die zu einem Projekt gehören, also Quellcode-Dateien, verwendete Bibliotheken, im Interface Builder gestaltete Formulare, aber auch multimediale Dateien, wie Videos, Audioclips oder Bilder. Der Editor von Xcode ist sehr praxisorientiert. Er beherrscht das Syntax-High-lighting, also die farbliche Hervorhebung gewisser Syntaxelemente, wie auch die Code-Vervollständigung. Letztere ist besonders deshalb hervorzuheben, weil die Bibliotheken des iOS SDK unglaublich umfangreich sind. Niemand wird ernsthaft behaupten, er kenne alle Elemente auswendig. Mithilfe der Code-Vervollständigung brauchen Sie lediglich das Prinzip der Bibliotheken verstanden zu haben. Sobald Sie anfangen zu tippen, wird Ihnen die wahrscheinlichste Methode und anschließend alle benötigten Parameter und deren Datentyp vorgeschlagen. Und zu guter Letzt kapselt Xcode den *gcc*-Compiler und startet auf Wunsch das aktuelle Projekt – mit oder ohne Debugger – automatisch im Simulator oder auf der konkreten iHardware selbst.

Schon im nächsten Kapitel werden Sie in die Xcode-Programmierung einsteigen und einen grundsätzlichen Überblick bekommen, wie man mit diesem mächtigen Entwicklungstool umgeht.

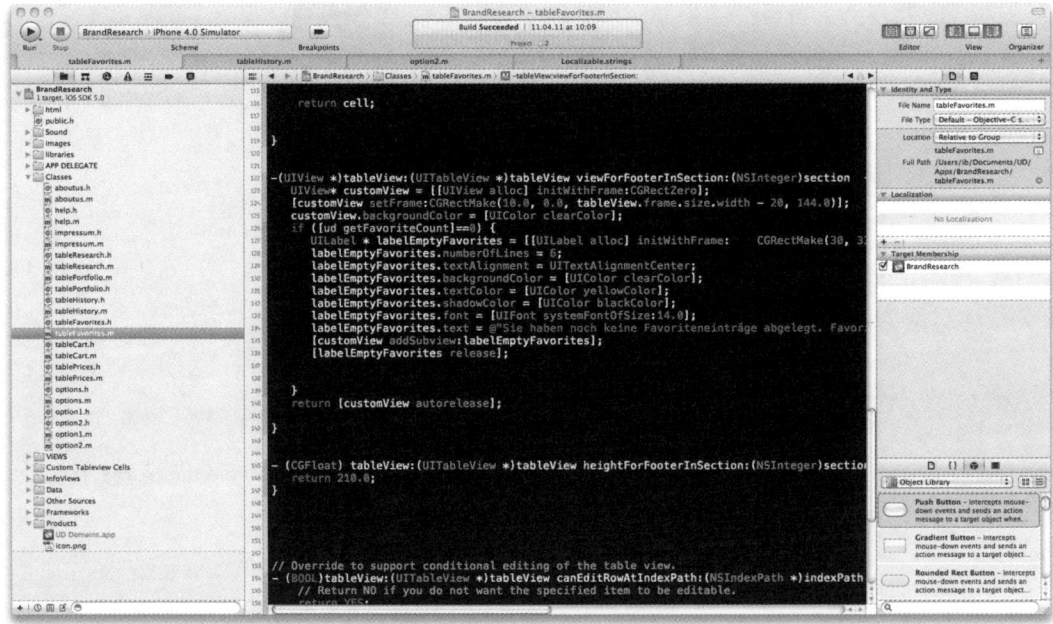

Abbildung 1.6: Xcode ist der Projektmanager und extrem ausgereifte Code-Editor Ihrer iPhone-Projekte.

1.4.2 Interface Builder

Der *Interface Builder* – bis zur Version 3 von Xcode war er ein eigenständiges Programm – ist mittlerweile Teil der Entwicklungsumgebung. Er ist der visuelle Baukasten für die Entwicklung. Im Interface Builder werden die Formulare, Fenster – oder wie immer Sie die Schablonen nennen wollen – gestaltet. Das bedeutet, dass Sie hier das komplette Layout Ihrer Applikation, die einzelnen Fensteransichten (in der Apple-Sprache *View* genannt) durch Drag&Drop gestalten. Dazu steht dem Programmierer in der sogenannten *Library*, also der Bibliothek der Steuerelemente, ein Set mit allen Controls, vom Label über die Schaltfläche bis hin zum Datums-Auswahlfeld, zur Verfügung. Diese ziehen Sie einfach aus der Bibliothek auf das Formular und richten sie aneinander aus. Und auch hier hat der Interface Builder etwas, was man ansonsten kaum von einer Entwicklungsumgebung kennt oder auch nur vermuten würde: Alle Objekte können an magnetischen Hilfslinien ausgerichtet werden. Zudem wird immer angezeigt, wenn ein Element an eine besondere Stelle besonders gut passt. So hat auch der ansonsten ästhetisch nur mäßig begabte Entwickler die Möglichkeit, zumindest eine zueinander ästhetische Aufteilung seiner Oberfläche hinzubekommen. Die einzelnen Objekte lassen sich dann im *Attributes Inspector* in Form, Farbe und Verhalten anpassen.

Aber das Gestalten der Oberfläche an sich ist nicht alles, was der Interface Builder kann. Darüber hinaus ist er die Schnittstelle zwischen dem Code in Xcode und den einzelnen Steuerelementen. Über einfaches Drag&Drop werden die Ereignisse der Steuerelemente mit den dazu passenden Code-Fragmenten in den dazu gehörenden Quellcode-Modulen verbunden. Und über einen Tastendruck wird auch gleich kompiliert und der Simulator gestartet.

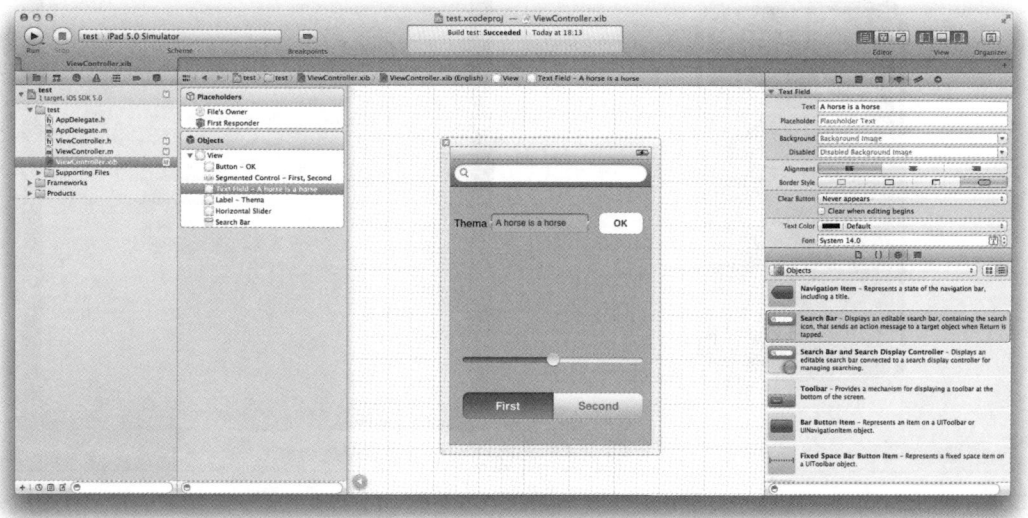

Abbildung 1.7: Mit dem Interface Builder werden Formulare visuell gestaltet und die Eigenschaften der einzelnen Steuerelemente vorbelegt.

1.4.3 iPhone und iPad Simulator

Der Simulator ist ein Tool, das direkt mit *Xcode* gekoppelt ist und auf dem Mac ein iPhone, einen iPod touch oder auch ein iPad simuliert. Er funktioniert vom Prinzip her genauso wie ein echtes iPhone respektive ein echter iPod touch oder ein echtes iPad. Der Vorteil liegt auf der Hand. Zum einen reagieren die entwickelten Apps genauso wie auf einem konkreten iPhone. Zum anderen lassen sich Anwendungen schnell in verschiedenen Szenarien testen, also beispielsweise indem man den Hauptspeicher des Emulators virtuell füllt. Die meisten Aktionen, wie das Drehen oder Schütteln des Geräts, können Sie am Simulator auch ausführen. Und auch den Netzwerkzugriff und andere Funktionalitäten bildet der Simulator nach, sodass Sie auch da kein echtes iPhone benötigen.

Solange Sie nicht am *iOS Developer Program* teilnehmen, können Sie Ihre Apps nur auf dem Simulator laufen lassen. Denn für das echte Gerät brauchen Sie eine Signatur. Und die bekommen Sie nur von Apple. Okay, das ist nicht ganz richtig. Denn wenn Ihr iPhone „gejailbreakt" ist, also wenn Apples Schutzmechanismus gegen nicht autorisierte Software außer Kraft gesetzt wurde (suchen Sie mal nach Begriffen wie *GeoHot* oder *blackra1n*), kann die Software auch ohne Apple-Code aufs iPhone gelangen. Aber das widerspricht nun mal den Apple-AGBs *zwinker*.

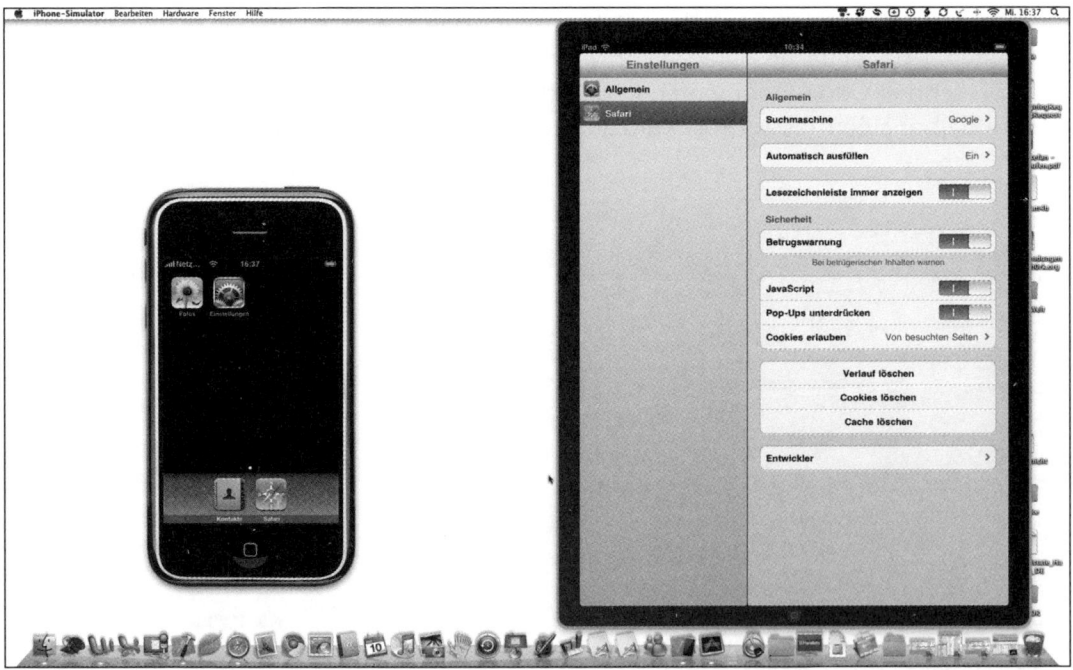

Abbildung 1.8: iPhone und iPad Simulator starten direkt auf dem Mac und sind funktional der echten Hardware nahezu ebenbürtig.

1.4.4 Instruments

Wenn ein Mensch im OP liegt, wird er an Instrumente angeschlossen. Ihr Auto in der Werkstatt ... wird an ein Testinstrument angeschlossen. Und genauso geht es Ihrer mit Xcode entwickelten Software, bevor Sie sie auf die Menschheit loslassen: Sie verbinden sie mit *Instruments* und schauen, ob alles glatt und nach Ihren Wünschen läuft.

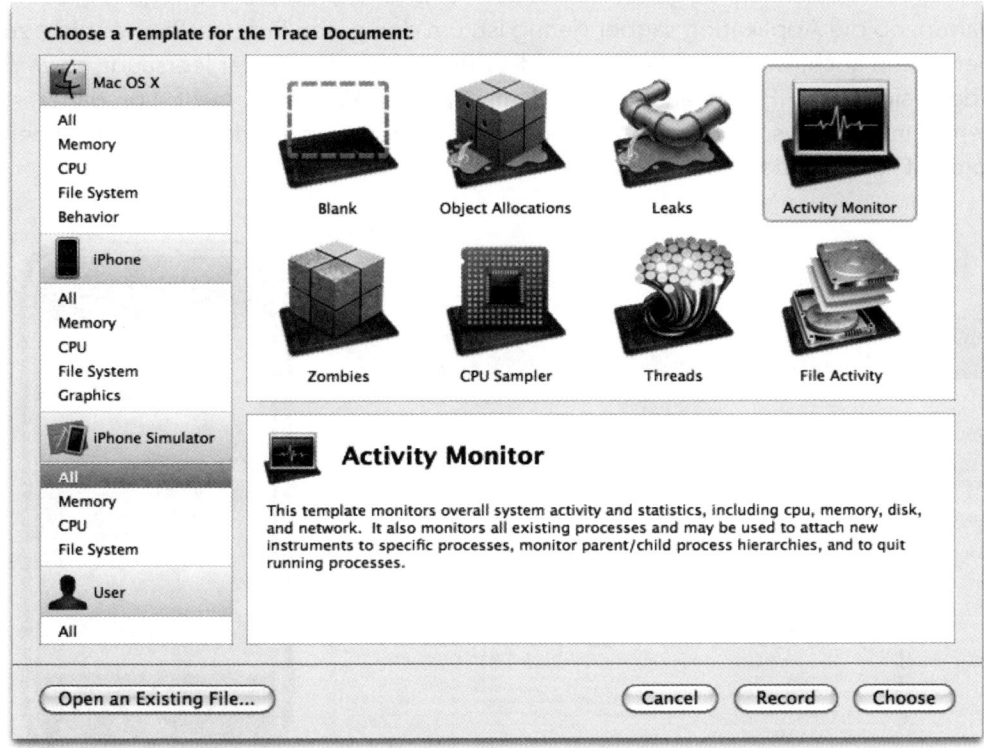

Abbildung 1.9: Instruments überprüft virtuelle Geräte wie den iPhone Simulator oder auch echte, über iTunes angeschlossene iPods, iPads oder iPhones.

Beim Start legen Sie dabei fest, was Sie überprüfen wollen, also etwa ein über iTunes angeschlossenes iPhone oder den Simulator auf dem Mac-Desktop. Dann wählen Sie noch den Blickwinkel, also etwa die Hauptspeicher-Nutzung oder den Prozessorzeit-Verbrauch. Und schon geht's los. Sie testen, und Instruments beobachtet dabei die Innereien Ihres iPhones.

Das ist insbesondere deshalb wichtig, weil Ihre Applikation beim Einreichen in den App Store von den Prüfern ebenso getestet wird. Bemerken diese, dass Ihre App sich als Speicherschwein verhält oder sonstige Ressourcen verschleudert, wird sie einfach abgelehnt. Auch das ist keine böse Absicht, sondern soll die Nutzer schützen. Denn ein zu großer Verbrauch an Ressourcen bedeutet gleichzeitig, dass die Rechenleistung permanent gefordert ist. Das wiederum kostet das Kostbarste, was mobile Geräte wie die iDevices aufzuweisen haben: Akku-Laufzeit. Es geht also bei den Tests für den App Store in ganz großem Maße darum, ob die Applikation sauber genug ist, um den guten Ruf des iPhones nicht zu schädigen. Denn auch, wenn es Ihre App ist, die die iPhones der Nutzer leersaugt, so wird offiziell doch sicher das iPhone an sich und damit Apple in Verruf gebracht. Von daher ist Instruments ein wichtiges Tool, damit Sie den rigiden Prüfprozess vor der Aufnahme in den App Store auf Anhieb überstehen.

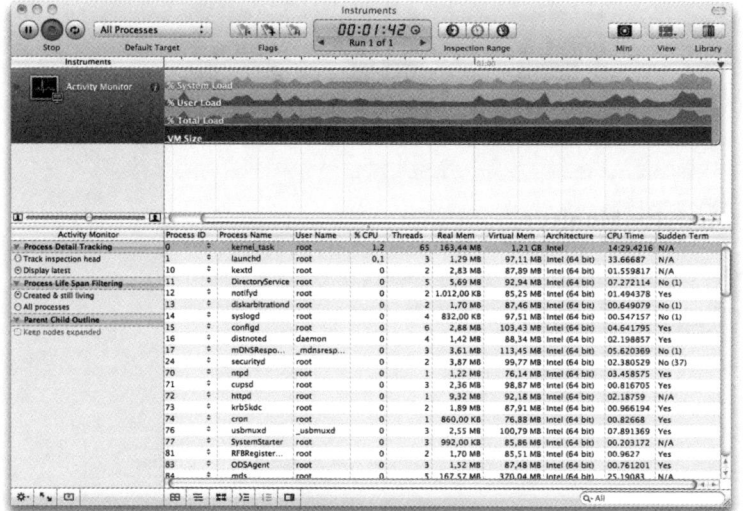 

Abbildung 1.10: Mit dem iPhone Simulator verbunden, protokolliert Instruments den Hauptspeicherverbrauch, während Sie die App testen.

1.4.5 Icon Composer

Jede Applikation braucht zumindest ein Symbolbild, mit dem sie in der Übersicht erscheint. Unter OS X braucht eine Anwendung noch mehr Varianten für die verschiedenen Symbolbild-Modi. Und besonders mit dem iPad bleibt es abzuwarten, wie lange es dauert, bis wir auch unter iOS verschiedene Icon-Auflösungen brauchen. In jedem Fall ist es mit dem *Icon*

Composer ein Leichtes, ein typisches Icon in vielen Auflösungen zu erstellen. Dazu müssen Sie lediglich in einer Grafikanwendung ein Bild in der Auflösung 512 x 512 Pixel erstellen und es in den großen Rahmen des Icon Composer pasten.

Die übrigen Rahmen füllen Sie einfach per Drag&Drop, indem Sie das 512x512-Bild in die kleineren Varianten schieben – fertig. Mehr kann das Programm nicht. Es ist also ein echter Composer (also ein „Zusammenfüger") und kein Icon-Editor, wie man es bei anderen Entwicklungsumgebungen gewohnt ist. Aber für die Gestaltung der Symbolbilder sind Photo-Shop und Co auch definitiv besser geeignet. Alternativen sind *Core Image Fun House* (siehe Abschnitt 1.4.8) oder der *Quartz Composer* – beide sind ebenfalls Bestandteil des Developer-Pakets.

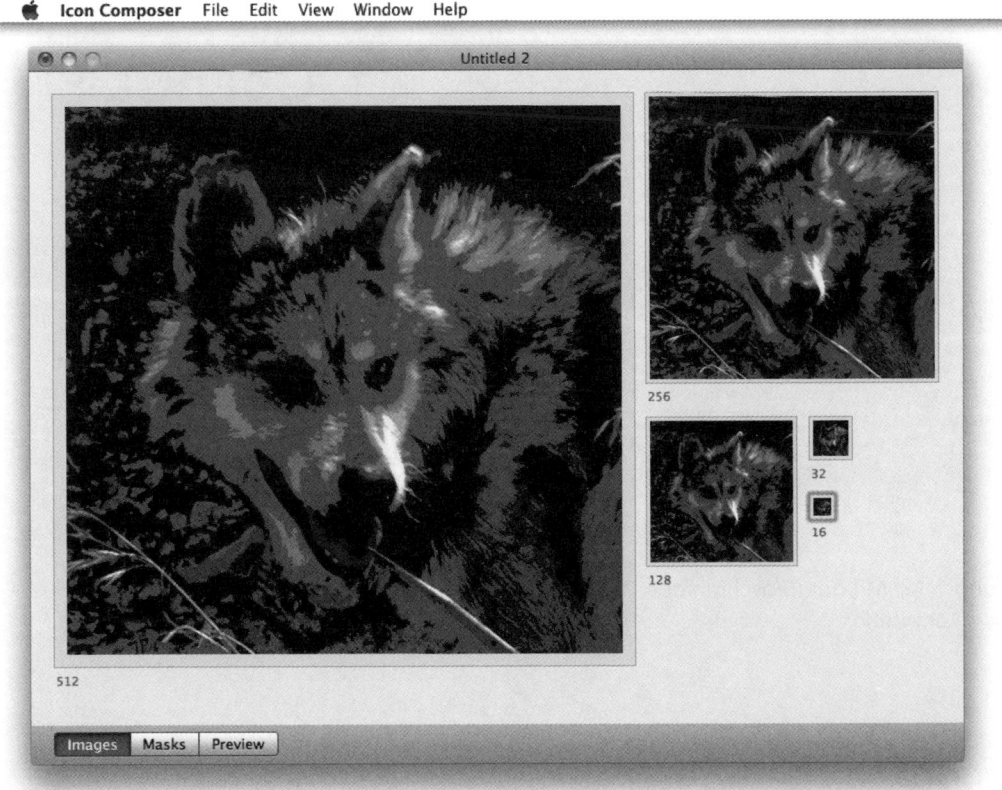

Abbildung 1.11: Mit dem Icon Composer gestalten Sie die Symbolbilder der Applikation in verschiedenen Auflösungen.

1.4.6 Pixie

Egal ob Sie sich als Kreativer oder eben als gekonnter Cloner ansehen, was die ästhetische Gestaltung Ihrer Anwendungen angeht: Jeder braucht gewisse Werkzeuge, also *Graphics Tools*, um Dimensionen von Bildschirmelementen oder Farbwerte aus Hintergrundbildern oder Mittelwerte aus Farbsets zu bestimmen. Hier ist das kleine Tool *Pixie* das Mittel der Wahl. Es vergrößert bis zu 50-fach den Bereich, über den Sie die Maus ziehen, und zeigt Mausposition und RGB-Werte an. Ein nützlicher Helfer beim Entwickeln. Denn wenn Sie mal eine App oder eine Website sehen, bei der Sie das Gefühl haben, dass hier die Farben gut harmonieren, haben Sie mit Pixie die Schnittstelle zwischen der Ästhetik und den nackten Farbwerten für Ihre App.

Abbildung 1.12: Mit der Bildschirmlupe Pixie können Sie Größen abmessen und Farbwerte in RGB-Form ermitteln.

1.4.7 Dashcode

Eigentlich hat *Dashcode* schon nichts mehr mit diesem Buch zu tun. Denn hier entwickeln Sie wahlweise die kleinen *Widgets* für OS X oder auch Web-Anwendungen, die speziell das typische iPhone-Look&Feel besitzen und außer einigen wenigen JavaScripts und kleinen CSS-Auszeichnungen eigentlich aus ganz normalem HTML bestehen. Aber es ist neben dem Entwickeln *echter Apps* eben die zweite Art, interaktive Inhalte auf iPhone & Co zu bringen. Insbesondere wenn Sie von Ihren Apps ins Web verweisen, ist es eine gute Idee, hier iPhone-konforme Seiten zu präsentieren – eventuell sogar solche, die genauso aussehen wie Ihre App selbst. Auf diese Weise können Sie Ihre App auch mit Informationen ausstatten, gegen die Apple etwas haben könnte, wodurch Ihre App selbst abgelehnt würde. Ihre Web-App kann Apple aber nicht ablehnen. Aber ich hab das nicht gesagt ...

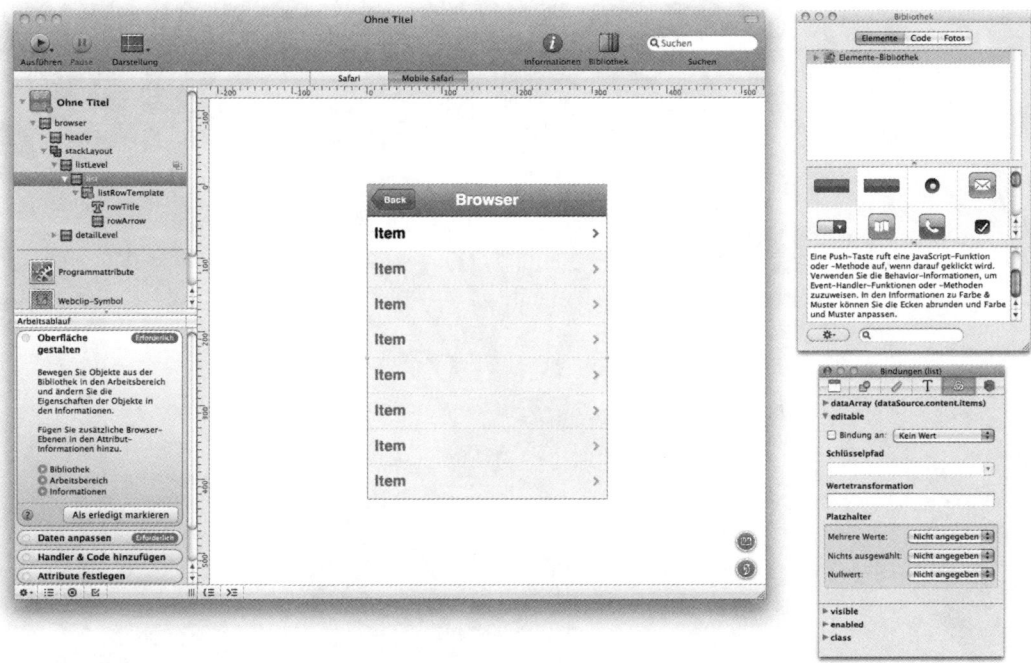

Abbildung 1.13: Dashcode lässt HTML-Seiten so aussehen, als wären es iPhone Apps.

1.4.8 Core Image Fun House

Das *Core Image Fun House* ist im Grunde das perfekte Tool für alle, die ihre Grafiken und Bilder aufpeppen wollen. Dafür muss man auch kein Programmierer sein. Der Kick daran ist, dass man beliebige Fotos nimmt und dann Anweisungen gibt, wie das Bild zu verändern ist. Sei es, dass man Weichzeichner, Farbfilter oder auch mal ein wenig Ölfarbe hinzufügt – alle Aktionen werden nacheinander auf das Bild angewendet und stehen als Arbeitsanweisungen auf dem *Effect Stack* (Effekte-Stapel) zur Verfügung, können angepasst oder umgruppiert und gegebenenfalls mit etwas gestyltem Text versehen werden. Das Originalbild ändert sich dabei nicht. Auf diese Weise gestalten Sie ganz einfach Icons und andere Grafiken, die Sie für Ihre App benötigen, und müssen nicht erst auf Photoshop zurückgreifen.

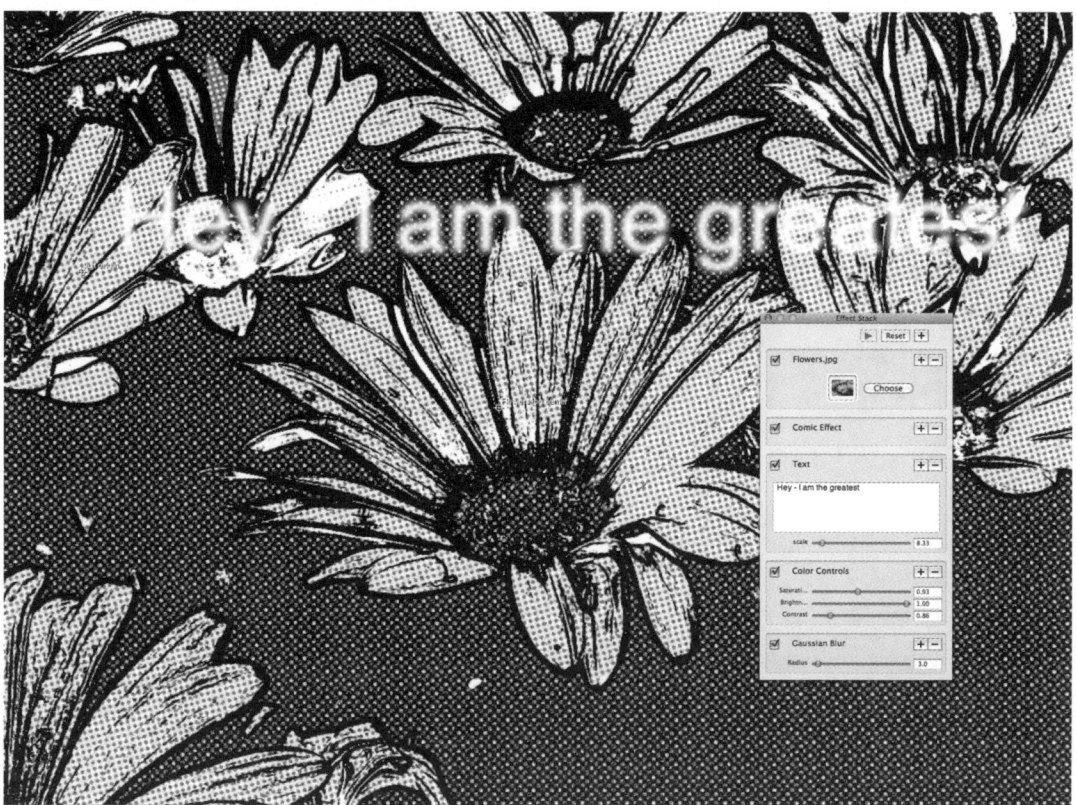

Abbildung 1.14: Core Image Fun House macht seinem Namen alle Ehre und hilft bei der Verbesserung und der Verfremdung von Grafiken.

1.5 Registrieren und Einreichen der App

Am Ende der Entwicklung wollen Sie sicher Ihre Apps im App Store den zig Millionen potenziellen Anwendern zur Verfügung stellen. Dazu brauchen Sie zunächst einmal die kostenpflichtige Mitgliedschaft im *iOS Developer Program*. Dadurch gelangen Sie in das *Member Center* auf der Apple Developer Website. Im *iOS Provisioning Portal* erledigen Sie alle Aktionen, vom Beantragen einer ID für Ihre App bis hin zur Abrechnung Ihres Verkaufserlöses.

Das gesamte Verfahren hängt recht verzwickt miteinander zusammen, und ich möchte es an dieser Stelle nur ansprechen. In Kapitel 12 werden wir gemeinsam eine – für jeden individuelle – App hochladen. Bis dahin gedulden Sie sich ein wenig, und lassen Sie uns im nächsten Kapitel gleich *in medias res* gehen.

Abbildung 1.15: Im iOS Provisioning Portal reichen Sie Ihre Apps zur Begutachtung für den App Store ein.

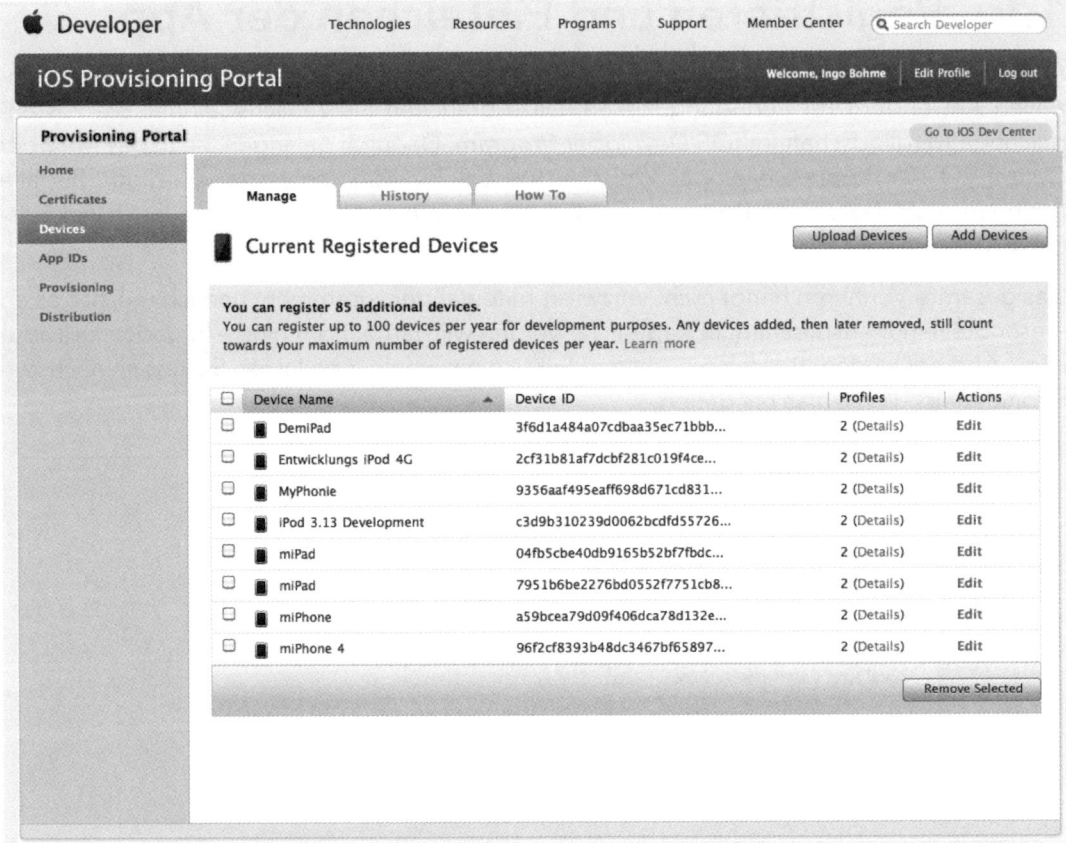

Abbildung 1.16: Im iOS Provisioning Portal werden alle Entwickler-Devices sowie Apps und Zertifikate verwaltet.

Kapitel 2

Die Grundlagen von Objective-C

Seit Apple OS X einsetzt, haben sich der Erfolg und die Absatzzahlen der Produkte aus Cupertino um ein Vielfaches gesteigert. Leopard, Snow Leopard und Lion gehören ohne Zweifel zu den stabilsten Betriebssystemen, die es derzeit auf dem Markt gibt. Ein großer Teil dieses Erfolgs ist dem *Cocoa Framework* zu verdanken, der Bibliothek und Funktionensammlung, auf der das Betriebssystem aufgebaut ist und die allen OS X-Applikationsentwicklern zur Gestaltung ihrer Programme kostenlos zur Verfügung steht. Da sowohl OS X als auch Cocoa sich als äußerst erfolgreich erwiesen haben, lag der Schritt nahe, Betriebssystem und Entwicklungsoberfläche auch auf das iPhone zu portieren. Natürlich ist es kein komplettes OS X, das auf dem iPhone läuft, aber zumindest entspricht der Aufbau und die gesamte Technik der Mac-Betriebssystemvariante. Das iOS SDK verwendet die angepasste und leicht modifizierte Variante von Cocoa mit dem Namen *Cocoa Touch*. Doch mit OS X Lion wachsen die Desktop-Geräte und die mobilen iDevices noch enger zusammen. Von daher ist es nur eine Frage der Zeit, bis Cocoa-Applikationen ohne großen Switch sowohl für das MacBook als auch für iMac, iPad, iPhone (und was auch immer es künftig für iDevices geben wird) entwickelt werden können.

2.1 Cocoa und Cocoa Touch

Cocoa besteht aus zwei grundlegenden Bibliotheken oder *Frameworks*, wie es bei Apple heißt. Die eine Kategorie ist für alles zuständig, was im Hintergrund passiert, also beispielsweise für Datenspeicherung und Dateimanagement. Das zweite Bündel an Klassen ist für das Benutzerinterface – englisch: User Interface oder abgekürzt UI – zuständig. Während die internen Funktionen unter dem Namen *Foundation* oder *FoundationKit* zusammengefasst werden, nennt man bei Apple all jene Methoden und Klassen, mit denen die tatsächliche Oberfläche und das Verhalten verändert werden, *AppKit*. Während die Foundation bei Cocoa Touch zumindest in größten Teilen zum Pendant Cocoa gleich geblieben ist, hat sich das *AppKit* naturgemäß stark verändert. Schließlich handelt es sich beim Display von iPhone, iPod touch und iPad um etwas ganz anderes als die Oberfläche eines richtigen Macs. Zum einen fehlt die Tastatur. Standardmäßig! An das iPad lässt sich zwar eine Tastatur anschließen, dennoch ist 99 % der Bedienung über das Berühren des Displays geregelt. Diese neue Funktionssammlung nennt sich nun *UIKit* und ist speziell auf die Gegebenheiten der Display-Steuerung und der speziellen Anforderungen der doch sehr viel kleineren Anzeige ausgelegt. In seiner Anwendung ähnelt es jedoch sehr stark den Klassen in AppKit.

2.2 Objective-C

Seit es das iPhone gibt, haben sehr viele alteingesessene Entwickler den Schritt zu OS X und dem iOS SDK und damit verbunden den Schritt zu Objective-C gewagt. Und ich wage an dieser Stelle einmal zu behaupten, dass es kaum einen gab, der ob dieser Sprache nicht völlig verwirrt war. Obwohl Objective-C durchaus auf der Programmiersprache C basiert, ist der objektorientierte Ansatz ein völlig anderer als beispielsweise in dem Derivat C++. Während C++, aber auch PHP, Delphi oder VisualBasic weitgehend immer noch prozedural orientiert sind und die Objektorientiertheit sozusagen übergestülpt bekommen haben, hat man bei Objective-C genau den umgekehrten Eindruck. Hier ist alles objektorientiert, und die eigentlichen Sprachelemente aus C sind nur ein notwendiges Übel, um den Rest der Arbeit, der beim besten Willen nicht mit „Nachrichten" (*messages*) erledigt werden kann, in den Griff zu bekommen. Schauen Sie sich nur mal eines der Beispielprogramme an, die beim iOS SDK für die Touch-Oberfläche dabei sind. Wenn Sie nicht bereits in der Notation der objektorientierten Elemente von Objective-C bewandert sind, werden Sie selbst als C-Guru kaum etwas verstehen; und auch echten nativen C-Code finden Sie nur sehr verstreut. Es gibt höchstens einmal eine Variablendeklaration, eine if-Verzweigung oder eine Schleife.

Die echten Vorteile, die Objective-C Ihnen bringt, werden Sie erst im Laufe der Zeit erkennen. Nämlich dann, wenn plötzlich mit drei bis vier Zeilen Code etwas realisiert wird, wofür in anderen Sprachen eine Stunde des Überlegens nötig ist. Der größte Vorteil von allen ist, dass eine Anwendung, die in Objective-C für das iPhone geschrieben wurde, ein unglaublich hohes Maß an Standardisierung aufweist. So erinnert eine Zeile Objective-C fast an einen echten natürlichsprachlichen Satz, den man richtig lesen kann. Das macht es nicht nur für den Entwickler leichter, im Nachhinein das Programm noch zu verstehen, auch wenn Monate vergangen sind.Gleiches gilt für Programmierer, die eine App eventuell weiterentwickeln müssen. Auch denen fällt der Einstieg – im wahrsten Sinne des Wortes – um Klassen leichter. Und wegen der hohen Standardisierung der Benutzeroberfläche weiß auch der Anwender sofort, wie die Apps funktionieren.

Dieser Abschnitt ist vor allem für all jene gedacht, die sich in der C-Welt nicht so heimisch fühlen. Er richtet sich also an alle VisualBasic-, Delphi- oder PHP-Programmierer, denen ich mit wenigen Worten das wichtigste C-Rüstzeug mitgeben will, das sie für die Entwicklung von iOS-, aber natürlich auch von OS X-Anwendungen benötigen.

Damit das Ganze aber nicht ganz so dröge wird, starten Sie als Erstes Xcode selbst, damit Sie die einzelnen Elemente der C-Syntax direkt in Xcode eingeben können. Mithilfe des Debug-Fensters lassen sich Zwischenergebnisse hervorragend visualisieren, ohne auf das *UIKit* und die Oberfläche der eigentlichen Applikation zugreifen zu müssen. Denn dafür ist wiederum Objective-C in seiner anfangs etwas fremd anmutenden Objektorientierung nötig. Den prozeduralen Teil von Objective-C mit Variablen, Anweisungen und Funktionsaufrufen kann man hingegen auf diese einfache Weise praktisch erleben.

2.3   Erste Schritte in Xcode

Die Entwickler-Tools von Apple befinden sich nicht wie die anderen Applikationen im Ordner *Programme* – respektive *Applications* – des Haupt-Volumes. Vielmehr gibt es nach der Installation des iOS SDK einen neuen Ordner namens *Developer*. Im Verzeichnis */Developer/Applications* finden Sie sämtliche Anwendungen des SDK, darunter auch *Xcode*, das Sie über einen Doppelklick im Finder oder mit der Tastenkombination [Alt]+[O] öffnen können.

Abbildung 2.1: Die Entwickler-Tools befinden sich nicht im normalen Applikationsordner von OS X.

Alternativ können Sie das Symbol zur schnellen Wiederverwendung auch aus dem Finder ins Dock am unteren Rand des Bildschirms ziehen.

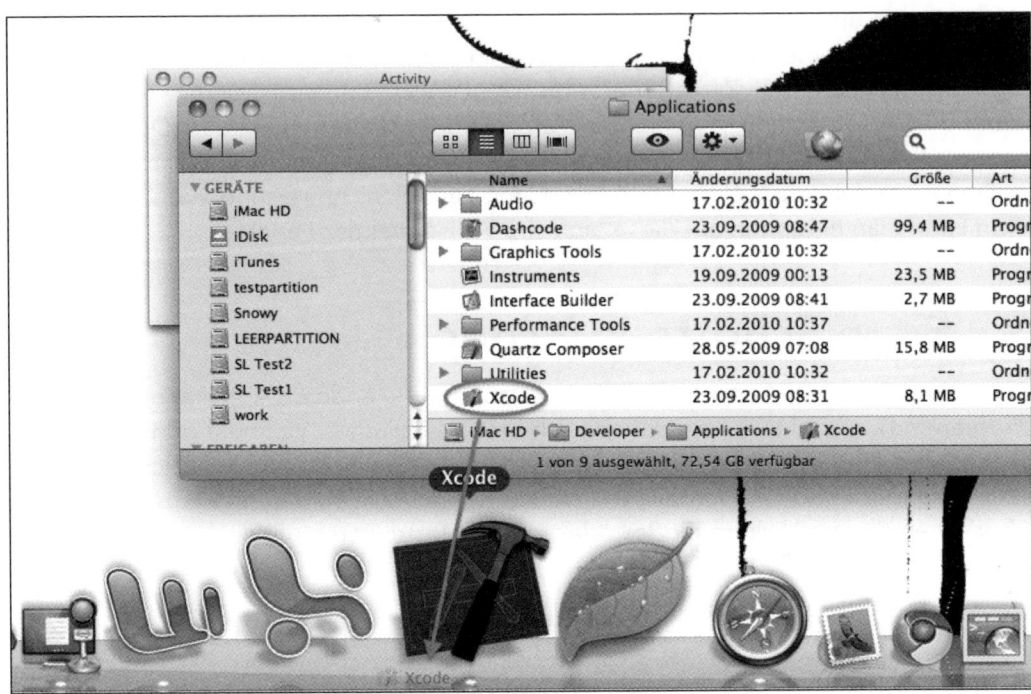

Abbildung 2.2: Per Drag&Drop lässt sich Xcode wie alle Programme direkt in das Dock von OS X ziehen.

Die dritte Variante dürfte allen Entwicklern am nächsten liegen. Denn Programmierer sind es gewohnt, alle Aktionen möglichst mit Shortcuts zu erledigen. Noch schneller geht es nämlich, wenn Sie über die Tastenkombination cmd + Leertaste das Suchfeld von *Spotlight* oben rechts öffnen und anfangen, den Text XCODE zu tippen. Sofort erscheinen darunter sämtliche Treffer von Dateien, die wahlweise Xcode im Namen tragen oder bei denen der Text im Inhalt vorhanden ist. Sortiert ist das Ergebnis nach Prioritäten. Und die höchste Priorität haben Anwendungen. Somit steht das Programm Xcode bei Ihnen wahrscheinlich schon nach dem ersten Buchstaben in Bruchteilen einer Sekunde ganz oben in der Liste.

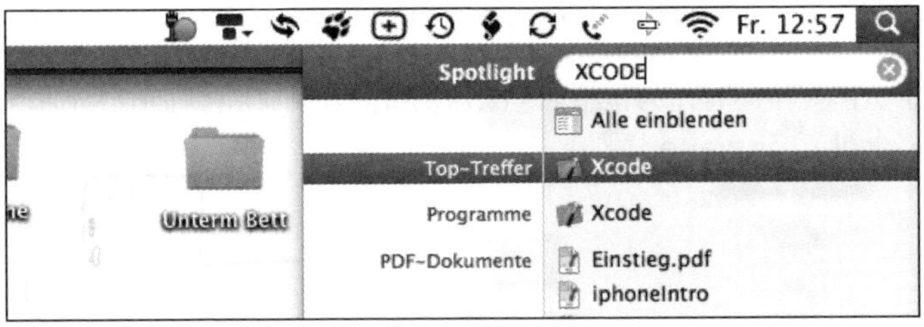

Abbildung 2.3: Die schnellste Art, ein Programm zu öffnen, ist über die globale OS X-Suchfunktion Spotlight.

Starten Sie Xcode, öffnet sich als Erstes das Willkommensfenster, in dem Sie die zuletzt bearbeiteten Projekte sehen und neue beginnen können. Darüber hinaus haben Sie hier den direkten Zugang zu Apples Einsteiger-Workshops sowie einen direkten Link zur Apple Developer Connection. Das ist der Teil der Apple.com-Website, auf der Sie bereits im vorhergehenden Kapitel das SDK heruntergeladen und den Entwickler-Account registriert haben.

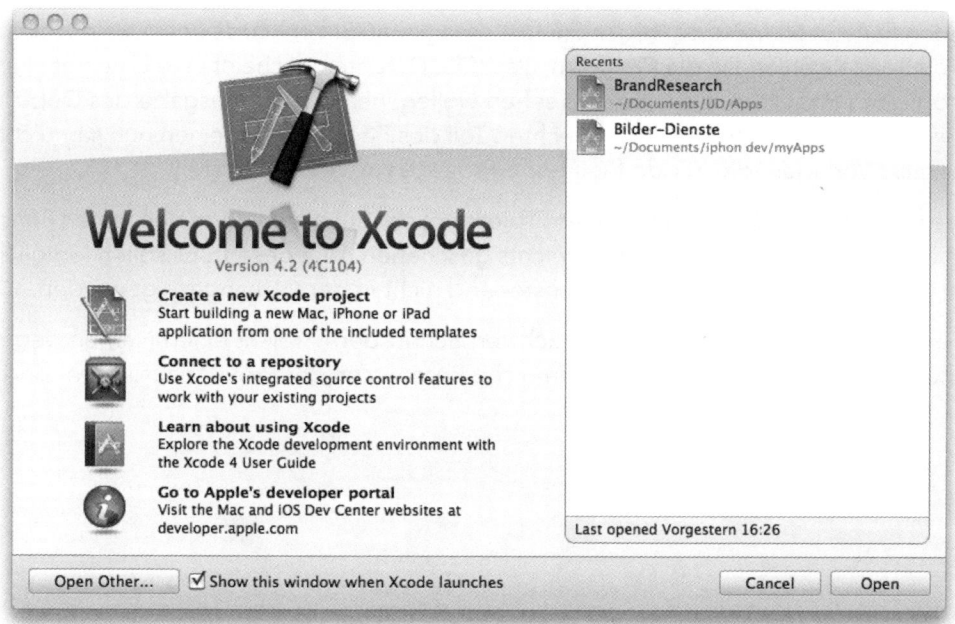

Abbildung 2.4: Der Xcode-Start bietet alle Projektvarianten zur schnellen Auswahl.

Und zu guter Letzt sehen Sie hier auch die Versionsnummer der von Ihnen verwendeten Xcode-Umgebung. In Abbildung 2.4 ist dies die Version 4.2, also die letzte Version vor der Einführung des iOS 5. An diese Informationen gelangen Sie später auch über Xcode selbst. Hier sowie in sämtlichen OS X-Anwendungen wählen Sie dazu den Punkt ÜBER ... (oder bei englischsprachigen Programmen ABOUT) in der Menüzeile unter dem Menüpunkt, der dem Namen der Anwendung entspricht, also in unserem Fall XCODE. Dies ist unter OS X immer der erste Menüpunkt einer Anwendung nach dem Systemmenü mit dem Apple-Symbol oben links auf dem Display.

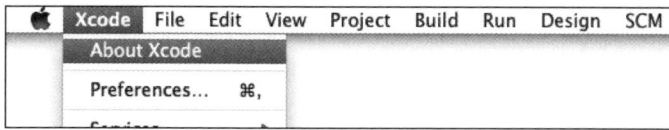

Abbildung 2.5: Jede OS X-Anwendung besitzt eine Info-Anzeige direkt unter dem ersten Menüpunkt der Anwendung.

2.4 Hallo, Debugger

Im ersten Schritt erstellen Sie nun ein leeres Programm, das einzig und allein den Zweck hat, Ihnen die verschiedenen Syntax-Elemente der Sprache C zu demonstrieren und zur Visualisierung in einem Debug-Terminal-Fenster darzustellen. Klicken Sie dazu im Willkommensfenster links auf Create a new Xcode project.

Im folgenden Fenster New Project legen Sie fest, was genau Sie in Xcode entwickeln wollen. In der linken Spalte wählen Sie die Plattform, also iOS. Darunter erscheint eine Liste mit allen iPhone-möglichen Projekten. Da wir etwas sehen wollen, nämlich die Ausgabe des Debuggers, ist Application die richtige Wahl. Im rechten Teil des Fensters erscheinen nun sämtliche Templates, also Vorlagen, die Xcode für iPhone-Projekte zur Verfügung stellt.

Wählen Sie die Empty Application, also einen Projekttyp, der auf einem normalen leeren Fenster basiert. In diesem Fenster soll sowieso nichts geschehen. Wie gesagt: Es sollen lediglich Debugger-Ausgaben in einem Terminal-Fenster und nicht in der GUI angezeigt werden.

Haben Sie die Auswahl bestätigt und im nächsten Schritt dem Projekt einen Namen gegeben, erscheint das Projektfenster, in dem sämtliche Ressourcen des Projekts aufgelistet sind.

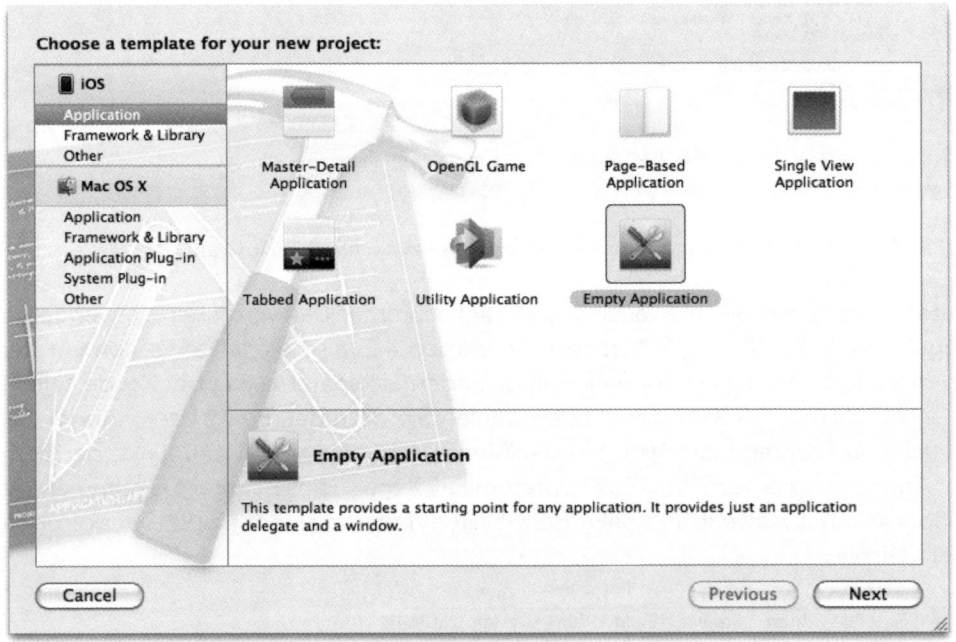

Abbildung 2.6: Xcode stellt zahlreiche Vorlagen (Projekt-Templates) für gängige iPhone-Szenarien zur Verfügung.

> ## Projektquellcode
>
> Sie finden den Quellcode des Projekts unter *www.iho.me/Kapitel2-1.*

Standardmäßig ist im linken Teil des Fensters das Gesamtprojekt, also nicht nur ein Teil der Klassen oder die verwendeten Frameworks (Bibliotheken) ausgewählt. In der mittleren Spalte finden Sie zwei Einträge: PROJECT und TARGETS. Zunächst einmal ist Letzteres markiert. Deshalb sehen Sie in dem großen Bereich des Fensters auch all die Parameter, die das Target, also das Ziel – die fertige App – ausmachen. Dazu gehört einerseits ein bisschen Verwaltungskram, mit dem ich Sie jetzt noch nicht belasten möchte. Das kommt noch früh genug! Viel interessanter ist darunter der Abschnitt DEPLOYMENT INFOS. Dort legen Sie fest, wie das Symbolbild auf dem iPhone respektive auf dem iPad – denn ja: es können unterschiedliche sein – aussehen soll. Zudem bestimmen Sie hier grundlegend, welche Ausrichtung des iDevice innerhalb des Programms abgefangen werden soll. Standardmäßig ist es so, dass beim iPhone jede Ausrichtung bis auf Kopf-über dazu führt, dass ein entsprechendes Event ausgelöst wird. Beim iPad hingegen ist ja die Philosophie so, dass es dem Benutzer egal sein soll, wie er es gerade hält, und die Applikation muss sich darauf einstellen. Das bedeutet allerdings noch nicht, dass Sie im Programm selbst nichts mehr zu tun hätten. Was Ihre Anwendung dann macht, wenn das Gerät gedreht wird, liegt weiterhin an Ihnen. Sie können lediglich einen kompletten Code für iPhone und iPad schreiben. Und der wird eben für Kopf-über nicht ausgeführt, falls es sich um ein iPhone handelt. Ach ja: Eines gibt es da noch. Die sogenannten LAUNCH-IMAGES. Haben Sie sich auch schon einmal gewundert, dass bei dem Start einer App sofort der erste Bildschirm da ist, Sie aber darauf tippen können wie Sie wollen und nichts passiert? Hier genau wird der Benutzer an der Nase herumgeführt. Damit er das Gefühl hat, eine App sei im Sekundenbruchteil verfügbar, hat sich Apple einen Trick ausgedacht. Sie legen nämlich einen Bildschirm-Schnappschuss fest, der beim Start einer App sofort auf dem Bildschirm erscheint. Es handelt sich dabei aber wirklich nur um eine Bitmap-Grafik und nicht um die tatsächliche Anwendung. Und genau diese Bitmap-Grafik vom Startbildschirm können Sie auf dieser Startseite bei den Target-Informationen festlegen. Und jetzt schauen Sie mich bitte nicht so von oben herab an! Ich habe mir das System nicht ausgedacht. Aber unter uns: Ich finde es gut!

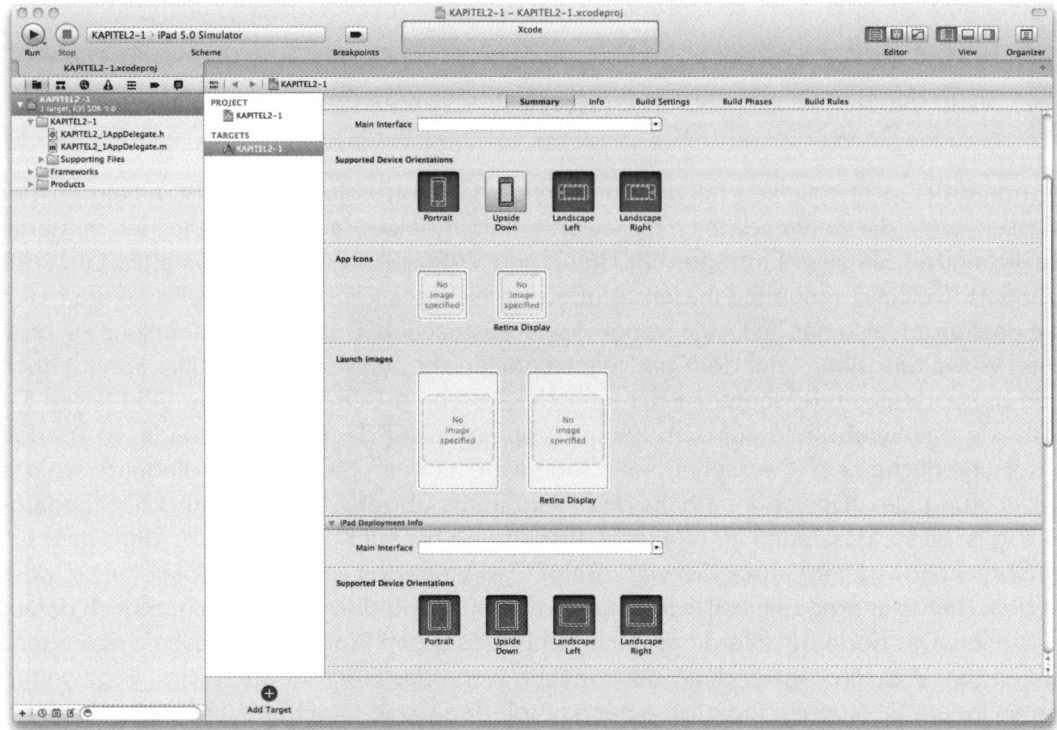

Abbildung 2.7: In den Target-Einstellungen legen Sie die grundlegenden App-Parameter sowie die Symbolbilder für den Home-Bildschirm fest.

In den Projekteinstellungen gibt es noch zahlreiche Reiter, wie INFO, BUILD SETTINGS etc. Schauen Sie ruhig mal rein. Und dann schließen Sie sie am besten wieder und denken so lange nicht daran, bis Sie es müssen – also beispielsweise, bevor Sie eine App in den App Store hochladen.

Neben diesen grundlegenden Einstellungen finden Sie im Xcode-Fenster sämtliche Quellcodedateien sowie andere Ressourcen, die uns an dieser Stelle jedoch auch noch nicht interessieren müssen. Öffnen Sie dazu in der Übersicht links den Zweig unter dem Projektnamen – in unserem Falle KAPITEL2-1. Wenn Sie einen beliebigen Eintrag markieren, wird der Quellcode – oder im Falle einer Grafikdatei das Bild – im Hauptbereich des Fensters angezeigt.

Wie auch in der Sprache C haben Headerdateien die Endung *.h.* (Headerdateien sind reine Beschreibungsdateien, die dem System mitteilen, welche Funktionen oder – im Fall von Objective-C: welche Methoden – erwartet werden dürfen.) Im Gegensatz zu C selbst haben Quellcodedateien jedoch nicht die Endung *.c*, sondern *.m* (für „Modul"). Der Einstieg ins Programm befindet sich in der Datei *main.m*, die Sie unter SUPPORTING FILES finden.

Markieren Sie den Eintrag MAIN.M in der Liste, erscheint rechts der eigentliche Quellcode. Und hier sehen Sie auch die Funktion:

```
int main (int ......
```

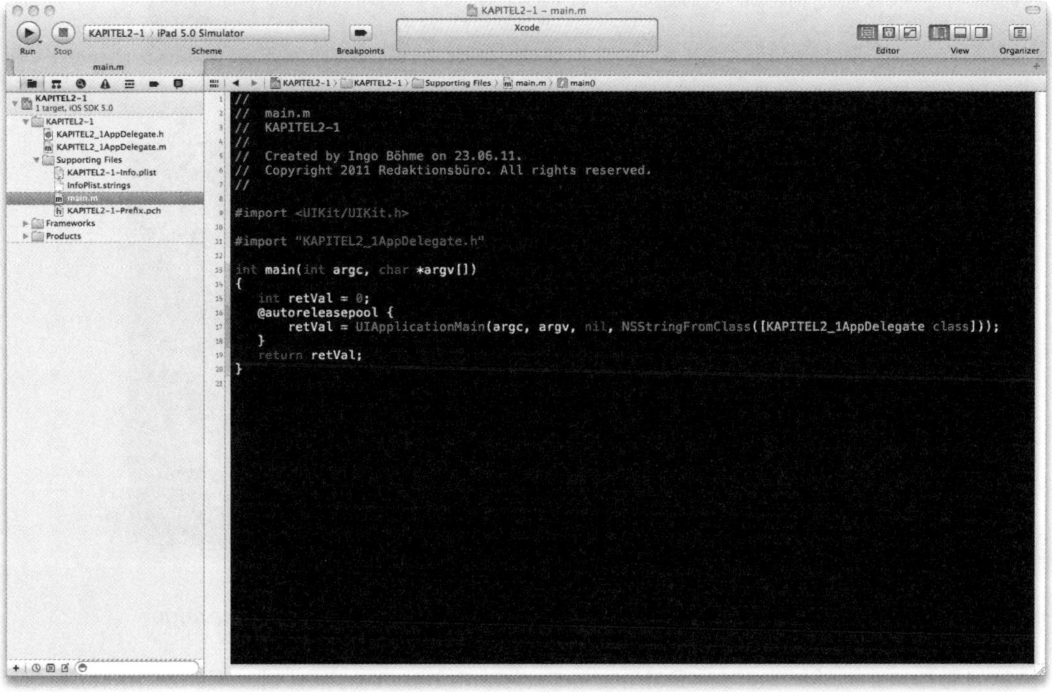

Abbildung 2.8: Die Projektübersicht enthält sämtliche Bestandteile, die zur aktuellen Anwendung gehören.

Dies ist bei C die erste Funktion, die ausgeführt wird und von der aus alle anderen Aktionen gestartet werden. Dasselbe gilt auch für Objective-C. Normalerweise macht man das, was wir im Folgenden tun werden, nicht. Denn wir werden direkt in dieser Funktion main „herumwurschteln". Sobald Sie dieses Kapitel hinter sich gebracht haben, vergessen Sie das bitte gleich wieder. Es ist aber eine hervorragende Möglichkeit, um die grundlegenden Mechanismen der Sprache C und deren Anwendung im Code zu zeigen, ohne gleich auf die objektorientierten Techniken zu sprechen zu kommen.

Um Ausgaben im Debugger anzuzeigen, müssen Sie zunächst einmal die Debugger-Konsole aktivieren. Dies geschieht über den Menüpunkt ACTIVATE CONSOLE im Menü VIEW/DEBUG AREA oder mit der Tastenkombination ⌥+⇧+C (C für *Console*). Die Konsole erscheint unten rechts in der Xcode-Oberfläche.

```
rgc, argv, nil, NSStringFromClass([KAPITEL2_1AppDelegate class]));
```

```
All Output ÷                                              Clear
GNU gdb 6.3.50-20050815 (Apple version gdb-1700.2) (Thu May 19 01:38:32 UTC
2011)
Copyright 2004 Free Software Foundation, Inc.
GDB is free software, covered by the GNU General Public License, and you are
welcome to change it and/or distribute copies of it under certain conditions.
Type "show copying" to see the conditions.
There is absolutely no warranty for GDB.  Type "show warranty" for details.
This GDB was configured as "x86_64-apple-darwin".Attaching to process 2034.
Terminating in response to SpringBoard's termination.
```

Debugger Console

Abbildung 2.9: In der Konsole lassen sich NSLog-Ausgaben zum Debuggen anzeigen.

Um in das Konsolenfenster des Debuggers zu schreiben, existiert eine Funktion in der Systembibliothek *FoundationKit*. Mit *NSLog* lassen sich einfache Zeichenketten, aber auch recht komplexe Ausdrücke und Variableninhalte auf einfache Weise im Debugger-Fenster ausgeben.

Für alle C-Bewanderten: Diese Methode arbeitet ähnlich wie die Standard-C-Funktion printf. Sie könnten diese auch alternativ verwenden, müssten dann aber die Headerdatei *stdio.h* inkludieren, also vor der main-Funktion das Statement

```
#include <stdio.h>
```

einfügen. Die Verwendung von *NSLog* ergibt sich hingegen automatisch, weil diese bereits im Template des Projekts eingebunden ist. Sie erkennen das daran, dass im Abschnitt *Frameworks* Ihres Projekts neben *UIKit* und *CoreGraphics* eben auch *Foundation* aufgelistet ist.

So können Sie nun in der *main.m* einen *NSLog*-Aufruf einfügen. Schreiben Sie beispielsweise direkt nach der Zeile

```
int main( ...
```

in eine neue Zeile Folgendes:

```
NSLog (@"Hallo Debugger");
```

Warum ein @ davor stehen muss, wird im folgenden Abschnitt noch klar werden. Nehmen wir es einfach mal als gegeben hin, dass jede Zeichenkette mit diesem Attribut ausgezeichnet werden muss.

Das war's auch schon. Klicken Sie nun im Projektfenster auf das typische Startsymbol-Icon mit dem kleinen Dreieck RUN. Daraufhin wird der iPhone-Simulator gestartet. Er zeigt nach kurzer Zeit ein leeres Fenster an. Und noch bevor dieses Fenster dargestellt wird, steht im Debugger-Terminal-Fenster der Willkommensgruß.

Hinweis

Standardmäßig ist dem Befehl AUSFÜHREN (RUN) kein Tastenkürzel zugeordnet. Dies können Sie jedoch leicht im Einstellungsmenü (Tastenkombination [Alt]+[;]) anpassen!

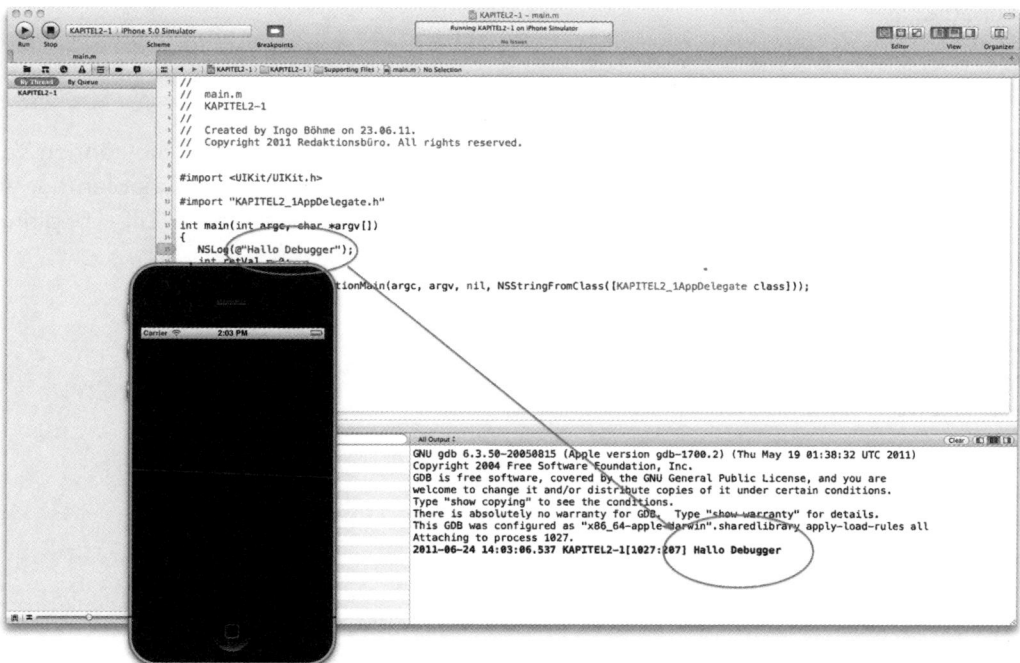

Abbildung 2.10: Mit der FoundationKit-Funktion NSLog lassen sich beliebige Ausdrücke im Debugger anzeigen.

Mit dieser einfachen Technik haben Sie nun das Rüstzeug, um sich die grundlegenden Elemente von Objective-C in der Praxis – sozusagen live – anzuschauen.

2.5 Variablen in Objective-C

Grundsätzlich sind Variablen Bereiche im Hauptspeicher, in denen der Programmierer Daten ablegen kann. Das gilt für jede beliebige Sprache, egal ob prozedural oder objektorientiert, ob Pascal oder C, ob am Mac, am iPhone oder im Internet auf einem Webserver. Wie man jedoch mit einer Variablen und deren Inhalt umgeht, unterscheidet sich von Programmiersprache zu Programmiersprache erheblich. So ist es beispielsweise in VisualBasic und in PHP nicht einmal nötig, Variablen zu deklarieren. Mit ihrem ersten Auftreten werden sie dynamisch im Speicher angelegt. Das erledigt der Interpreter, und der Programmierer braucht sich nicht darum zu kümmern. Die Kehrseite ist jedoch, dass der Zugriff sehr viel langsamer ist und vor allem, dass der Entwickler mit der Zeit den Überblick verliert. Denn die Deklaration von Variablen ist nicht zuletzt auch so etwas wie ein Inhaltsverzeichnis, an dem sich der Entwickler stets orientieren kann. In Hochsprachen, wie Pascal oder C werden Variablen deklariert und typisiert. Das bedeutet, dass man dem Compiler nicht nur sagen muss, dass es eine Variable XY gibt. Darüber hinaus muss man ihm auch noch erklären, dass diese Variable von einem gewissen Datentyp ist, also wie er den Inhalt der Bits und Bytes im Hauptspeicher zu interpretieren hat. Denn mit einer ganzen Zahl – also einer Integer-Variablen – kann der Compiler ganz andere Dinge tun als beispielsweise mit einer Zeichenkette.

2.5.1 Variablen benennen

Jede Variable hat einen Namen, der vom Programmierer vergeben wird. Sie können Variablen nahezu beliebig benennen. Die einzige Einschränkung ist, dass Variablen nur aus Buchstaben, Ziffern und dem Unterstrich (_) bestehen und nicht mit einer Ziffer beginnen dürfen. Insofern sind auch Exemplare wie

```
_1_2
Ill
cul8er
flugentenshowcrash
```

oder

_____

theoretisch gültige Variablennamen. Besonders leserlich sind sie hingegen nicht. Und aussagekräftig schon gar nicht. Dazu kommt auch noch, dass sowohl C als auch Objective-C bei allen Bezeichnungen zwischen Groß- und Kleinschreibung unterscheidet. Das ist insbesondere für Programmierer aus anderen Sprachen, wie Basic oder Pascal, völlig fremd. Daher haben sich bei C-Programmierern zwei Arten der Variablennotation durchgesetzt: *camelCasing* und *underscore_spacing*. Bei beiden Varianten geht es darum, Variablen möglichst einheitlich und gut beschreibend zu benennen. Dazu werden sämtliche beschreibenden Attribute aneinandergereiht. Beim *camelCasing* beginnt der Variablenname immer mit einem Kleinbuchstaben, und alle Folgeattribute beginnen mit einem Großbuchstaben. Hat man z.B. eine Variable, in der die Kapazität der Ladung eines Akkus gespeichert werden soll, könnte man sie beispielsweise `Akkukapazitaetladung` (die Umlaute und das ß sind natürlich auch in C ein No-Go) nennen. Beim *camelCasing* würde die Notation aber `akkuKapazitaetLadung` lauten. Das Prinzip ist beim *underscore_spacing* dasselbe. Allerdings werden hier nur Kleinbuchstaben verwendet und die einzelnen Attribute mit einem _ (Unterstrich/Underscore) getrennt. Der Variablenname hieße dann also `akku_kapazitaet_ladung`.

In diesem Buch habe ich mich für das *camelCasing* entschieden, wobei die Entscheidung eine reine Ästhetikfrage und Geschmackssache ist und keine der beiden Techniken irgendwelche Vorteile bietet. Wichtig ist nur, dass Sie sich akribisch an die eine präferierte Variante halten. Ansonsten wird die Fehlersuche zum Martyrium.

2.5.2 Datentypen

In der Sprache C gibt es verschiedene Datentypen für Variablen, je nachdem, welche Art von Daten Sie in den entsprechenden Variablen speichern wollen. Insbesondere PHP-Programmierer sind es gewohnt, dass eine Variable mal für Zeichenketten, mal für ganzzahlige Werte und auch mal für Gleitkommazahlen verwendet wird. Sobald ein Compiler im Spiel ist, muss bei der Deklaration der Speicherplatz reserviert werden. Und dazu ist es notwendig, dem Übersetzer mitzuteilen, wie viele Bytes er nun für die entsprechende Variable vorbelegen muss und auf welche Art er den Speicherinhalt zu interpretieren hat.

Die Programmiersprache C kennt grundsätzlich drei Datentypen: *int* (integer) für ganzzahlige Werte, *float* (floating point) für gebrochene Zahlen und *char* (character) für Buchstaben und andere Sonderzeichen. Zur Erweiterung gibt es zusätzlich Derivate dieser Datentypen, mit denen größere, nur ausschließlich positive Datenwerte oder im Fall der Kommazahlen Werte mit einer größeren Genauigkeit dargestellt werden können.

Name	Beschreibung	Größe
char	Buchstaben oder Sonderzeichen. Wertebereich: -128 bis 127	1 Byte
unsigned char	Buchstaben oder Sonderzeichen. Wertebereich: 0 bis 255	1 Byte
short	Ganzzahlen. Wertebereich: -32.768 bis 32.767	2 Bytes
unsigned short	Ganzzahlen. Wertebereich: 0 bis 65.538	2 Bytes
int	Ganzzahlen. Wertebereich: -2.147.483.648 bis 2.147.483.647	4 Bytes
unsigned int	Ganzzahlen. Wertebereich: 0 bis 4.294.967.295	4 Bytes
long	siehe *int*	4 Bytes
unsigned long	siehe *unsigned int*	4 Bytes
long long	Ganzzahlen. Wertebereich: -9.223.372.036.854.775.808 bis 9.223.372.036.854.775.807	8 Bytes
unsigned long long	Ganzzahlen. Wertebereich: 0 bis 18.446.744.073.709.551.615	8 Bytes
float	Fließkommazahlen. Wertebereich: 1.2E-38 bis 3.4E+38, Genauigkeit: 6 Stellen	4 Bytes
double	Fließkommazahlen. Wertebereich: 2.3E-308 bis 1.7E+308, Genauigkeit: 15 Stellen	8 Bytes

Tabelle 2.1: Standard-Datentypen in Objective-C

2.6   Variablen deklarieren

Eine Variable wird in der Form

```
datentyp  variablenname = wert;
```

deklariert und auch gleich mit einem Wert vorbelegt. Beispiele, um dies zu verdeutlichen, sind:

```
int ganzeZahl = 4711;
char einBuchstabe = 'x';
float gleitKommaZahl = 123.45;
```

Während man in VisualBasic oder PHP nahezu überhaupt nichts damit zu tun hat und man sich in Pascal oder Delphi fast immer davor drücken kann, sind Pointer, also Zeiger oder Verweise auf Speicheradressen, für C-Programmierer das tägliche Brot.

Auch Pointer werden wie Variablen deklariert. Lediglich dem Variablennamen wird ein * vorangestellt. Ein Zeiger auf die Integer-Variable ganzeZahl würde wie folgt festgelegt:

```
int *daIstSie = &ganzeZahl;
```

Das Zeichen & steht dabei für *Adresse von* und speichert in diesem Beispiel im Pointer *daIstSie die Referenz der Variablen ganzeZahl als Hauptspeicheradresse.

Wenn Sie noch nie mit einem Pointer gearbeitet haben, werden Sie sich fragen, wozu man diesen Kram denn überhaupt braucht. Nun, auch wenn Sie es nicht bewusst getan haben, so doch sicher in Ihrer Pascal-, PHP- oder VisualBasic-Programmierung. Nur dass es dort nicht direkt als Pointer erkennbar war. Denn sobald Sie eine Variable (gleich welchen Typs) an eine Unterroutine, also eine Funktion oder Prozedur, übergeben und in dieser Routine der Inhalt der Variablen verändert werden soll – man spricht hier von *Call by Reference* –, wird nicht wirklich die Variable und deren Wert übergeben, sondern deren Adresse. Also deren Pointer. Nun ist die Sprache C recht nah an der Maschine (einmal ausgenommen der objektorientierte Teil von Objective-C), und deshalb sagen C-Programmierer auch das, was sie meinen, nämlich:

Hallo, Funktion XY, ich übergebe dir als Argument die feste Adresse einer Integer-Variablen, über die du mir deine Ergebnisse ohne Rückgabeprozedur referenzieren kannst.

Dieselben Operationen gibt es eben auch in anderen Sprachen:

Eine Prozedur in VisualBasic

```
sub XY(A as Integer, ByVal B As Integer)
```

übergibt zwei Parameter. Während der erste (A) innerhalb der Prozedur verändert werden kann, wird der zweite (B) nur als Wert übergeben, und sämtliche Operationen auf die Variable bzw. den Parameter B haben keine Auswirkungen auf den Teil des Programms, der XY aufruft. Somit ist die erste Variable in Wirklichkeit ein Referenzaufruf, bei dem die Adresse, also der Pointer, übergeben wird. Von B hingegen wird nur der Wert, also der Inhalt der Variablen übergeben (ByVal = by value = Wert-Übergabe).

Genau umgekehrt ist es in Pascal/Delphi. Hier wird der Referenzparameter ausgezeichnet:

```
procedure XY(var A:integer; B:integer);
```

Auch dabei ist wieder der Fall, dass der Parameter A als Referenz, also als Pointer, übergeben wird und somit innerhalb der Prozedur geändert werden kann und bei B nur die Integer-Zahl auf dem Übergabestack landet.

Sowohl in Delphi/Pascal als auch in VisualBasic sieht man beim Aufruf der Prozedur keinen Unterschied, ob es sich um einen Referenz- oder um einen Wert-Parameter handelt.

```
XY ersteVariable, zweiteVariable    ' VisualBasic
XY(ersteVariable, zweiteVariable); /* Delphi/Pascal */
```

Im Gegensatz dazu wird in PHP sowohl bei der Deklaration als auch beim Aufruf angegeben, dass hier eine Referenz-Übergabe einer Variablen stattfindet. Die Deklaration der Prozedur lautet:

```
function XY(&$A, $B)
```

Und der dazugehörige Funktionsaufruf in PHP sieht so aus:

```
XY(&$ersteVariable, $zweiteVariable); // PHP
```

Sie sollen an dieser Stelle jedoch nur einen Eindruck von Pointern bekommen. Sie werden sie später verstehen, wenn wir diese in der Praxis einsetzen.

2.7   Debugger-Ausgabe von Variableninhalten

Weiter vorne haben Sie bereits gesehen, wie man im Programm Debugger-Ausgaben von Zeichenketten realisieren kann. Bislang haben wir an dieser Stelle lediglich konstante Zeichenketten verwendet. Die Funktion *NSLog* bietet jedoch eine sehr flexible Möglichkeit, Variableninhalte formatiert auszugeben. Auf diese Weise können Sie jederzeit überprüfen, ob die aktuellen Variablenwerte dem gewünschten Inhalt entsprechen.

Weiter oben in diesem Kapitel haben Sie bereits mit

```
NSLog (@"Hallo Debugger");
```

oder alternativ mit

```
printf (@"Hallo Debugger");
```

den fixen Text *Hallo Debugger* in der Konsole (einblenden mit ⇧+⌘+C) dargestellt. Die beiden Funktionen haben einen synonymen Aufruf und können analog verwendet werden. Der Vorteil von *NSLog* ist lediglich, dass zu jeder Ausgabe auch die Zeit sowie weitere Informationen protokolliert werden. Und natürlich, dass sie bereits zum FoundationKit gehört und somit keine weitere Headerdatei benötigt wird. Was ich im Folgenden also über *NSLog* sage, können Sie genauso auf *printf* anwenden.

NSLog braucht mindestens einen Parameter. Das ist die Formatierungszeichenkette. Im einfachsten Fall ist das, wie im vorgenannten Beispiel, eine einfache konstante Zeichenkette. In dieser Zeichenkette können jedoch Platzhalter für Variablen stehen, beispielsweise %i für den Inhalt einer Integer-Ganzzahl-Variablen oder %f für eine Gleitpunktzahl. Sobald Sie einen Platzhalter in der ersten Zeichenkette haben, erwartet *NSLog* als weiteren Parameter die Variable. Haben Sie zwei Platzhalter, braucht es zwei Variablen usw.

Nehmen Sie sich noch einmal Xcode zur Hand, öffnen Sie das letzte Beispiel, und markieren Sie im Projektfenster die Datei *main.m*. Deklarieren Sie nach der Zeile

```
int main( ...
```

zwei Variablen

```
int ganzeZahl = 4711;
float pi=3.1415926;
```

und ändern Sie den alten *NSLog*-Aufruf

```
NSLog (@"Hallo Debugger");
```

in:

```
NSLog (@"Hallo Debugger, ganzeZahl=%i und pi=%f", ganzezahl, pi);
```

Starten Sie dann den Übersetzungsprozess mit PRODUCT / RUN.

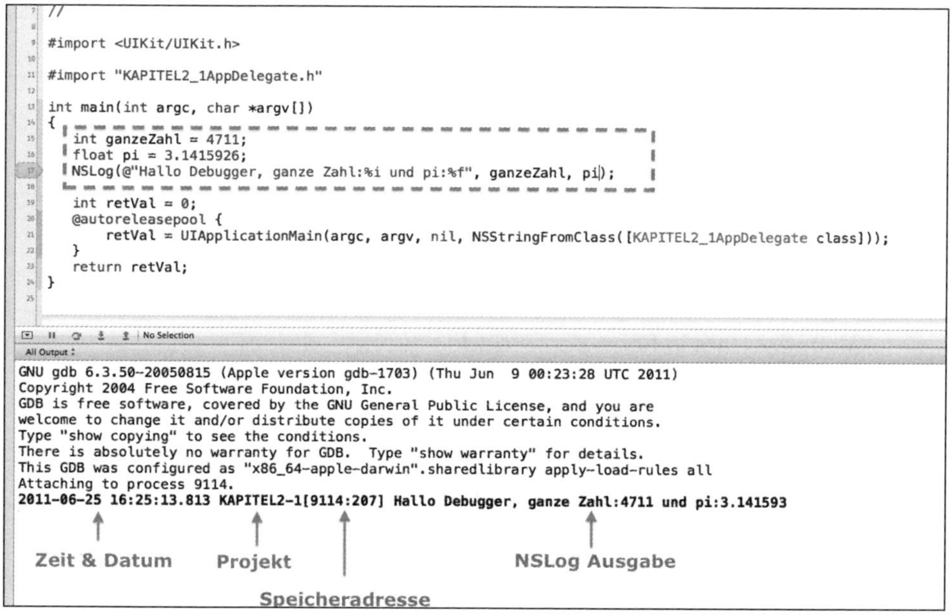

Abbildung 2.11: Mit der Funktion NSLog zeigen Sie Variableninhalte und Zeitstempel im Debugger-Fenster an.

Nach dem Übersetzen und Linken startet automatisch der iPhone-Simulator. Sobald das Hauptprogramm erscheint – da es nicht viel zu sehen gibt, wird einfach nur das virtuelle Display angezeigt –, sehen Sie in der Debugger-Konsole diese Ausgabe:

```
Hallo Debugger, ganzeZahl=4711 und pi=3.141593
```

Zusätzlich werden bei *NSLog* weitere Informationen, wie Uhrzeit, Projektname und Speicheradresse angezeigt, die bei umfangreicheren Applikationen Rückschlüsse auf Laufzeitverhalten und Ort der Ausgabe zulassen (siehe Abbildung 2.11). Mithilfe der Formatierungszeichen lässt sich genau festlegen, wie eine Zahl dargestellt werden soll. Dazu tragen Sie zwischen dem % und dem darauf folgenden Buchstaben die Anzahl der Stellen ein, also beispielsweise %10i, um die ganze Zahl mit einer Breite von 10 Stellen (rechtsbündig) anzuzeigen. Oder bei Fließkommazahlen %10.2f, um ebenfalls 10 Stellen und zwei Nachkommastellen angezeigt zu bekommen. Geht es Ihnen nur um die Anzahl der Nachkommastellen, ist beispielsweise %1.4f geeignet, das alle vorhandenen Vorkommastellen, aber genau vier Nachkommastellen darstellt.

Einige ausgewählte Formatzeichen sehen Sie in Tabelle 2.2. Eine ausführliche Liste finden Sie in der Xcode-Hilfe (*Developer Documentation*), die Sie über das Help-Menü oder mit der Tastenkombination ⌂ + ⌥ + ⌘ + ? aufrufen. Geben Sie dort *Format Specifiers* als Suchbegriff ein.

Formatie-rungszeichen	Ausgegeben wird (eine)
%d, %i	vorzeichenbehaftete ganze Dezimalzahl
%o	vorzeichenlose ganze Oktalzahl
%u	vorzeichenlose ganze Dezimalzahl
%x, %X	vorzeichenlose ganze Hexzahl (a,b,c,d,e,f) bei x; (A,B,C,D,E,F) bei X
%f	Gleitpunktzahl in Form von ddd.dddddd
%e, %E	Gleitpunktzahl in Form von d.ddde+-dd bzw. d.dddE+-dd. Der Exponent enthält mindestens 2 Ziffern.
%g, %G	float ohne Ausgabe der nachfolgenden Nullen
%c	Form von einem Zeichen (unsigned char)
%s	Form einer Zeichenkette

Tabelle 2.2: Formatierung für die Debug-Ausgabe von NSLog und printf

Formatie-rungszeichen	Ausgegeben wird (eine)
%p	Ausgabe eines Zeigerwertes
%n	Keine Ausgabe. Dieses Argument ist ein Zeiger auf eine Ganzzahl.
%%	das Zeichen %

Tabelle 2.2: Formatierung für die Debug-Ausgabe von NSLog und printf (Forts.)

Als letztes Beispiel, besonders, um den Datentyp Pointer etwas besser zu verdeutlichen, geben Sie einmal den Inhalt einer Pointer-Variable mit *NSLog* aus. Verwenden Sie dazu den gerade eingegebenen Code, und erweitern Sie ihn um die Variablendeklaration:

```
int *einZeiger = &ganzeZahl;
```

Dadurch befindet sich in dem Pointer einZeiger die Adresse der davor deklarierten int-Variablen ganzeZahl. Und wie alle anderen Variablen können Sie auch diesen Inhalt mit *NSLog* ausgeben. Schauen Sie in der Tabelle 2.2, sehen Sie den Parameter %p, der einen Zeigerwert ausgibt. In unserem Fall gibt er den Inhalt von einZeiger aus, also die Adresse der Variablen ganzeZahl im Hauptspeicher:

```
NSLog(@"Die Adresse von ganzeZahl lautet %p", einZeiger);
```

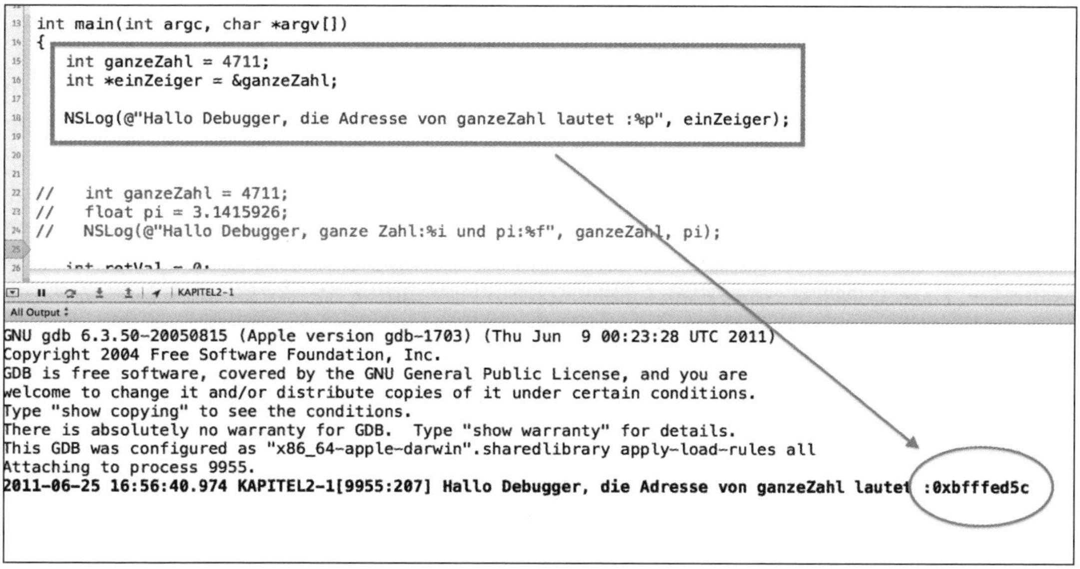

Abbildung 2.12: Mit der Funktion NSLog können Sie sogar die Adressen der Variablen darstellen lassen.

2.8 Berechnungen und Datentypen

Wie andere Sprachen auch, lässt natürlich auch C arithmetische Ausdrücke zu. Neben den vier Grundrechenarten gibt es noch den Modulo-Operator %, der den Rest einer Division als Ergebnis liefert. Die Zuweisung erfolgt wie in PHP oder VisualBasic über das Zeichen =.

```
int a = 10;
int b = 5;
int c;
c = a * b; NSLog(@"c = %i", c);
c = a / b; NSLog(@"c = %i", c);
```

aber:

```
c = b / a; NSLog(@"c = %i ", c);
```

Dass in den ersten beiden Varianten die Ausgabe 50 respektive 2 ist, ist ja noch ganz einsichtig. Pascal-Programmierer werden spätestens bei der dritten Variante die Augen zusammenkneifen. Hier wird einer ganzzahligen Variable das Ergebnis einer Division zugewiesen. In Pascal/Delphi ist das ein Unding. In C hingegen bekommt die Integer-Variable eben genau den ganzzahligen Wert der Division zugewiesen, in diesem Fall also den Wert 0.

Nun könnte man meinen, dass es ausreicht, eine *float*-Variable zu verwenden, um zum gewünschten Ergebnis 0,5 zu gelangen:

```
float f;
f =  b / a; NSLog(@"f = %f", f);
```

Aber leider ist das (noch) nicht die Lösung. Zwar wird das ganzzahlige Ergebnis – nämlich die *0* – in Fließkommaform als *0.00000* angezeigt. Doch weiterhin geht der Compiler davon aus, dass die Division zweier ganzer Zahlen wieder eine ganze Zahl sein soll. An dieser Stelle kommt das sogenannte *Typecasting* ins Spiel. So ist das Ergebnis einer Division genau dann auch wieder eine Fließkommazahl, wenn eines der beteiligten Elemente eine Fließkommazahl ist. Und dem Compiler kann man durch die Notation (DATENTYP) AUSDRUCK mitteilen, dass AUSDRUCK - dies kann wahlweise ein konstanter Wert oder auch eine Variable sein – ein Wert vom Typ DATENTYP sein soll. Im vorgenannten Beispiel würde also

```
float f;
f = (float) b / a; NSLog(@"f = %f", f);
```

dazu führen, dass die Variable b als Fließkommazahl angesehen wird. Und es kommt auch tatsächlich zum gewünschten Ergebnis *0.500000*.

Operator	Bedeutung
+	Addiert zwei Werte.
-	Subtrahiert zwei Werte.
*	Multipliziert zwei Werte.
/	Dividiert zwei Werte.
%	Modulo (Rest einer Division)

Tabelle 2.3: Operatoren für numerische Werte und Variablen

Eine Besonderheit von C, die ansonsten lediglich bei PHP bekannt ist, ist die verkürzte Schreibweise für Operationen. Diese spart Arbeit bei häufig anfallenden Ausdrücken. So ist etwa das Hochzählen einer Laufvariablen das tägliche Brot in einer Schleife:

```
i = i + 1;
```

Dies kann man sich in C erleichtern, indem man den Operator direkt zum = stellt, also:

```
i += 1;
```

Das funktioniert auch mit allen anderen Operatoren (siehe Tabelle 2.3). Aber damit nicht genug. Variablen lassen sich auch noch direkt um den Wert 1 inkrementieren und dekrementieren. So bedeutet i++, dass der Wert der Variable i um eins erhöht wird, und i-- bedeutet, dass er um eins vermindert wird. So weit ist das ja noch ganz nett. Bei Entwicklern aus anderen Programmiersprachen setzt das Stirnrunzeln ein, wenn in einem Code einmal ++i und ein anderes Mal i++ (analog natürlich auch --i und i--) auftaucht. Auch hier ist es wieder so, dass Programmierer von Natur aus faul sind und mit möglichst wenig Code möglichst viel erreichen wollen. C-Programmierer scheinen hier die Vorreiter zu sein. In jedem Fall bedeutet der vorgestellte Operator ++ oder --, dass das Inkrementieren bzw. das Dekrementieren stattfindet, bevor das Ergebnis an die Variable auf der linken Seite weitergegeben wird. So hat bei

```
i = 10; c = ++i;
```

die Variable c nach der Wertzuweisung den Wert 11. Und die Variable i genauso. Steht allerdings der ++-Operator nach dem Variablennamen, wird die Zuweisung an c zuerst vorgenommen und danach erst der Variablenwert von i erhöht. Somit hat nach

```
i = 10; c = i++;
```

die Variable c den Wert 10 und i wie auch im vorherigen Beispiel den Wert 11.

Erweiterte Darstellung	Bedeutung
+=	a+=b ist gleichwertig zu a=a+b.
-=	a-=b ist gleichwertig zu a=a-b.
*=	a*=b ist gleichwertig zu a=a*b.
/=	a/=b ist gleichwertig zu a=a/b.
%=	a%=b ist gleichwertig zu a=a%b.

Tabelle 2.4: Erweiterte Darstellung arithmetischer Operatoren

2.9 Verzweigungen und Bedingungen

Auch im Zeitalter der objektorientierten und ereignisgesteuerten Programmierung kommt man als Programmierer um Verzweigungen, also Fallunterscheidungen und Schleifen nicht herum. Im Grunde sind diese Konstrukte aber genauso aufgebaut wie in allen anderen Programmiersprachen auch – lediglich die grundsätzliche Notation ist ein wenig unterschiedlich.

Wie in PHP, VisualBasic und Delphi auch lautet die Verzweigung if.

```
if (BEDINGUNG)
   ANWEISUNG;
```

Operator	Bedeutung	Beispiel
>	größer als	5 > 4 ist TRUE.
<	kleiner als	4 < 5 ist TRUE.
>=	größer als oder gleich	4 >= 4 ist TRUE.
<=	kleiner als oder gleich	3 <= 4 ist TRUE.
==	gleich	5 == 5 ist TRUE.
!=	nicht gleich	5 != 4 ist TRUE.

Tabelle 2.5: Vergleichsoperatoren in C

Hierbei gilt, dass die ANWEISUNG nur dann ausgeführt wird, wenn die BEDINGUNG den Wahrheitswert TRUE hat. Die Bedingung kann aus einer Aussage, wie beispielsweise b==0, bestehen oder aber gemäß der booleschen Algebra mit && (logisches Und / AND) oder || (logisches Oder / OR) verknüpft oder gegebenenfalls mit ! negiert sein, also beispielsweise:

```
(b==0) && (!(a<=10))
```

Ich empfehle Ihnen, immer Klammern um die Ausdrücke zu setzen. Es gibt zwar eine Operatoren-Hierarchie, und Sie können sich etwas Schreibarbeit sparen, mit den Klammern sind Sie jedoch auf der sicheren Seite und müssen sich keine Reihenfolge merken und diese bei jedem komplizierten Ausdruck auch noch anwenden. Ansonsten gelten sämtliche Regeln der booleschen Algebra, also beispielsweise, dass !(A && B) dasselbe ist wie !A || !B (De Morgan'sche Regeln).

Die ANWEISUNG; in der if-Verzweigung kann wahlweise eine einzelne Anweisung sein oder eine Reihe von Anweisungen, die dann aber in geschweifte Klammern, also {} eingebettet sein müssen. Dies entspricht in Delphi/Pascal dem begin ... end. In VisualBasic endet der Anweisungen-Block ja entsprechend mit endif.

```
if (b !=0) {
    f = (float) a / b; NSLog(@"Ergebnis der Division ist %f", f);
}
```

In dem Beispiel drängt es sich nahezu auf: Man benötigt natürlich auch eine Möglichkeit, den umgekehrten, also den else-Zweig darzustellen:

```
if (BEDINGUNG)
    ANWEISUNG;
else
    ANWEISUNG;
```

also im Beispiel:

```
if (b !=0) {
    f = (float) a / b; NSLog(@"Ergebnis der Division ist %f", f);
} else NSLog(@"Division durch Null!");
```

Wichtig für Pascal/Delphi-Programmierer

Ich weiß: Es tut weh, vor einem else ein ; zu sehen. Vor einem else steht kein Semikolon! Leider gilt dies nur für Pascal/Delphi. Das hat seine Gründe im Ziel von Pascal, weil diese Sprache von Niklaus Wirth ursprünglich als reine Lehrsprache entwickelt wurde und erst durch die Firma Borland mit Turbo Pascal und später Delphi überhaupt zu einer kommerziellen Entwicklungsumgebung wurde. Von daher: Gewöhnen Sie sich einfach daran. Die Bauchschmerzen lassen mit der Zeit nach.

Im Grunde genommen keine eigene Variante, aber auf jeden Fall erwähnenswert ist, dass mit der if-Verzweigung auch mehrere Fälle geprüft werden können. Das geschieht einfach dadurch, dass der else-Zweig wieder aus einer if-Anweisung besteht, also:

```
if (BEDINGUNG)
    ANWEISUNG;
else
    if (BEDINGUNG)
        ANWEISUNG;
    else
        ANWEISUNG;
```

Oder anders geschrieben und damit als mehrfache Verzweigung besser kenntlich gemacht:

```
if (BEDINGUNG 1)
    ANWEISUNG;
else if (BEDINGUNG 2)
    ANWEISUNG;
...
else if (BEDINGUNG n)
    ANWEISUNG;
else
    ANWEISUNG;
```

Auch hier gilt natürlich wieder, dass eine einzige Anweisung ohne geschweifte Klammern auskommt und mehrere Anweisungen diese benötigen. Das ist nicht nur bei den Verzweigungen der Fall, sondern auch bei den Schleifen.

2.10 Schleifen

Wie in den meisten Programmiersprachen, so gibt es auch in C zwei wichtige Formen der Schleifen. Die Zähl- oder for-Schleife dient dazu, eine festgelegte Anzahl von Läufen durch den Schleifenkörper auszuführen. Die Notation ist ähnlich wie in PHP. Und auch Basic-Programmierer werden die Syntax schnell erkennen. Lediglich Pascal-Entwickler verstehen unter einer for-Schleife ein Konstrukt, das eine Variable in Einser-Schritten durchläuft. Hier gibt C definitiv mehr Flexibilität:

```
for ( INITIALISIERUNG; BEDINGUNG; ENDANWEISUNG )
    ANWEISUNG;
```

Die INITIALISIERUNG ist eine normale Anweisung, die am Anfang, also vor dem ersten Durchlauf des Schleifenkörpers, durchgeführt wird. Sollen beispielsweise alle Zahlen von 1 bis 100 ausgegeben werden, lautete die Initialisierung:

```
i = 1
```

Die BEDINGUNG ist wieder ein boolescher Ausdruck, der wahlweise wahr (TRUE) oder falsch (FALSE) sein kann. Im Beispiel wäre es:

```
I<=100
```

Und die ENDANWEISUNG ist eine Anweisung, die nach jedem Durchlauf des Schleifenkörpers durchgeführt wird. Dies wird zumeist für das Inkrementieren der Laufvariablen verwendet, also in unserem Beispiel i = i+1 oder in guter C-Manier i++. Die gesamte Schleife würde dann wie folgt aussehen:

```
for (i=1; i<=100; i++)
    NSLog(@"%d", i);
```

Das ist der normale Sinn der for-Schleife. Durch die flexible Syntax lässt dieses Schleifenkonstrukt jedoch auch sehr gewagte Varianten zu, die überhaupt keine Ähnlichkeit mehr mit den Zählschleifen in anderen Sprachen haben. Aber das werden Sie in der Praxis schon selbst herausbekommen.

Wenn eine Initialisierung keinen Sinn macht, kommt wahlweise eine kopfgesteuerte oder eine fußgesteuerte Schleife in Betracht. Bei Ersterer wird die Bedingung geprüft, bevor die erste Anweisung des Schleifenkörpers ausgeführt wird. Bei Zweiterer wird der Schleifenkörper mindestens einmal durchlaufen, und am Ende wird geprüft, ob ein weiterer Durchlauf vonnöten ist.

Schematisch sehen kopfgesteuerte und fußgesteuerte Schleifen wie folgt aus:

```
while (BEDINGUNG) // Kopfgesteuerte Schleife
    ANWEISUNG;
```

bzw.

```
do
    ANWEISUNG;
while (BEDINGUNG); //  Fußgesteuerte Schleife
```

Achten Sie darauf, dass bei der fußgesteuerten Schleife am Ende das ; steht.

Das Gute an Xcode ist, dass der Editor Code-Vervollständigung unterstützt. In dem Moment, wo Sie die beiden Buchstaben wh tippen, erscheint sofort die schematische Notation der while-Schleife. Gleiches gilt natürlich für alle anderen Konstrukte auch. Passt der Vorschlag von Xcode, können Sie mit den Pfeiltasten zu den entsprechenden Platzhaltern der Bedingungen respektive der Anweisungen navigieren. Auf diese Weise gibt es viel weniger Fehler durch vergessene Klammern oder versehentlich großgeschriebene Bezeichner.

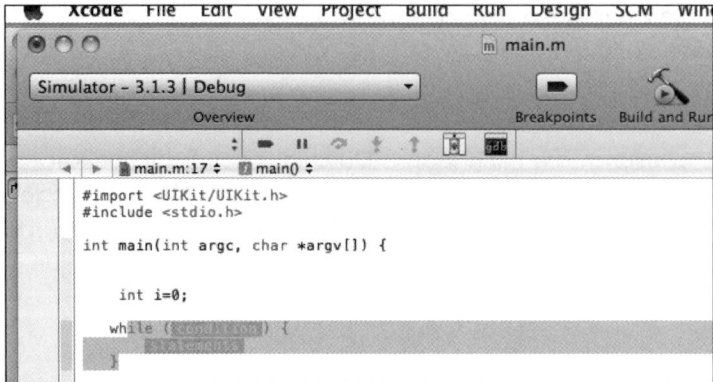

Abbildung 2.13: Die Code-Vervollständigung vermindert die Fehleranfälligkeit beim Tippen und spart viel Zeit.

2.11 Prozeduren und Funktionen

Prozeduren und Funktionen sind in C im Grunde dasselbe. Was man in VisualBasic und in Delphi als *procedure* oder *Sub* kennt, ist in C lediglich eine Funktion, die den Rückgabewert *void* besitzt. Grundsätzlich ist eine Funktion so aufgebaut:

```
DATENTYP name(PARAMETER) {

    return RÜCKGABEWERT;
}
```

Der DATENTYP ist jener, den der Wert RÜCKGABEWERT durch den Befehl return an den aufrufenden Code zurückliefert.

Eine Funktion haben Sie bereits kennengelernt – die in allen C-Programmen enthaltene Funktion *main*:

```
int main(int argc, char *argv[]) {
...
    return retVal;
}
```

Die Parameterliste wird nicht anders notiert als die normale Variablendeklaration. Der Unterschied ist nur, dass die Parameter in den Klammern der Funktion nur durch Kommas anstatt durch Semikolons getrennt sind. Nach dem Zeichen { kommt beliebiger Programmcode – von der Deklaration lokaler Variablen, die lediglich innerhalb der Funktion gelten, bis hin zu den Anweisungen, die iterativ abgearbeitet werden. An passender Stelle sollte dann das Statement return RÜCKGABEWERT kommen: Hier endet die Verarbeitung der Funktion. Und der

RÜCKGABEWERT wird an den aufrufenden Code zurückgegeben – sofern er gebraucht wird. Programmiert man beispielsweise

```
void halloWelt() {
    NSLog(@"Hallo Welt!");
}
```

so reicht der Aufruf

```
halloWelt();
```

ohne Zuweisung eines Wertes. Programmiert man hingegen eine echte Funktion mit einem Rückgabewert, wie beispielsweise

```
float PI() {
    return 3.1415926;
}
```

so kann man den Rückgabewert in Zuweisungen oder auch Berechnungen nutzen:

```
float flaeche, radius=20;
flaeche = 2 * radius * PI();
```

Hinweis

Die Codevervollständigung funktioniert übrigens nicht nur bei Elementen von Objective-C oder den Standard-C-Bibliotheken, sondern auch bei Ihren eigenen Variablen und Funktionen. Tippen Sie einfach nach der Definition von void halloWelt() die Buchstaben *ha*. Sofort erscheint der Aufruf der Funktion *halloWelt* in Grau, und Sie müssen lediglich die $\boxed{\rightarrow}$ drücken, um ihn in den Quellcode zu übernehmen. So vermeiden Sie Tippfehler, und es geht schneller!

2.12 Werteparameter und Referenzparameter

Man unterscheidet bei den Parameterübergaben einer Funktion zwischen zwei Methoden. Wird lediglich der Wert an die Funktion übergeben, führt also eine Änderung innerhalb der Funktion nicht zu einer Änderung der übergebenen Variablen, spricht man von der *Call by Value*-Methode. Hier geht es nur und ausschließlich um den Werteparameter. So hat beispielsweise die Funktion

```
float kreisUmfang(float radius) {
    return 2 * 3.1415926 * radius;
}
```

den Sinn, aus einem gegebenen Radius den Umfang zu errechnen. Natürlich soll nach der Berechnung in der Form

```
float meinRadius = 123;
NSLog(@"Der Umfang beim Radius %f ist %f",
        meinRadius, kreisUmfang(meinRadius));
```

die Variable meinRadius weiterhin den Wert 123 besitzen.

Ganz anders beispielsweise bei einer Funktion, die zwei Werte – also zwei Variableninhalte – tauschen soll. Diesen Aufruf beschreibt die zweite Methode, *Call by Reference* genannt, wie schon in Abschnitt 2.6, „Variablen deklarieren", erwähnt. Der Aufruf wird dann so heißen:

```
int eins = 1;
int zwei = 2;
vertausche(&eins, &zwei);
NSLog(@"Eins=%d   Zwei=%d",eins, zwei);
```

Die Ausgabe von *NSLog* lautet

```
Eins=2  Zwei=1
```

weil nach dem Aufruf die Inhalte der beiden Variablen eins und zwei getauscht sind. Das geschieht, weil der Aufruf nicht

```
vertausche(eins, zwei);
```

lautet, sondern:

```
vertausche(&eins, &zwei);
```

Es werden dabei also nicht die Werte, sondern die Adressen der beiden Variablen übergeben. Diese sogenannten *Referenzparameter* wurden also mit dem Adressoperanden & deklariert. Auf diesen besonderen Umstand muss natürlich auch die Funktion vertausche getrimmt sein. Statt

```
void vertausche (int zahlEins, int zahlZwei) {
```

bei dem lediglich die Werte übergeben würden, muss es nun heißen:

```
void vertausche (int *zahlEins, int *zahlZwei) {
```

Hier erwartet die Funktion einen Zeiger, also einen Pointer auf eine Integer-Variable, und als zweiten Parameter noch einen entsprechenden Pointer.

Beim Zugriff auf den Inhalt der übergebenen Variablen (die ja nur als Adresse übergeben wird) muss dieser Umstand erneut besonders dargestellt werden. Die Zeile

```
    int puffer = *zahlZwei;
```

bedeutet dabei, dass der in `vertausche` deklarierten lokalen Integer-Variablen `puffer` der Inhalt jener Variablen zugewiesen wird, auf die der Pointer `zahlZwei` verweist. Mit den folgenden drei Zeilen endet die Funktion:

```
*zahlZwei = *zahlEins;
*zahlEins = puffer;
}
```

Testen Sie den Code nun einmal aus, und Sie werden sehen, dass tatsächlich die Variablen per Referenz übergeben werden und nach dem Aufruf die Werte getauscht sind. Achten Sie jedoch darauf, dass die Funktionsdefinition von `vertausche` vor der Funktion `int main` ... steht. Warum das so ist, erfahren Sie im nächsten Kapitel.

2.13 Funktionsdeklaration und Headerdateien

Das Konzept der Headerdateien und der scheinbar doppelten Deklaration wird allen PHP-, VisualBasic- und in gewissem Maße auch Delphi-Programmierern seltsam vorkommen. Denn neben der eigentlichen Funktion innerhalb des Quelltextes ist häufig auch noch wahlweise die Deklaration der Funktion weiter oben innerhalb der Datei oder aber ausgelagert in einer Datei mit der Endung .h vorhanden. Diese Vorabinformation braucht der Compiler, um den Aufruf einer Funktion vor ihrer Code-Definition nicht als unbekannten Bezeichner und somit als Fehler darzustellen. Bei interpretierten Sprachen, wie VisualBasic und PHP, sucht sich der Interpreter selbst den Namen heraus. Aber auch Pascal/Delphi-Programmierer wissen, dass eine `function` zuerst definiert sein muss, bevor sie verwendet werden kann. In der Regel geschieht dies mit der *uses*-Anweisung. Oder innerhalb derselben Quelltext-Datei mit der *forward*-Direktive.

Headerdateien in C sind im Grunde genommen so etwas wie Inhaltsverzeichnisse. Hier werden die Funktionen schematisch deklariert. Das heißt, hier befindet sich kein wirklich ausführbarer Code, sondern lediglich die Kopf-Deklaration der Funktionen samt ihrer Parameter und Rückgabewerte. Dadurch kann der Compiler beim ersten Durchlauf direkt erkennen, ob der Quellcode nur bekannte Bezeichner verwendet. Zudem kann er die Typprüfung durchführen und weiß somit, ob es Verletzungen beim Übergeben der Parameter gibt.

Ein Eintrag in einer Headerdatei ist denkbar einfach. Sie müssen lediglich den Kopf der Funktion samt der Parameter in Klammern verwenden, und statt des Funktionskörpers, der in geschweiften Klammern folgt, steht einfach das Semikolon ;. Fertig! Am Beispiel der Funktion *vertausche*, die wir im vorigen Abschnitt geschrieben haben, hieße diese Deklaration:

```
void vertausche (int *zahlEins, int *zahlZwei);
```

Wenn Sie die Funktion auch anderen Modulen zur Verfügung stellen, sollten Sie sie tatsächlich in eine externe Headerdatei auslagern. Handelt es sich jedoch um eine Funktion, die Sie definitiv nur in der aktuellen Quelltextdatei benötigen, reicht es auch aus, die Funktion am Anfang der Quelltextdatei zu notieren.

Haben Sie sich für die Headerdatei entschieden, müssen Sie diese in Ihren Quelltext einbinden. Dazu verwenden Sie die Direktive

```
#include <dateiname1.h>
```

respektive

```
#include "dateiname2.h"
```

Im ersteren Fall wird die Headerdatei *dateiname1.h* aus den Systemverzeichnissen des C-Compilers verwendet. Im zweiten Fall erwartet der Compiler die Datei *dateiname2.h* innerhalb Ihres Projekts.

Wollen Sie in Xcode eine Headerdatei erzeugen, wählen Sie FILE / NEW FILE, markieren im Folgenden C AND C++ und doppelklicken auf das Symbol der Headerdatei. Die Datei öffnet sich wie ein normaler Quelltext im Editor.

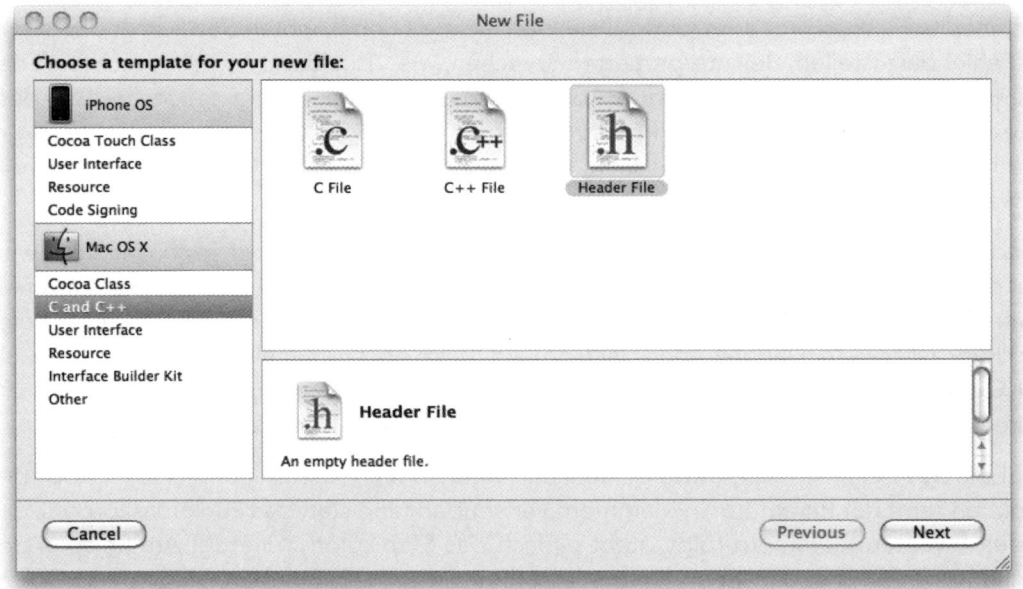

Abbildung 2.14: Neue Headerdateien werden automatisch in die Projektverwaltung übernommen.

2.14 Konstanten und Präprozessor-Ersetzungen

Neben den Funktionsdeklarationen finden sich in Headerdateien häufig auch Konstanten, also symbolische Bezeichner für einen festen Wert, der nicht in einer Variablen zur Änderung gespeichert wird, sondern vom Compiler bereits zur Übersetzungszeit durch den tatsächlichen Wert ersetzt wird. Das beschleunigt zur Laufzeit die Verarbeitung. Eine Konstante in einer Headerdatei oder auch in einer C-Quellcodedatei wird über die Syntax

```
#define SYMBOLISCHERNAME  tatsaechlicherWert
```

also beispielsweise

```
#define  PI   3.1415926
```

definiert.

Wenn dann im Quelltext eine Berechnung

```
float flaeche = PI * 20 * 20;   // also pi * r hoch zwei
```

lautet, ersetzt der Compiler zur Übersetzungszeit den Ausdruck durch:

```
float flaeche = 3.1415926 * 20 * 20;
```

Das Besondere an der Art, wie C – genauer gesagt der Präprozessor beim ersten Durchlauf des Compilers – mit solchen #define-Ausdrücken umgeht, ist, dass hier auch ganze Ausdrücke stehen können. Im vorgenannten Beispiel wäre die Formel noch klarer, wenn sie

```
float flaeche = PI * QUADRAT(20);
```

hieße. Das erreichen Sie mit der #define-Klausel:

```
#define QUADRAT(x) ((x)*(x))
```

Danach sieht die Codezeile wie folgt aus:

```
float flaeche = 3.1415926 * (20)*(20);
```

Besser lesbar ist jedoch definitiv die obere Variante.

Im Gegensatz zu einem Funktionsaufruf wie

```
float QUADRAT(float x) {
    return x * x;
}
```

der ja auch in der Form

```
flaeche = PI * QUADRAT(20);
```

verwendet würde, sollten Sie auf jeden Fall die Variante mit der #define-Direktive verwenden. Sie ist um Klassen schneller, weil keinerlei Subroutinen-Verarbeitung und Speichermanagement zur Laufzeit stattfinden muss wie bei einem Prozeduraufruf.

> ### Hinweis
>
> Xcode 4 bietet unter PRODUCT / GENERATE OUTPUT / GENERATE PREPROCESSED FILE die Möglichkeit, sich einmal den vom Präprozessor ausgewerteten Code anzuschauen. Hier sehen Sie dann das, was der Compiler tatsächlich zum Übersetzen bekommt. Sofern an einer Stelle mit Präprozessormakro ein Fehler auftritt, sollten Sie dringend genau dieses Präprozessorergebnis anschauen, um dem Irrtum auf die Spur zu kommen.

2.15 Kommentare

Sie haben es wahrscheinlich bereits in den Beispiel-Quelltexten gesehen: Natürlich gibt es auch in C-Quelltexten Kommentare. Hier unterscheidet man zwei einfache Varianten. Soll eine Zeile auskommentiert werden, stellt man ihr einen doppelten Slash // voran. Dies ist auch das typische Verfahren, wenn in der Testphase einmal eine Zeile unberücksichtigt bleiben soll.

```
int i; // Dies ist eine Laufvariable ;-)
```

Die zweite Variante ist für echte Kommentare gedacht, also für Informationen, um den Quellcode besser lesen zu können oder im Nachhinein noch zu wissen, was man an einer gewissen Stelle überhaupt gemeint hatte. Diese echten Kommentare beginnen mit der Kombination /* und enden mit */. Schachtelungen gibt es nicht, allerdings können einfache Kommentarzeilen auch innerhalb von /* ... */ stehen.

Kapitel 3

Objective-C – objektorientiert

Nachdem im zweiten Kapitel die Grundlagen für die Sprache C gelegt worden sind, kommt nun der interessante Teil. Denn erst mit der Objektorientierung wird der Teil von Objective-C wirklich genutzt, der in letzter Konsequenz so fasziniert. Und damit auch der Teil, der bei der ersten Begegnung so kompliziert wirkt.

3.1 Erste Schritte im Interface Builder

Weniger in PHP, dafür umso häufiger in VisualBasic und Delphi arbeitet man in einer Entwicklungsumgebung, bei der die Gestaltung des Benutzerinterface per Drag&Drop zusammengeklickt wird. Dann werden Eigenschaften gesetzt und mithilfe von Methoden die einzelnen Objekte, von der Schaltfläche bis hin zum Label, mit Leben gefüllt. Im Grunde genommen ist es bei Objective-C genauso. Der einzige Unterschied ist, dass es bei VisualBasic und Delphi ganz starre Formen der Notation gibt. In Objective-C hingegen legt der Programmierer Instanzenvariablen und die Namen der Methoden selbst fest – etwa den Namen jener Methode, die bei einer Schaltfläche beim Klick-Ereignis ausgeführt werden soll. Am einfachsten sehen Sie dies an einem kleinen Beispiel. Daher werden wir in den folgenden Abschnitten peu à peu visuell eine kleine Applikation zusammenbasteln, die entsprechenden wichtigen Stellen im Quellcode aufsuchen und dann die Elemente mit Leben füllen. Während bei VisualBasic und Delphi die visuelle Gestaltung und die Programmierung in derselben Oberfläche stattfinden, gibt es dafür in Objective-C zwei Tools:

- *Xcode*, um – wie der Name schon sagt – den Code festzulegen und
- *Interface Builder*, der auch das tut, was sein Name vermuten lässt: Er hilft nämlich, das Interface, also die Benutzeroberfläche der iPhone-Applikation zu gestalten.

Seit der Version 4 von Xcode sind diese beiden Tools aber zumindest unter einer Oberfläche zusammengefasst. Und glauben Sie mir: Das ständige Hin- und Herschalten werden die Neueinsteiger in die Version 4 sicher nicht vermissen. Die Aufsteiger von der Version 3 hingegen haben allen Grund zur Freude.

Um das Ganze an einem Beispiel kennenzulernen, starten Sie Xcode neu. Legen Sie ein IPHONE-APPLICATION-Projekt vom Typ SINGLE VIEW APPLICATION an. Nennen Sie dieses *Kapitel3*.

Projektquellcode

Sie finden den Quellcode des Projekts unter *www.iho.me/Kapitel3*.

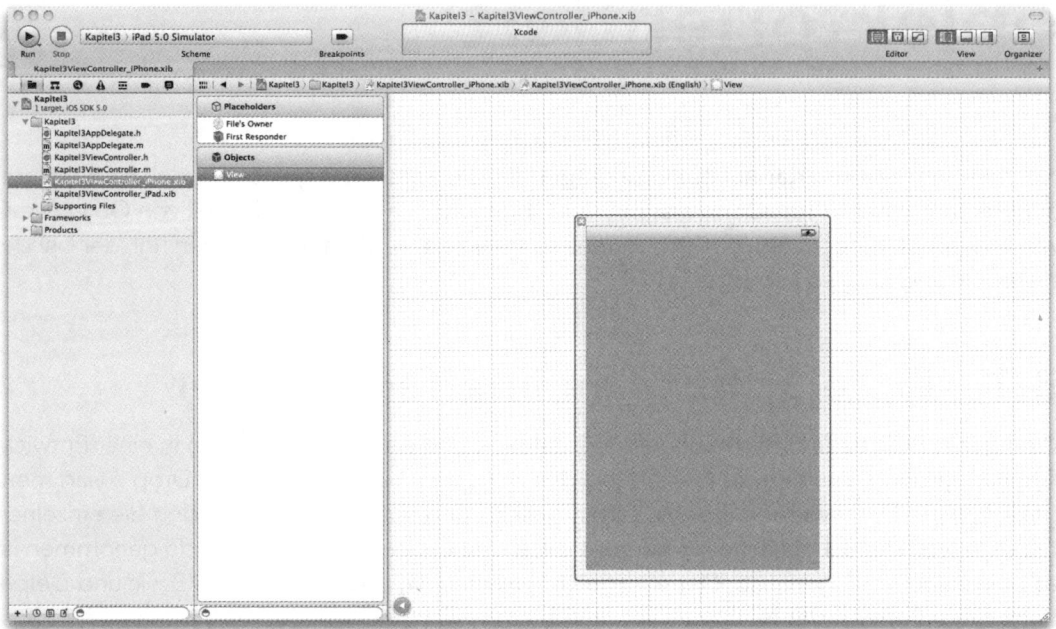

Abbildung 3.1: Hinter den Dateien mit der Endung .xib verstecken sich die Interface-Builder-Layouts.

In der Projektübersicht sehen Sie den Eintrag *Kapitel3ViewController.xib*. Eventuell sehen Sie, wenn Sie als Projektvorlage UNIVERSAL für iPhone und iPad gewählt haben, noch die Endungen des entsprechenden iDevice.

Diese *.xib*-Dateien (sprich: „sipp") sind Interface-Builder-Dateien, also jene Dateien, in denen das Layout gespeichert wird. Doppelklicken Sie auf diesen Eintrag, zeigt sich der Interface Builder. Standardmäßig ist das Fenster in drei vertikal getrennte Bereiche geteilt.

Das VIEW-Fenster an sich entspricht beim *SINGLE VIEW APPLICATION*-Projekt-Template der Fensteransicht. Hier werden in einem Fenster ein oder mehrere Views angezeigt. Dies ist also der Platz, in dem die einzelnen Elemente – von der Schaltfläche über Labels bis hin zu Textfeldern oder Bildern – angeordnet werden. Zu diesem Fenster gehört ein weiteres, das den Namen der *.xib*-Datei trägt, also in unserem Fall *Kapitel3ViewController.xib*.

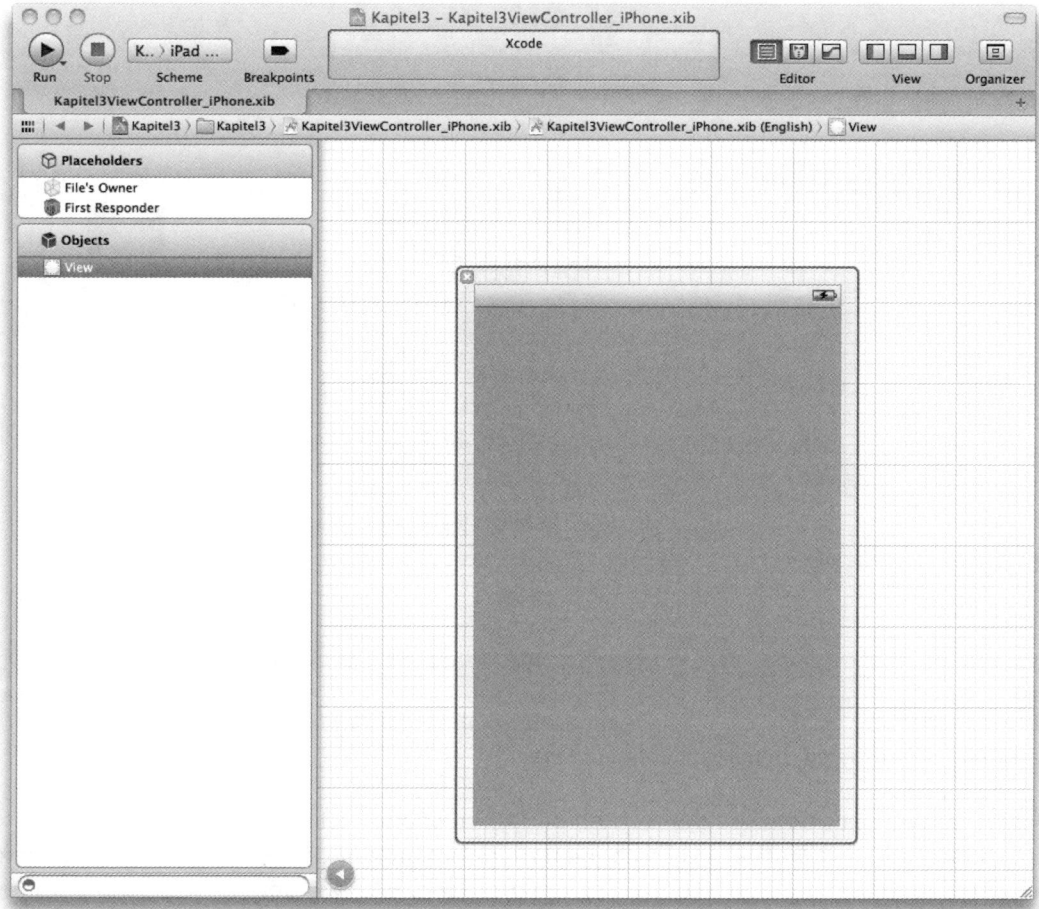

Abbildung 3.2: Das View-Fenster (rechts) stellt die Grundlage der Ansicht dar und wird später mit Steuerelementen gefüllt und gestaltet.

Das OBJECT LIBRARY-Fenster (Ctrl + ⌥ + ⌘ + 3) enthält verschiedene sichtbare und unsichtbare Steuerelemente, die der Cocoa Touch-Programmierer verwenden kann, um im Interface Builder die Oberfläche zu gestalten. Diese Steuerelemente sind aufeinander-folgend in Kategorien geordnet: Erst kommen die Schaltflächen und andere typische User-Interface–Elemente, und die Auswahl reicht bis zu Rahmen für Bilder oder HTML-Container.

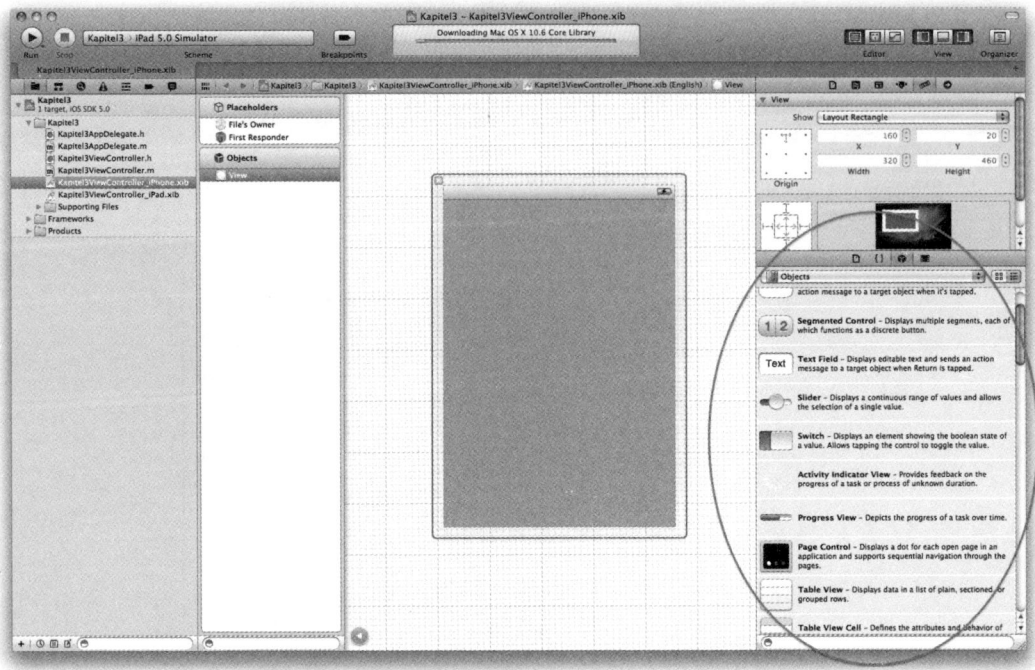

*Abbildung 3.3: Am rechten Rand, im O*BJECT *L*IBRARY*-Fenster des Interface Builders, sind alle sicht-baren und unsichtbaren Steuerelemente enthalten.*

Der INSPECTOR – der obere Teil der rechten Bildschirmspalte – ist dazu da, einzelne Elemente zu untersuchen, Text, Farbe und Erscheinen zu formatieren und Eigenschaften im Quelltext mit den Elementen im Interface Builder zu verbinden. Hier werden auch die Verknüpfungen zwischen den Methoden im Objective-C-Code und den Steuerelementen der gestalteten Oberfläche hergestellt. Der Inspector ist in fünf Register eingeteilt, die durch die fünf unterschiedlichen Symbole über dem Fensterbereich rechts dargestellt sind.

Das erste Register von links ist der FILE INSPECTOR (⌥ + ⌘ + 1). In dieser Ansicht sehen Sie Informationen über die aktuell geöffnete *.xib*-Datei sowie deren Lokalisierung. In Xcode 4 ist es sehr leicht, Anwendungen für unterschiedliche Märkte zu schreiben. Alles, was Sie machen müssen, ist, eine *.xib*-Datei für die unterschiedlichen Lokalisierungen, wie beispielsweise für Frankreich, USA, Spanien usw., im Interface Builder zu erstellen. Die verschiedenen Varianten sind tatsächlich in einer einzigen *.xib*-Datei enthalten, und das iPhone oder das iPad verwendet einfach jene, die am besten zum gewählten Lokalisierungsprofil des iDevice passt.

Das zweite Register ist der sogenannte QUICK HELP INSPECTOR (⌥ + ⌘ + 2). Wenn Sie ein Element oder das View selbst markieren, erhalten Sie eine ausführliche Beschreibung samt der Querverweise in die Xcode-Hilfe. Besonders beachtenswert ist der Abschnitt SAMPLE CODE. Hier können Sie – wenn Sie etwas weiter im Buch fortgeschritten sind – die Arbeitsweise des jeweiligen Steuerelements in der Praxis (sprich: im Objective-C Code) sehen.

Der IDENTITY INSPECTOR (⌥ + ⌘ + 3) des dritten Registers hilft Ihnen dabei, das jeweilige Steuerelement mit der zugehörigen Quellcodedatei, genauer gesagt: mit dem zugehörigen Klassenmodul, zu verbinden. Im Gegensatz beispielsweise zu Delphi oder Visual Basic können nämlich Eigenschaften und Methoden verschiedener Steuerelemente auf einem einzigen Fensterobjekt in unterschiedlichen Quellcodedateien abgearbeitet werden.

Das vierte Register ist auch gleichsam das wichtigste für die gestalterische Arbeit. Im ATTRIBUTES INSPECTOR (⌥ + ⌘ + 4) legen Sie die Eigenschaften des jeweils markierten Steuerelements oder des Fensters fest. Markieren Sie eines der Elemente in der ATTRIBUTES LIBRARY, beispielsweise ein Label, und ziehen Sie es auf die View-Fläche. Ist es markiert, so sehen Sie im OBJECT INSPECTOR sämtliche Attribute des ausgewählten Elements.

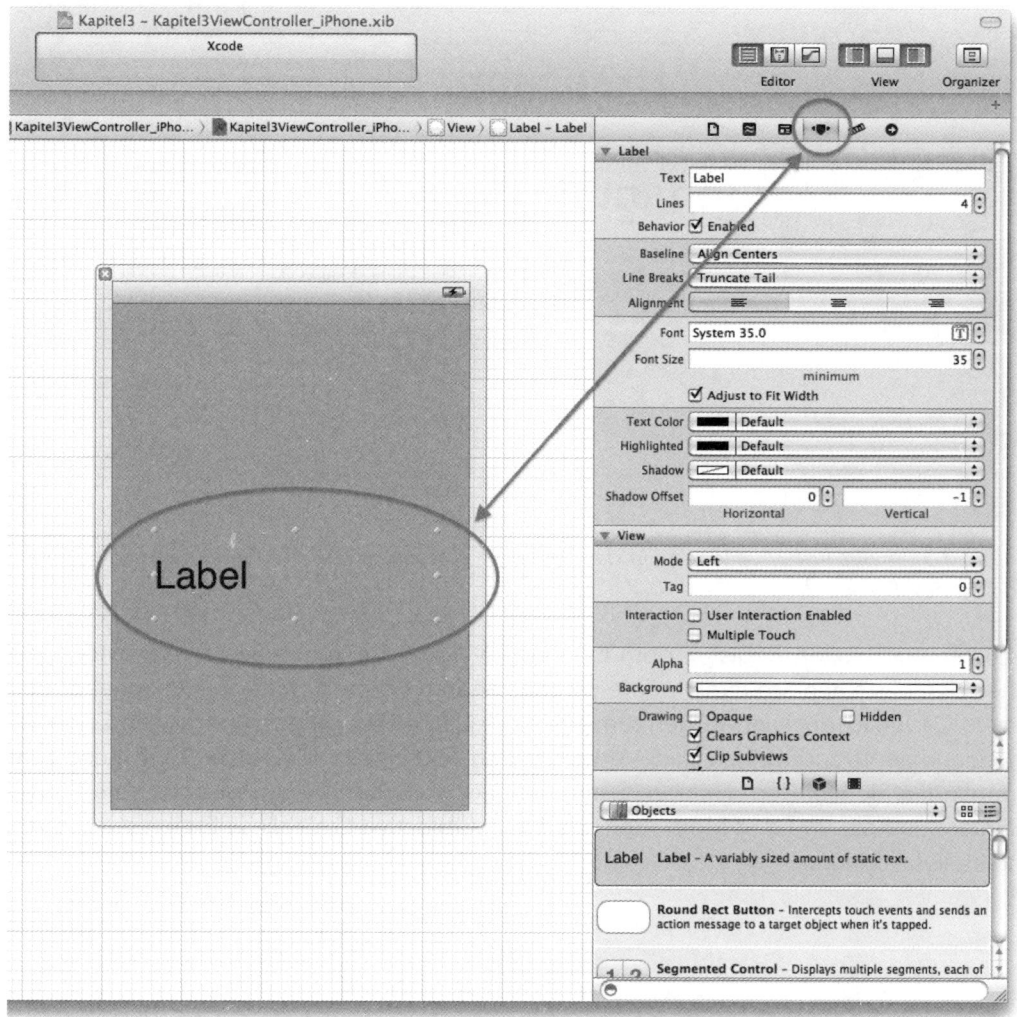

Abbildung 3.4: Der Inspector setzt Eigenschaften von Views und Steuerelementen.

Register Nummer fünf, der SIZE INSPECTOR ([⌥]+[⌘]+[5]), hilft Ihnen dabei, die Größe und Position der Steuerelemente visuell festzulegen und ihr Verhalten beim Verändern der Display-Größe zu beschreiben. Eine Veränderung des Displays tritt beispielsweise auf, wenn Sie das iDevice um 90° drehen. Dann können Sie im unteren Teil des SIZE INSPECTOR festlegen, wo das Steuerelement nach der Größenänderung dargestellt werden soll und ob es sich eventuell auch in Höhe und Breite verändert.

Abbildung 3.5: Im SIZE INSPECTOR legen Sie das Verhalten von Views und Steuerelementen fest, sobald sich das iDevice dreht.

Im sechsten und letzten Register, dem CONNECTION INSPECTOR, sehen Sie die Verbindungen zwischen den einzelnen Steuerelementen im gestalteten Formular und dem dazugehörigen Objective-C-Quellcode. Hier werden zum einen die Namen festgelegt, über die im Code auf die Steuerelemente zugegriffen wird – etwa um den Text eines Labels zu ändern –, und zum anderen finden Sie hier den direkten Zusammenhang zwischen Ereignissen der verschiedenen Steuerelemente und den Methoden, die Sie in Objective-C für diese Ereignisse zur Verfügung stellen können.

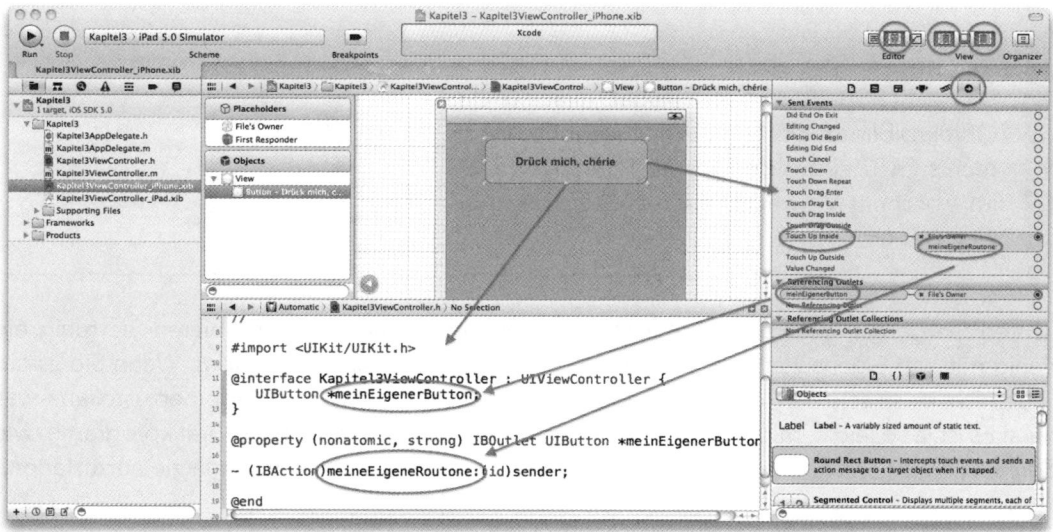

Abbildung 3.6: Im CONNECTION INSPECTOR legen Sie die Verbindungen zwischen dem visuellen Gestaltungstool Interface Builder und dem Objective-C-Quellcode fest.

3.2 Steuerelemente platzieren und ausrichten

Als Erstes setzen Sie drei Steuerelemente auf das Form, das Formular, das Fenster oder (wie es eben in Objective-C heißt) das *View*. Schauen Sie dazu in der Objektbibliothek nach einem Element namens ROUND RECT BUTTON. Ziehen Sie es dann per Drag&Drop auf das View-Formular. Bewegen Sie das Steuerelement in Richtung der unteren linken Ecke. Wenn die Schaltfläche einen vernünftigen Abstand vom Rand links und unten hat, erscheinen Hilfslinien, die es Ihnen erleichtern, das Steuerelement vernünftig zu platzieren. Lassen Sie die Maustaste los, sobald die Schaltfläche links unten an den Hilfslinien ausgerichtet ist. Ist das Steuerelement links unten platziert, bekommt es die von Grafikprogrammen bekannten acht Anfasser an den Ecken und Seiten, mit denen die Größe verändert werden kann. Ziehen Sie es am rechten seitlichen Anfasser in die Breite, bis auf der rechten Seite die Hilfslinie erscheint. Lassen Sie die Schaltfläche dann erneut los, ist sie perfekt am unteren Rand des sichtbaren Bereichs angeordnet. Wenn Sie nun einen Doppelklick auf der Schaltfläche ausführen, können Sie die Beschriftung der Schaltfläche direkt eingeben. Tragen wir beispielsweise *Drück mich!* ein.

Alle weiteren Attribute ändern Sie im *Inspector* rechts oben in der rechten Fensterspalte.

Hinweis

Die rechte Spalte mit dem Inspector sowie der Objektbibliothek sehen Sie nur, wenn Sie oben rechts im Titel des Fensters bei den Symbolen im Abschnitt VIEW auch die rechte Spalte markiert haben.

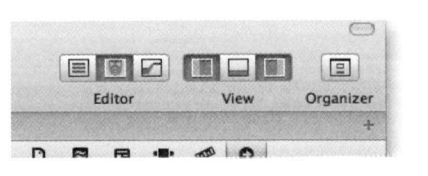

Achten Sie darauf, dass die Schaltfläche im View noch markiert ist. Probieren Sie ruhig ein wenig mit den Eigenschaften im ATTRIBUTES INSPECTOR (⌥+⌘+4) herum. Wenn Sie es am Ende nicht mehr schaffen, den ursprünglichen Status der Schaltfläche wiederherzustellen – was soll's! Es ist ja so leicht, mithilfe der Gestaltungsoberfläche, die fast an ein Grafikprogramm wie CorelDRAW, Photoshop oder Freehand erinnert, einfach eine neue Schaltfläche aufzuziehen.

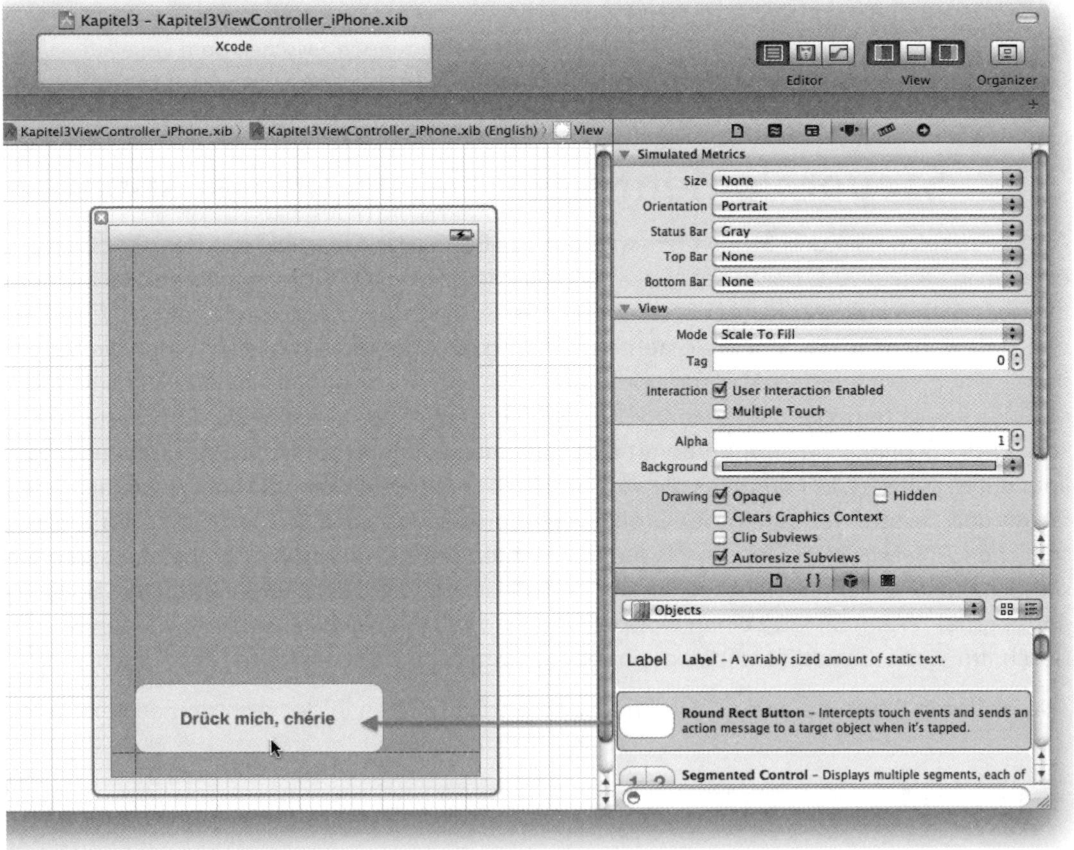

Abbildung 3.7: Per Drag&Drop ziehen Sie die Steuerelemente in das View und richten sie an den Hilfslinien aus.

Fügen Sie jetzt noch eine weitere Schaltfläche und ein Label-Element hinzu. Wenn Sie deren Größe ändern, sehen Sie in der Mitte eine gestrichelte vertikale Linie, die Ihnen anzeigt, dass das aktuelle Element nun an dieser Achse zentriert ist.

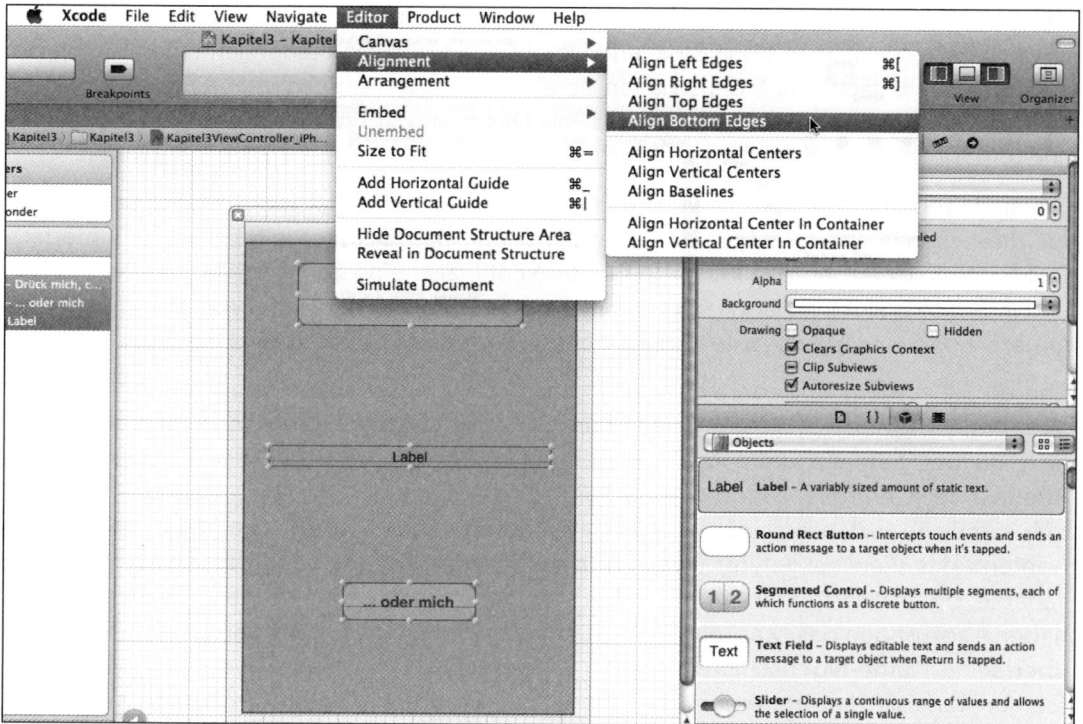

Abbildung 3.8: Bei der Gestaltung der Oberfläche verhält sich der Interface Builder fast wie ein Vektorgrafikprogramm.

Nachdem Sie die drei Steuerelemente zentriert auf dem Bildschirm angeordnet und die beiden Schaltflächen mit DRÜCK MICH und ... ODER MICH beschriftet haben, setzen Sie noch ein Attribut des Label-Steuerelements. Der Text, den wir später per Code einfügen wollen, soll nämlich zentriert dargestellt werden. Markieren Sie das Label-Element, und klicken Sie im Inspector rechts neben LAYOUT über ALIGNMENT auf das mittlere Symbol – ZENTRIERTE DARSTELLUNG.

Hinweis

Sämtliche Dateien, die noch gespeichert werden müssen, erkennen Sie in der linken Spalte des Xcode-Fensters daran, dass sie grau hinterlegt sind. Sie können sie einzeln speichern, indem Sie sie einzeln markieren und mit ⌘ + S sichern. Alternativ speichert Xcode aber auch alle Dateien, wenn Sie das Projekt starten.

3.3 Steuerelemente definieren

Der nächste Schritt besteht darin, sämtliche benötigten Steuerelemente im Code zu definieren und danach jene Event-Handler anzulegen, die ausgeführt werden, wenn eine der Schaltflächen gedrückt wird. Das ist jetzt komplett anders, als VisualBasic- oder Delphi-Programmierer es gewohnt sind, denn in VisualBasic und Delphi sind sämtliche Steuerelemente als Objekte, ihre Events und sämtliche Eigenschaften bereits vordefiniert und können einfach verwendet werden. Bei Objective-C ist dies nicht der Fall. Das muss der Programmierer selbst erledigen und anschließend die Instanzenvariablen mit den entsprechenden Objekten verbinden.

Die erste Begrifflichkeit, die Sie verstehen müssen, weil sie immer wieder vorkommt, ist das *IBOutlet*. Genau übersetzt, ist ein Outlet ein Ventil. Das *IBOutlet* („IB" steht für „Interface Builder") ist sozusagen das Interface-Builder-Ventil, also eine Schnittstelle zwischen Xcode und Interface Builder. Im Code sind sämtliche Steuerelemente, die stellvertretend über eine Objekt- oder Instanzenvariable angesprochen werden, als *IBOutlet* deklariert.

Kehren Sie zu dem Codebereich von Xcode zurück. In der linken Spalte sehen Sie unter dem Projektnamen – in unserem Falle *Kapitel3* – zwei Dateien, die zu dem aktuellen Interface Builder-View gehören, das wir gerade bearbeitet haben. Diese Dateien heißen *Kapitel3ViewController.h* und *Kapitel3ViewController.m*. In der Header-Datei befinden sich sämtliche Instanzenvariablen, also all jene Elemente, auf die Sie zugreifen können, während das *View* ausgeführt wird. Wir benötigen in dieser Headerdatei eine Instanzenvariable, die stellvertretend für das Label steht, das wir zuvor im Interface Builder platziert haben – sozusagen das, was man bei VisualBasic oder Delphi als Steuerelement kennt und über seine Name-Eigenschaft anspricht. In Objective-C müssen Sie eine eigenständige (Zeiger-)Variable deklarieren, um auf die einzelnen Steuerelemente – beispielsweise auf den Text (die Caption) des Labels – zugreifen zu können. Öffnen Sie die Headerdatei mit einem Doppelklick.In ihr ist – neben dem Kommentar – bereits die Interface-Deklaration enthalten. Erweitern Sie diese Deklaration um die neue Instanzenvariable *myLabel*:

```
@interface Kapitel3ViewController : UIViewController {
    IBOutlet UILabel *myLabel;
}
```

`*myLabel` ist ein Zeiger (erkenntlich an dem `*`) auf ein Interface Builder-Element (was an der Auszeichnung *IBOutlet* zu erkennen ist) vom Typ *UILabel*. Noch weiß jedoch Objective-C nicht, was es mit dieser Variablen auf sich hat, geschweige denn, dass es sich um jenes Steuerelement handelt, das Sie eben auf dem Formular abgelegt haben. Es geht nun also darum, diese Verbindung zwischen dem Code und dem Interface Builder herzustellen. Markieren Sie also in der linken Spalte die Ressource *Kapitel3ViewController.xib*. Markieren Sie hier in der zweiten Spalte von links direkt unter PLACEHOLDERS den ersten Eintrag FILE'S OWNER, also den Besitzer der View-Gestaltungsdatei. Im letzten Reiter des Inspector – den CONNECTIONS –, den Sie über den Shortcut ⌘ + ⌥ + 6 aktivieren können, sehen Sie alle Verknüpfungen zwischen der .xib-Datei und den zugehörigen Quelltextdateien, insbesondere natürlich der Headerdatei. Ganz oben sehen Sie auch die eben deklarierte Instanzenvariable *myLabel*. Klicken Sie rechts daneben auf den Kreis, und ziehen Sie die Maus bei gedrückter Maustaste über das Label im gestalteten Formular. Sobald dieses als markiert hervorgehoben dargestellt wird, können Sie die Maustaste loslassen. Im Inspector sehen Sie nun, dass das Label-Steuerelement und das *IBOutlet UILabel* aus der Headerdatei miteinander verknüpft sind. Wenn Sie also vom Code aus auf die Objektvariable *myLabel* zugreifen, ändern Sie das Aussehen und Erscheinen des Label-Steuerelements des *View*.

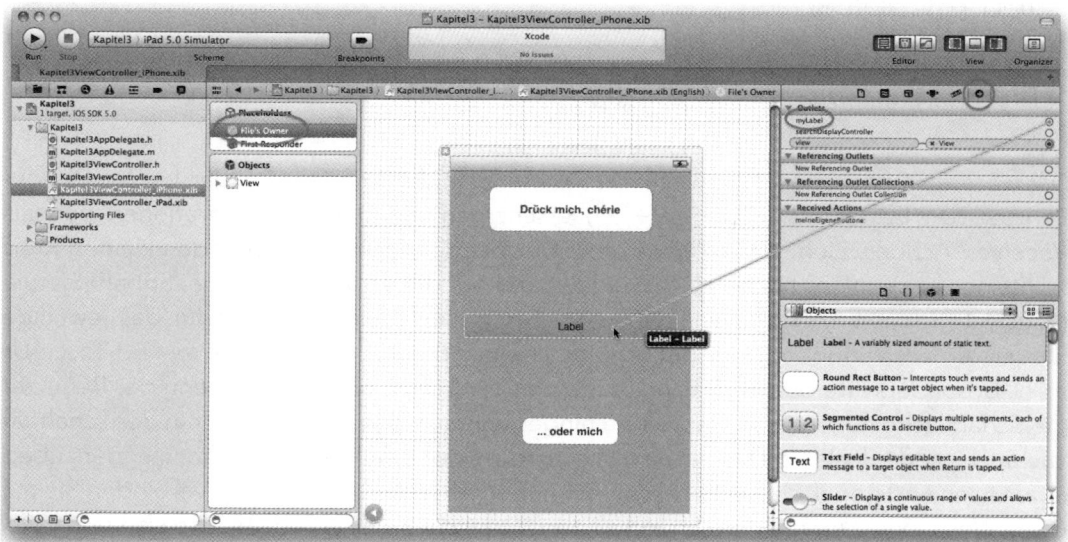

Abbildung 3.9: Per Drag&Drop wird die Instanzenvariable aus der Headerdatei mit den Steuerelementen verknüpft.

3.4   Auf Events reagieren

Als Nächstes deklarieren Sie in der Headerdatei des View (*Kapitel3ViewController.h*) zwei Methoden. Mit der Deklaration versprechen Sie sozusagen dem Compiler, dass an irgendeiner anderen Stelle – vornehmlich in der gleichnamigen Quellcodedatei – der Code für die genannten Methoden stehen wird. Zunächst aber brauchen wir nur die reine Deklaration. Die Methoden, die wir benötigen, sind jene, die ausgeführt werden, wenn der Benutzer auf eine der beiden Schaltflächen drückt. Nennen wir die beiden Methoden *pushEins* und *pushZwei*.

Eine Methode beginnt in der Regel mit einem -, gefolgt von der Art der Methode. Es gibt zwar auch noch die Möglichkeit, dass eine Methode mit einem + beginnt; innerhalb dieser Interface-Deklaration und weil wir auf Instanzenvariablen zugreifen, muss es jedoch hier das Minuszeichen sein. Erweitern Sie also in der Headerdatei die *UIViewController*-Deklaration um die beiden (fett hervorgehobenen) Methoden vom Typ *IBAction*. *IBAction* ist eine Direktive, die im ersten Durchlauf des Compilers, vom sogenannten Präprozessor, einfach in *void* übersetzt wird. Sie ist in der entsprechenden Headerdatei wie folgt definiert:

```
#define IBAction void
```

Warum Sie dann nicht gleich *void* schreiben können, werden Sie sich fragen. Der Grund ist, dass diese Behandlungsroutinen zur Entwicklungszeit im Interface Builder den entsprechenden Ereignissen der verschiedenen Schaltflächen, Labels, Listenfelder und was es sonst noch so gibt, zugeordnet werden sollen. Und der Interface Builder schaut in der gleichnamigen .h-Datei eben genau nach jenen Routinen, die mit *IBAction* ausgezeichnet sind.

```
@interface Kapitel3ViewController : UIViewController {
    IBOutlet UILabel *myLabel;
}
-(IBAction) pushEins;
-(IBAction) pushZwei;
@end
```

Das war's fürs Erste schon. Nun wechseln Sie wieder in den Interface Builder. Im CONNECTION-Fenster des Inspectors (⌘+⌥+2) erscheinen die beiden Deklarationen nun als *Received Actions*. Ziehen Sie – wie auch zuvor bei den Eigenschaften – den kleinen Kreis rechts neben *pushEins* bei gedrückter Maustaste auf die erste Schaltfläche. Sobald Sie die Maustaste loslassen, erscheint eine Auswahl mit allen Ereignissen, die für das jeweilige Steuerelement verfügbar sind. Bei Schaltflächen sind natürlich TOUCH DOWN und TOUCH UP INSIDE besonders interessant. Das erste Ereignis wird dann abgefeuert, wenn der Benutzer die Schaltfläche nur antippt. Das zweite hingegen nur, wenn er den Finger in der Schaltfläche auch wieder loslässt. Das hat den Vorteil, dass der Benutzer es sich noch anders überlegen kann und gegebenenfalls den Finger außerhalb vom Display hebt. Verbinden Sie auf diese Weise *pushEins* mit dem Ereignis *Touch Down* der ersten Schaltfläche und *pushZwei* mit dem Ereignis *Touch Up Inside* der zweiten Schaltfläche.

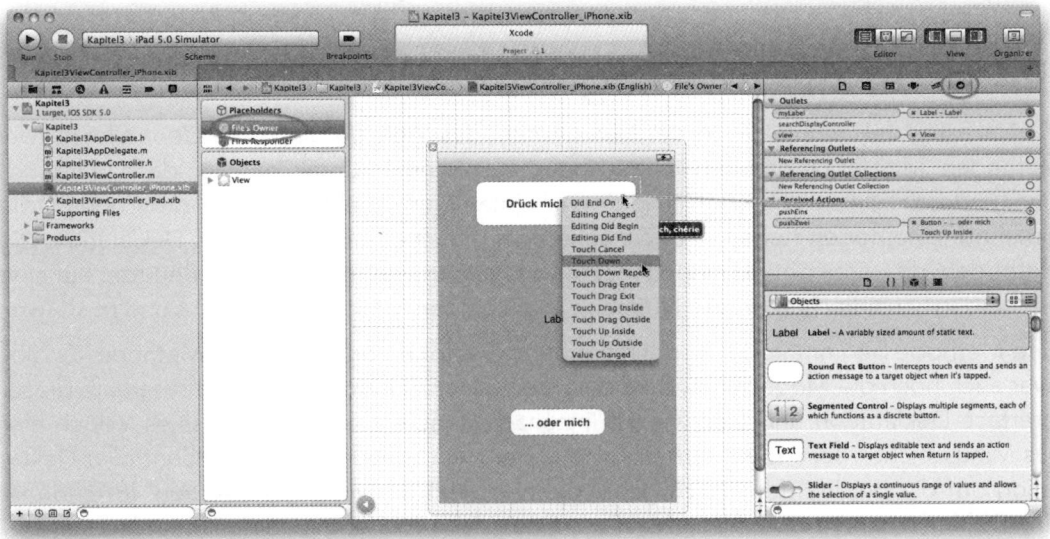

Abbildung 3.10: Auch die Methoden, die die verschiedenen Ereignisse der Schaltflächen behandeln, werden im CONNECTIONS-Inspector mit den Steuerelementen verknüpft.

Die Verbindungen sind nun hergestellt, und es fehlt lediglich der Code, der ausgeführt werden soll, sobald der Benutzer die Schaltflächen berührt respektive im zweiten Fall loslässt. Dazu wechseln Sie wieder in den Editor von Xcode und öffnen die Datei *Kapitel3ViewController.m*. In dieser Datei sehen Sie bereits einige Ereignisbehandlungsroutinen. So zum Beispiel *view-DidUnload*, also die Stelle, die aufgerufen wird, wenn das View wieder vom Display entfernt wird. Zudem sind einige Behandlungsroutinen für wichtige Ereignisse bereits vordefiniert, aber auskommentiert. Fügen Sie nun nach der Zeile

```
@implementation Kapitel3ViewController
```

den Code für die beiden Behandlungsroutinen ein, die Sie zuvor in der Headerdatei deklariert und im Interface Builder den Schaltflächen zugewiesen haben:

```
-(IBAction) pushEins {
    [myLabel setText: @"Hallo Welt"];
}
```

> ## Hinweis
>
> Die Notation in der .m-Datei ist quasi dieselbe wie in der Headerdatei. Wenn Sie in der Headerdatei die Zeile mit der Deklaration kopieren und im .m-Modul einfügen, brauchen Sie nur das Semikolon zu markieren und { } zu tippen; und schon ist die Funktionsdefinition wenigstens formal richtig.

In diesem Beispiel wird der Eigenschaft *myLabel* vom Typ *UILabel* über die *UILabel*-Methode *setText* die konstante Zeichenkette zugewiesen. Diese Zeichenkette ist vom Typ *NSString*. „NS" steht hierbei für *Next Step*. Dies war ein objektorientiertes Betriebssystem jener Firma *NeXT*, die Steve Jobs 1985 nach seinem „Fortgang" von Apple gegründet hatte. Später kaufte Apple Steve und dessen Firma wieder ein. *NeXTSTEP* (so die offizielle Schreibweise) ist die Basis für OS X und damit auch die Basis für Cocoa und Xcode. Zur Wahrung der Kompatibilität wurden die Klassennamen und Bezeichnungen der älteren Systeme beibehalten.

Die zweite Ereignisbehandlungsroutine macht im Grunde dasselbe, nur dass hier der Schritt über eine echte Variable vom Typ *NSString* gewählt wird:

```
-(IBAction) pushZwei {
    NSString *caption = @"Hallo Objective C";
    [myLabel setText: caption ];
}
```

Jetzt können Sie mit der Startschaltfläche das Projekt kompilieren, Interface Builder-Formular und Code vereinen und das fertige Programm im iPhone Simulator starten. Achten Sie darauf, dass im Codefenster links oben im Auswahlfeld auch der Simulator und nicht das Device, also das reale iPhone-Gerät, ausgewählt ist. Solange Sie keine Signatur von Apple für Ihr iPhone besitzen, können Sie Programme nicht darauf ausführen lassen.

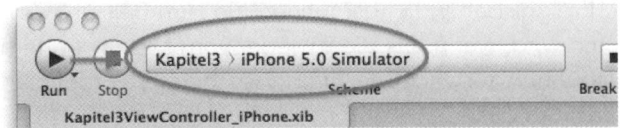

Abbildung 3.11: Beim Starten wird das aktuelle Projekt auf dem iDevice oder jenem Simulator gestartet, der links oben im Fenster ausgewählt ist.

Testen Sie nun einmal die beiden Schaltflächen. Wenn Sie auf die obere tippen, ändert sich schon beim Tippen selbst der Inhalt des Labels. Das kommt daher, weil das Ereignis, auf das reagiert wird, *Touch Down* ist. Bei der unteren hingegen – hier wurde als Ereignis *Touch Up Inside* gewählt – wird der Text erst dann in *Hallo Objective C* geändert, wenn der Benutzer den Finger wieder von der Schaltfläche hebt. Drückt er die Schaltfläche hingegen, schiebt dann den Finger auf dem Display aus dem Schaltflächenbereich und lässt ihn erst dort los, wird das Ereignis nicht ausgelöst. Das hat den Vorteil für den Anwender, dass er sich auch noch mal umentscheiden kann. Sie sollten also bei Schaltflächen zur Bestätigung oder zum Auslösen eines Vorgangs immer *Touch Up Inside* wählen. Statusbuttons hingegen reagieren sinnigerweise auf das einfache *Touch Down*-Event.

Abbildung 3.12: Während „Drück mich" bereits beim Antippen ausgeführt wird, muss man bei „oder mich" die Schaltfläche erst wieder loslassen.

3.5 IBAction und IBOutlet à la Xcode 4

„Mein Gott", werden Sie denken, „was ist das für ein Heidenaufwand, nur um ein paar Steuerelemente mit Leben zu erfüllen!" Im Grunde genommen gebe ich Ihnen recht. Sie haben recht, dass es eigentlich unnötig ist, so viel von Hand tippen zu müssen, wo das System doch eigentlich alle Informationen hat und Sie unterstützen könnte. Bis zur Version 3 von Xcode hat es das aber nicht getan. Aber wir sind jetzt zum Glück bei der Version 4 angelangt, und hier hat sich in puncto Vereinfachung der Deklaration und der Verbindung zwischen Interface Builder und dem Code-Bereich von Xcode einiges getan. Denn den ganzen Kram, den Sie eben noch mit Eintippen an den richtigen Stellen im Quellcode erledigen mussten (und den die Entwickler, die auf Xcode 3 angewiesen sind, immer noch auf diese Art erledigen müssen), wird nun durch einfaches Drag&Drop zustande gebracht.

Stellen wir uns der Einfachheit halber mal vor, dass wir dem Formular eine neue Schaltfläche hinzufügen, die beim Drauftippen irgendeinen Text als Button-Beschriftung anzeigen soll.

Als Erstes müssen Sie dazu in der Xcode 4-Oberfläche die Assistant Editor-Ansicht einschalten. Diese finden Sie in der oberen Leiste rechts, also dort, wo Sie auch die verschiedenen View-Einstellungen und den Organizer ein- und ausblenden können. Nur klicken Sie jetzt auf das mittlere Symbol über der Beschriftung Editor.

Abbildung 3.13:
Der neue Xcode-Automatismus funktioniert nur in der Assistant Editor-Ansicht.

Auf diese Weise wird eine horizontal unterteilte Darstellung angezeigt, in der – vorausgesetzt, eine Interface Builder-.*xib*-Datei ist markiert – oben das Formular und unten ein beliebiger Quelltext dargestellt ist. Welcher Quelltext angezeigt wird, können Sie bestimmen, indem Sie die entsprechende Datei in der Pfadangabe über den Quelltext wählen. In unserem Falle verwenden Sie die Headerdatei *Kapitel3ViewController.h*. Das Ganze müsste ungefähr so aussehen wie in Abbildung 3.14.

Legen Sie eine neue Schaltfläche auf das Formular. Klicken Sie diese mit der rechten Maustaste (oder mit der linken Maustaste bei gedrückter `Ctrl`-Taste) an, halten Sie die Maustaste gedrückt, und ziehen Sie eine Verbindungslinie in den Quelltext, und zwar genau in den Interface-Bereich vor die geschweifte Klammer zu }. Sobald Sie die Maustaste loslassen, öffnet sich ein Popup-Dialog, in dem Sie die Parameter für diese Schaltfläche festlegen können. Wählen Sie diese, wie in Abbildung 3.14 dargestellt. Sobald Sie das Popup mit der Taste Connect schließen, wird einerseits der *IBOutlet*-Quelltext für den Code-Platzhalter dieser Schaltfläche in die Headerdatei eingetragen. Andererseits wird aber auch gleichzeitig die Verbindung im Interface Builder hergestellt. Das bedeutet, die Arbeit ist getan.

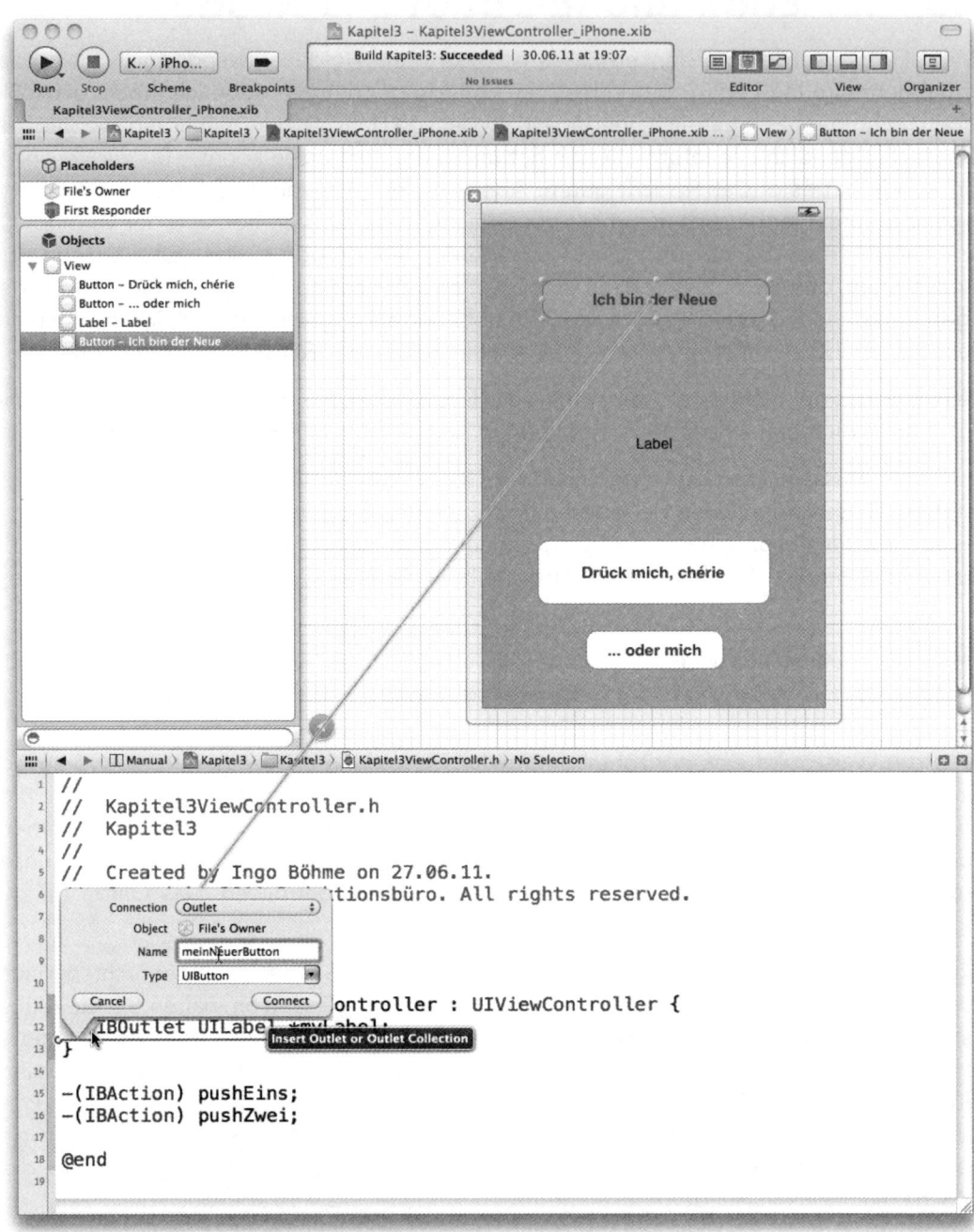

Abbildung 3.14: Wenn Sie ein Steuerelement mit der rechten Maustaste in den Interface-Bereich ziehen, wird eine IBOutlet-Variable angelegt.

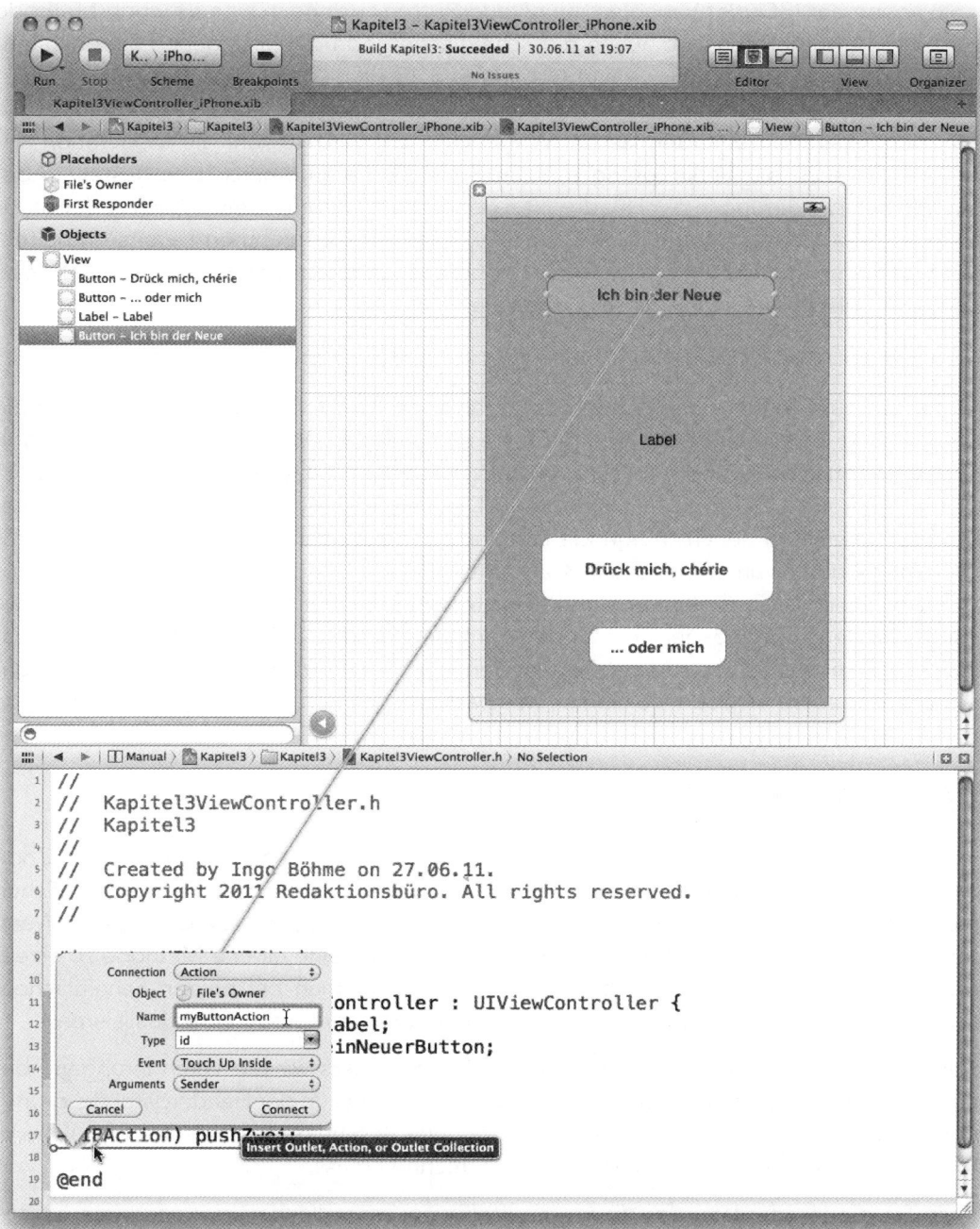

Abbildung 3.15: Ziehen Sie hingegen ein Steuerelement mit der rechten Maustaste direkt vor das @end, können Sie zudem eine IBAction-Methode für das Steuerelement erzeugen.

Da Sie neben der *IBOutlet*-Variablen *meinNeuerButton* auch noch eine *IBAction*-Methode brauchen, die aufgerufen wird, wenn die Schaltfläche gedrückt wird, gehen Sie noch einmal denselben Weg. Wenn Sie, wie in Abbildung 3.15 dargestellt, eine Verbindung hinter die geschlossene geschweifte Klammer ziehen, können Sie wie zuvor beim *IBOutlet* die Methodendeklaration einfügen lassen. Wie auch zuvor wird sowohl die Deklaration der Methode als auch die Verknüpfung mit der Schaltfläche automatisch hergestellt. Aber nicht nur diese Änderung in der Headerdatei gehört zum Automatismus. Auch in der dazugehörigen Moduldatei *Kapitel3ViewController.m* ist der Coderahmen bereits enthalten. Alles, was für Sie noch zu tun bleibt, ist diesen bereits vorgefertigten Rahmen mit Leben zu füllen, also beispielsweise mit dieser Codezeile:

```
[meinNeuerButton setTitle:@"Aldr, bin isch button" forState:UIControlStateNormal];
```

Hier nur kurz zur Erklärung: Ein Button besitzt zahlreiche Darstellungsarten – eine, wenn die Taste gedrückt ist; eine andere, wenn die Taste deaktiviert ist. Was wir jedoch machen wollen, ist im normalen Zustand der Taste die entsprechende Textzeile anzuzeigen. Dazu existiert die Methode *UIButton:setTitle:forState*. Dies ist eine Methode, die zwei Parameter benötigt. Der erste ist der anzuzeigende Text und der zweite der Status der Schaltfläche. Für diesen Status gibt es unterschiedliche Konstanten. Die Konstante, die den normalen Status beschreibt, heißt *UIControlStateNormal*. Der Methodenaufruf bedeutet also: „Weise der Schaltfläche den angegebenen Text für den normalen Status der Schaltfläche zu." Vielleicht versuchen Sie einmal, einen anderen Text für den Schaltflächenzustand *UIControlStateHighlighted* einzugeben. Schauen Sie einmal, was passiert ...

3.6   Eigene Methoden definieren

In unserem einfachen Beispiel haben wir direkt in die Ereignisbehandlungsroutine den Code geschrieben, der bei einem Klick ausgeführt werden soll. Dieser ist bei beiden Schaltflächen nahezu gleich. Und es wird lediglich der Text des Label-Steuerelements ausgetauscht. Wenn aber mehrere Aktionen ausgeführt werden, macht es Sinn, eine eigene Methode zu erzeugen, die sämtliche Anweisungen bündelt. Dann braucht man bei beiden Schaltflächen-Aktionen nur noch diese Methode aufzurufen und mit Parametern zu individualisieren.

Beginnen wir damit, das Programm so umzuschreiben, dass wir die Veränderungen über eine eigene Methode vornehmen. Der erste Schritt ist immer, in der Headerdatei die grundlegende Definition vorzunehmen, damit der Compiler Bescheid weiß, was auf ihn zukommt und womit er – im wahrsten Sinne des Wortes – rechnen muss.

Öffnen Sie die Headerdatei des View – *Kapitel3ViewController.h*. Direkt nach den beiden *IBAction*-Deklarationen erzeugen Sie eine neue Funktion, mit der zunächst der Text des Labels verändert wird. Da der Rückgabewert nicht benutzt wird, wählen Sie den Datentyp *void*. Als Parameter soll der Text übergeben werden, der in dem Label angezeigt werden soll.

```
-(void) modifyLabel: (NSString*)caption;
```

Die Definition dieser Funktion nehmen Sie in der *.m*-Datei vor:

```
-(void) modifyLabel: (NSString*)caption {
   [myLabel setText: caption];
}
```

Statt des direkten Methodenaufrufs `setText` der *UILabel*-Instanz `myLabel`, können Sie jetzt die gerade fertiggestellte Methode `modifyLabel` verwenden, also für den ersten Button:

```
[self modifyLabel: @"Hallo Welt"];
```

Und für den zweiten:

```
[self modifyLabel: @"Hallo Objective C"];
```

Das Keyword `self` steht dabei für das View-Objekt.

Methoden ohne Parameter

Zuweilen gibt es natürlich auch Methoden, die keine Parameter besitzen. Diese werden in der Headerdatei einfach mit ihrem Namen notiert:

```
-(void) hugo;
```

Die Definition in der Quellcodedatei ist dann entsprechend:

```
-(void) hugo {
   [myLabel setText: @"Geht auch ohne Parameter"];
}
```

Auch der Aufruf entspricht dem mit einem Parameter, lediglich der Teil ab dem : fällt weg:

```
[self hugo];
```

Damit die Verwendung einer separaten Methode auch einen Sinn ergibt, soll neben dem Text auch gleich noch die Farbe des Labels verändert werden. Und eben diese Farbe soll als zweiter Parameter übergeben werden.

3.7   Methoden-Recherche in der Hilfe

Anstatt Ihnen jetzt zu sagen, welche Eigenschaft des Labels für die Textfarbe zuständig ist und wie deren Datentyp aussieht, gehen wir einen Schritt weiter in die Zukunft. Nämlich zu dem Zeitpunkt, wenn Sie es eben auch nicht wissen und es nicht gerade Thema dieses Buches ist. Dann nämlich ist die Zeit gekommen, um sich mit der Dokumentation auseinanderzusetzen.

Als Erstes müssen Sie die Dokumentation starten. Das geschieht über den ersten Punkt im HELP-Menü DEVELOPER DOCUMENTATION oder die Tastenkombination ⌘+⌥+⇧+?. Da Sie etwas über das Label-Objekt erfahren wollen, geben Sie im Suchfeld *UILabel* ein.

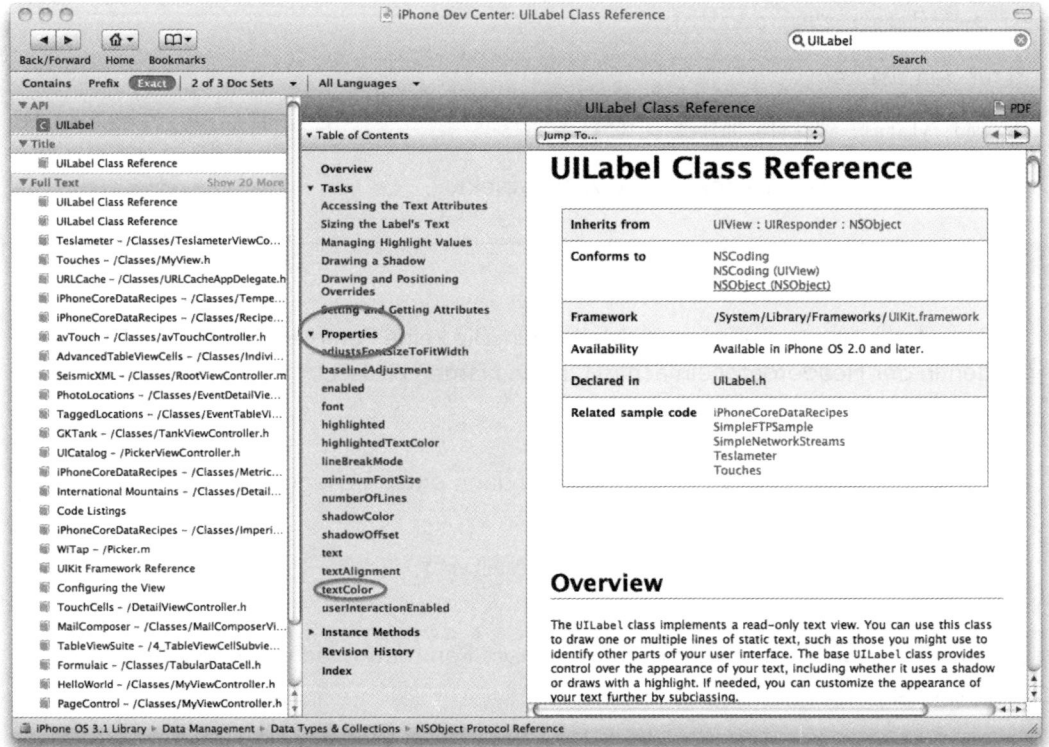

Abbildung 3.16: Mit der Hilfe schlagen Sie die Fähigkeiten, Eigenschaften und Methoden der einzelnen Objekte nach.

Da wir die Textfarbe verändern wollen, liegt es nahe, dass es irgendwo eine Eigenschaft – eine Property – gibt, die dafür zuständig ist. Also erweitern Sie in dem hellblau hinterlegten Bereich den Abschnitt PROPERTIES. Lesen Sie diese einmal durch. Man muss nicht gerade ein Hellseher sein, um darauf zu kommen, dass *textColor* die Eigenschaft der Wahl ist. Klicken Sie darauf, scrollt das Dokument zur richtigen Stelle.

Hier erfahren Sie, dass diese Eigenschaft vom Typ *UIColor* ist. Auch diesen Datentyp können Sie wieder anklicken und somit weitere Informationen über die Zusammenhänge herausfinden. Oder Sie gehen den einfachen Weg. Denn weiter unten sehen Sie den Text *Related Sample Code*, also Beispielcode, den Apple bereits mit dem SDK zur Verfügung stellt. Auch dieser Quellcode ist mit einem Link verknüpft, sodass Sie lediglich eine dieser fünf Varianten auswählen müssen.

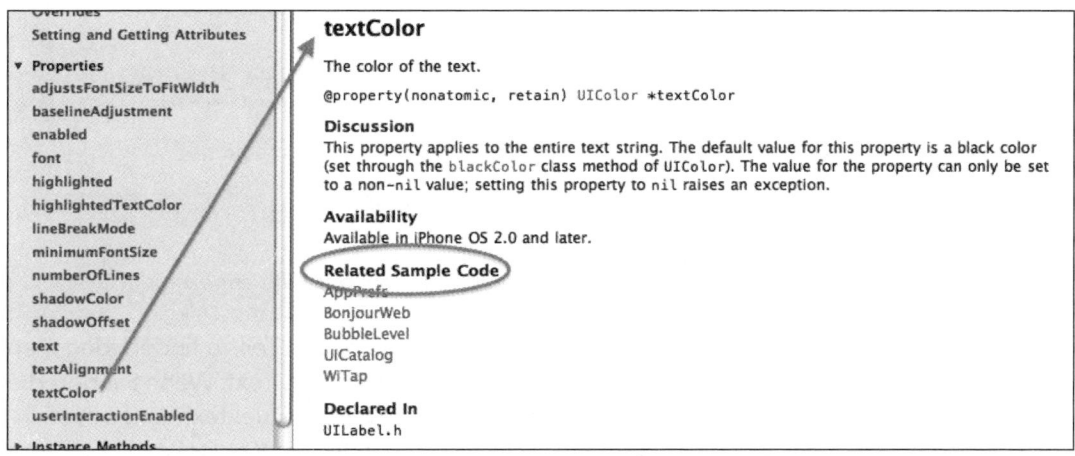

Abbildung 3.17: In der Hilfe sind die Verweise in die Beispielcode-Projekte verlinkt.

Klicken Sie einfach auf das erste Beispiel, *AppPrefs*. Welches Sie wählen, ist ja eigentlich egal, es interessiert uns ja nur, wie die Eigenschaft *textColor* im Code belegt wird. Nun öffnet die Hilfe nicht etwa Xcode mit dem Projekt, sondern eine Übersichtsseite mit einem Auswahlfeld, in dem sich sämtliche textorientierten Dateien des Projekts befinden. Klappen Sie dieses einmal aus. Hier sehen Sie nur drei Dateien, die in Frage kommen: *main.m*, *App-Delegate.m* und *MyViewController.m*. Denn das sind die einzigen Quelltextdateien, in denen auch Objective-C-Quellcode steht. Wie auch in unserem Beispiel, ist der *ViewController* der Bereich, in dem sich die Hauptaufgabe der Applikation befindet. Wählen Sie daher in dem Listenfeld den Eintrag MYVIEWCONTROLLER.M.

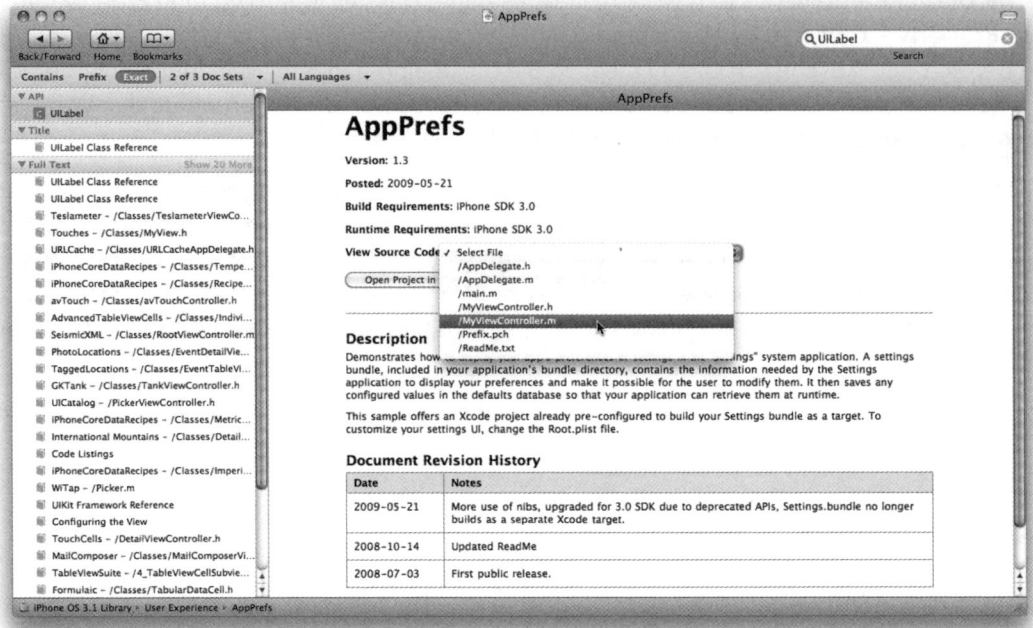

Abbildung 3.18: Wählen Sie im Listenfeld den Quelltext, wird er in der Hilfe angezeigt.

Je nach Menge des Quellcodes kann es ziemlich mühsam sein, den Teil zu finden, den man eigentlich sucht. Mit ⌘ + F öffnen Sie ein Suchfeld über dem Quelltext. Wenn Sie dort die Namen der gesuchten Eigenschaft *textColor* eintragen, springt der Quelltext genau zur richtigen Stelle innerhalb des Beispieldokuments. Und dort sehen Sie ein Konstrukt in der Form:

```
switch ([appDelegate textColor])
    {
        case blue:
            cell.textLabel.textColor = [UIColor blueColor];
            break;
        // ... usw ...
```

Das bedeutet also, dass die Textfarbe eines Labels in Blau geändert wird, wenn die Zuweisung

```
LABELELEMT.textColor = [UIColor blueColor];
```

vorgenommen wird. Auf der rechten Seite der Zuweisung steht eine Methodenfunktion des Objekts *UIColor*, nämlich dessen Methode *blueColor*. Um zu erfahren, welche anderen Farben bereits vordefiniert sind, geben Sie in dem Suchfenster der Hilfe *UIColor* ein. Dort erfahren Sie wiederum im Abschnitt *Class Methods*, dass es Varianten gibt, wie etwa *purpleColor*, *redColor* oder auch *yellowColor*.

3.8   Die Label-Farbe ändern

Nun wissen Sie, dass die Textfarbe über die Eigenschaft *textColor* gesetzt wird und dass diese Eigenschaft vom Typ *UIColor* ist. Erweitern Sie jetzt in der *.m*-Datei Ihres Projekts den Code der Methode *modifyLabel* um die Zeile

```
myLabel.textColor = [UIColor redColor];
```

und starten Sie das Programm im Simulator mit BUILD AND RUN. Sobald Sie nun auf die Schaltfläche tippen, wird nicht nur der Text, sondern auch die Farbe des Labels geändert.

3.9   Eine Methode mit zwei Parametern

Soll – je nach Schaltfläche – eine andere Farbe erscheinen, können Sie dies beispielsweise lösen, indem Sie die Methode *modifyLabel* mit zwei Parametern ausstatten. Der erste ist und bleibt der Text, und der zweite soll die Farbe sein. Und nun kommt etwas, was auf den ersten Blick völlig verwirrt. In anderen Programmiersprachen – und das geht weit über PHP, VisualBasic, Delphi oder auch C++ hinaus – werden Parameter an Methoden einfach kommasepariert übergeben. Wer sich vielleicht noch an COBOL erinnert (ja, ich war einer der Leidtragenden, die diese Sprache lernen mussten), der wird vielleicht noch die langen, fast an natürliche Sprache erinnernden Befehle vor Augen haben. Als Assembler-Programmierer habe ich mir damals gedacht: „Welcher zehnfingertippende Idiot hat sich so etwas ausgedacht? Da schreib ich mir mit meinem Zwei-Finger-System die Kuppen wund." Das Argument der COBOL-Fans war immer, dass der Quelltext später besser lesbar und damit leichter zu bearbeiten sei. Na ja, Cobol gibt's quasi nicht mehr. Mich schon noch ...

„Warum dieser Griff in die Historie?", werden Sie sich fragen. Nun, Objective-C verwendet – auch wenn es ganz ohne Zweifel ansonsten überhaupt nichts mit der Sprache COBOL zu tun hat – beim Aufruf von Methoden ein ähnlich langatmiges und wortreiches Verfahren. Anstatt die einzelnen Parameter einfach mit einem Komma zu trennen, wird bei Objective-C-Methoden ab dem zweiten Parameter eine Beschreibung vorangestellt, auf die ein Doppelpunkt folgt. Diese Beschreibung muss aus einem Wort bestehen. Daher bietet sich auch hier das *camelCasing* an, weil man damit eine echte Beschreibung angeben kann. Da bei uns im Beispiel der zweite Parameter die Farbe sein soll, in der das Label erscheint, ist als Beschreibung beispielsweise *inDerFarbe:* geeignet. Ändern Sie also in der Headerdatei die Zeile der Methodendeklaration für *modifyLabel* wie folgt ab:

```
-(void) modifyLabel: (NSString*)caption  inDerFarbe: (UIColor*)farbe;
```

Ganz analog dazu sieht die Zeile in der eigentlichen Quellcodedatei *Kapitel3View.m* aus:

```
-(void) modifyLabel: (NSString*)caption inDerFarbe:(UIColor*)farbe {
```

Der einzige Unterschied ist wieder, dass statt des ; in der Headerdatei im Quellcode die geöffnete geschweifte Klammer steht.

Innerhalb der Funktion brauchen Sie nur den Farbwert zuzuweisen, also der Eigenschaft *textColor* des Steuerelements *myLabel* den Wert des Parameters *farbe*:

```
myLabel.textColor = farbe;
```

Damit nun auch die Farbe verändert wird, passen Sie die beiden *IBAction*-Routinen für die Schaltflächen-Aktionen an den veränderten Methodenaufruf von *modifyLabel* an, also

```
[self modifyLabel: @"Hallo Welt"  inDerFarbe: [UIColor yellowColor]];
```

für die erste Schaltfläche und

```
[self modifyLabel: @"Hallo Objective C"  inDerFarbe: [UIColor blueColor ]];
```

für die zweite. [UIColor blueColor] bedeutet dabei, dass die *UIColor*-Methode *blueColor* ausgeführt und deren Rückgabe als zweiter Parameter für unsere Objektfunktion *modifyLabel* verwendet wird.

Und hier sehen Sie auch den Vorteil dieser Notation von Objective-C: Die Methodenaufrufe sind sprechend. Auch wenn Sie dieses Kapitel und dieses Beispiel lange vergessen haben, werden Sie, wenn Sie diese Zeilen sehen, sicher sofort wissen, was dort vor sich geht.

Starten Sie nun noch einmal das Programm. Und tatsächlich ändern sich sowohl der Text als auch die Farbe.

3.10 Rückblick und Ausblick

Was machen Sie noch hier? Eigentlich können Sie jetzt anfangen zu programmieren. Durchstöbern Sie die Dokumentation! Werfen Sie ein paar Steuerelemente auf ein View, und los geht´s. Probieren Sie aus! Denn das grundsätzliche Rüstzeug haben Sie jetzt. Viel mehr braucht es wirklich nicht. Das einzig Schwierige, was es jetzt noch gibt, ist, dass die Bibliotheken, also die Frameworks des iOS SDK enorm groß sind. Der Überblick ist das, was Sie jetzt noch nicht haben. Wie genau Sie es anstellen, dass Ihre Applikation eine Webseite anzeigt. Was passiert, wenn Sie das Gerät drehen usw. Aber keine Bange: Die wichtigsten Aktionen, die Sie in 90 % aller iPhone-Applikationen vorfinden, werden wir in den kommenden Kapiteln behandeln.

Kapitel 4

Schritt für Schritt zur App

Die Art und Weise, wie Sie im letzten Kapitel das Projekt entwickelt haben, ist typisch für die Entwicklung und den ständigen Wechsel zwischen der Objective-C-Programmier-umgebung von Xcode und dem visuellen Design-Tool Interface Builder. Deshalb soll der Ablauf in diesem Kapitel noch einmal in aller Kürze und von allem Ballast befreit für Xcode 3 und für Xcode 4 zusammengefasst warden

4.1   Xcode 3: Eine App in sechs Schritten

4.1.1   Gestalten der Formulare im Interface Builder

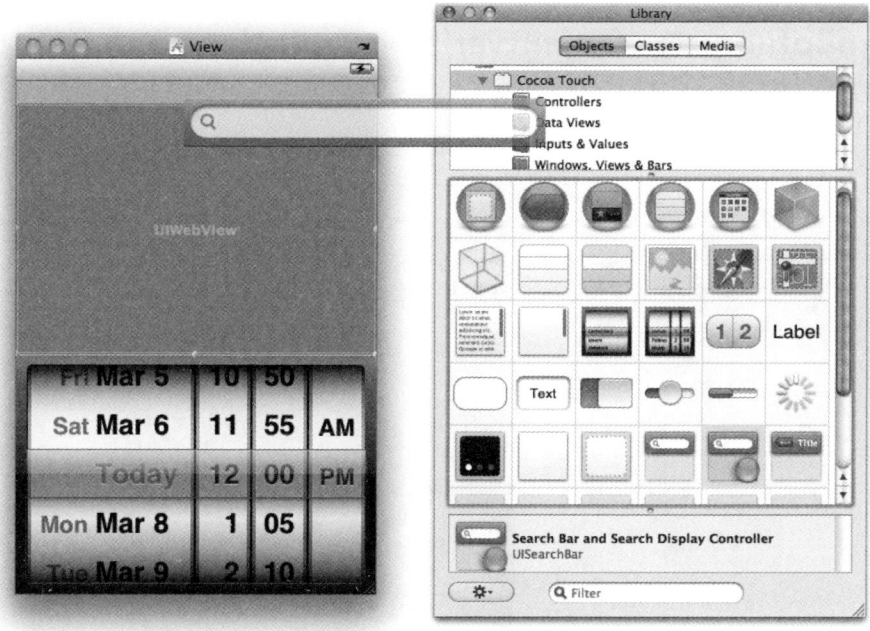

Schritt 1: Der erste Schritt besteht immer darin, die Formulare – also beispielsweise das View – im Interface Builder mit den benötigten Steuerelementen auszustatten und diese mithilfe der Layout- und Designfunktionen des Interface Builders zu gestalten.

4.1.2 Erzeugen der Objektvariablen in der Headerdatei

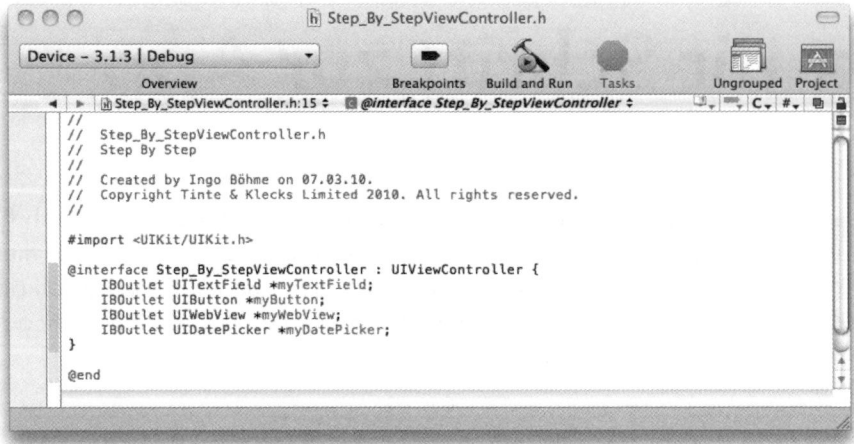

Schritt 2: Als Nächstes legen Sie für jedes Steuerelement, auf das Sie vom Code aus zugreifen wollen, in der Headerdatei im Abschnitt @interface eine Objektvariable (Instanzenvariable) mit dem Datentyp des entsprechenden Steuerelements und der Auszeichnung IBOutlet – also beispielsweise IBOutlet UILabel *myLabel; an.

4.1.3 Verknüpfung der Objektvariablen mit den Steuerelementen

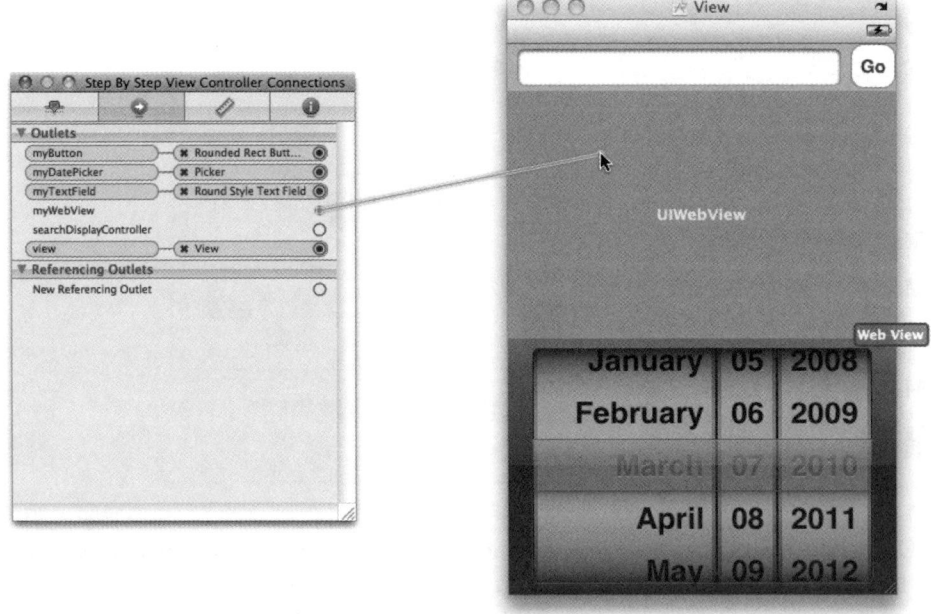

Schritt 3: Sind die Objekt- oder Instanzenvariablen in der Headerdatei angelegt und gespeichert, können sie im Interface Builder über den *Connections Manager* (⌘+2) per Drag& Drop mit den Steuerelementen verknüpft werden.

4.1.4 Methoden zur Behandlung der Ereignisse deklarieren

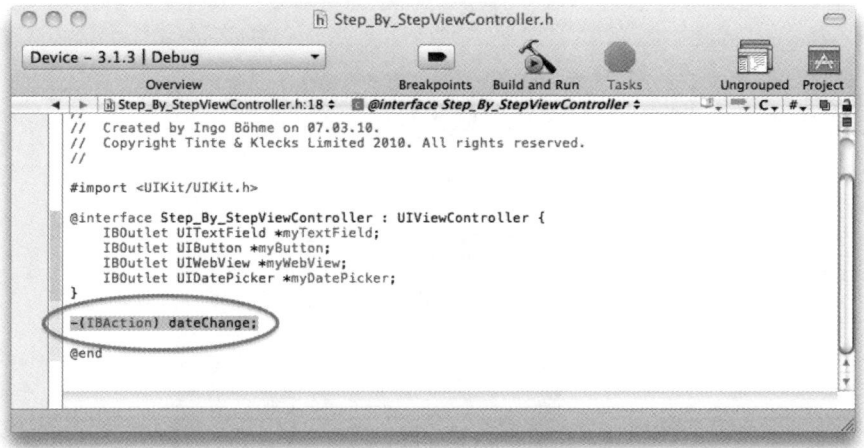

Schritt 4: Für jedes Steuerelemente-Ereignis erstellen Sie eine Methodendeklaration vom Typ *IBAction* in der Headerdatei.

4.1.5 Verknüpfung der IBAction-Methoden mit den Steuerelementen

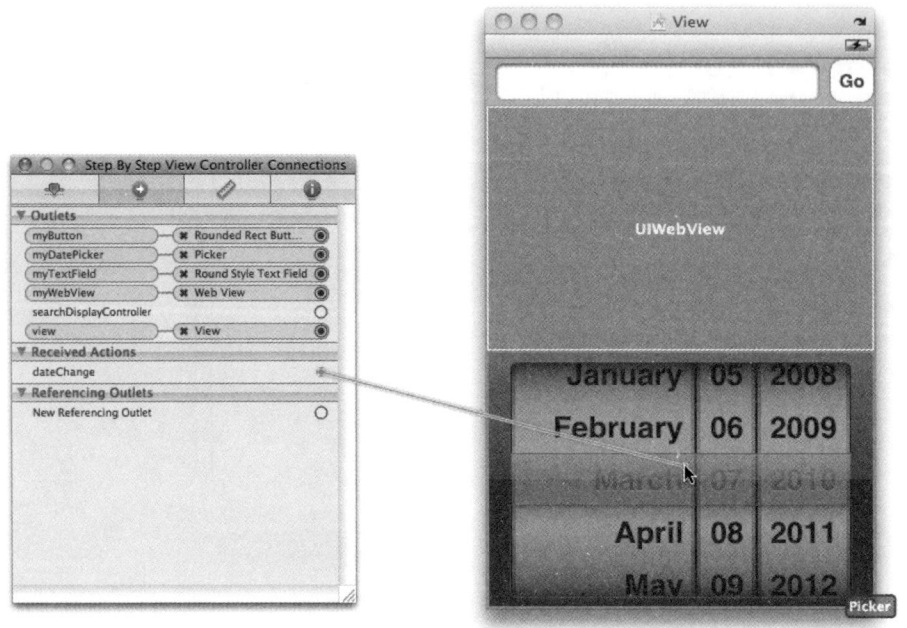

Schritt 5: Sind die *IBAction*-Deklarationen in der Headerdatei angelegt und gespeichert, können sie im Interface Builder über den *Connections Manager* ([⌘]+[2]) per Drag&Drop mit den Steuerelementen verknüpft werden.

4.1.6 Ereignisbehandlungsroutinen codieren

Schritt 6: Zu guter Letzt legen Sie in der Quell-codedatei die in Abschnitt 4.1.4 deklarierte Behandlungsroutine fest – am einfachsten per Cut&Paste – und erwecken sie mit Objective-C-Code zum Leben.

```
//  Step_By_StepViewController.m
//  Step By Step
//
//  Created by Ingo Böhme on 07.03.10.
//  Copyright Tinte & Klecks Limited 2010. All rights reserved.
//

#import "Step_By_StepViewController.h"

@implementation Step_By_StepViewController

-(IBAction) dateChange {
    NSLog(@"Datum geändert");
}
```

4.2 Xcode 4: Eine App in drei Schritten

4.2.1 Gestaltung des Formulars

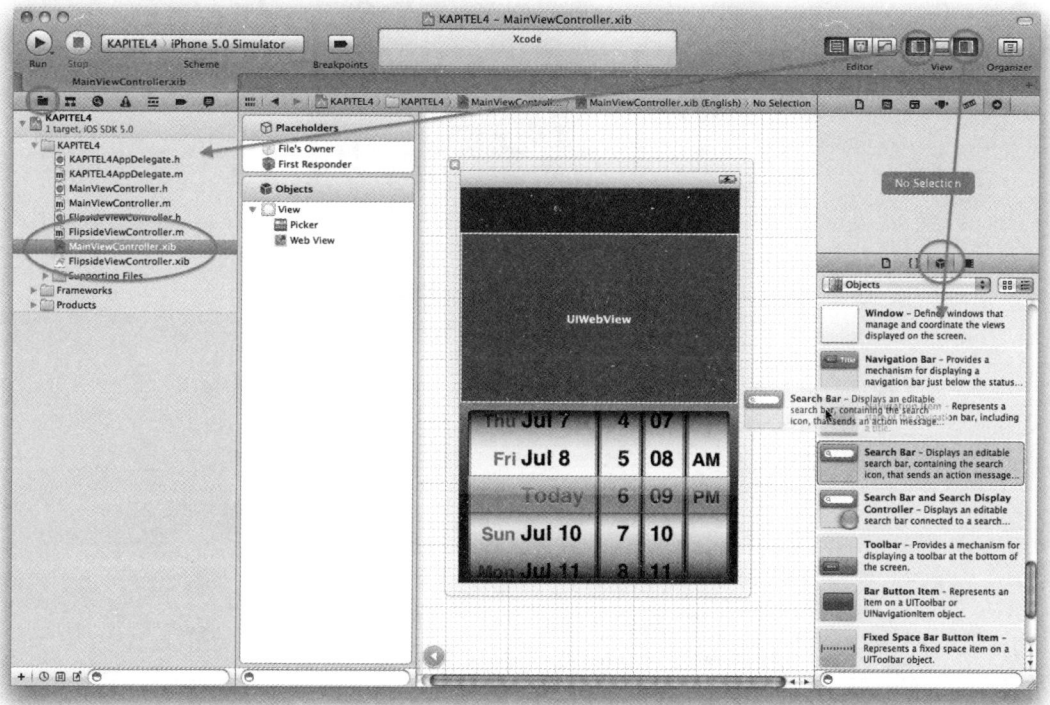

Schritt 1: Nach dem Erstellen des Projekts markieren Sie das entsprechende View (zu Beginn meist mit dem Namen *MainViewController.xib*) links in der Ordneransicht. Dann ziehen Sie aus der Bibliothek der Steuerelemente die Controls per Drag&Drop auf das Formular.

4.2.2 Objektvariablen erstellen

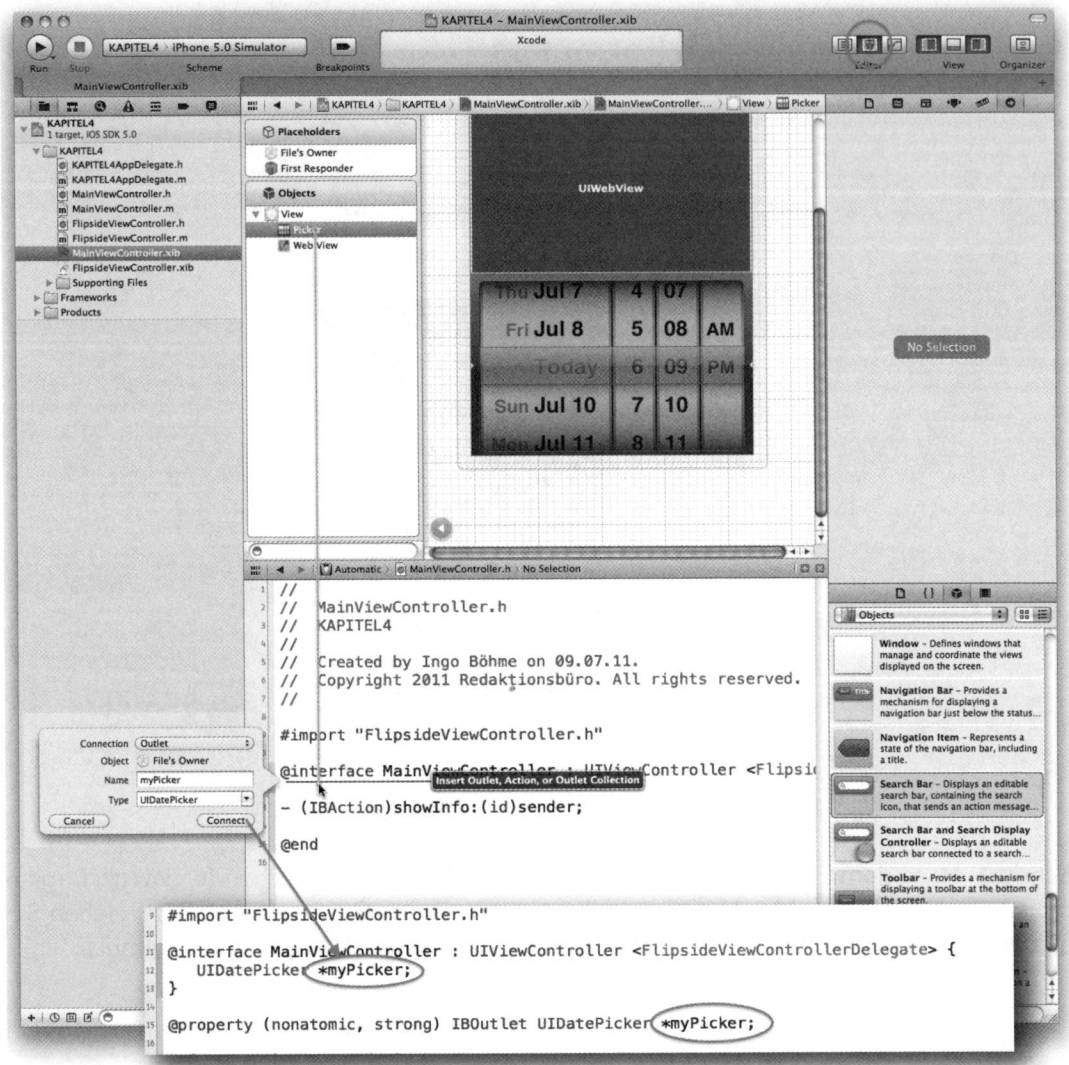

Schritt 2: Wechseln Sie oben im Xcode-Fenster in die mittlere Editor-Ansicht. Dadurch teilt sich das mittlere Fenster horizontal. Oben ist das Formular sichtbar und unten ein Quellcode. Hier muss die zugehörige Headerdatei geöffnet werden – was standardmäßig der Fall ist. Als Nächstes ziehen Sie das gewünschte Steuerelement mit der rechten Maustaste in den Quellcode direkt unter den Interface-Abschnitt. Wenn Sie die Maustaste loslassen, erscheint ein Popup, in dem Sie den Namen des Steuerelements eingeben – beispielsweise bei einem *UIDatePicker* den Namen *myPicker*. Klicken Sie dann auf CONNECT, passiert einiges im Quellcode: Zunächst einmal wird im Interface-Abschnitt eine Variable vom ent-

sprechenden Datentyp angelegt. Im Anschluss an den Interface-Abschnitt wird eine Eigenschaft (dazu später mehr) deklariert. Auf diese Weise kann auf das entsprechende Steuerelement über die Objektvariable des Fensters – respektive des View – zugegriffen werden. Neben dem, was Sie im Header sehen, wird auch in der Moduldatei etwas angepasst. Hier steht nämlich ganz oben die Zeile

```
@synthesize myPicker;
```

und weiter unten in der *viewDidUnload*-Methode steht

```
[self setMyPicker:nil];
```

wodurch der Speicher für dieses Objekt am Ende wieder bereinigt wird. Sie können weiterhin natürlich auch *IBOutlet*-Instanzenvariablen verwenden – sehr viel praktikabler ist jedoch die Variante der Properties.

4.2.3 Methoden zur Behandlung der Ereignisse

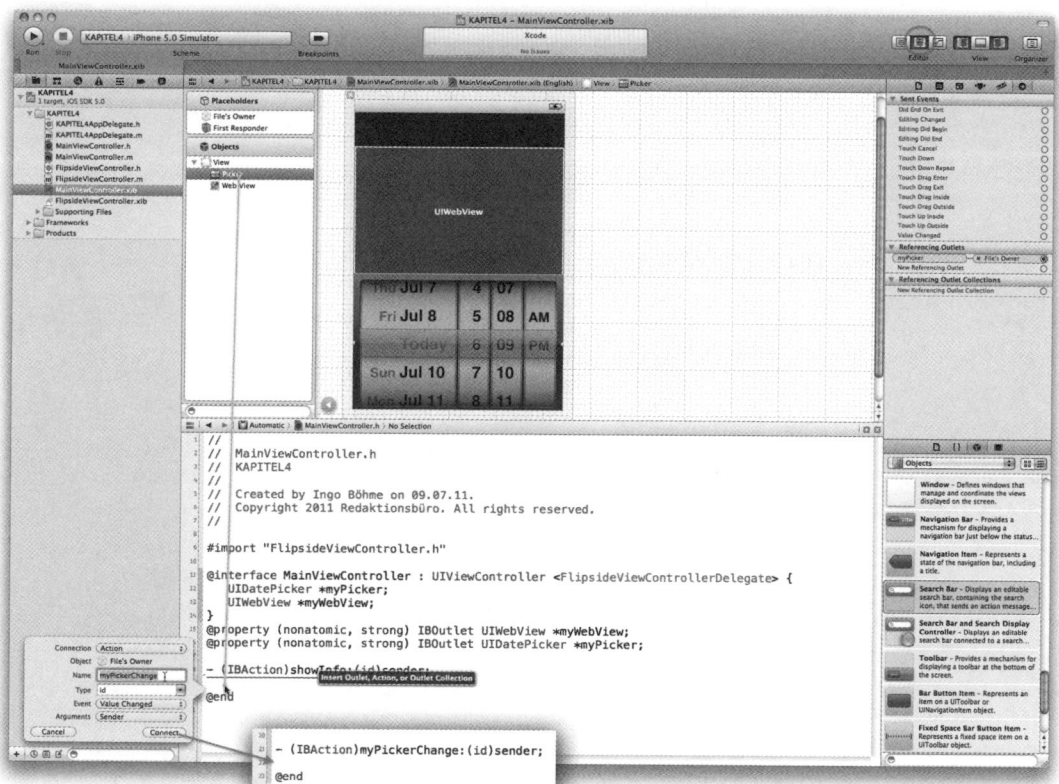

Schritt 3: Die Vorgehensweise bei der Deklaration der Ereignisbehandlungsmethoden ist ganz ähnlich wie im vorangegangenen Abschnitt 4.2.2. beschrieben. Wieder wechseln Sie in denselben Editor-Modus, und wieder ziehen Sie von dem entsprechenden Steuerelement eine Verbindung in den Header-Quelltext direkt oberhalb der Direktive @end. Wenn Sie die rechte Maustaste loslassen, erscheint wieder das Popup. Diesmal wählen Sie als Verbindung (CONNECTION, erste Zeile) statt OUTLET den Eintrag ACTION. Das Standardereignis für das entsprechende Steuerelement – im Beispiel eines *DatePickers* das *ChangeValue*-Ereignis – ist bereits vorausgewählt, und Sie müssen wieder nur den Namen bestimmen. Nach dem Klick auf CONNECT ist in der Headerdatei die entsprechende *IBAction*-Routine deklariert, und auch der Code-Rahmen in der Moduldatei ist bereits hinterlegt. Sie müssen also nur noch zwischen die beiden geschweiften Klammern den Code einfügen. Also beispielsweise:

```
NSLog(@"Datum geändert");
```

Und auch jetzt heißt es nur noch das Programm kompilieren und starten. Fertig! Schon schneller als bei Xcode 3, gell?

Kapitel 5

Mit dem Benutzer kommunizieren

In den vorherigen Kapiteln ging es darum, dass Sie ganz grundsätzlich lernen, mit den Interaktionen innerhalb einer Oberfläche umzugehen, die im Interface Builder erstellt und mit Xcode zum Leben erweckt wurde. In diesem Kapitel möchte ich Ihnen die unterschiedlichen Steuerelemente vorführen, mit denen der Benutzer mit der App kommunizieren kann.

Projektquellcode

Sie finden den Quellcode des Projekts unter *www.iho.me/Kapitel5*.

Sie beginnen wieder mit einem neuen Xcode-Projekt auf Basis der *Utility Application*-Vorlage. Diese Vorlage ist hervorragend geeignet, wenn man ein kleines Projekt plant, bei dem es eigentlich nur ein View geben soll. Sie hat zudem bereits einen Mechanismus integriert, über den man eine Info-Seite mit der typischen kleinen *i*-Schaltfläche aufrufen kann. Das brauchen wir allerdings in diesem Kapitel noch nicht. In dieser Projektart existieren drei Dateien für das Hauptfenster: *MainViewController.h*, *MainViewController.m* und *MainViewController.xib*.

Anmerkungen zu Xcode 3

Um auch all jene Leser nicht außen vor zu lassen, die noch Xcode 3 verwenden müssen (beispielsweise weil sie nicht auf Snow Leopard umsteigen können, bei dem der Automatismus mit dem Anlegen der Properties und der Event-Behandlungsroutinen noch nicht vorhanden war), verwende ich in diesem und den folgenden Kapiteln noch das alte Verfahren, um *IBOutlet*-Variablen anzulegen. Das ist, wie Sie in Kapitel 4 gesehen haben, etwas umständlicher als das einfache Drag&Drop in Xcode 4. Aber es geht natürlich sowohl unter Xcode 3 als auch in der aktuellen Version.

5.1 Vorbereitung im Interface Builder

Führen Sie einen Doppelklick auf *MainViewController.xib* aus, um den Interface Builder zu starten und das leere Formular anzuzeigen. Öffnen Sie dann mit ⌘+⌂+L die Bibliothek der Steuerelemente (LIBRARY), und wechseln Sie dort in den Abschnitt COCOA TOUCH/ INPUT& VALUES. Fügen Sie – wie in Abbildung 5.1 dargestellt – sämtliche Steuerelemente ein, die es in dieser Kategorie der Library gibt. Richten Sie die Elemente am besten ähnlich aus, wie in der Abbildung gezeigt. Dann wird später die Zuordnung der Instanzenvariablen zu den Steuerelementen, also die Verknüpfung der Quelltext-Eigenschaften vom Typ *IBOutlet*, sowie die Zuweisung von Objective-C-Code zu den Ereignisbehandlungsroutinen der einzelnen Steuerelemente einfacher nachvollziehbar.

Wenn Sie das Formular wie in Abbildung 5.1 dargestellt gestaltet haben, geht es nun in die Headerdatei und somit wieder zurück zu Xcode.

5.2 Instanzenvariablen anlegen

In der Headerdatei des View – *MainViewController.h* – legen Sie für jedes der Steuerelemente im Abschnitt `@interface` eine Instanzenvariable an. Ich orientiere mich bei der Namensgebung in diesem Beispiel ganz simpel am Typnamen des jeweiligen Objekts. So nenne ich beispielsweise das Textfeld (Datentyp *UITextField*) *myTextField*, die Schaltfläche (*UIButton*) *myButton* und so weiter. Wobei: Jetzt sind es nur einfache Eigenschaften, die noch keinerlei Zusammenhang mit den tatsächlichen Steuerelementen des View aufweisen. Die Verbindung wird erst später im Interface Builder hergestellt!

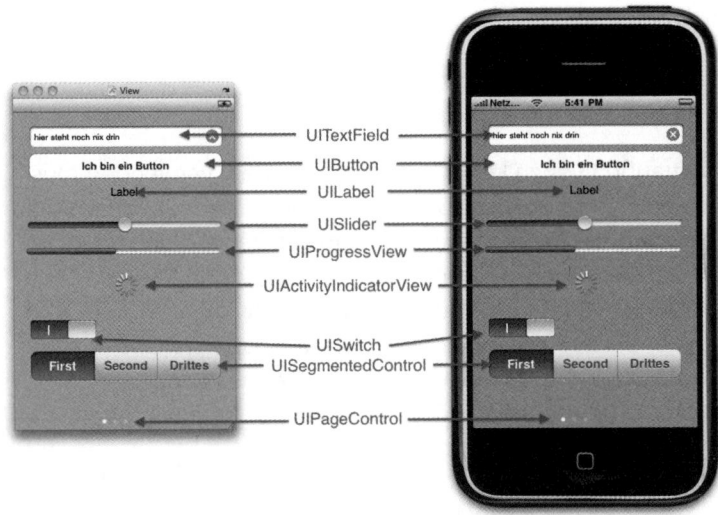

Abbildung 5.1: Sie gestalten im Interface Builder eine Beispieloberfläche mit allen Steuerelementen der Kategorie INPUTS&VALUES.

Öffnen Sie also die Headerdatei *MainViewController.h*, und erweitern Sie die Interface-Deklaration wie folgt:

```
@interface MainViewController : UIViewController {
    IBOutlet UITextField *myTextField;
    IBOutlet UIButton *myButton;
    IBOutlet UILabel *myLabel;
    IBOutlet UISlider *mySlider;
    IBOutlet UIProgressView *myProgressView;
    IBOutlet UIActivityIndicatorView *myActivityIndicatorView;
    IBOutlet UISwitch *mySwitch;
    IBOutlet UISegmentedControl *mySegmentedControl;
    IBOutlet UIPageControl *myPageControl;
}
@end
```

5.3 Instanzenvariablen und Steuerelemente verknüpfen

Und schon geht es nach dem Speichern der Headerdatei wieder zurück zum Interface Builder, in dem Sie den *Connections Inspector* (in der rechten Spalte das rechte Symbol) sichtbar machen und in der zweiten Spalte von links FILE´S OWNER anklicken, damit im *Connections Inspector* all die eben deklarierten Instanzenvariablen sichtbar werden.

Diese Instanzenvariablen verknüpfen Sie nun wieder mit den Steuerelementen, indem Sie auf den leeren Kreis rechts neben dem Namen der Instanzenvariablen klicken, die Maustaste halten und per Drag&Drop zu dem entsprechenden Steuerelement innerhalb des View ziehen. Sollten Sie sich fragen, „Welches war nun noch der Slider, mit dem *mySlider* verknüpft werden soll?", so ist die Antwort sehr leicht: Schnappen Sie sich den Kreis, und ziehen Sie ihn einfach über jedes Steuerelement im Formular. Nur wenn der Datentyp – im Fall der Instanzenvariablen *mySlider* ist es *UISlider* – mit dem Steuerelement übereinstimmt, kann die Verbindung (englisch: *Connection* – daher der Name des Fensters) hergestellt werden, und das Steuerelement erscheint hervorgehoben auf dem View.

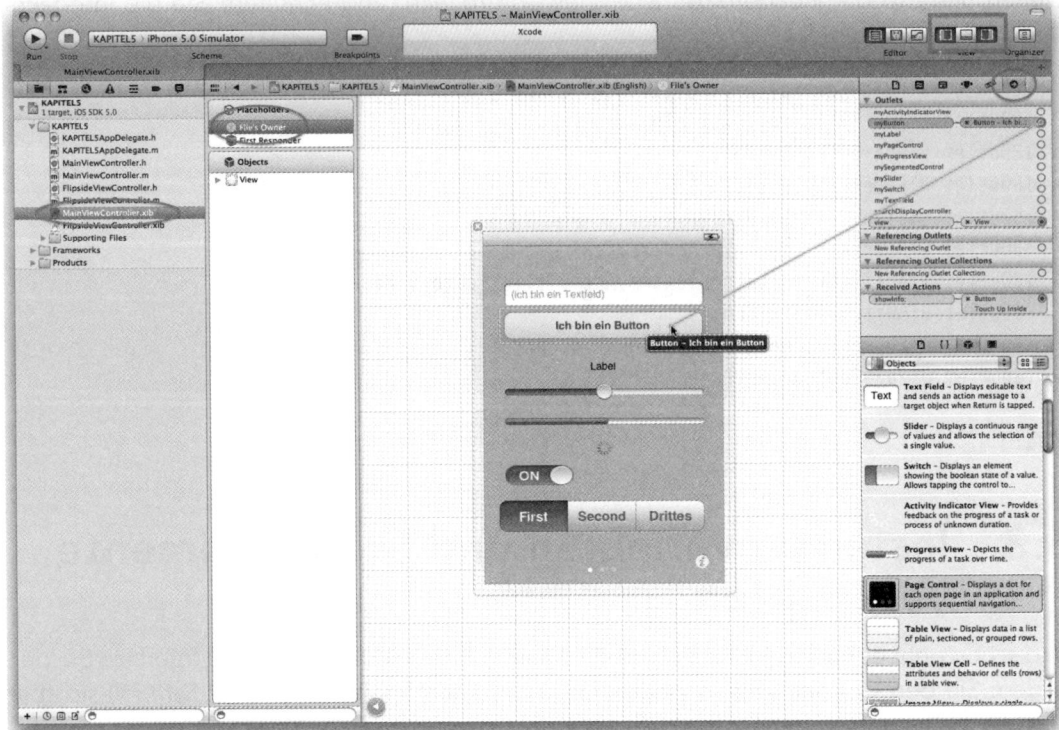

Abbildung 5.2: Im Connections Inspector verknüpfen Sie die Instanzenvariablen mit den Steuerelementen.

5.4 Ereignisbehandlungsroutinen deklarieren

In dem Formular kann nun einiges passieren. Der Benutzer kann im Textfeld anfangen zu tippen. Er kann auf die Schaltfläche drücken. Er kann den Slider bewegen und vieles mehr. Auf jede dieser Aktionen soll unsere kleine Applikation mit einem genauso kleinen Code antworten. Das bedeutet, dass wir für all die Steuerelemente, die Eingaben oder Aktionen zulassen, für jede dieser Aktionen eine Behandlungsroutine für das entsprechende Ereignis benötigen. Wechseln Sie also zurück zur Headerdatei, und richten Sie für die fünf möglichen Aktionen, die der Benutzer ausführen kann, jeweils eine Deklaration für eine Ereignisbehandlungsroutine ein. Die Namen sind dabei willkürlich. Ich orientiere mich jedoch sowohl am Typ des Steuerelements als auch an der Aktion, die dieses Steuerelement ausführen kann:

```
-(IBAction) myTextChange;
-(IBAction) mySliderChange;
-(IBAction) mySwitchChange;
-(IBAction) mySegmentChange;
-(IBAction) myButtonTap;
```

Diese fünf Deklarationen fügen Sie direkt unter dem @interface-Abschnitt und noch vor dem @end ein. Und weil wir Programmierer nicht gerade dafür bekannt sind, redundante Arbeiten gerne zu erledigen, markieren Sie diese fünf Zeilen und kopieren sie in die *.m*-Datei *Main-ViewController.m*. Ersetzen Sie dann das Semikolon ; in jeder Zeile durch { }, und fertig ist der Rahmen für Ihren Code:

```
-(IBAction) myTextChange{ }
-(IBAction) mySliderChange{ }
-(IBAction) mySwitchChange{ }
-(IBAction) mySegmentChange{ }
-(IBAction) myButtonTap{ }
```

5.5   Exkurs: Eventhandler-Varianten

Bislang haben wir auf ein Ereignis einfach nur mit einer simplen Eventhandler-Routine in der Form

```
-(IBAction) myEventHandler;
```

reagiert. Objective-C bietet allerdings optional noch zwei weitere Parameter an, die – wenn sie im Handler deklariert sind – vom System an den Eventhandler übergeben werden. Der erste Parameter ist das Objekt, das das Ereignis auslöst. Wird also beispielsweise ein Button gedrückt, ist der erste Parameter vom Typ *UIButton*. Die Deklaration mit einem Parameter lautet:

```
-(IBAction) myEventHandler: (id) sender;
```

Innerhalb der Methode *myEventHandler* können Sie also ermitteln, welches Steuerelement das Ereignis ausgelöst hat. So haben Sie beispielsweise die Möglichkeit, mit einer einzigen Behandlungsroutine etwa auf das Ereignis *Touch Down* von vielen Schaltflächen zu reagieren und je nach übergebenem *sender* – also der *id* der Schaltfläche, die das Ereignis ausgelöst hat – eine angepasste Aktion auszuführen. Außerdem haben Sie mit dem Parameter *sender* die Möglichkeit, auf die verschiedenen Eigenschaften und Methoden des aufrufenden Objekts zuzugreifen. In unserem Beispiel ist dies sogar vonnöten, weil das Ereignis *Edit Changed* des Textfeldes nur dann umfassend ausgelöst wird, wenn die zugehörige Behandlungsmethode mindestens den Parameter *sender* besitzt.

Daher müssen Sie in der Headerdatei die Deklaration folgendermaßen abändern:

```
-(IBAction) myTextChange:(id)sender;
```

und in der Moduldatei entsprechend auch:

```
-(IBAction) myTextChange:(id)sender{
```

Danach haben Sie über die Variable *sender* direkten Zugriff auf das Textfeld und können beispielsweise über die Methode *text* des Objekts *UITextField* direkt auf den Inhalt zugreifen:

```
NSLog(@"Text changed in: %@",[sender text]);
```

Hinweis

Der Formatierungsstring %@ steht für ein Objective-C-Objekt. Die von der Methode *[sender text]* zurückgelieferte Zeichenkette – in unserem Fall der Inhalt des Textfeldes – ist vom Typ *NSString*, also einem Zeichenketten-Objekt von Objective-C.

Bei der letzten Variante werden zwei Parameter an die Eventhandler-Routine übergeben. Der erste ist wie zuvor das Objekt, das das Ereignis ausgelöst hat. Der zweite hingegen ist das Ereignis selbst. Er ist also eine Art Identifikationsnummer, um welche Art von Ereignis es sich handelt. Auf diese Weise können Sie mehrere Ereignisse mit derselben Routine bearbeiten und dann innerhalb der Eventmethode unterscheiden, wie reagiert wird. Schematisch würde die Deklaration also wie folgt aussehen:

```
- ( IBAction) myEventHandler: (id) sender forEvent:(UIEvent*)event;
```

Auf eine Anwendung, mit der Sie sich sämtliche Events live anschauen können, komme ich im nächsten Kapitel zurück.

5.6   Ereignisroutinen verknüpfen

Sobald Sie in der Headerdatei die *IBAction*-Behandlungsroutinen angelegt haben, kehren Sie in den Interface Builder zurück, um die Behandlungsroutinen mit den zugehörigen Schaltflächen zu verknüpfen. Markieren Sie dort wieder das Formular mit den Steuerelementen, und wählen Sie im Fenster *MainViewController.xib* den ersten Eintrag, FILE'S OWNER. Nun erscheinen im *Connections Inspector* die fünf zuvor festgelegten Routinen unter RECEIVED ACTIONS.

Hinweis

Wollen im *Connections Inspector* die fünf Ereignisbehandlungsroutinen nicht erscheinen, können Sie nachhelfen, indem Sie einmal kurz auf FIRST RESPONDER und danach erneut auf FILE'S OWNER klicken.

Ziehen Sie erneut den Kreis neben jedem dieser Einträge auf das dazugehörige Steuerelement, also *myButtonTap* auf die Schaltfläche (*UIButton*), *myTextChange* auf das Textfeld (*UITextField*) und so weiter. Jedes Mal, wenn Sie die Maustaste loslassen, klappt eine Auswahl sämtlicher möglicher Ereignisse auf. Sieht man einmal von der Schaltfläche ab, bei der Sie auf das Ereignis *Touch Up Inside* reagieren, handelt es sich bei allen anderen Steuerelementen um Controls, bei denen sich der Wert oder der Inhalt ändert. Und deshalb reagieren Sie auch auf das Ereignis *Value Changed* respektive beim Textfeld auf *Editing Changed*. Auf die Thematik, welches Event bei welcher Aktion auf den entsprechenden Steuerelementen ausgeführt wird, komme ich im nächsten Kapitel noch einmal ausführlich zurück.

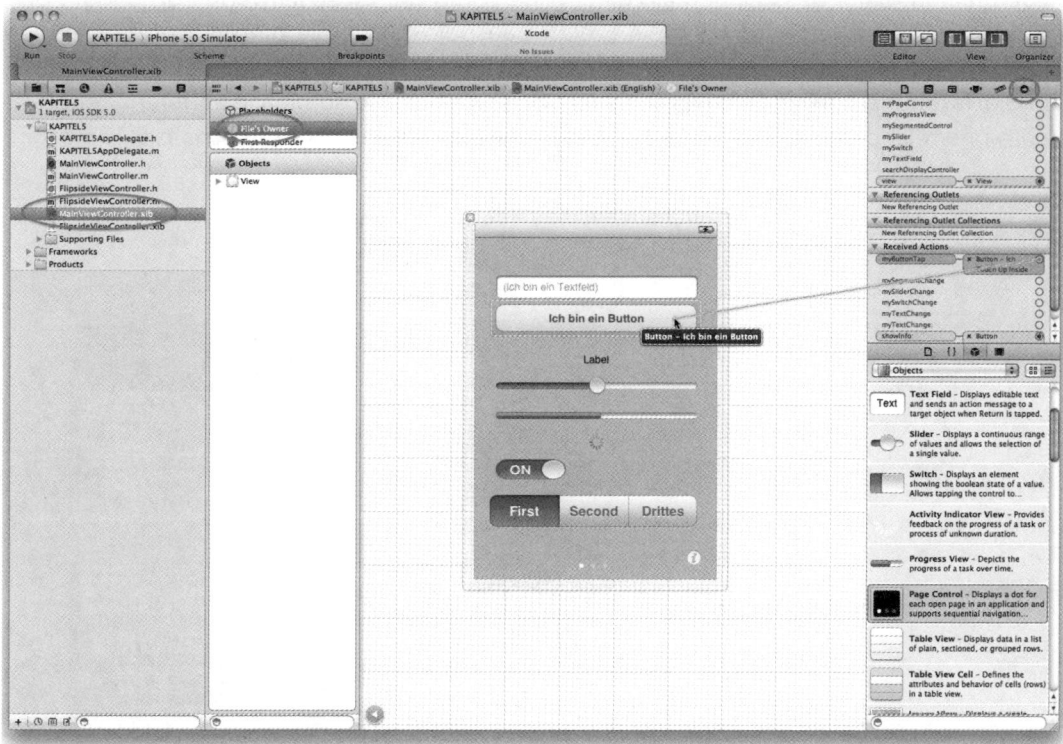

Abbildung 5.3: Im Connections-Fenster des Inspectors verbinden Sie die Ereignisse mit den entsprechenden Code-Teilen.

Grundsätzlich werden bereits jetzt beim Klick auf die Schaltfläche Run die richtigen Ereignisse bei jedweder User-Aktion ausgeführt. Allein, die Routinen sind nicht mit Code gefüllt. Aber das lässt sich sehr schnell ändern. Fügen Sie einfach einen Debugger-Protokolleintrag in der Form

```
NSLog(@"Text Change");
```

oder

```
NSLog(@"Button tapped");
```

in die entsprechenden Behandlungsmethoden ein. Aktivieren Sie dann in Xcode die Debugger-Konsole mit ⌘+⇧+C oder über VIEW / DEBUG AREA / ACTIVATE CONSOLE, und starten Sie dann das Programm im Simulator.

Probieren Sie nun die gesamten Steuerelemente vom Textfeld über die Schaltfläche bis hin zu Slider, Switch und Segment aus. Besonders beim Slider (siehe Abbildung 5.4) werden Sie feststellen, dass unglaublich viele Ereignisse ausgelöst werden. Das liegt daran, dass dieses Steuerelement dafür da ist, innerhalb einer Skala sämtliche Zwischenwerte abzubilden. Und für jeden Zwischenwert wird eben ein Ereignis ausgelöst. Wie Sie diesen Wert bestimmen und abfragen? Nicht so hastig! Das kommt im Folgenden. Und dass bei der Eingabe im Textfeld die Tastatur aufpoppt und nicht wieder verschwindet und somit alle anderen Steuerelemente unerreichbar macht? Auch hier müssen Sie mindestens bis zu Abschnitt 5.12 warten.

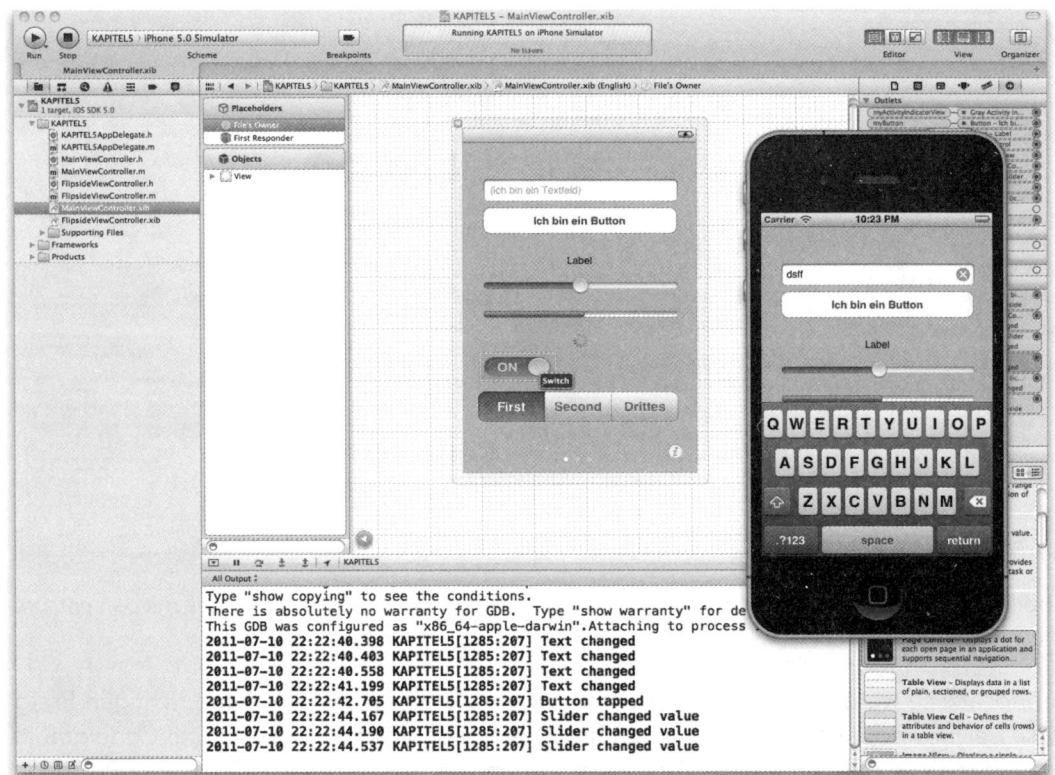

Abbildung 5.4: In der ersten Phase zeigen Sie im Debugger-Fenster das Feuerwerk der Ereignisse an.

5.7 Texteingaben übertragen

Im ersten Schritt soll bei jedem Tastendruck innerhalb des Textfeldes dessen Inhalt in dem Label darunter angezeigt werden. Im Grunde genommen haben wir alles schon in den vorherigen Schritten erledigt: Die Objekte können über die Instanzenvariablen *myTextField* und *myLabel* angesprochen werden, und die *IBAction*-Methode *myTextChange* ist so verknüpft, dass sie auf das *Editing Change*-Ereignis des Textfeldes reagiert. Bleibt einzig noch, in der Behandlungsroutine den Inhalt des Textfeldes dem des Labels zuzuweisen, also:

```
-(IBAction) myTextChange:(id)sender{
    myLabel.text = myTextField.text;
}
```

Den Parameter *sender* mussten wir ja, wie ich im Exkurs aus Abschnitt 5.5 erklärt habe, einfügen, weil ansonsten das Ereignis *Editing Change* nicht umfassend ausgeführt wird. Wenn er uns nun schon einmal zur Verfügung steht, könnten wir also auch auf *sender* direkt zugreifen, um den Labeltext zu verändern:

```
myLabel.text = [sender text];
```

Aber das ist in diesem simplen Fall natürlich nicht nötig.

Wenn Sie aber wissen wollen, wann das sinnvoll wäre, verwenden Sie diese zweite Variante

```
-(IBAction) myTextChange:(id)sender{
    myLabel.text = [sender text];
}
```

und weisen Sie die Behandlungsroutine *myTextChange* einem neuen zweiten Textfeld zu. Nun wird es klar, wo der Sinn des Ganzen liegt: Mit ein und derselben Behandlungsroutine können Sie beliebig viele Textfelder dazu bringen, Ihre Textänderungen zentral auf einem Label anzuzeigen.

5.8 Activity Indicator per Schaltfläche steuern

Was unter Windows die Sanduhr ist, ist am Mac der sich drehende Farbkreis. Und beim iPhone, iPod touch oder iPad weist eben der *Activity Indicator*, der entfernt an eine Uhr erinnert, darauf hin, dass der Benutzer sich nun etwas gedulden soll, weil im Hintergrund Prozesse ablaufen. In unserem Beispiel wollen wir das Zeitrad starten, wenn der Anwender auf die Schaltfläche tippt. Und genauso soll es wieder stoppen, nämlich wenn der Benutzer die Schaltfläche erneut antippt.

Vom Code aus können Sie den *Activity Indicator* einschalten, indem Sie seine Methode *startAnimating* aufrufen. Gestoppt wird er analog durch *stopAnimating*. Dann bleibt nur noch die Frage offen, in welchem Zustand er sich gerade befindet. Also ob sich gerade das Rad der Zeit dreht oder eben nicht. Und bei der Fülle der Methoden findet sich natürlich auch hier eine, die den booleschen Wert *Wahr* oder *Falsch* zurückliefert: *isAnimating*. Fassen wir das Ganze zusammen: Es soll also *startAnimating* aufgerufen werden, wenn *isAnimating* den Wert falsch liefert, und anderenfalls soll eben mit *stopAnimating* die Animation gestoppt werden. Ändern Sie also im Quellcode der Moduldatei die Behandlungsroutine der Schaltfläche – *myButtonTap* – wie folgt ab:

```
-(IBAction) myButtonTap{
  if ([myActivityIndicatorView isAnimating]) {
    [myActivityIndicatorView stopAnimating];
  } else {
    [myActivityIndicatorView startAnimating];
  }
}
```

Ganz interessant an dieser Stelle ist vielleicht, dass Sie im Attributes Inspector eine Eigenschaft für unseren Activity Indicator auswählen können, die ihn im gestoppten Zustand auch gleich unsichtbar macht.

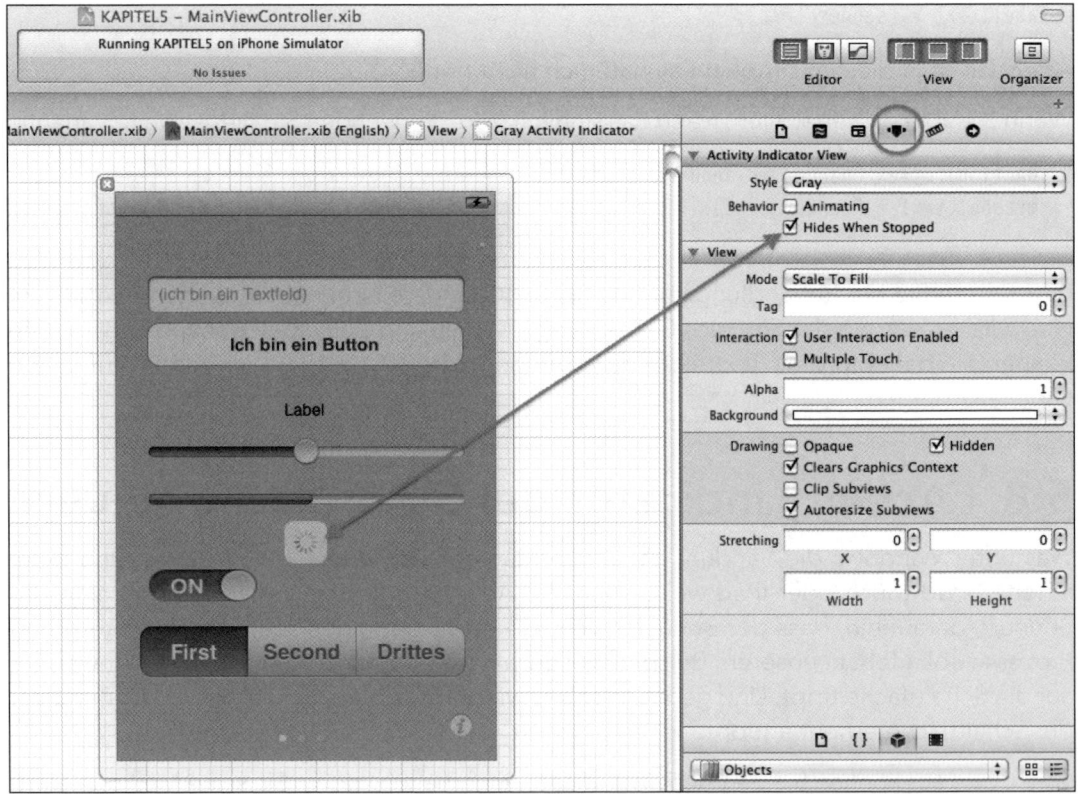

Abbildung 5.5: Im Attributes Inspector bestimmen Sie, dass ein angehaltener Activity Indicator gleich auch unsichtbar sein soll.

5.9   Den Schalter (Switch) nutzen

Schalter sind allgegenwärtig im iPhone. Insbesondere in den Einstellungen. Wie die meisten Steuerelemente reagiert auch dieses Control auf das *Value Change*-Event. Dann ist die wichtigste Information für den Programmierer, ob der Schalter eingeschaltet oder ausgeschaltet ist. Dafür stellt das Objekt *UISwitch* eine Eigenschaft zur Verfügung: *on*. Wie nicht anders zu erwarten, hat die Eigenschaft den booleschen Wert *Wahr*, wenn der Schalter eingeschaltet ist. Anderenfalls eben *Falsch*. Um nicht einfach nur den Zustand des Schalters in Textform auszugeben, soll das Label in seiner Farbe verändert werden. Das bedeutet, dass wir seine Textfarbe – also die Eigenschaft *textColor* – verändern. Diese ist vom Typ *UIColor*. Das Objekt *UIColor* besitzt zahlreiche Methoden. Im Grunde genommen sind das alles nur Funktionen, die einen Farbwert zurückgeben, wie beispielsweise *redColor* oder *blueColor*. Welche Farben gibt es? Schauen Sie in der Hilfe nach! Starten Sie diese mit ⌘ + ⌥ + ⇧ + ? , und geben Sie im Suchfeld *UIColor* ein. Nun sehen Sie, dass viele explizite Farben, wie *magentaColor* oder *orangeColor* als Methodenfunktionen zur Verfügung stehen, aber auch *darkTextColor*. Hier greift die Routine auf die Farbe zurück, die auf dem jeweiligen iPhone als dunkle Textfarbe definiert ist.

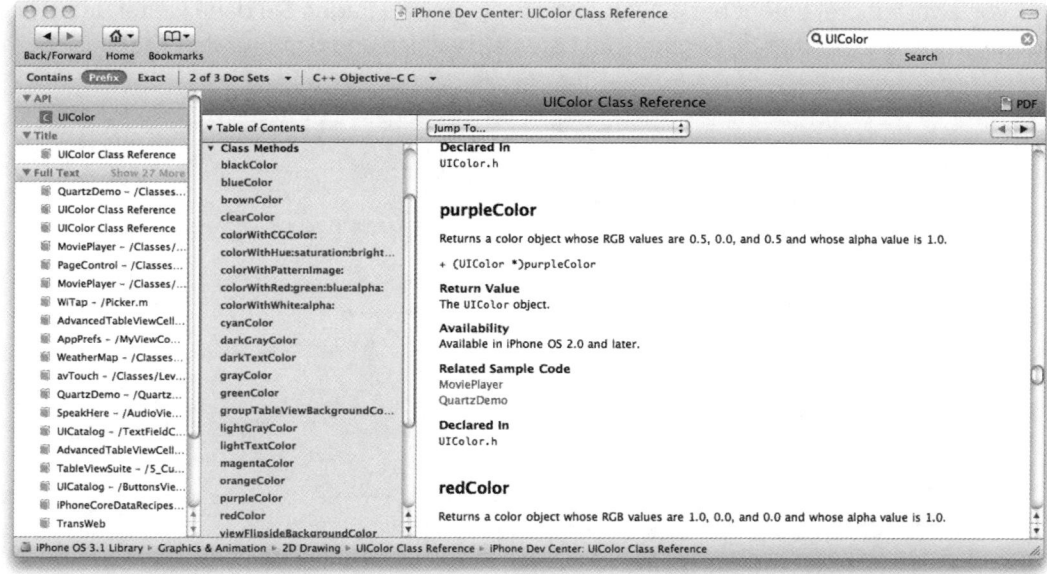

Abbildung 5.6: Bei neuen Objekten sollten Sie sich als Erstes in der iPhone-Klassenreferenz Methoden und Eigenschaften anschauen.

Die Methode, die bei Änderungen des Schalters ausgeführt wird, soll also die Textfarbe von *myLabel* verändern – je nachdem, wie der Zustand des Schalters ist:

```
-(IBAction) mySwitchChange{
    if (mySwitch.on) {
        myLabel.textColor = [UIColor orangeColor];
    } else {
        myLabel.textColor = [UIColor magentaColor];
    }
}
```

Boris Becker würde jetzt in der Werbung sagen: „Ui, das war aber leicht!"

5.10 Segmentwechsel bearbeiten

Ganz ähnlich wie der Schalter funktionieren auch die Segmente, also die Steuerelemente vom Typ *UISegmentedControl*. In der Abbildung 5.7 sehen Sie, dass ich im Interface Builder das Segment ein wenig verändert habe. Ich habe ihm nämlich im *Property-Inspector* des Interface Builder über die Eigenschaft *Segments* ein weiteres Segment spendiert, einfach indem ich die Zahl von zwei auf drei erhöht habe. Den Text des Segments tragen Sie dann weiter unten ein, indem Sie das entsprechende Segment im Listenfeld wählen und darunter den Titel verändern.

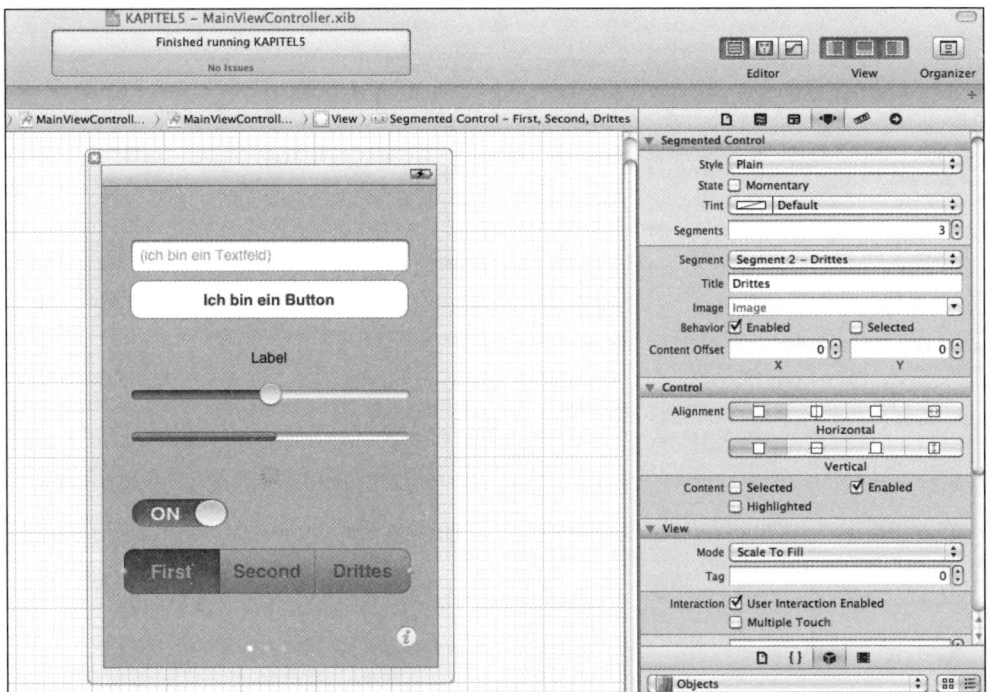

Abbildung 5.7: Über die Eigenschaft Segments des UISegmentControl legen Sie fest, wie viele Unterteilungen das Steuerelement haben soll.

Im Grunde genommen ist das *UISegmentControl* ganz ähnlich wie der Schalter aus dem Abschnitt 5.9 weiter oben. Der Unterschied ist nur, dass der Schalter nur zwei Zustände hat. Das Segment hingegen hat so viele, wie es der Programmierer festlegt. Es ähnelt damit stark einem anderen Control, das wir auch auf dem Formular abgelegt haben: dem *UIPageControl* ganz unten im View. Dieses Steuerelement wird normalerweise verwendet, um anzuzeigen, auf welcher Seite man sich befindet. Sie kennen es direkt von der Programmauswahl des iPhone. Zumeist finden Sie es am unteren Rand des Bildschirms. Und normalerweise ist es dafür da, etwas anzuzeigen. Tatsächlich kann dieses Steuerelement aber genauso wie das *UISegmentControl* Aktionen des Benutzers ausführen. Das heißt: Eigentlich könnten Sie auch auf die kleinen Pünktchen tippen, um den Wert und damit den Zustand des *UIPageControl* zu verändern. Und tatsächlich funktioniert das auch bei der Programmauswahl im iPhone. Aber haben Sie das überhaupt schon einmal gemacht? Sehr wahrscheinlich nicht, weil es wirklich ein Gefrickel ist.

Wir wollen jedoch in unserem Beispiel den Zustand des *UIPageControl* mit dem des *UISegmentControl* synchronisieren. Wenn der Benutzer zur Laufzeit also auf das erste Segment tippt, soll das erste Pünktchen ausgefüllt sein, um darzustellen, dass wir uns auf Seite eins befinden. Beim zweiten Segment auf Seite zwei usw. In beiden Fällen gibt es Eigenschaften, anhand derer man den Wert des jeweiligen Zustands ablesen kann. Beim Segmente-Steuerelement lautet diese ganzzahlige Eigenschaft *selectedSegmentIndex*. Die Segmente sind dabei mit null beginnend durchnummeriert. In unserem Beispiel hat also das neu hinzugefügte dritte Segment den Index zwei. Nach demselben Verfahren funktioniert es auch beim *UIPageControl*, nur dass hier die Eigenschaft *currentPage* heißt. Bei dem Change-Ereignis des Segments müssen also lediglich die beiden Eigenschaften synchronisiert werden:

```
-(IBAction) mySegmentChange{
    myPageControl.currentPage = mySegmentedControl.selectedSegmentIndex;
}
```

5.11 Schieberegler (Slider) auswerten

Mit dem Schieberegler kann der Benutzer einen Wert zwischen zwei Grenzen auswählen. Standardmäßig sind diese Grenzen mit null und eins festgelegt und liefern sämtliche Fließkommazahlen dazwischen. Natürlich nicht sämtliche, sondern nur all jene, die mit dem jeweils kleinsten Abschnitt zwischen zwei Zuständen des Slider dargestellt werden können. Aber es sind eine ganze Menge! Die Grenzen können Sie selbst im Interface Builder festlegen. Markieren Sie dazu den Slider, und bestimmen Sie im Inspector den Minimum- und Maximum-Wert. In unserem Beispiel soll der Slider dafür herhalten, die Hintergrundfarbe unseres Fensters – genauer gesagt unseres View – zu ändern. Er soll dabei sämtliche Werte annehmen, die eine Farbe haben kann. Nun werden die Farben in RGB-Werten definiert, und jeder der drei Bestandteile kann Werte zwischen 0 und 255 – hexadezimal 0xFF – annehmen. Der Wertebereich liegt also zwischen 0 und 0xFFFFFF oder anders ausgedrückt 16.777.215. Und genau diese beiden Zahlen tragen Sie als Minimal- und Maximalwert im Inspector für das Slider-Element ein. Wie wird aber nun aus einem RGB-Wert ein Farbwert, der in Objective-C verwendet werden kann? Im Grunde genommen findet man die Lösung auch, wenn man in *UIColor* – wahlweise im Quellcode oder in der Dokumentation – nach den Methoden sucht. Hier sehen Sie beispielsweise eine Deklaration:

```
(UIColor*) colorWithRed: (CGFloat)red
              green:(CGFloat)green
               blue:(CGFloat)blue alpha:(CGFloat)alpha;
```

Die drei Werte für Rot, Grün und Blau sind jedoch vom Typ *float* und haben einen Wertebereich von 0 bis 1. Wollen Sie also beispielsweise dem Label *myLabel* eine Farbe mit einem gewissen RGB-Wert zuweisen, funktioniert dies über den Methodenaufruf von *colorWithRed*:

```
myLabel.textColor=[colorWithRed: 1 green:0.5 blue: 0.1 alpha:1.0]
```

Der Rotwert bekommt dabei den Wert 1 (= 100 % Rot), der Grünwert 0,5 und Blau 0,1, also summa summarum einen satten Orange-Ton. Oder für Programmierer hexadezimal ausgedrückt 0xFF801A. Der Alpha-Wert bedeutet dabei die Transparenz, also sozusagen die Kombination aus Helligkeit und Sättigung, ebenfalls mit einem Wertebereich von 0 bis 1. Die Problematik ist nun, aus dem vom Slider zurückgelieferten Wert die drei Farbanteile zu extrahieren. Aber im Grunde genommen ist auch das relativ simpel. Schauen Sie sich die Hex-Zahl einmal an. Der Rotwert – also FF – entspricht dem dritten Byte, Grün dem zweiten Byte und Blau dem ersten. Hier kommt nun eine praktische C-Technik zum Tragen: die Bit-Operatoren. Hat man den oben genannten Farbwert 0xFF801A und führt man darauf das *bitweise Und* mit dem Wert 0xFF aus, dann erhält man als Ergebnis die letzten beiden Hex-Ziffern, also in unserem Beispiel den Wert 0x1A. Und das ist genau der Blau-Anteil des Farbwertes. Im Code sieht das Ganze dann so aus:

```
int farbe = 0xFF801A;
float blau = farbe & 0xFF;
```

Da aber der benötigte Wertebereich für die Farbwerte zwischen 0 und 1 liegt, das Ergebnis jedoch zwischen 0 und 255 rangiert, teilen Sie das Ergebnis einfach durch 255:

```
blau = blau / 255;
```

Nun shiftet man die Bits der Byte-Kombination in der Variablen *farbe* um 8 Stellen oder ein Byte nach rechts, um auf dieselbe Weise an den Grünwert zu gelangen, wobei *farbe* nach dem Shiften den Wert 0xFF80 hat:

```
farbe = farbe >> 8;
float gruen = farbe & 0xFF;
gruen = gruen / 255;
```

Zum Schluss macht man dasselbe mit Rot:

```
farbe = farbe >> 8;
float rot = farbe & 0xFF;
rot = rot/255;
```

Nun hat man in den drei Variablen *rot*, *gruen* und *blau* jeweils Farbwerte zwischen 0 und 1. Und mit diesen kann man dann über den Methodenaufruf

```
... [UIColor colorWithRed:rot green:gruen blue:blau alpha:1.0]
```

der Eigenschaft *backgroundColor* des aktuellen View eine Farbe zuweisen. Das View selbst sprechen Sie über *self.view* an, die Hintergrundfarbe also über *self.view.backgroundColor*. Für unser Beispiel sieht das Ganze dann wie folgt aus:

```
-(IBAction) mySliderChange{
    int farbe = (int) mySlider.value;
    float blau = farbe & 0xFF;
    blau = blau / 255;   farbe = farbe >> 8;
    float gruen = farbe & 0xFF;
    gruen = gruen / 255; farbe = farbe >> 8;
    float rot = farbe & 0xFF;
    rot = rot/255;
    self.view.backgroundColor =
        [UIColor colorWithRed:rot  green:gruen  blue:blau  alpha:1.0];
}
```

Und damit einhergehend soll auch das letzte noch verbleibende Steuerelement zur Anzeige eines Fortschritts, das *UIProgressView*-Steuerelement (*myProgressView*), gesetzt werden. Soll es beispielsweise mit dem Slider synchron laufen, können Sie einfach dessen Wert in der Form

```
myProgressView.progress = mySlider.value;
```

übertragen. Nun hat unser Slider einen Wertebereich von 0 bis 16.777.215, das *ProgressView*-Element jedoch den Standardwert von 0 bis 1. Das bedeutet, dass Sie den Slider-Wert durch 16.777.215 oder 0xFFFFFF teilen müssen. Fügen Sie der Methode *mySliderChange* also noch die folgende Zeile hinzu, und schon sind wir in diesem Kapitel quasi durch:

```
myProgressView.progress = mySlider.value / 0xFFFFFF;
```

Oder, wenn Sie den Fortschrittsbalken andersherum bewegen wollen:

```
myProgressView.progress = 1 - mySlider.value / 0xFFFFFF;
```

5.12 Das Keyboard stört

Sicherlich ist es Ihnen auch schon beim Testen der Applikation aufgefallen: Sobald Sie einmal dem Textfeld den Fokus gegeben haben, erscheint die Bildschirmtastatur und bleibt, bis die Anwendung geschlossen wird. Das ist natürlich für den Benutzer unbefriedigend. Denn er weiß, dass unter dem Keyboard noch Steuerelemente sind. Er weiß aber auch, dass er die Tastatur nicht verschwinden lassen kann. Zumindest nicht standardmäßig. Aus diesem Grund sollte der Programmierer eine Möglichkeit schaffen, das virtuelle Eingabegerät wieder auszublenden.

Da die Tastatur nur dann sichtbar wird, wenn ein Textfeld den Fokus erhält, müssen Sie im Grunde genommen nichts anderes tun, als dem System zu sagen, dass es wieder den Ursprungszustand herstellen soll, der beim Start des Programms aktuell war. Das geschieht über die Methode *resignFirstResponder*, die alle Steuerelemente besitzen. In unserem Falle wenden wir die Methode auf das Textfeld an, um dessen ursprünglichen Zustand wiederherzustellen, also:

```
[myTextField resignFirstResponder];
```

Jetzt stellt sich nur die Frage, wo verwendet man es? Das Einfachste ist, man erstellt eine weitere *IBAction*-Methode und weist diese dem entsprechenden Ereignis zu – welches das ist, darauf kommen wir noch. Also deklarieren Sie zunächst in der Headerdatei eine neue Methode:

```
-(IBAction) hideKeyboard;
```

und dazu passend die Definition innerhalb der Moduldatei:

```
-(IBAction) hideKeyboard{
  [myTextField resignFirstResponder];

}
```

Wechseln Sie nun in den Interface Builder, und markieren Sie dort im Übersichtsfenster *MainViewController.xib* das Icon FIRSTRESPONDER. Auf der zweiten Seite des Inspectors, den CONNECTIONS, sehen Sie jetzt alle Methoden, die in der Headerdatei über *IBAction* als Ereignisbehandlungsroutinen gekennzeichnet worden sind. Darunter befindet sich auch *hideKeyboard*. Ziehen Sie nun den Kreis rechts neben HIDEKEYBOARD auf die Schaltfläche im Formular, und wählen Sie nach dem Loslassen der Maustaste das Ereignis TOUCH DOWN. Sobald nun der Benutzer die Schaltfläche berührt, verschwindet das Keyboard. Dasselbe soll jedoch auch passieren, wenn der Benutzer irgendein anderes Steuerelement antippt. Obwohl *hideKeyboard* bereits mit einem Ereignis verbunden ist, können Sie sich den Kreis erneut schnappen und auf den Slider ziehen. Wieder ist *Touch Down* das Ereignis der Wahl. Machen Sie das mit allen anderen Steuerelementen, die eine Aktion auslösen. Natürlich nicht mit dem Textfeld! Im Connections Inspector sehen Sie, dass rechts neben HIDEKEYBOARD nicht wie sonst der Name eines Steuerelement-Events steht, sondern MULTIPLE. Das bedeutet, dass die Methode von zahlreichen Events verwendet wird. Wollen Sie sehen, von welchen, klicken Sie auf das nach rechts weisende Dreieck vor MULTIPLE. Darunter erscheinen sämtliche Steuerelemente samt der zugehörigen Ereignisse.

Starten Sie das Programm erneut, verschwindet die Tastatur, sobald Sie die Schaltfläche berühren oder ein anderes Element anfassen.

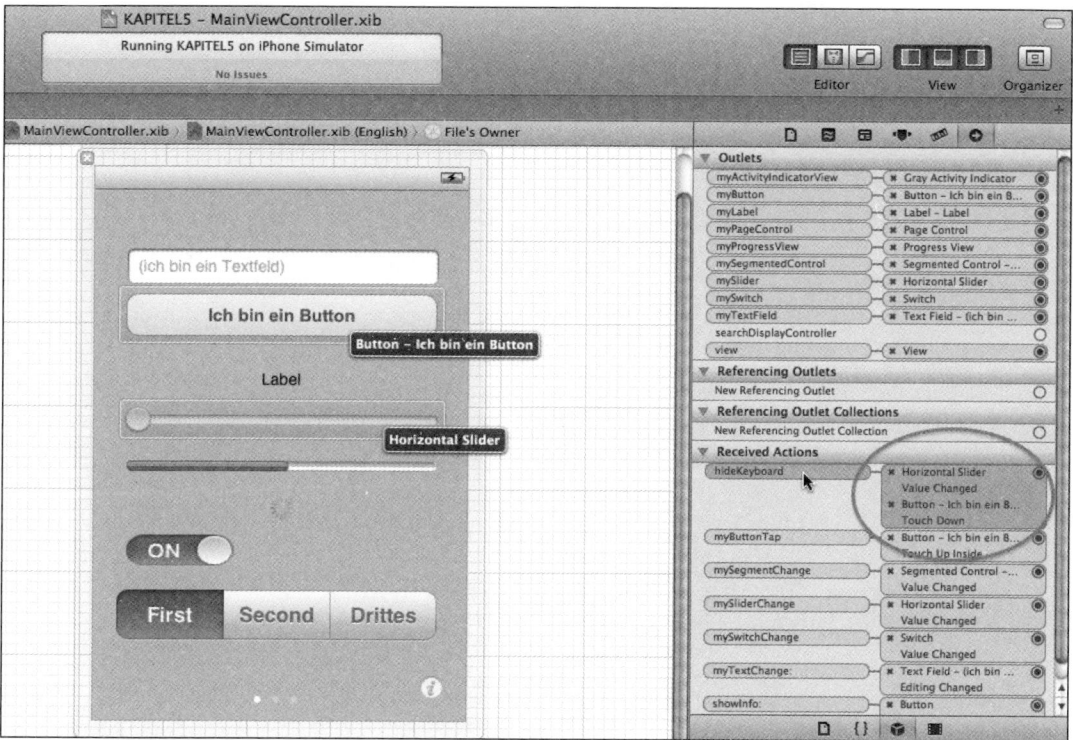

Abbildung 5.8: Ein Eventhandler kann mit mehreren Ereignissen und mit mehreren Steuerelementen verbunden werden.

Kapitel 6

Ereignisse untersuchen und debuggen

Nachdem wir uns in den letzten Kapiteln mit den Grundzügen von Objective-C und dem formalen Aufbau einer Applikation auseinandergesetzt haben, wollen wir in diesem Kapitel einen kleinen Einblick in die Ereignisse nehmen, die einem Objekt widerfahren und auf die es reagieren kann.

> **Projektquellcode**
>
> Sie finden den Quellcode des Projekts unter *www.iho.me/Kapitel6*

6.1   Ein Code für alle Ereignisse

Zu diesem Zweck erstellen Sie, wie bereits im vorherigen Kapitel, eine neue Applikation auf Basis der *Utility Application*-Vorlage. Markieren Sie die Datei *MainViewController.xib* in der Dateispalte, um das noch leere View im Interface Builder zu öffnen. Legen Sie nun einige Steuerelemente, wie *UIButton*, *UISegmented-Control*, *UIText* aus der Library auf die View-Fläche. Vielleicht versuchen Sie es auch einmal mit einer *UIToolbar*, auf der Sie wiederum einige *UIBarButton*-Steuerelemente platzieren.

Abbildung 6.1: Legen Sie einfach ein paar Steuerelemente auf das Formular. Es muss nicht mal schön aussehen. Es geht ums Prinzip.

Verzichten wir einmal darauf, die Inhalte der einzelnen Steuerelemente abzufragen. Es soll ja lediglich darum gehen, auf die verschiedenen Ereignisse der Steuerelemente zu reagieren und zu schauen, welche Ereignisse sie auslösen. Von daher benötigen wir im Quelltext kein *IBOutlet* als Stellvertreter für die Steuerelemente, sondern lediglich die Antwortmethode, also eine Methode vom Typ *IBAction*, wie wir sie auch schon in den vorangegangenen Kapiteln verwendet haben. Wechseln Sie zu Xcode, öffnen Sie mit einem Doppelklick in der Projektübersicht die Datei *MainViewController.h*, und tragen Sie nach den geschweiften Klammern des *Interface*-Abschnitts und vor dem @end die Zeile

```
-(IBAction) allEvents: (id) sender forEvent:(UIEvent*)event;
```

ein.

Bislang hatte es uns ja genügt, eine *IBAction*-Methode in der Form

```
-(IBAction) meinEvent;
```

zu formulieren. Schließlich hatten wir ja auch für jedes Steuerelement eine eigene Antwortmethode parat. Und diese wurde auch nur von einem einzigen Event aufgerufen. In unserem Beispiel jedoch soll diese eine Methode, die Sie gerade deklariert haben, für jedes Steuerelement auf dem View und für jedes Ereignis aufgerufen werden. Und die beiden Parameter *sender* und *event* geben genau darüber Auskunft: nämlich welches Steuerelement (*sender*) das Ereignis ausgelöst hat und auf welche Art (*event*) es ausgelöst wurde, also durch Klick, eine Touch-Geste, eine Eingabe oder was auch immer.

Ein Blick auf die Klassendefinition von *UIEvent* ist hier sehr nützlich. Doppelklicken Sie dazu bei gedrückter ⌥-Taste auf *UIEvent* im Quelltext. Es erscheint eine Kurzinformation zu dieser Klasse, und oben rechts sehen Sie zwei Schaltflächen. Das Buchsymbol bringt Sie direkt zur Hilfe, und die rechte Taste leitet Sie zur Headerdatei, in der die Klasse – in unserem Falle *UIEvent* – deklariert ist.

Wechseln Sie von der Headerdatei aus mit ⌘ + Ctrl + ↑ zur dazugehörigen *.m*-Datei (Tipp: Bei Xcode 3 war es noch ⌘ + ⌥ + ↑). Im @implementation-Abschnitt tragen Sie die zuvor deklarierte Antwortmethode ein. Diese soll nichts anderes machen, als den Inhalt der beiden Objektinstanzen *sender* und *event* in halbwegs lesbarer Form im Debugger-Fenster der Konsole auszugeben:

```
-(IBAction) allEvents: (id) sender forEvent:(UIEvent*)event{
    NSLog(@"\n***S_E_N_D_E_R***\n%@", sender);
    NSLog(@"\n***E V E N T***\n%@,", event);
}
```

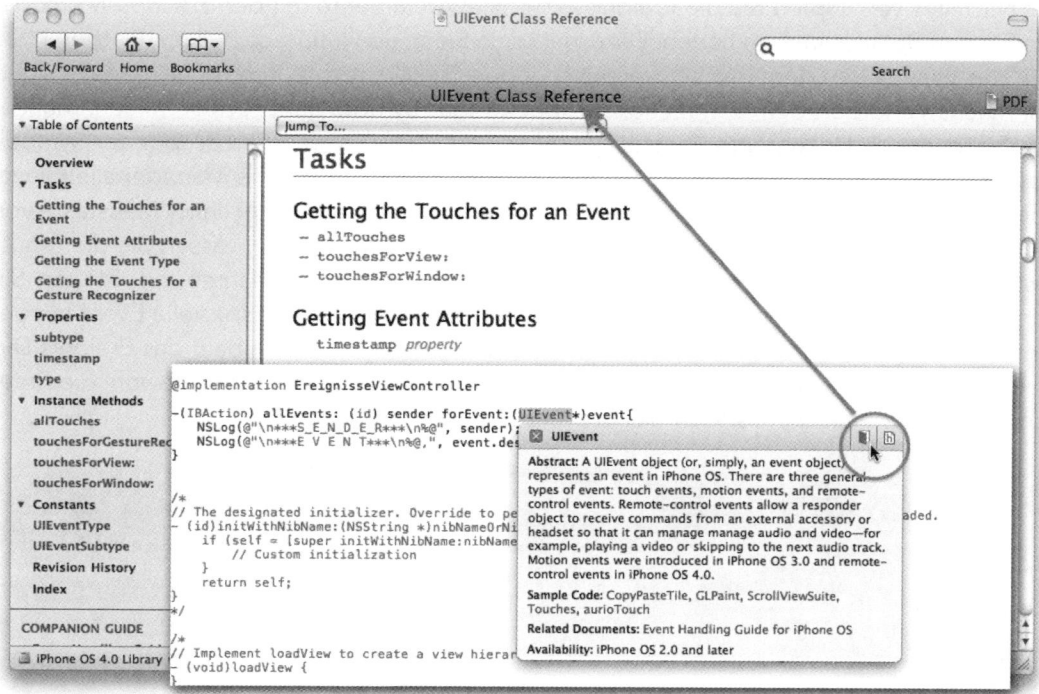

Abbildung 6.2: Im Editor gelangen Sie mit einem Mausklick zur Apple-Dokumentation der entsprechenden Klasse.

Da es sich sowohl bei *sender* als auch bei *event* um Cocoa-Objekte handelt, können Sie die Standard-C-Formatierungsplatzhalter für *NSLog* wie %i oder %f nicht verwenden. An deren Stelle können Sie mit %@ auch Objekte als Parameter übergeben. Übergeben Sie beispielsweise einen *NSString*, wird einfach die Zeichenkette ausgegeben. In unserem Beispiel hingegen sind es etwas komplexere Elemente, sodass auch die Ausgabe nicht ganz so primitiv ist. Allerdings können Sie als Programmierer den wirren Zeichenfolgen im Debugger-Fenster mit ein bisschen Kombination und Nerd-Intuition durchaus etwas abgewinnen.

Hinweis

Das Zeichen \n in der Formatierungszeichenfolge steht für einen Zeilenumbruch an dieser Stelle. Im Gegensatz zu PC-Tastaturen werden Sie es jedoch auf dem Mac-Keyboard schwer haben, den ansonsten unter OS X nahezu unbekannten Backslash zu finden. Sinnigerweise liegt er jedoch auf derselben Taste wie der Slash, also über der Sieben. Und das Einzige, was Sie machen müssen, ist zusätzlich die Taste ⎇ zu drücken, also ⇧ + ⎇ + 7 .

Als Nächstes verknüpfen Sie die Ereignisse der Steuerelemente mit der *IBAction*-Methode, die Sie gerade geschrieben haben. Dazu wechseln Sie in den Interface Builder. Platzieren Sie nun das View neben dem Inspector-Fenster, indem Sie die rechte Xcode-View-Spalte sichtbar machen und dort den *Connections Inspector* (das Symbol ganz rechts) wählen. Markieren Sie dann im Dokumentenfenster MAINVIEWCONTROLLER.XIB das *FirstResponder*-Symbol, das für die Moduldatei steht. Auf diese Weise werden im *Connections Manager* alle Events angezeigt, die in der Klasse vorhanden sind. Ziehen Sie bei gedrückter linker Maustaste von dem Eintrag *allEvents:forEvent* eine Verbindung zu der Schaltfläche. Lassen Sie die Maustaste los, poppt ein Kontextmenü mit allen möglichen Ereignisvarianten auf. Klicken Sie zunächst auf den obersten Eintrag DID END ON EXIT. Danach ist dieses spezielle Event mit der Antwortmethode *allEvents* verbunden. Oder anders ausgedrückt: Sobald das Ereignis *Did End On Exit* eintritt, wird *allEvents* ausgeführt, und als Parameter werden sowohl die Referenz auf die Schaltfläche als auch das Ereignis *Did End On Exit* übergeben.

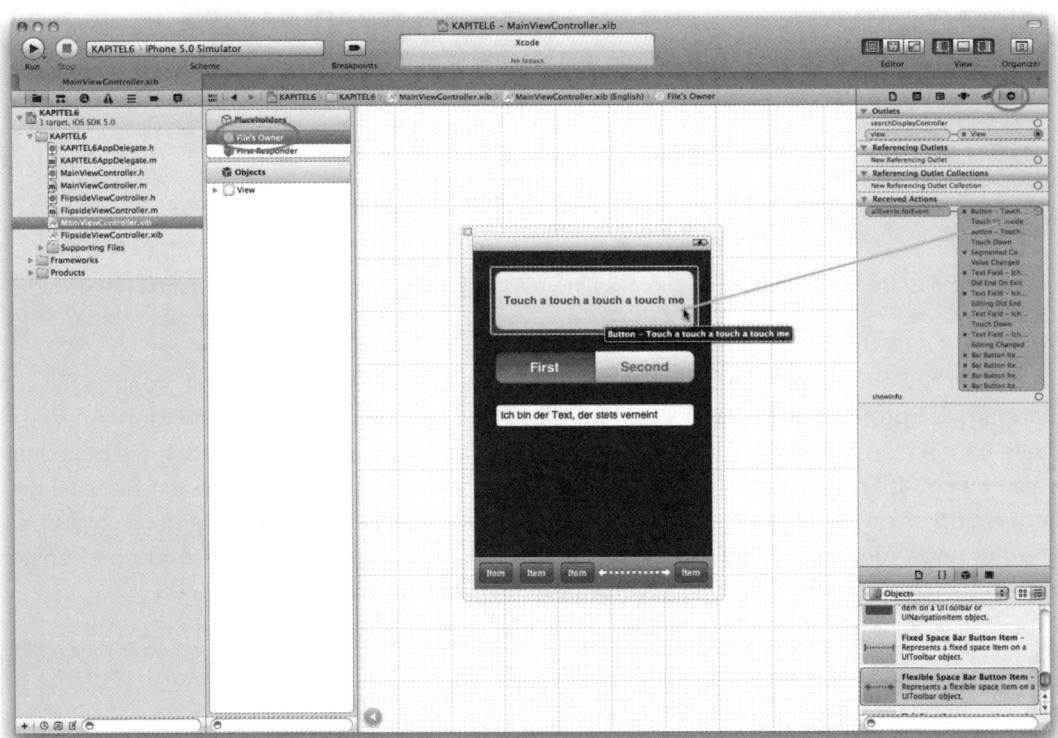

Abbildung 6.3: Sukzessive verbinden Sie die Antwortmethode allEvents mit jedem einzelnen Ereignis jedes einzelnen Steuerelements.

Nun ist der Kreis rechts neben *allEvents:forEvent:* ausgefüllt, und das Ereignis, auf das die Routine reagiert, ist notiert. Greifen Sie jetzt erneut den Kreis, ziehen Sie ihn auf die Schaltfläche, und lassen Sie die Maustaste los. Wählen Sie im EVENTS-Menü den zweiten Eintrag von oben: EDITING CHANGED. Verbinden Sie auf diese Weise die Ereignisse aller Steuerelemente, insbesondere auch aller *UIBarButtonItem*-Elemente.

6.2 Test per NSLog

Nachdem Sie nun sämtliche Eventhandler verknüpft haben, öffnen Sie in Xcode mit ⌘ + ⇧ + C die Debugger-Console für die *NSLog*-Ausgabe und starten dann die Applikation. Klicken Sie einmal auf die Schaltfläche, oder geben Sie etwas Text ein. Im Debugger erscheinen die entsprechenden Informationen. Analysieren Sie einmal die Debugger-Ausgabe.

In Abbildung 6.4 sehen Sie zunächst einmal, dass *sender* die Informationen eines Steuerelements der Klasse *UIRoundedRectButton* enthält, also ein Abkömmling von dem uns bereits bekannten *UIButton* ist. Im Quelltext könnten Sie beispielsweise mit der Verzweigung

```
If (sender = myButton) ...
```

prüfen, ob das Ereignis von der Schaltfläche ausgelöst wurde, auf die Sie über die Instanzenvariable `myButton` zugreifen. *myButton* wiederum müsste in der Headerdatei mit

```
IBOutlet UIButton *myButton;
```

deklariert und dann über den Interface Builder mit der Schaltfläche verknüpft sein.

Zudem weiß *sender*, dass die Schaltfläche am Punkt `(x,y) = (20,9)` beginnt, 280 Pixel breit und 92 Pixel hoch ist. Im Ereignis selbst, dem Parameter *event*, können Sie ablesen, dass es sich um ein Ereignis vom Typ *UITouchesEvent* handelt (hier wäre ein Blick in die Objective-C-Hilfe angesagt!). Über die Positionsangaben kann der Programmierer ermitteln, auf welche Art der Benutzer das Display berührt hat. Und er kann auch feststellen, an welcher Stelle der Schaltfläche die Berührung erfolgte, wodurch sich viele Möglichkeiten realisieren lassen, wie etwa ein Kippschalter – ähnlich der Lautstärkeregelung beim iPhone.

```
2010-04-22 10:22:59.400 Ereignisse[2911:207]
***S_E_N_D_E_R***
<UIRoundedRectButton: 0x3913fe0; frame = (20 9; 280 92); opaque = NO;
    autoresize = RM+BM; layer = <CALayer: 0x3913dd0>>
2010-04-22 10:22:59.401 Ereignisse[2911:207]
***E V E N T***
<UITouchesEvent: 0x390fd60> timestamp: 34041.7 touches: {(
    <UITouch: 0x39246b0> phase: Ended tap count: 1 window: <UIWindow:
        0x3914fc0; frame = (0 0; 320 480); opaque = NO; autoresize = RM
    +BM; layer = <CALayer: 0x3915d80>> view: <UIRoundedRectButton:
        0x3913fe0; frame = (20 9; 280 92); opaque = NO; autoresize = RM
    +BM; layer = <CALayer: 0x3913dd0>> location in window: {171, 68}
        previous location in window: {171, 68} location in view: {151, 39}
        previous location in view: {151, 39}
)},
```

Abbildung 6.4: Die Debugger-Ausgabe der Events zeigt, welche Informationen in den beiden Instanzenparametern enthalten sind.

Spielen Sie noch ein wenig mit den Ereignissen und den unterschiedlichen Steuerelementen herum. Durch selektives Entfernen der Verbindung im *Connections Manager* können Sie die Ereignisse auf all die Events reduzieren, die für Sie interessant sind. Dieses *Herumspielen* ist natürlich nicht akademisch wertvoll. Sie werden aber merken, dass es Ihnen Einblicke und Einsichten gewährt, die Ihnen ein Buch nicht vermitteln kann.

6.3 Debuggen

Das Debugging gehört zu den wichtigsten Tätigkeiten des Programmierers. Manchmal brauchen Sie länger, um einen winzigen Fehler zu finden, als um ein ganzes Programm zu schreiben. Aus diesem Grunde steht und fällt eine Entwicklungsumgebung auch mit den Fähigkeiten ihres Debuggers. Mit dem iOS SDK respektive Xcode haben Sie, was dieses Thema angeht, sehr großes Glück. Der Debugger ist unglaublich simpel gehalten, was die Anwendung angeht. Was hingegen die Informationen betrifft, ist er enorm umfangreich.

6.3.1 Übersichtlichkeit ist Trumpf

Der wichtigste Punkt beim Debugger ist das Setzen von Haltepunkten, den *Breakpoints*. Das funktioniert bei Xcode ganz ähnlich wie in anderen Entwicklungsumgebungen. Wechseln Sie einmal in Ihre Moduldatei *MainViewController.m*, und holen Sie die zuvor geschriebene Behandlungsmethode *allEvents* in den sichtbaren Bereich. Links neben dem Code sehen Sie zwei Spalten. Die rechte der beiden, also jene, die direkt an den Code anschließt, ist dazu da, einzelne Code-Abschnitte zusammenzufassen. Sobald Sie den Mauszeiger links neben *allEvents* in diese dunkelgrau eingefärbte Spalte bewegen, wird der Code-Abschnitt weiß, und der Rest wirkt wie in den Hintergrund versetzt. Klicken Sie nun in diesen Bereich, wird die logische Einheit – in diesem Fall die Methode – zusammengefaltet. Das bedeutet, dass nur noch der Methodenkopf sichtbar ist. Für den Code zwischen den geschweiften Klammern steht stellvertretend ein kleines gelbes Kästchen mit drei Pünktchen, dem Auslassungszeichen.

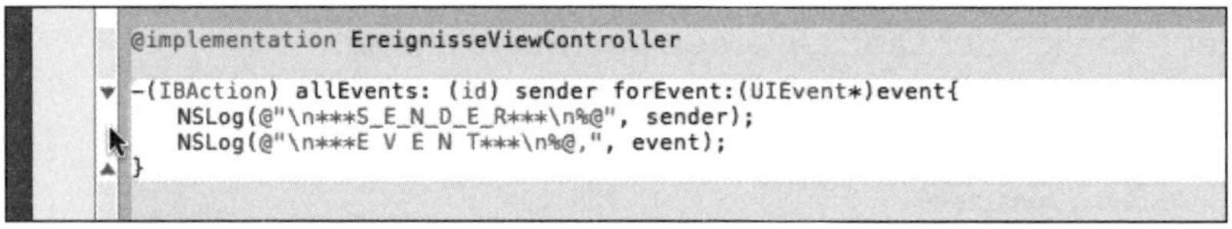

```
@implementation EreignisseViewController

-(IBAction) allEvents: (id) sender forEvent:(UIEvent*)event{
    NSLog(@"\n***S_E_N_D_E_R***\n%@", sender);
    NSLog(@"\n***E V E N T***\n%@,", event);
}
```

Abbildung 6.5: Mit dem Code Folding werden logische Abschnitte, wie beispielsweise Methoden, übersichtlich zusammengefasst.

Wollen Sie den Code wieder entfalten, klicken Sie wahlweise auf das kleine Dreieck links neben dem Methodenkopf, oder Sie führen einen Doppelklick auf dem gelb hinterlegten Auslassungszeichen zwischen den geschweiften Klammern aus.

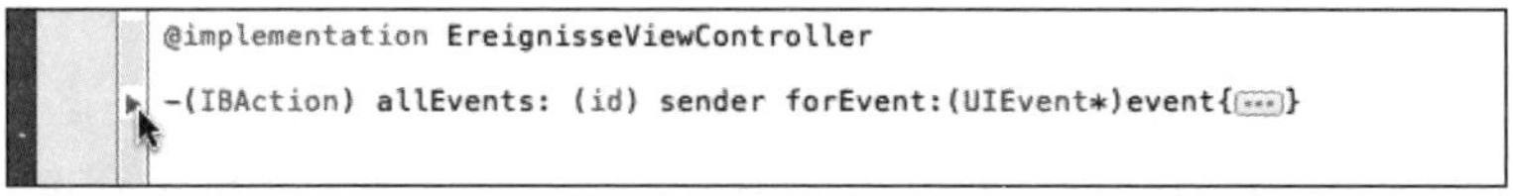

```
@implementation EreignisseViewController

-(IBAction) allEvents: (id) sender forEvent:(UIEvent*)event{...}
```

Abbildung 6.6: Der einfachste Weg zurück zum Code ist der Klick auf das kleine Dreieck in der CODE FOLDING-Spalte.

Xcode stellt zahlreiche Funktionen für dieses *Code Folding* – so die offizielle Bezeichnung – zur Verfügung. Mit ⌥+⌘+← falten Sie beispielsweise sämtliche Funktionen und Methoden des aktuellen Moduls zusammen. Dies macht das Navigieren innerhalb des Quelltextes extrem leicht. Und mit ⌥+⌘+→ klappen Sie den Code wieder aus. Nun müssen Sie sich natürlich nicht sämtliche Tastenkombinationen merken. Über den Menüpunkt EDITOR/ CODE FOLDING stehen Ihnen die Funktionen samt Shortcuts in Xcode zur Verfügung.

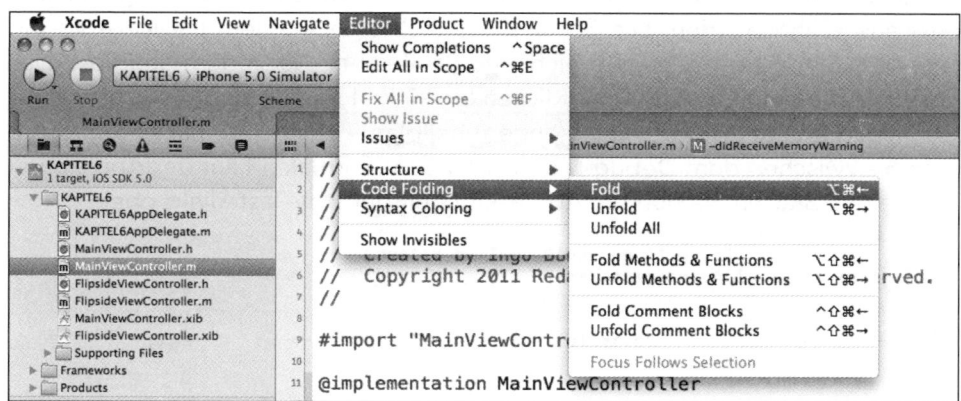

Abbildung 6.7: Im Xcode-Menü EDITOR / CODE FOLDING finden Sie alle Funktionen für ein übersichtliches Arbeiten.

6.3.2   Wann passiert eigentlich was?

Wie in anderen Programmiersprachen auch, werden bereits beim Start der Anwendung zahlreiche Ereignisse ausgelöst. Und zu allen können Sie die Behandlung per Code selbst in die Hand nehmen. Aber wann passiert eigentlich was?

Für unser aktuelles Ereignisse-Projekt haben wir ja als Vorlage eine *Utility Application* gewählt. Schauen Sie einmal in den Quelltext der Moduldatei *MainViewController.m*. Dort finden Sie zahlreiche Funktionen. Dies sind sämtlich Behandlungsroutinen für Ereignisse, die beim Start – in diesem Fall des Hauptfensters – oder in besonderen Situationen ausgeführt werden.

In fast allen Routinen befindet sich bereits Code. Die Ausnahme ist beispielsweise *view DidUnload*, also das Ereignis, das eintritt, nachdem das View wieder aus dem Hauptspeicher entfernt wurde. In dieser Routine können Sie beispielsweise zuvor allozierten Speicher wieder freigeben oder auch den aktuellen Zustand der Steuerelemente oder der Eingabemaske sichern. Fügen Sie auch in *viewDidUnload* eine Zeile Code, beispielsweise

```
NSLog(@"Tschö");
```

ein.

Und nun setzen wir Breakpoints, also Marker innerhalb des Codes, bei denen die Verarbeitung einfach angehalten werden soll. Um einen Breakpoint einzufügen, bewegen Sie den Mauszeiger in die entsprechende Zeile und dort ganz nach links in die hellgraue Spalte. Klicken Sie mit der linken Maustaste, erscheint ein blauer Marker an dieser Stelle. Dieser deutet an, dass die Code-Ausführung an dieser Stelle gestoppt wird. Markieren Sie so in jeder der Routinen die erste Codezeile, damit wir genau an dieser Codezeile den Lauf der Applikation stoppen. Auf diese Weise werden Sie erfahren, in welcher Reihenfolge die einzelnen Events ausgeführt werden. Die Schaltfläche rechts neben dem Device – also in unserem Falle dem Simulator mit der Bezeichnung BREAKPOINTS – ist zudem gedrückt. Das bedeutet, dass die Breakpoints aktiv sind. Klicken Sie einmal darauf, sind die Breakpoints in der linken grauen Spalte nicht dunkel-, sondern hellblau – das heißt: inaktiv. Auf diese Weise können Sie zwischen dem Debug-Modus und dem normalen Lauf der Applikation hin- und herschalten. Starten Sie nun die Applikation mit der Play-Taste links oben.

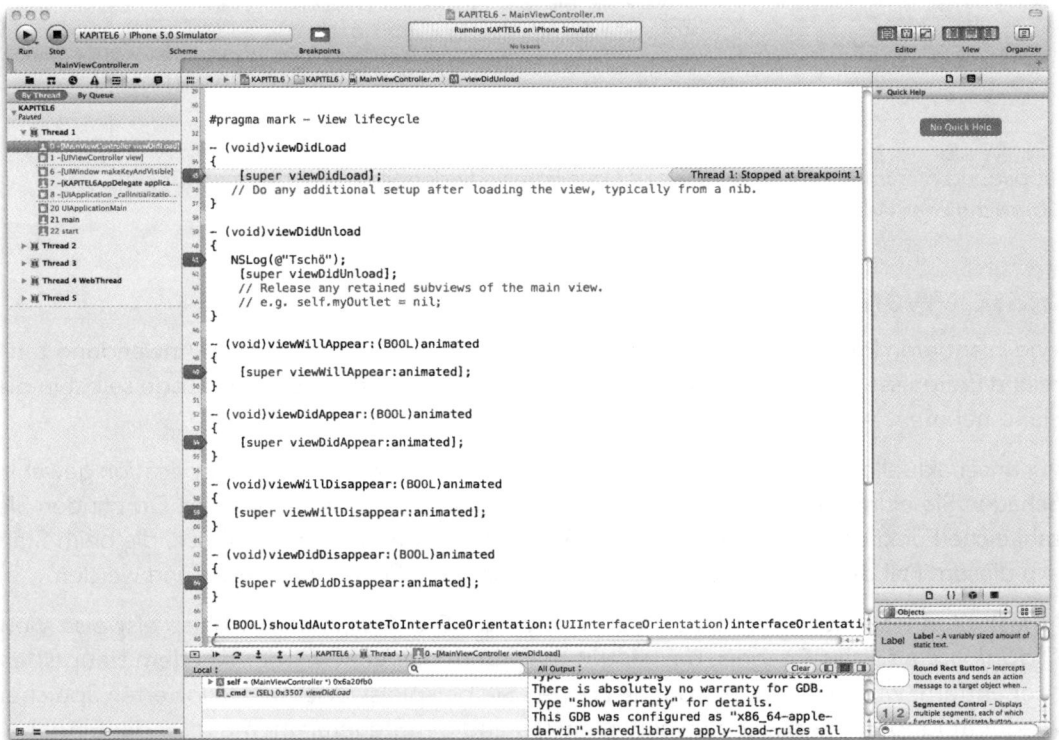

Abbildung 6.8: Das erste Event, das nach dem Start des MainView aufgerufen wird, ist viewDidLoad.

Die Applikation hält bei diesem ersten Fenster das erste Mal bei *viewDidLoad* an. Dies wird durch den kleinen grünen Pfeil rechts der Breakpoint-Markierung angedeutet. Nach dem Start erscheint unter dem Quellcode eine neue Symbolleiste. Hier sehen Sie die verschiedenen Tasten, mit denen Sie das Programm weiterlaufen lassen oder Schritt für Schritt abarbeiten können.

Exkurs: Applikations-Events

In diesem Abschnitt haben wir uns grundsätzlich nur Fenster-Botschaften – oder wie es in iOS heißt: *View-Botschaften* – angeschaut. Tatsächlich gibt es aber auch noch eine übergeordnete Ebene. Diese wird dann wichtig, wenn mehr als ein View existiert. Das ist die Applikationsebene. Hier reagiert die Anwendung mit Events, wenn beispielsweise das Programm gestartet wird, wenn es in den Hintergrund geschoben wird (also wenn beispielsweise der Nutzer auf die HOME-Taste drückt) oder wenn tatsächlich die Anwendung aus dem Speicher entfernt wird. Letzteres wird in der Regel vom Betriebssystem initiiert. Mit den entsprechenden Behandlungsroutinen können Sie jedoch auf dieses Ereignis reagieren und haben dann noch ein paar Sekunden Zeit, bis iOS Ihnen tatsächlich „den Hahn zudreht".

Diese Ereignisse finden Sie im Stellvertreter-Modul für die Applikation – im *Application Delegate*. In unserem Beispiel, da das Projekt *KAPITEL6* heißt, ist dies das Modul *KAPITEL6AppDelegate.m*. Hier finden Sie so interessante Ereignisbehandlungen, wie *didFinishLaunchingWithOptions* (die erste Methode, wenn die App startet), *applicationWillResignActive* (wenn sie im Hintergrund war und vom iOS-Anwender wieder in den Vordergrund geholt wird) sowie diverse mehr. Die ganzen Methoden sehen Sie im Quelltext, und statt Code sind Kommentare enthalten, in denen die Ereignisse beschrieben sind, wann diese Methoden aufgerufen werden. Natürlich sind diese Kommentare in Englisch, aber selbst wenn Sie des Englischen nicht hundertprozentig mächtig sind, hilft Ihnen Google Translate (*translate. google.de*) schnell weiter. Und aus einem „*Called when the application is about to terminate*" wird dann die nicht perfekte, aber durchaus verständliche deutsche Übersetzung „*Wird aufgerufen, wenn die Anwendung über die zu beenden*" Zugegeben, das erinnert ein wenig an Karnak, aber Sie werden sicher verstehen, dass das Ereignis dann eintritt, wenn die App beendet wird.

Die vier ersten Schaltflächen der Debugger-Leiste (siehe Abbildung 6.10) sind dafür da, nach dem Anhalten der Verarbeitung diese weiter fortzusetzen. Die erste, RUN, setzt die Verarbeitung normal fort und hält erst wieder an, wenn der nächste Breakpoint erreicht ist. Die zweite Schaltfläche, STEP OVER, führt die nächste Codezeile aus. Dabei ist es mir egal, ob es sich um eine einfache Zuweisung im Stil von

```
i = i + 1;
```

handelt oder um einen Prozedur- oder Methodenaufruf, hinter dem Tausende von Zeilen Code stehen.

Wollen Sie hingegen in eine Prozedur oder Methode „eindringen", so setzt die dritte Schaltfläche, STEP IN, den Code bis zur ersten Zeile der aufzurufenden Unterroutine fort und bleibt dort bei der ersten Zeile stehen.

Reicht es Ihnen dann in dieser Methode, setzt die vierte und letzte Schaltfläche, STEP OUT, die Verarbeitung der gesamten aktuellen Methode fort und bleibt in der hierarchisch darüber liegenden, aufrufenden Methode bei der Folgezeile stehen.

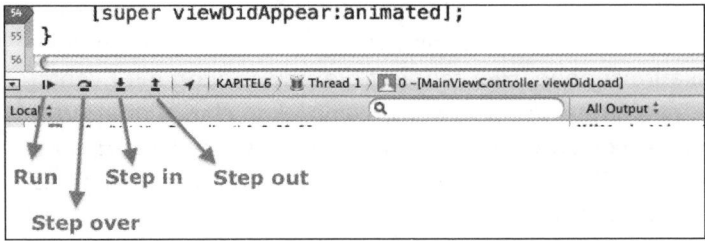

Abbildung 6.9: Die Debugger-Leiste stellt alle wichtigen Funktionen zur Fehlersuche in einer Symbolleiste dar.

6.3.3   Tiefe Einblicke im Debugger-Fenster

Die Ausgabe von Variableninhalten oder gar von Objekten mithilfe von *NSLog* ist ja ganz praktisch. Aber sie ist auch etwas umständlich! Schließlich muss man extra Code einfügen und neu kompilieren, nur um einmal zu schauen, welchen Wert eine Laufvariable zu einem gewissen Zeitpunkt hat. Hier ist das direkte Debuggen sehr viel einfacher.

Starten Sie die Anwendung, und überspringen Sie alle Breakpoints, bis die Oberfläche angezeigt wird. Tippen Sie dann beispielsweise auf die Schaltfläche, hält die Verarbeitung in unserer Behandlungsroutine *allEvents*. Und dort gibt es ja zwei Parameter: *sender* und *event*. Verschieben Sie nun den Mauszeiger über *sender*, und verharren Sie eine Sekunde.

Neben der Variablen öffnet sich ein Tooltip. Handelt es sich – wie im Beispiel – um die Instanzenvariable einer Klasse, ist links von der Information ein kleines nach rechts weisendes Dreieck zu sehen. Verschieben Sie den Mauszeiger über dieses Dreieck, zeigt es weitere Informationen zu dem Objekt an. Das geht in beliebig viele Hierarchieebenen hinab. Dies ist definitiv die schnellste Art, Variablen und Objekte zu inspizieren.

```
-(IBAction) allEvents: (id) sender forEvent:(UIEvent*)event{
    NSLog(@"\n***S_E_N_D_E_R***\n%@    UIRoundedRectButton *    sender         0x391d780
    NSLog(@"\n***E V E N T***\n%@,", e    Class         isa         0x1696aa0
}                                            Class         isa         0x169db60
                                             Class         super_class   0x16969e0
// The designated initializer. Override      char *        name        0x161fa0f    UIRoundedRectButton
- (id)initWithNibName:(NSString *)nibNam        char     *name      version   85 'U'
    if (self = [super initWithNibName:ni     long int      info        12206145
        // Custom initialization                long int      instance_size  132
    }                                        struct objc_ivar_list *    ivars         0x16c4994
    return self;                             struct objc_method_list **  methodLists   0x391d810
}                                            struct objc_cache *    cache         0x3936730
/*                                           struct objc_protocol_list *  protocols     0x0
// Implement loadView to create a view
- (void)loadView {
    NSLog(@"I just loaded");
```

Abbildung 6.10: Die einfachste Art des Debuggens ist, mit dem Mauszeiger über einer Variablen zu verharren.

Noch einen Schritt weiter geht die tatsächliche *Debugger-Ansicht*. Denn während die schnelle Variante mit dem Tooltip verschwindet, sobald die Maus wieder etwas zu tun bekommt, bleibt das Debug-Fenster stets angezeigt und verfügt auch über eine Zusammenstellung sämtlicher lokaler und globaler Variablen. Um diese Ansicht vernünftig auszutesten, schreiben Sie als Erstes eine eigene Methode innerhalb des View-Moduls *MainViewController.m*, beispielsweise

```
- (void) nurEinTest {
    int i=1;
    NSString *testString = @"Hallo Welt";
    NSLog(@"i hat den Wert %d", i);
    NSLog(@"Der String sagt:'%@'", testString );
}
```

und setzen in die erste Zeile mit der Deklaration der Integer-Variablen einen Breakpoint. Fügen Sie dann noch in einer beliebigen Methode – beispielsweise in *viewDidLoad* – die Zeile

```
[self nurEinTest];
```

ein. Dies ist der Aufruf der Methode *nurEinTest* in der aktuellen Instanz des aktuellen Objekts.

Starten Sie das Programm im iPhone Simulator. Es stoppt genau an dieser Variablendeklaration, und am unteren Rand öffnet sich sowohl die bereits bekannte Konsole (unten rechts) als auch das Debugger-Fenster (unten links). Im Debugger-Fenster sehen Sie nun sämtliche lokalen Variablen, deren Speicheradresse, deren Inhalt und zahlreiche weitere Informationen, die Sie auch von anderen Programmiersystemen her kennen. Neben den einfachen Variablen können Sie auch komplette Ausdrücke überwachen. Klicken Sie beispielsweise mit der rechten Maustaste in das Debuggerfenster, wählen Sie aus dem Kontextmenü den Menüpunkt ADD EXPRESSION, und geben Sie den entsprechenden Ausdruck ein, etwa (wie in Abbildung 6.12 zu sehen) i+20. Im Debug-Fenster wird der Ausdruck angezeigt (gekennzeichnet mit einem *E* für *Expression*), und rechts daneben steht der entsprechende Code.

Tipp zum Konsolenfenster

Auch im Konsolenfenster können Sie Ausdrücke eingeben und auswerten lassen. Es ist also nicht nur dafür gedacht, mit *NSLog* aus dem Code heraus Ausgaben produzieren zu lassen. Wollen Sie etwa an einer bestimmten Stelle den Inhalt der Variablen i ausgeben lassen, lautet das Statement

```
print i
```

gefolgt von der ⏎.

Darüber hinaus können Sie natürlich auch Instanzen, deren Eigenschaften und sogar die Ergebnisse von Methoden aufrufen und mit dem `print`-Befehl ausgeben lassen. Das Tolle an Xcode 4 ist, dass die bereits aus dem Editor bekannte Code-Vervollständigung mittlerweile auch im Konsolenfenster funktioniert.

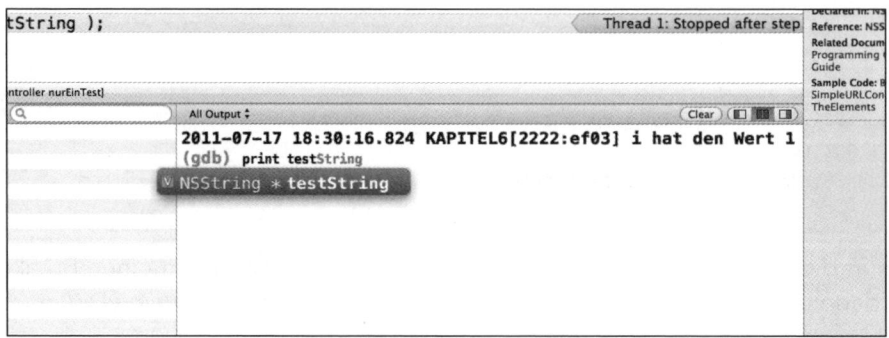

Abbildung 6.11: Auch im Konsolenfenster können Sie mit dem `print`-Befehl Variablen, Instanzen und Ausdrücke zur Laufzeit anzeigen lassen und bekommen von Xcode auch noch Hilfe bei der Code-Vervollständigung.

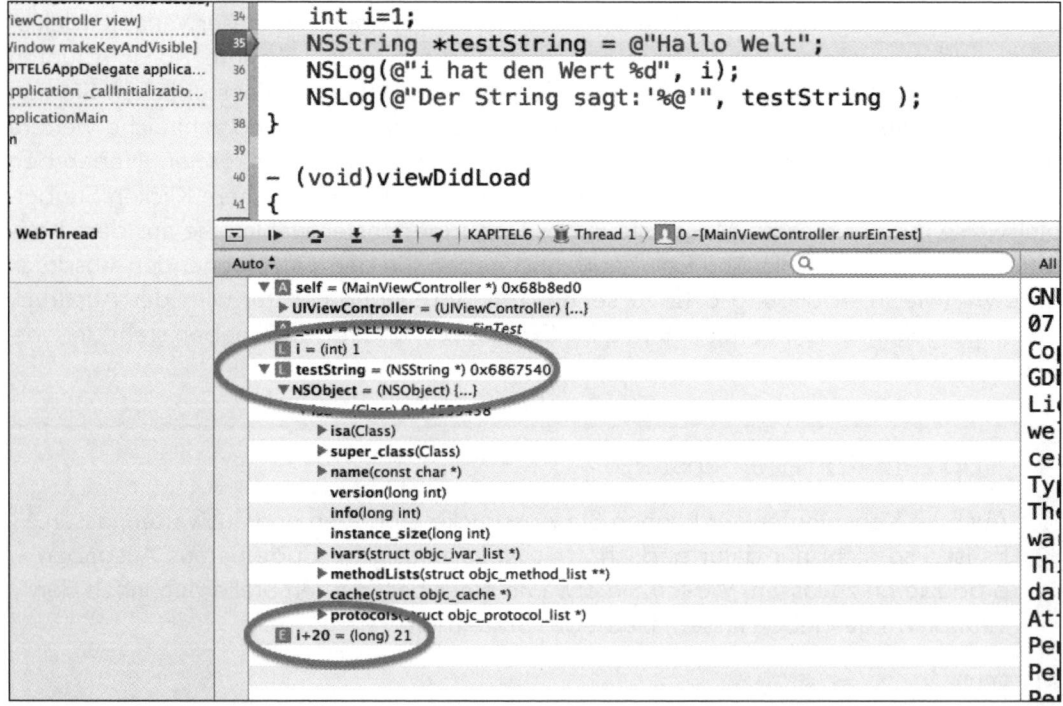

Abbildung 6.12: Die Debugger-Ansicht des Code-Fensters zeigt skalare Variablen, Objektinstanzen und sogar Ausdrücke an.

Weitere Grundlagen brauchen Sie beim Debuggen nicht. Mit den hier vorgestellten Techniken können Sie alle Beispiele in diesem Buch untersuchen und werden auch in der Praxis der kommenden Jahre kaum etwas anderes zum Auffinden der Fehler benötigen.

Tipp zum Debuggen mit zwei Monitoren

Unter OS X können Sie bequem über die Systemeinstellungen einen zweiten Monitor anschließen und diesen als Erweiterung Ihres normalen Displays verwenden. Das macht besonders bei der Arbeit mit Xcode Sinn. Denn obwohl Xcode mittlerweile sämtliche Arbeitselemente in einem einzigen Fenster bündelt (unter früheren Xcode-Versionen war dies noch nicht der Fall), kann man beliebig viele Tabs für das aktuelle Projekt erstellen. Das geht genau so, wie Sie es auch beim Safari-Browser machen: Drücken Sie einfach auf ⌘+T. In diesem zweiten Tab können Sie nun die verschiedenen Spalten ein, oder ausblenden und auch den Debug- und Konsolen-Bereich unten ganz nach oben ziehen, sodass er die gesamte Fensterfläche ausmacht. Und genauso wie bei Safari können Sie einen Tab bei gedrückter Maustaste aus dem Fenster herausziehen und erhalten somit ein komplett neues Fenster mit genau diesen Einstellungen. Wenn Sie dieses Fenster auf dem zweiten Monitor platzieren, bleibt es auch dort erhalten, wenn Sie Xcode das nächste Mal starten. Somit haben Sie den Debugger und die Konsole stets im Blick. Eine sehr sinnvolle Verwendung für das zweite Display.

Kapitel 7

Arbeiten mit Views

Was auf anderen Systemen, wie etwa der Desktop-Entwicklung unter OS X oder Windows, als „Fenster" bezeichnet wird, trägt bei iOS den Namen *View*. Wann immer auf Ihrem iPhone- oder iPad-Display eine neue Ansicht erscheint, spricht man hier von einem *View*.

Projektquellcode

Sie finden den Quellcode des Projekts unter *www.iho.me/Kapitel7*.

Während Sie bisher immer nur mit einem einzelnen View gearbeitet haben, sollen ab diesem Kapitel neben dem Hauptfenster noch weitere Ansichten ins Spiel kommen. Bislang haben wir als Basis in jedem Kapitel immer das Template *Utility Application* verwendet. In diesem waren bereits alle Ingredienzien für eine komplette App enthalten.

Hinweis

Tatsächlich ist jedes sichtbare Steuerelement ein Abkömmling der Ur-Klasse *UIView*, die auch dem View-Steuerelement zugrunde liegt. Dies sage ich jedoch nur der Vollständigkeit halber. Behalten Sie im Hinterkopf, dass alles, was hier zum View gesagt wird, auch für alle anderen Steuerelemente, wie Schaltflächen, Textfelder oder Labels, gilt.

In diesem Kapitel werden wir zwei Projekte erstellen. Das erste zeigt Ihnen, wie Sie ein Fenster mit einem typischen Info-Dialog aufbauen, anzeigen und danach wieder verschwinden lassen. Diese Variante beginnen wir von Grund auf. Das bedeutet, dass wir mit einem komplett leeren Projekt anfangen und sämtliche Zutaten von Hand hinzufügen.

Beim zweiten Projekt nutzen Sie ein Template – also eine Vorlage –, um mehrere Views über ein Benutzerinterface gesteuert anzeigen und wieder verschwinden zu lassen. Und das Ganze geschieht auch noch animiert.

7.1 Infodialog anzeigen

Im Grunde genommen hat jede Anwendung irgendwo eine Informationsseite mit den Angaben zum Programm, gegebenenfalls eine Hilfestellung und nicht zuletzt Informationen zum Entwickler und dessen Webseite. Viel zu programmieren gibt es hier nicht, denn alle Elemente können wieder im Interface Builder erstellt werden. Erstellen Sie zunächst wieder ein Projekt, diesmal auf Basis der *Empty Application*, und nennen Sie es *Kapitel7ViewSwap*.

Was Sie nun in Xcode sehen, ist das absolute Grundgerüst jedweder iOS-Anwendung. Im Projekt ist – neben den Frameworks, also den Bibliotheken, sowie einigen Dateien für die Verwaltung des Ganzen (*Supporting Files* genannt) – lediglich das sogenannte *Application Delegate* enthalten, also jene Datei, in der die grundlegenden Ereignisse der Applikation behandelt werden. In unserem Fall heißen die beiden Dateien *Kapitel7ViewSwapAppDelegate.h* und *Kapitel7ViewSwapAppDelegate.m* . Die wichtigsten Ereignisse sehen Sie, wenn sie die Moduldatei anschauen:

- *application:didFinishLaunchingWithOptions:* wird ausgeführt, wenn die Applikation startet. Genauer gesagt: wenn sie erstmals startet, sprich, wenn all die standardmäßigen Initialisierungen gemacht werden müssen, die nicht in den Variablen zur Laufzeit zur Verfügung stehen. Die Alternative ist, dass die App bereits einmal gestartet war und jetzt lediglich in den Vordergrund tritt. Dann wird dieses Ereignis nicht behandelt.

- *applicationWillResignActive:* Wenn der Nutzer einen Anruf entgegennimmt oder mit der Home-Taste zur Auswahl zurückkehrt oder, oder, oder … dann wird dieses Ereignis behandelt. Das ist der Zeitpunkt, an dem alle wichtigen Aktionen ihr Ende finden sollten, weil die Möglichkeit besteht, dass die App demnächst komplett aus dem Speicher entfernt wird. Und das wird sie übrigens, wenn sie sich zu speicherintensiv verhält oder ansonsten zu viele Ressourcen verbraucht. Dafür sorgt dann das Betriebssystem. Denn Apple hat ein Interesse daran, dass das iPhone möglichst lange durchhält. Selbst wenn Ihre Anwendung der eigentliche Ressourcen-Killer, sprich: Akku-Fresser ist, wird es in letzter Konsequenz von den Medien Apple angelastet, dass der Akku so schnell leer ist. Dementsprechend ist das Betriebssystem angehalten, entsprechende Apps bei Inaktivität aus dem Speicher zu entfernen.

- *applicationDidEnterBackground:* Während *applicationWillResignActive:* ausgeführt wird, bevor die App in den Hintergrund tritt, gelangt *applicationDidEnterBackground* zum Zuge, sobald sie dort – im Hintergrund – angelangt ist.

- *applicationWillEnterForeground:* Analog zu *applicationWillResignActive:*, das aufgerufen wird, bevor eine App in den Hintergrund verschwindet, wird dieses Ereignis aktiviert, bevor die App wieder in den Vordergrund tritt – also wenn beispielsweise der Benutzer Ihre App wieder aus der Liste der vorher verwendeten Apps aktiviert. Allerdings: Das Ereignis tritt ein, bevor Ihre App wieder sichtbar wird. Ansonsten ist die Behandlungsmethode der Wahl *applicationDidBecomeActive:*.

- *applicationDidBecomeActive:* Ist Ihre App wieder aus dem Hintergrund in den sichtbaren Bereich gelangt, wird dieses Ereignis behandelt. An Ihnen ist es nun, Informationen zu aktualisieren oder was immer in Ihrer App notwendig ist.

- *applicationWillTerminate:* ist das Gegenstück zu *application:didFinishLaunchingWith-Options:*. Während die beiden anderen Ereignisse nur ausgelöst wurden, wenn die App vom Display verschwand, aber weiterhin im Hintergrund residierte, ist *applicationWill-Terminate:* der Moment, in dem Sie Ihren Speichermüll spätestens beseitigen sollten. Ansonsten lassen Sie Fragmente des Programms im Hauptspeicher zurück. Dadurch wird dem iOS wertvoller RAM gestohlen, was mit der Zeit zu Instabilität oder zum Absturz führt. Da die Tester von Apple darauf achten, sollten Sie penibel Ihre Ressourcen im Auge behalten und an dieser Stelle Ihrer Applikation bereinigen. Wie? Dazu kommen wir noch! An dieser Stelle wollte ich Ihnen nur den Grund nennen, warum Ihre App vielleicht einmal abgelehnt wird.

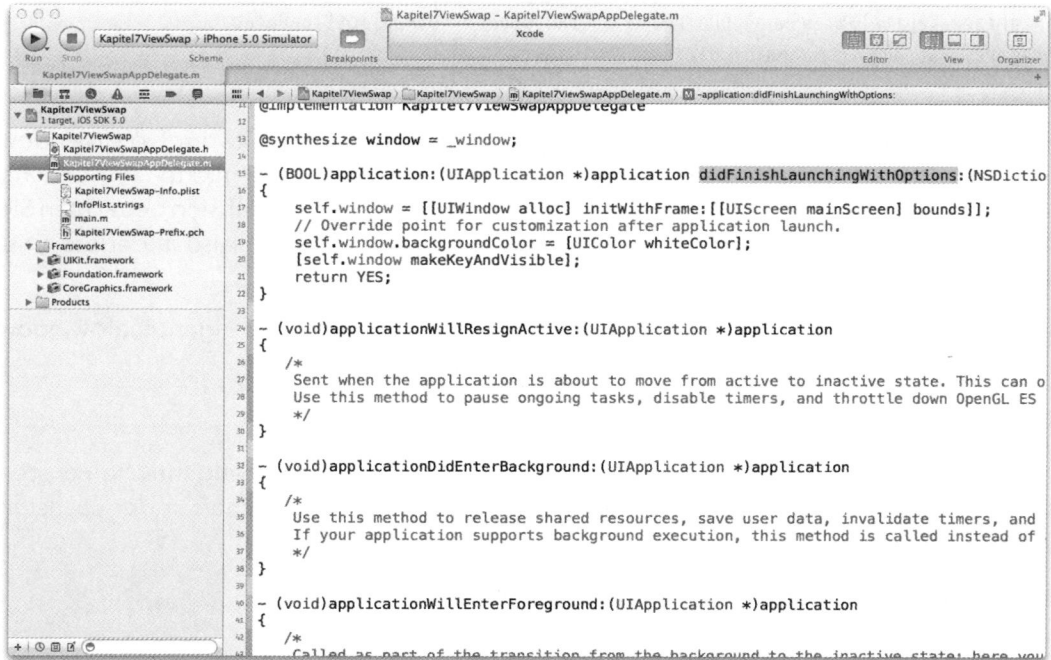

Abbildung 7.1: Beim Empty Application Template ist nur das absolute Rohgerüst ohne sichtbare Elemente im Projekt enthalten.

Wenn Sie das Projekt so starten, wie es ist, sehen Sie lediglich eine weiße Fensterfläche. Nun ja, Sie haben ja auch kein individuelles View, auf dem Sie etwas anzeigen könnten. Es ist sozusagen das Fenster der Applikation, die Sie sehen. Und hierauf können Sie jetzt Views legen.

Als Erstes erstellen Sie in diesem Projekt ein View. Wählen Sie dazu im Menü FILE / NEW / NEW FILE oder die Tastenkombination ⌘ + N. Nun haben Sie diverse Möglichkeiten, an die Sache heranzugehen. Zum einen können Sie ein einfaches View erstellen, indem Sie im Template-Dialog im Abschnitt iOS / User Interface direkt ein View erstellen. Dem fehlen dann allerdings die dazugehörigen Code-Dateien, also die .h und die .m. Das kann an anderer Stelle sinnvoll sein, wenn ein View nur zur Anzeige verwendet wird. In unserem Falle brauchen wir jedoch ein View, auf das und auf dessen Steuerelemente wir vom Code aus zugreifen können. Genauer gesagt brauchen wir einen *UIViewController*, also ein Konstrukt, das ein oder mehrere Views handeln kann – sozusagen einen *UIView*-Verwalter. Denn irgendwie müssen wir ja unserer App mitteilen, dass sie das View, das wir jetzt erstellen, auch laden soll.

Brechen Sie an der Stelle also noch einmal ab, und schauen Sie sich die Headerdatei von *Kapitel7ViewSwapAppDelegate* an, also jenes Modul, das stellvetetend (to *delegate* = vertreten) für die laufende Anwendung (*App*) namens *Kapitel7ViewSwap* steht.

Hier sehen Sie die Deklaration:

```
#import <UIKit/UIKit.h>
@interface Kapitel7ViewSwapAppDelegate : UIResponder <UIApplicationDelegate>
@property (strong, nonatomic) UIWindow *window;
@end
```

Mit @property hat das Hauptobjekt, also die App selbst, eine Eigenschaft vom Typ *UIWindow* deklariert. Dies ist also das Fenster, das Sie vorhin bereits beim Start der nackten Anwendung gesehen haben. Switchen Sie jetzt mal mit Ctrl + ⌘ + ↓ zum Modul, und betrachten Sie den Code, der gleich zu Beginn nach dem App-Start ausgeführt wird, also in der Ereignisbehandlungsroutine *application:didFinishLaunchingWithOptions:*.

Als Erstes wird ein neues Objekt vom Typ *UIWindow* erzeugt und der Eigenschaft *window* zugewiesen, die in der Headerdatei deklariert wurde:

```
self.window = [[UIWindow alloc] ...
```

Das heißt: Danach steht uns im Code *window* zur Verfügung, um die eigentliche Fensterfläche der Applikation zu beeinflussen. Und genau das wird auch schon in der nächsten Zeile gemacht:

```
self.window.backgroundColor = [UIColor whiteColor];
```

Hinweis

Immer wenn Sie auf eine Eigenschaft einer Instanz zugreifen, müssen Sie die Instanz des jeweiligen Objekts auch benennen. Wenn Sie innerhalb des „Bauplans", also des Objekts selbst (das ja nur eine theoretische Beschreibung ist und erst mit alloc etc. in einer Instanz zum Leben erweckt wird), auf eine Eigenschaft der aktuellen Instanz zugreifen wollen, müssen Sie diese mit *self* referenzieren.

Probieren Sie es mal mit einer anderen Farbe. Ach, Sie wissen nicht, welche Farben es noch gibt? Na, dann löschen Sie doch mal *whiteColor* weg, und drücken Sie die Taste ⎋Esc. Die Codevervollständigung zeigt Ihnen sämtliche Methoden, die das Objekt – in diesem Falle *UIColor* – zurückliefert. Ändern Sie doch mal die Methode von *whiteColor* in *redColor*. Wie erwartet erscheint ein komplett rotes Fenster auf dem iOS Simulator-Display.

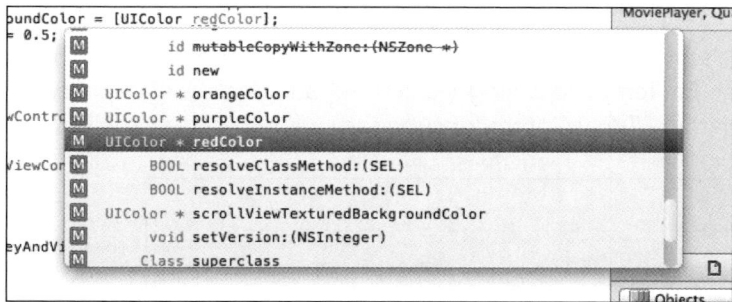

Abbildung 7.2: Die Syntaxvervollständigung zeigt Ihnen sämtliche Möglichkeiten für die entsprechende Codestelle.

Wir haben nun also die Eigenschaft *window* (vom Typ *UIWindow*). Dann schauen Sie sich doch mal in der Hilfe an, was dieses Objekt so alles kann.

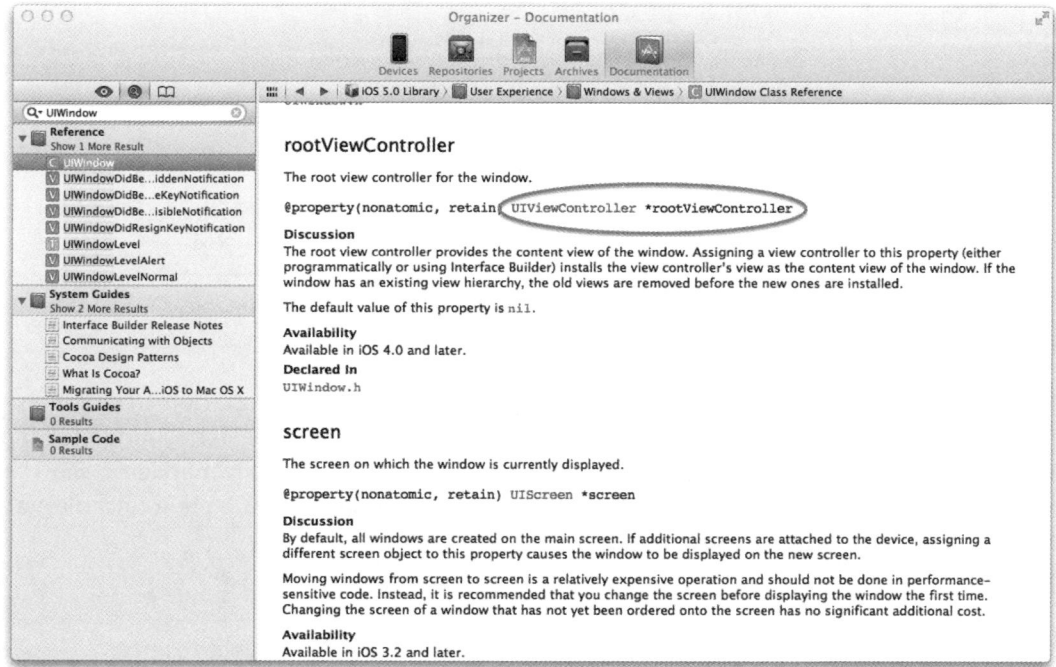

Abbildung 7.3: In der Hilfe finden Sie detaillierte Infos zum ersten sichtbaren Objekt, dem Fenster- objekt vom Typ UIWindow.

In der Beschreibung der *UIWindow*-Klasse sehen Sie unter andem die Eigenschaft *root-ViewController*. Und das ist genau jene Eigenschaft, die den grundsätzlichen View-Verwalter darstellt. Aber diese ist erst mal *nil*, also leer, wenn *window* erzeugt wird.

Nun könnten wir einen solchen Controller komplett per Code erzeugen, ein View darauf legen, Buttons und weitere Steuerelemente erzeugen und so weiter. Aber sehr viel einfacher geht es natürlich, wenn wir die Gestaltung mit dem Interface Buider durchführen.

Also erstellen Sie, wie eingangs schon einmal begonnen, mit der Tastenkombination ⌘ + N einen neuen *UIViewController*. Im Template-Dialog wählen Sie aus den iOS-Templates im Abschnitt *Cocoa Touch* den Eintrag *UIViewController subclass*.

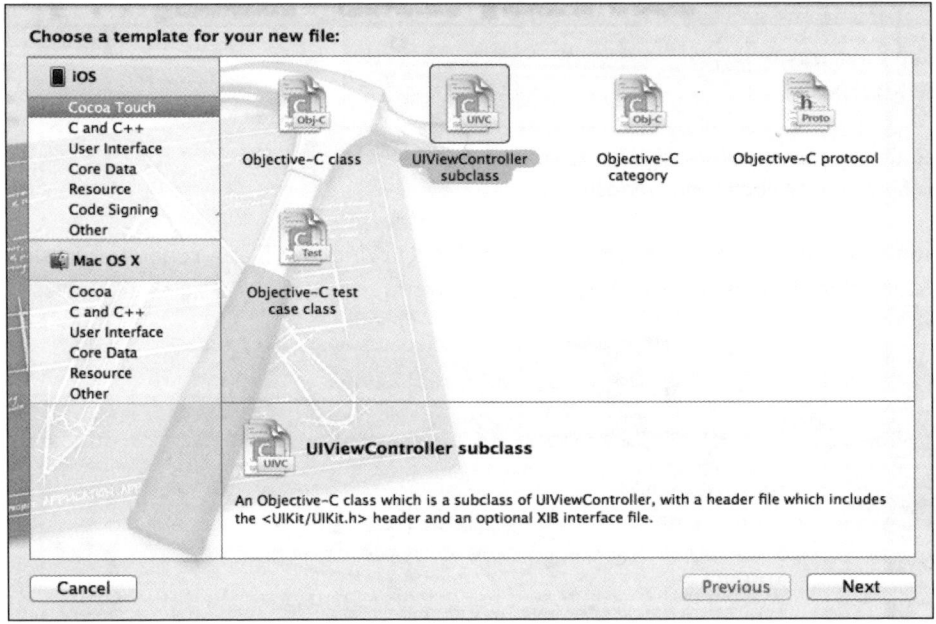

Abbildung 7.4: In der Hilfe finden Sie detaillierte Infos zum ersten sichtbaren Objekt, dem Fensterobjekt vom Typ UIWindow.

Auf der nächsten Seite wählen Sie als Basisklasse *UIViewController*. Zu den *UITableViewControllern* und *UITableViews*, der zweiten Option, also der typischen Tabellendarstellung bei iOS-Apps, kommen wir dann in den folgenden Kapiteln. Zudem markieren Sie das zweite Kontrollkästchen, damit Xcode auch gleich das passende XIB erstellt und die Verknüpfungen herstellt (siehe Abbildung 7.5).

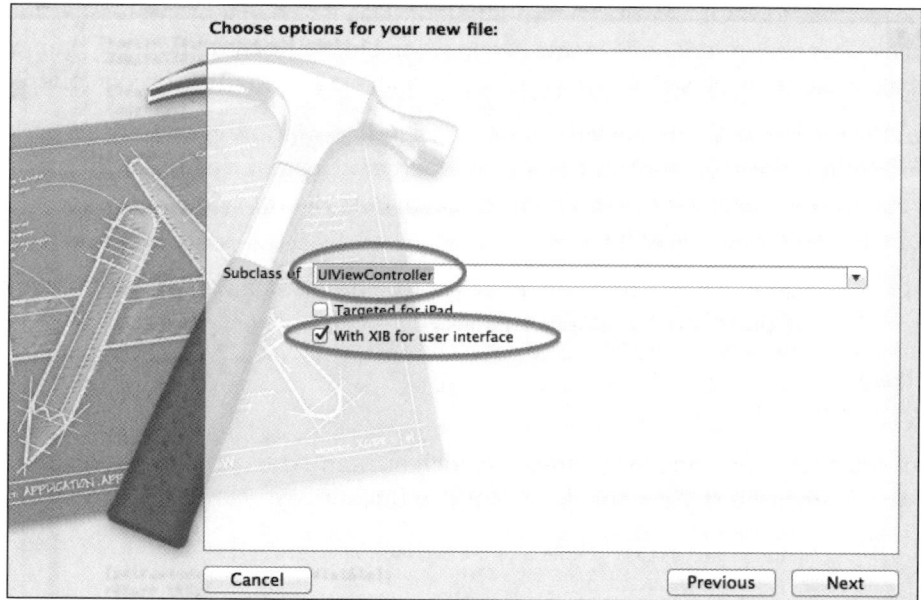

Abbildung 7.5: Wählen Sie als Basis des Fensters UIViewController, und lassen Sie auch gleich das XIB für den Interface Builder erstellen.

Im letzten Schritt benennen Sie das neue View als *MainView*, wobei Sie ihm grundsätzlich jeden beliebigen Namen geben können. Der Name, den Sie hier vergeben, dient der Klasse jedoch als Name. Und damit Sie dem anschließenden Code folgen können, sollten Sie bei *MainView* bleiben.

In Ihrem Projekt sehen Sie nun drei neue Dateien, und zwar *MainView* mit den Extensions *.h, .m* und *.xib*. Aber Xcode hat mit dem Template nicht nur die Dateien erstellt, sondern in den XIB-Eigenschaften auch schon festgelegt, dass das XIB mit der Klasse *MainView* verknüpft ist.

So, nun haben Sie Ihr View. Aber bei einem Start erscheint noch nichts. Das ist logisch, denn das „Hauptprogramm", also *Kapitel7ViewSwapAppDelegate*, weiß ja noch nicht, dass eben jene *UIViewController*-Klasse das View sein soll, das beim App-Start geladen wird. Dann teilen wir es ihm halt mal mit.

Öffnen Sie die Moduldatei *Kapitel7ViewSwapAppDelegate.m*, und fügen Sie am Anfang mit

```
#import "MainView.h"
```

die Information ein, wie das Objekt überhaupt aussieht. Das ist zwar sehr interessant für die App, allerdings passiert immer noch nichts. Denn wenn Sie die Konstruktionszeichnung eines Ferraris haben, können Sie sich ja auch noch nicht reinsetzen und ... schon klar, oder?

Was uns also zu tun bleibt, ist, beim Starten der App – nachdem *window* in *application:did-FinishLaunchingWithOptions:* erzeugt wurde – zum einen eine Instanz des *UIVieqController-lers MainView* zu erzeugen und der App dann mitzuteilen, dass der *rootViewController* des Fensters (*window*) eben genau diese Instanz ist.

Also noch mal das Ganze in Code-Form. Als Erstes wird eine Instanz von unserer neuen Klasse (unserem *UIViewController*) *MainView* erzeugt:

```
MainView *unserHauptView;
unserHauptView = [MainView alloc];
```

Das würde grundsätzlich schon reichen, wäre aber noch nicht mit der *.xib*-Datei verknüpft. Daher laden wir die Inhalte des View aus dem Interface Builder-Layout:

```
unserHauptView = [unserHauptView initWithNibName:@"MainView" bundle:nil];
```

Und als Letztes weisen wir das Ganze dann der *rootViewController*-Eigenschaft des Fensters zu:

```
self.window.rootViewController = unserHauptView;
```

Wenn Sie die App starten, sehen Sie wieder ein leeres Fenster. Klar, denn unser View ist ja noch nicht gestaltet.

Aus vielen anderen Anwendungen kennen Sie das: Mithilfe eines kleinen Info-Buttons wird der ABOUT-Dialog angezeigt. Markieren Sie links in der Finder-Ansicht *MainView.xib*, und legen Sie für den Info-Button eine normale Schaltfläche vom Typ *UIButton* auf die Fensterfläche (blenden Sie dabei die rechte Spalte in Xcode ein!). Markieren Sie sie, und wählen Sie im *Attributes Inspector* ganz oben im Button TYPE den Eintrag INFO DARK, wodurch aus der normalen Schaltfläche ein Kreis mit einem kleinen *i* wird. Ansonsten bleibt es wie eine normale Schaltfläche und wird auch genauso mit Instanzenvariablen und *IBAction*-Methoden verknüpft. Der Sinn dieser Schaltfläche soll es sein, ein Infofenster – genauer gesagt ein Info-View – aufzurufen. Aber nun können Sie die App auch noch einmal starten und sehen dann auch die Schaltfläche auf dem Simulator.

Und genau dieses View ziehen Sie nun aus der rechten Spalte unten, der Objektbibliothek, in die graue Randspalte zwischen dem Finder links und dem Designbereich in der Mitte (siehe Abbildung 7.7). Achten Sie darauf, dass es dieselbe Hierarchieebene hat wie das andere View und nicht versehentlich in diesem (als Containerelement) platziert wird.

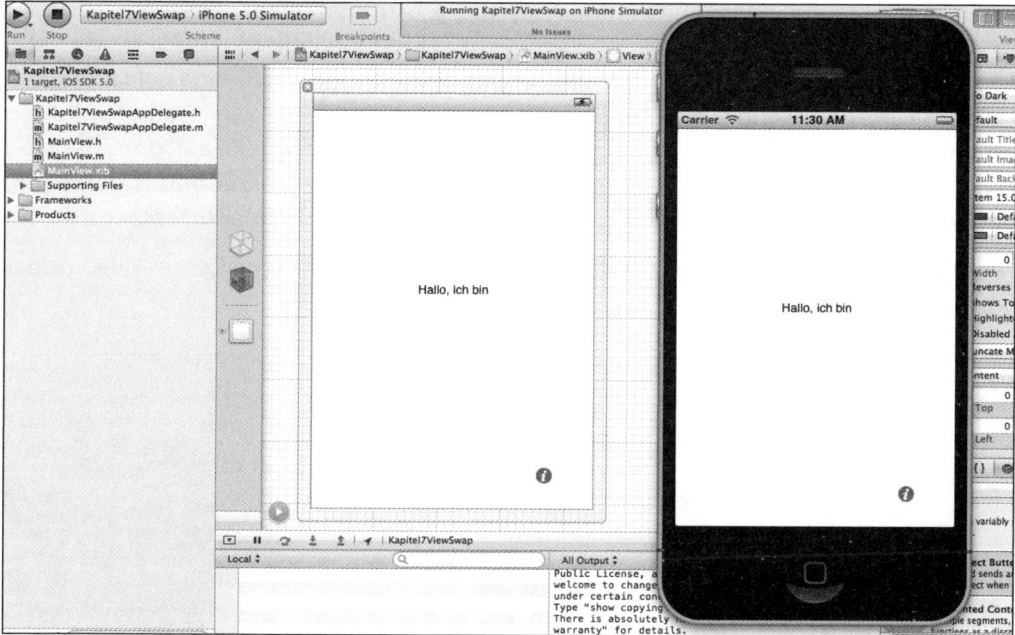

Abbildung 7.6: Nachdem Sie das View mit der Applikation verbunden haben, erscheint die Anzeige auch im Simulator.

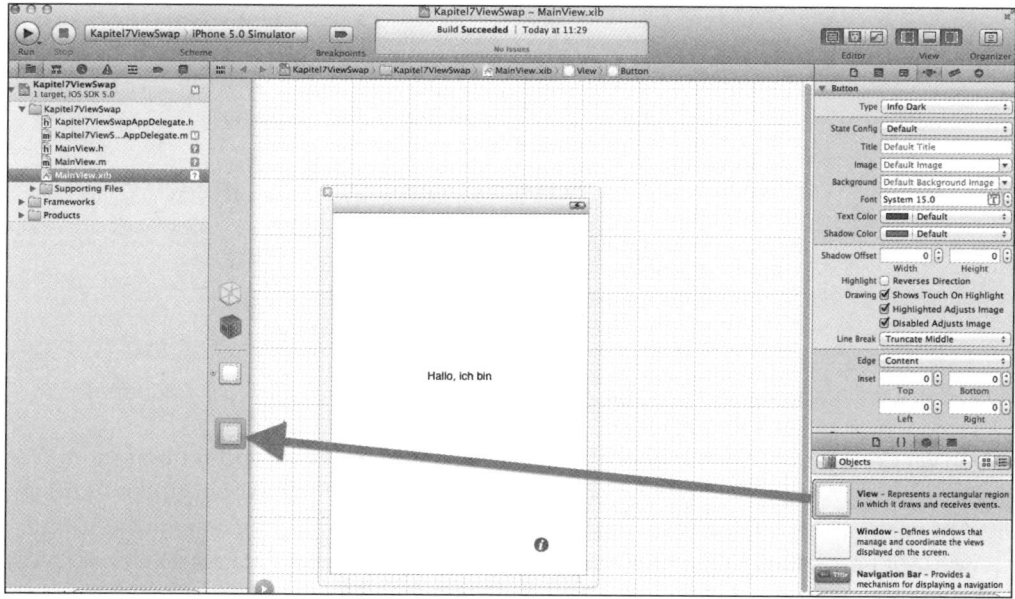

Abbildung 7.7: Ziehen Sie das künftige Info-View aus der Objektebibliothek in die Leiste der Steuerelemente.

Öffnen Sie das neue View dann mit einem Doppelklick. Auf den ersten Blick unterscheidet es sich nicht vom Fenster an sich. Legen Sie, wie in Abbildung Abbildung 7.8 dargestellt, ein *UILabel*, eine *UIButton*-Schaltfläche und, um es abzurunden, noch eine *UINavigation-Bar* aus dem *Library*-Abschnitt auf das Formular, und ordnen Sie sie wie in der Abbildung dargestellt an. Ändern Sie auch die Beschriftungen, wahlweise direkt auf dem Fenster, indem Sie bei allen drei Elementen mit einem Doppelklick in den Editiermodus gelangen, oder indem Sie die entsprechenden Eigenschaften im *Attributes Inspector* setzen.

Das einzige Element zur Interaktion mit dem Benutzer ist die Schaltfläche CLOSE. Alles andere wird von Xcode nicht angefasst.

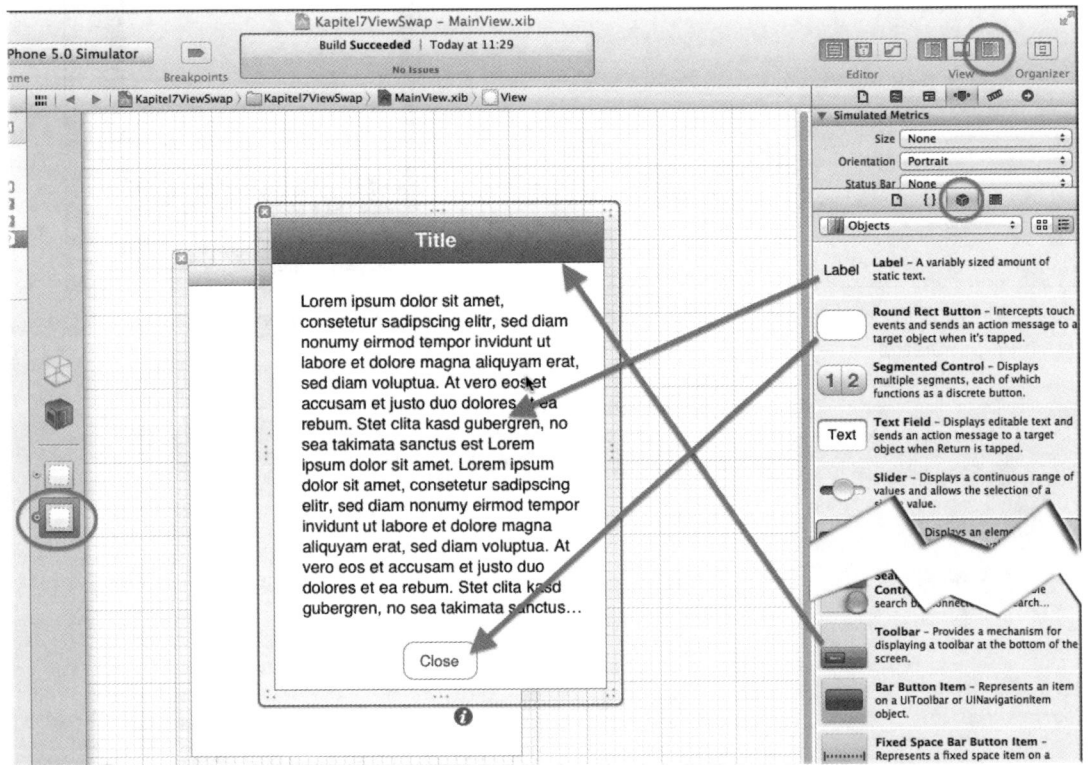

Abbildung 7.8: Den Infodialog gestalten Sie in derselben .xib-Datei wie auch das Hauptfenster.

Nun haben wir den Design-Teil hinter uns und können uns einmal Folgendes überlegen: Was genau soll das Programm machen? Und auf welche Objekte greifen die benötigten Aktionen zu? Die Antwort auf die erste Frage legt fest, welche *IBAction*-Methoden wir benötigen. Genauer gesagt handelt es sich zum einen um die kleine Info-Schaltfläche im Fenster selbst und zum anderen um die Schaltfläche CLOSE im Info-View. Also reicht die Deklaration

```
-(IBAction) showInfo;
-(IBAction) closeInfo;
```

für unsere Zwecke aus. Die Antwort auf die zweite Frage legt fest, welche Instanzenvariablen wir benötigen. Da wir einmal das Info-View anzeigen und es das nächste Mal wieder ausblenden, sollte eine einzige Instanzenvariable in der Form

```
IBOutlet UIView *infoView;
```

genügen.

Die Deklarationen gehören natürlich in die Headerdatei des aktuellen View, also in die Datei *Kapitel7MultiViewViewController.h*. Nun gilt es, diese Deklarationen mit den Interface Builder-Elementen zu verbinden. Markieren Sie also in der linken Spalte die *MainView.xib*, und machen Sie das *Info*-View sichtbar. Ziehen Sie dann bei gedrückter rechter Maustaste eine Verbindung von der CLOSE-Schaltfläche zu dem obersten Symbol in der mitleren Objektspalte (FILES'S OWNER), und wählen Sie CLOSEINFO als auszuführende Prozedur (siehe Abbildung 7.9). Ziehen Sie dann mit der rechten Maustaste von dem Symbol FILE'S OWNER eine Verbindung zu dem neuen View ein paar Symbole darunter (siehe Abbildung 7.10). Was Sie gerade gemacht haben, ist genau dasselbe, was Sie in früheren Kapiteln bereits im Connection Inspector getan haben. Dieses direkte Ziehen von Verbindungen von den Objekten zu FILE'S OWNER (*IBAction*-Verknüpfung) und von FILE'S OWNER zu den Objekten (*IBOutlet*-Verknüpfung) geht in der Praxis viel schneller. Wenn Sie im Umgang mit den Verknüpfungen noch nicht so geübt sind, sollten Sie bis dahin weiterhin den Connections Inspector verwenden.

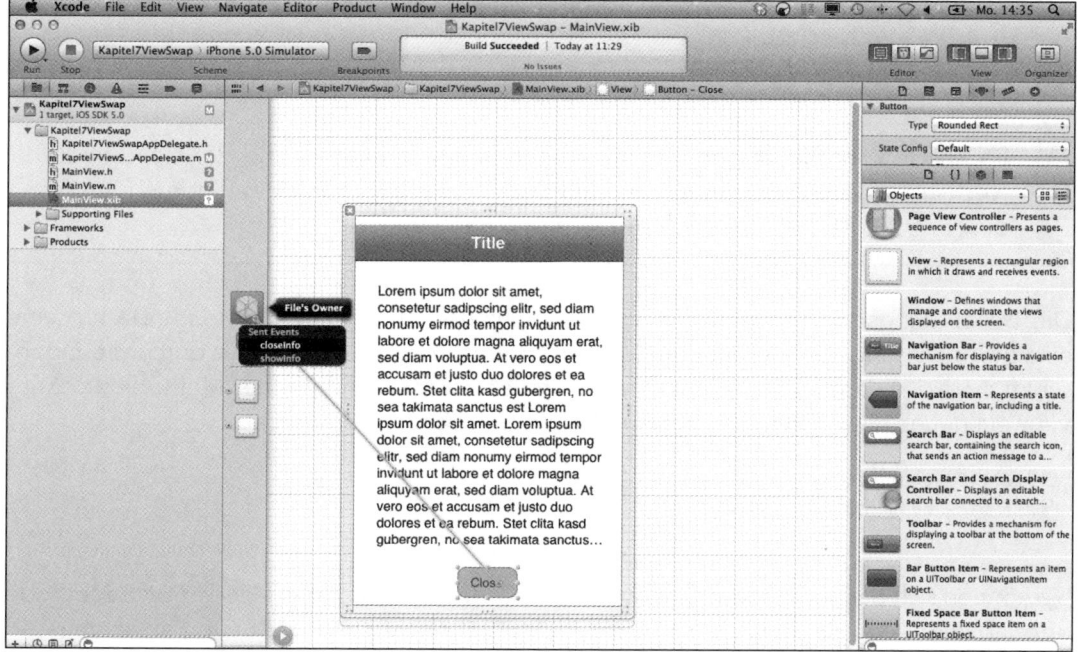

Abbildung 7.9: Im Interface Builder verbinden Sie die CLOSE-Schaltfläche mit der dazugehörigen Objektmethode.

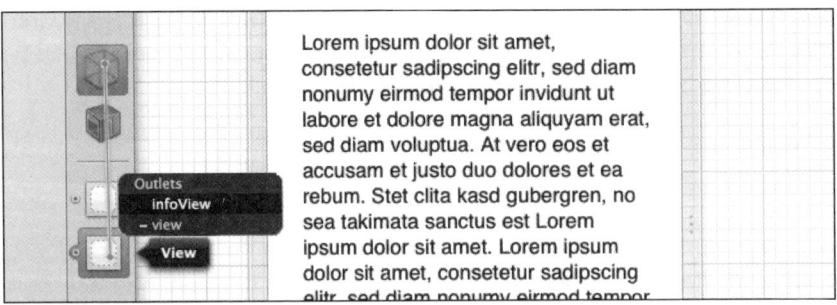

Abbildung 7.10: Mit der Maustaste können Sie Steuerelemente schnell den entsprechenden IBOutlets zuordnen.

Jetzt müssen Sie nur noch in dem ursprünglichen View die Info-Schaltfläche mit dem Info-View-Aufruf – sprich: *showInfo* – verknüpfen. Dabei gehen Sie ganz analog vor: Markieren Sie in der Objektespalte das Haupt-View mit einem Doppelklick. Ziehen Sie dann mit der rechten Maustaste eine Verbindung von der Info-Schaltfläche zum FILE´S OWNER–Symbol, und wählen Sie aus der Popup-Auswahl *showInfo* aus.

Alle Verknüpfungen sind nun vorgenommen, und Sie können sich an den Code begeben. In der Headerdatei sind sämtliche Angaben gemacht, sodass Sie nun zur Moduldatei wechseln können, um dort den Code zum Anzeigen bzw. zum Verstecken des Info-View in den *IBAction*-Routinen anzugeben.

Tipp

Im Xcode können Sie ganz leicht zwischen der Moduldatei und der Headerdatei wechseln. Egal in welcher der beiden Dateien Sie sich gerade befinden, führt Sie ein [Ctrl]+[⌘]+[↑] zum dazugehörigen Pendant.

Die Behandlungsroutinen, um das Info-View anzuzeigen, umfassen im Grunde nur eine einzige Anweisung. Diese fügt nämlich dem Haupt-View – repräsentiert durch die Eigenschaft *view* der *Kapitel7MultiViewViewController*-Instanz – mithilfe der Methode *addSubview* ein neues View hinzu, das automatisch in den Vordergrund rückt:

```
-(IBAction) showInfo{
 [self.view addSubview:infoView];
}
```

Sie können sich das so vorstellen, als wäre jedes View ein Blatt Papier. Und mit der Methode *addSubview* legen Sie einfach ein neues Blatt Papier darauf. Ist das neue Papier genauso groß wie das darunterliegende, überdeckt es das. Ist es kleiner, sieht man darunter noch das alte Blatt. Starten Sie einmal das Projekt, und tippen Sie auf die Info-Schaltfläche. Wenn Sie alle Verknüpfungen richtig vorgenommen haben, sollte das Infofenster angezeigt werden.

Wenn nicht ... tja, dann müssen Sie alle Verbindungen noch einmal prüfen – insbesondere die Verknüpfung zwischen der Info-Schaltfläche und der Routine *showInfo* und die Verknüpfung der *IBOutlet*-Instanzenvariablen *infoView* mit dem tatsächlichen View.

Machen Sie doch einfach das View mal etwas kleiner, und geben Sie ihm eine andere Hintergrundfarbe. Dann setzen Sie vor oder nach dem *addSubView*-Aufruf die beiden Codezeilen

```
infoView.backgroundColor = [UIColor orangeColor];
[infoView setFrame:CGRectMake(30,50,260,360)];
```

ein. Die erste ändert die Hintergrundfarbe des Info-View in Orange, die zweite weist ihm eine neue Größe von 260 x 360 Pixel zu und setzt die linke obere Ecke auf den Punkt 30 Pixel horizontal und 50 Pixel vertikal von der linken oberen Ecke.

Lassen Sie es mal laufen ... Hoppla! Was ist denn da passiert? Das sieht ja völlig zerschossen aus! Na, dann lesen Sie mal den Exkurs über die automatische Größenanpassung

Exkurs: Automatische Größenanpassung

Die einzelnen Steuerelemente eines View lassen sich schon im Interface Builder so einstellen, dass sie bei veränderter Größe – etwa des Views – automatisch wieder richtig platziert werden. Die Objekte schon an dieser Stelle möglichst flexibel anzuordnen, hat auch den Vorteil, dass Sie sofort auf andere Ausrichtungen des iPhones reagieren können – ohne eine einzige Zeile Code.

Öffnen Sie einmal das zweite View mit der Navigationsleise, dem Label und der Schaltfläche. Aktivieren Sie dann den *Size*-Inspector in der rechten Xcode-Spalte (vorletzter Inspector). Markieren Sie dann als Erstes die Toolbar. Diese ist schon von Haus aus so formatiert, dass sie sich immer automatisch anpasst. In der Grafik *Autosizing* sehen Sie, wie dieses Steuerelement symbolisch formatiert ist, damit es immer an der richtigen Position und in der richtigen Größe auftritt:

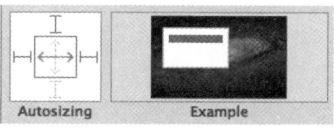

Die Pfeile im inneren Quadrat bedeuten, dass sich das Steuerelement bei Größenänderung des Containers – in diesem Falle des Views – in der Breite proportional anpasst. Der vertikale Pfeil hingegen ist gestrichelt und hell, was bedeutet, dass die Höhe nicht angepasst wird. Die Abstandshalter im äußeren Bereich zeigen an, dass die Abstände links, oben und rechts so bleiben, wie im Interface Builder festgelegt wurde. Da sich das Steuerelement jeweils direkt an den Rändern befindet, wird es also immer den oberen Teil des View abdecken.

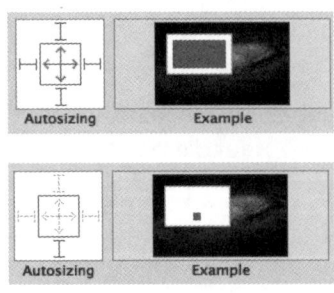

Versuchen Sie nun, die beiden anderen Steuerelemente entsprechend mit Positionsangaben auszustatten. Das Label soll sich komplett in der Größe und auch die Abstände zu allen Seiten hin anpassen. Das bedeutet, dass sämtliche Pfeile und Abstandshalter angeklickt sein müssen, wohingegen bei der Schaltfläche alles gleich bleibt. Lediglich der Abstand zum unteren Rand ist fixiert.

In der Abbildung rechts daneben sehen Sie das „Example", also ein simuliertes Beispiel, das die von Ihnen vorgenommene Änderung beim Größenwechsel bewirkt.

Starten Sie die App nach den Änderungen im Autosizing-Exkurs noch einmal, und schon erscheint das View zentriert wie eine Messagebox auf dem Display. Noch können Sie das Info-Fenster jedoch mit der CLOSE-Taste nicht schließen. Hier greift nun *closeInfo*. Diese zweite Methode ruft eine *UIView*-Methode des Infofensters selbst auf: *removeFromSuperview*. Diese Methode entfernt die aufrufende *UIView*-Instanz und bringt die darunterliegende Schicht zum Vorschein:

```
-(IBAction) closeInfo{
 [infoView removeFromSuperview];
}
```

Fertig! Starten Sie die App im Simulator, und probieren Sie sie aus.

Abbildung 7.11:
Die Steuerelemente des neuen UIView passen sich automatisch an die Größenänderung an.

7.2 Arbeiten und navigieren mit mehreren Views

Bisher haben Sie nur ein einziges View angezeigt und es danach direkt wieder in der Versenkung verschwinden lassen. Im zweiten Schritt sollen beliebig viele virtuelle Fenster am Bildschirm angezeigt und über ein Steuerelement, das bei jedem View sichtbar ist, entsprechend ausgewählt werden können. Die Vorgehensweise, die ich in diesem Beispiel wähle, entspricht nicht ganz dem, was in den Richtlinien für iPhone-Oberflächen beschrieben wird. Ich wähle diese Form trotzdem, weil dies zum jetzigen Zeitpunkt die simpelste Variante ist, weil sich alles in einer .xib-Datei und einer Klasse abspielt. Auf diese Weise lassen sich Informationen von einem zum anderen Fenster leicht über Properties oder Instanzenvariablen austauschen, was über Module hinweg etwas schwieriger ist. Später werden Sie dann mit der *Navigation Bar* und der Toolbar die Verwaltung verschiedener Ansichten programmieren. Im Moment soll jedoch eine geteilte Schaltfläche vom Typ *UISegmentedControl* ausreichen. Diese kennen Sie bereits aus Kapitel 5, „Mit dem Benutzer kommunizieren". In Abbildung 7.12 sehen Sie den schematischen Ablauf.

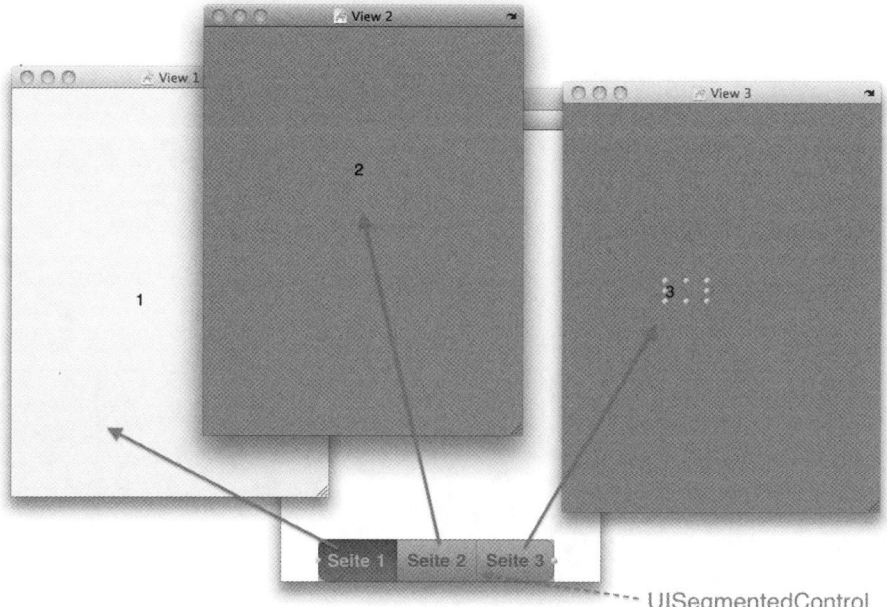

Abbildung 7.12: In unserem Beispiel sollen drei unterschiedliche Views, über ein Segmented Control gesteuert, im Window (UIWindow) angezeigt werden.

7.2.1 Steuerelemente im Interface Builder vorbereiten

Legen Sie für dieses zweite Beispiel über FILE / NEW / NEW PROJECT oder ⌂ + ⌘ + N ein neues *Single View Application*-Projekt an, und geben Sie ihm den Namen *Kapitel7MultiView*. In diesem Template wird neben dem Delegate auch gleich ein *UIView* angelegt und werden all die Vorbereitung übernommen, die Sie in Abschnitt 7.1 von Hand bei der leeren Vorlage vorgenommen haben.

Im ersten Schritt geht es wie immer darum, im Interface Builder sämtliche Steuerelemente anzuordnen und entsprechend zu formatieren. Wählen Sie deshalb die Datei *ViewController.xib* in der linken Xcode-Spalte.

Als Erstes legen Sie eine Segmentschaltfläche vom Typ *UISegmentedControl* auf die View-Fläche und verschieben sie an den unteren Rand der Seite. Standardmäßig hat dieses Steuerelement nur zwei Schaltflächen. Haben Sie es markiert, können Sie jedoch im *Attributes Inspector* mit der Einstellung von *Segments* die Zahl verändern. Für unser Beispiel soll das Control dreigeteilt sein, um mit jeder Schaltfläche eines der drei noch zu erzeugenden Views anzuzeigen. Die einzelnen Schaltflächen können Sie bearbeiten, indem Sie in der Dropdown-Liste das entsprechende Segment wählen und danach die Beschriftung (*Title*) oder gegebenenfalls auch ein Symbolbild (*Image*) festlegen.

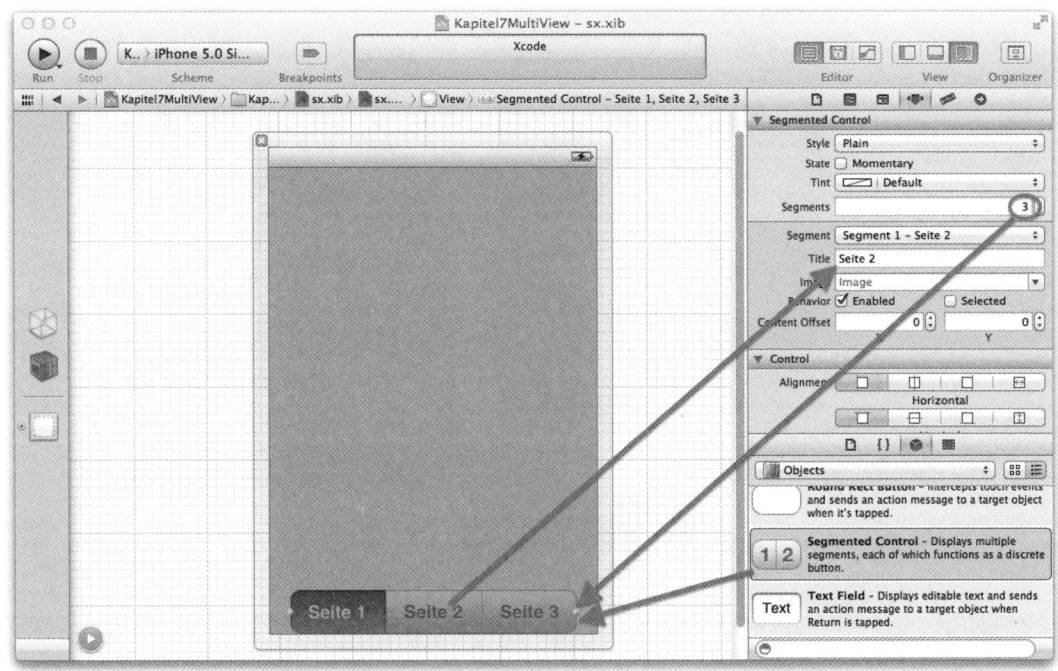

Abbildung 7.13: Bei Segmente-Steuerelementen lassen sich alle einzelnen Schaltflächen im Attributes Inspector bearbeiten.

Haben Sie auf diese Weise alle drei Segmente beschriftet, wechseln Sie im *Inspector* zur vorletzten Seite, die über ein Lineal symbolisiert wird (siehe Abbildung 7.13). In ihr werden die Maße des aktuellen Steuerelements angezeigt und können gegebenenfalls anders festgelegt werden. Was uns interessiert, ist die Höhe des Steuerelements. Denn damit das Segmented Control immer sichtbar ist, müssen die einzelnen Views genau um diesen Betrag kleiner sein als das Display des iPhones. Im Falle des *UISegmentedControl* ist die Höhe im Standardlayout 44 Pixel. Wählen Sie auf der Attribute-Seite als *Layout* statt *Plain* den Eintrag *Bar*, schrumpft dieser Wert auf 30. Merken Sie sich die Größe des Segmented Control; wir werden sie nachher noch brauchen, wenn wir die Größe der Views bestimmen.

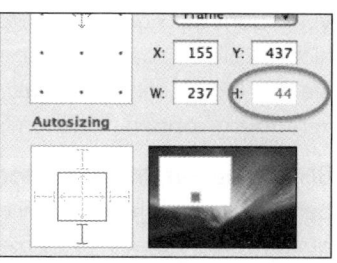

Abbildung 7.14: Im Abschnitt Sɪᴢᴇ des Inspectors legen Sie Größe und Ausrichtung der Steuerelemente fest.

Als Nächstes legen Sie drei Views in der Dokumentenspalte (zweite, dunkle Spalte von links) der *Kapitel7MultiViewViewController.xib*.

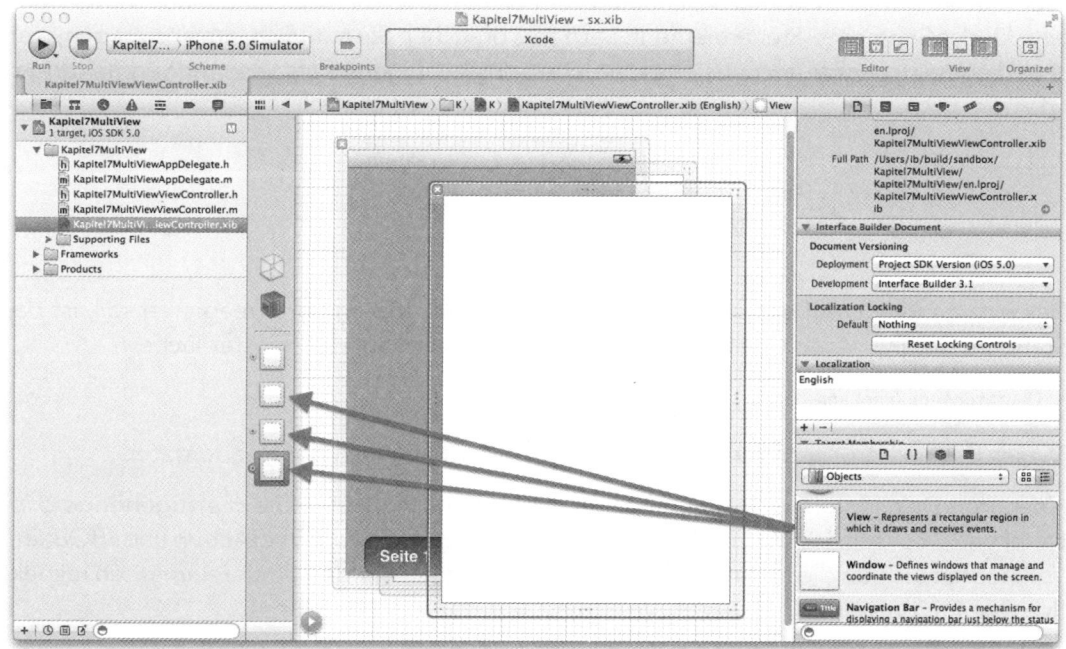

Abbildung 7.15: Die Views werden wie normale Steuerelemente zum Fenster hinzugefügt.

Verändern Sie nun bei jedem der drei Views die Hintergrundfarbe. Dazu müssen Sie sie gar nicht explizit öffnen, sondern lediglich in der Spalte markieren. Im *Attributes Inspector* sehen Sie die Eigenschaft *Background*, die Sie mit einem Klick auf die Farbfläche rechts daneben verändern können. Machen Sie das für alle drei Views.

Bislang haben die Views noch dieselbe Dimension wie das Display selbst. Das würde aber bedeuten, dass jedes View den gesamten Bildschirm überdecken würde. Da die Höhe des gesamten Displays 480 Pixel beträgt, dürfen also die Views maximal 436 Pixel hoch sein, damit das *UISegmentedControl* zur Steuerung der Anzeige noch sichtbar bleibt. Diese Änderung müssen Sie nicht für jedes View einzeln machen. Stattdessen markieren Sie die drei Elemente in der Objektespalte, wählen im *Inspector* den Tab mit dem Lineal und tragen dort über *Height* den Wert 436 ein. So haben Sie alle auf einmal verändert.

7.2.2 Instanzenvariablen und Eventroutinen deklarieren

Nachdem Sie Ihre Änderungen im Interface Builder gespeichert haben, können Sie zu Xcode zurückkehren und die Headerdatei *ViewController.h* öffnen.

Hier brauchen wir drei Instanzenvariablen vom Typ *UIView* – nämlich für die drei Views – und eine für das Segmente-Steuerelement. Letzteres brauchen Sie natürlich, um abzufragen, welches Segment gerade aktiv ist, was Sie über dessen Eigenschaft *selectedSegmentIndex* erfahren. Passen Sie also den Interface-Abschnitt wie folgt an:

```
@interface ViewController : UIViewController {
    IBOutlet UIView *view1, *view2, *view3;
    IBOutlet UISegmentedControl *segmentControl;
}
```

Das einzige Event, auf das unser Programm in dieser simplen Form reagieren soll, ist das Standardereignis *Value Change* des *Segmented Control* auf der Fensterfläche:

```
-(IBAction) changePage;
```

Dieses deklarieren Sie gleich im Anschluss an die *IBOutlet*s in der Headerdatei.

Nach den Deklarationen der *IBOutlet*s und *IBAction*s markieren Sie die zugehörige *.xib*-Datei und wechseln in den Interface Builder (daher rührt ja das *IB* in *IBAction* und *IBOutlet*). Verknüpfen Sie nun die IB-Angaben aus der Headerdatei mit den Steuerelementen respektive den Ereignissen.

Exkurs: Die Interface Builder-Objektespalte

Die Objektespalte wird immer dann sichtbar, wenn eine *.xib*-Datei links in der Datei-spalte markiert wird – also dann, wenn die Oberfläche von Xcode zum Interface Builder mutiert. Diese können Sie über die kleine Startschaltfläche am unteren Rand rechts neben der Spalte verbreitern und wieder aufs Nötigste reduzieren.

Der *File´s Owner* ist ein Repräsentant, das heißt, er gibt an, zu welchem Objekt die entsprechende *.xib* gehört. In unserem ersten Beispiel ist es eben ein Stellvertreter für *ViewController.h* bzw. *.m*, also ein Proxy, der stellvertretend (andere Begriffe wären *alias* oder *delegate*) auf ein anderes Objekt verweist. Änderungen hier werden auto-matisch am eigentlichen Objekt vorgenommen, und zwar standardmäßig. Denn Sie können die *.xib*-Datei mit jeder beliebigen *.h*- bzw. *.m*-Klasse verbinden; vorausge-setzt, es handelt sich um einen *UIViewController*. Dazu markieren Sie in der Objekte-spalte den obersten Eintrag, FILE´S OWNER. In der rechten Spalte öffnen Sie die dritte Ansicht von links, den *Identity Inspector*. Ganz oben, rechts neben der Beschriftung CLASS sehen Sie ein Auswahlfeld, in dem der Name der aktuellen *.h/.m*-Kombination (siehe Abbildung 7.16).

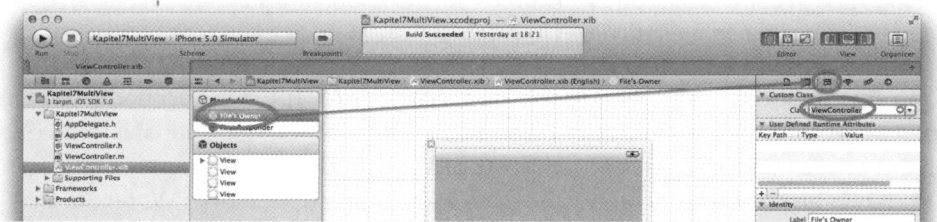

Abbildung 7.16: Über den FILE´S OWNER verknüpfen Sie im Identity Inspector eine .xib-Datei mit einer beliebigen .h/.m-Datei-Kombination.

Der *First Responder* hingegen ist jenes Objekt, das als Erstes auf Mitteilungen und Events reagiert. Wenn Sie später Eventhandler schreiben, die vorab bearbeitet werden sollen, bevor die Steuerelemente des Fensters die Messages erhalten, ver-knüpfen Sie diese mit dem *First Responder*.

Wenn Sie also *IBOutlet*- oder *IBAction*-Elemente mit Objekten im Interface Builder verknüpfen wollen, brauchen Sie nicht wie bislang über den *Connections Inspector* zu gehen, sondern können dies direkt in der Objektespalte erledigen. Dazu verwen-den Sie Drag&Drop, aber nicht wie normalerweise mit der linken, sondern mit der rechten Maustaste (oder alternativ mit der Kombination linke Maustaste + `Ctrl`).

Um die Steuerelemente mit den *IBOutlet*-Variablen zu verbinden, ziehen Sie in der Objektspalte mit der rechten Maustaste eine Verbindung vom FILE'S OWNER zu dem ersten neuen View. In dem Popup, das sich öffnet, wählen Sie *IBOutlet view1*. Genauso verfahren Sie mit den beiden anderen Views sowie dem Segmented Control.

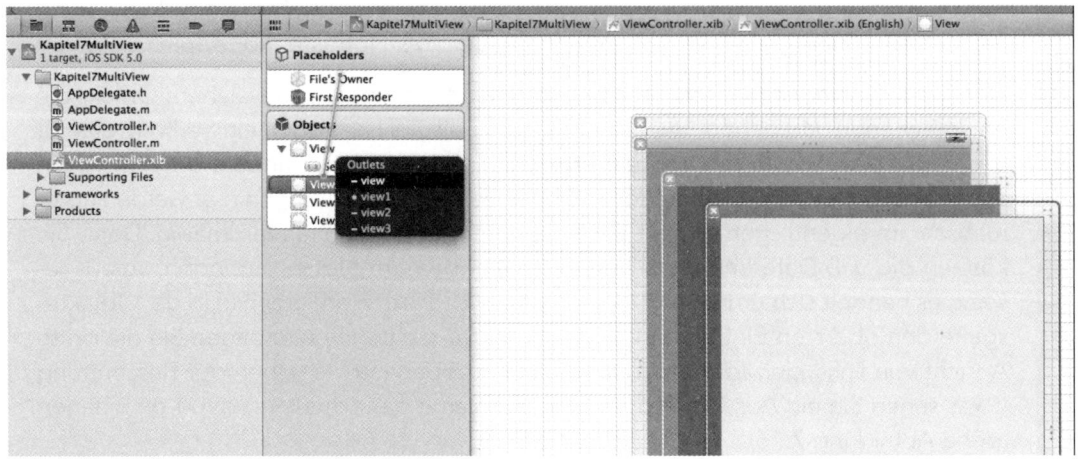

Abbildung 7.17: In der Objektspalte verknüpfen Sie die IBOutlet-Instanzenvariablen mit den visuell gestalteten Steuerelementen und View-Objekten.

Um den Eventhandler *changePage* mit dem Standardevent des Segmented Control auf der Fensteroberfläche zu verbinden, ziehen Sie mit der rechten Maustaste die Verknüpfung vom Steuerelement in das Objekt *File's Owner* in der Objektspalte. Markieren Sie im Popup den Eventhandler, und schon ist die Verknüpfung hergestellt. Wenn Sie sich fragen, mit welchem Event die Behandlungsroutinen denn nun verknüpft sind: Jedes Steuerelement hat ein Standardereignis, auf das es reagiert. Bei der Schaltfläche ist es *Touch Up Inside* und beim Segmented Control das Ereignis *Value Changed.* Wollen Sie hingegen ein anderes Ereignis verknüpfen, müssen Sie den *Connections Inspector* bemühen, der flexibler, aber auch etwas mühsamer zu bedienen ist.

Nun sind alle Vorbereitungen erledigt, und Sie können darangehen, den eigentlichen Code einzugeben, um die unterschiedlichen Views anzuzeigen.

7.2.3 Code beim Wechsel der Schaltfläche

Die drei Views sind zwar bereits Teil des ViewControllers. Allerdings sind sie noch nicht tatsächlich sichtbar. Dazu müssen sie zu sogenannten *SubViews* des aktuellen Views gemacht werden. Dies geschieht über die Methode *addSubview*, die als Parameter jenen View übergeben bekommt, der auf den Stapel der Views gelegt werden soll. Denn all diese SubViews müssen Sie sich wie einen Kartenstapel vorstellen. Mit *addSubview* legen Sie eine Karte auf den Stapel drauf. Dadurch wird diese auch gleich sichtbar. Mit einem Klick auf ein Segment des Segmented Control wird dann die Karte mit der entsprechenden Nummer aus dem Stapel herausgesucht und obenauf gelegt. Im Code bewerkstelligt dies die *UIView*-Methode *bringSubviewToFront*.

Die ersten Zeilen, die die drei Views überhaupt erst sichtbar machen, müssen nur einmal ausgeführt werden. Das ist genau dann der Fall, wenn das Fenster angezeigt wird. Dazu ist in der *.m*-Datei bereits eine Behandlungsroutine vordefiniert: *viewDidLoad*. Diese wird aufgerufen, sobald das Haupt-View der aktuellen *.xib*-Datei geladen wurde. Erweitern Sie die Routine um das Laden der drei Views:

```
- (void)viewDidLoad
{
    [super viewDidLoad];
        // Do any additional setup ...
    [self.view addSubview:view1];
    [self.view addSubview:view2];
    [self.view addSubview:view3];
}
```

Diese Reihenfolge hat allerdings den Nachteil, dass das dritte View (*view3*) aktiv bleibt. Somit stimmt die optische Anfangsinitialisierung nicht mehr. Hier gibt es zwei Lösungsansätze. Beim ersten lässt man die drei addSubview- Aufrufe so, wie sie sind, und bringt dann mit

```
[Self.view bringSubviewToFront: view1];
```

das erste View wieder in den Vordergrund. Die zweite Variante ist, die Views mit *addSubview* in umgekehrter Reihenfolge anzuzeigen. Auf diese Weise ist dann *view1* ganz oben, und man braucht keine weiteren Methodenaufrufe. Im Hinblick auf das, was noch kommt, habe ich mich für die erste Variante mit der zusätzlichen Codezeile entschieden.

Nun brauchen wir noch die Routine, die auf das *Value Change*-Ereignis des Segmente-Steuerelements reagiert. Deklariert ist sie ja schon. Und mit der Methode, mit der ein View in den sichtbaren Bereich geholt wird, haben wir uns ja auch schon beschäftigt. Dann ergibt sich daraus auch gleich die Behandlungsroutine:

```
-(IBAction) changePage{
  UIView *newView;
  if(segmentControl.selectedSegmentIndex == 0)
    newView = view1;
 else if(segmentControl.selectedSegmentIndex == 1)
    newView = view2;
 else if(segmentControl.selectedSegmentIndex == 2)
    newView = view3;

  [self.view bringSubviewToFront: newView];
}
```

Und mit einem hoffnungsfrohen ⌘+⌥+R starten Sie Ihre Applikation auf dem iPhone Simulator, und alles läuft glatt.

> ## Tipp
>
> Wenn es doch mal nicht so glatt laufen sollte – und leider ist das eher die Regel als die Ausnahme –, hilft die Debugger-Ausgabe mit *NSLog*, um sich einen Überblick zu verschaffen. Sie erinnern sich: Mit ⌘+⇧+C aktivieren Sie in Xcode die Debugger-Konsole, und über *NSLog* können Sie an jeder beliebigen Stelle im Code Texte in dieses Debugger-Fenster ausgeben lassen. Das Besondere an *NSLog* ist, dass Sie auch Objekt-Informationen sämtlicher Instanzenvariablen ausgeben lassen können. So erhalten Sie beispielsweise innerhalb der Routine *changePage* mit `NSLog(@"%@",` `newView);` Informationen über *newView* oder mit `NSLog(@"%@", self.view);` verschiedene wissenswerte Informationen über die *UIView*-Instanz mit dem Namen *view*. Vom Prinzip her können Sie jedoch jede beliebige Eigenschaft oder sonstige Instanzenvariablen ausgeben, indem Sie den Platzhalter %@ verwenden.

7.2.4 Ein wenig Animation muss sein

Das iPhone ist ja nicht zuletzt wegen seiner Verspieltheit so beliebt. Der Wechsel der Views über das Segmente-Steuerelement wirkt aber nur wenig verspielt, sondern die einzelnen Seiten werden für „iVerhältnisse" regelrecht schroff ausgetauscht. Dem wollen wir abhelfen. Damit werden wir auch gleich eine iPhone-Technik einführen, die Sie nicht nur auf Views, sondern auf alle sichtbaren Steuerelemente anwenden können: die Animation. Die Klasse *UIView* besitzt zahlreiche Methoden, mit denen Sie *UIView*-Instanzen auf einfachste Art und Weise animieren können. Jedes sichtbare Steuerelement ist eine Ableitung von dieser *UIView*-Klasse und besitzt somit auch sämtliche Eigenschaften und Methoden, die *UIView* zur Verfügung stellt. Was wir also jetzt gleich mit unseren Views anstellen, können Sie genauso auf ein Label, eine Schaltfläche oder ein Textfeld anwenden.

Bevor wir beginnen, öffnen Sie einmal über ⌘+⌥+⇧+? die Hilfe, und geben Sie im Suchfeld den Text *UIView* ein. In der mittleren, hellblau hinterlegten Spalte des Hilfefensters finden Sie den Abschnitt ANIMATING VIEWS. Klicken Sie darauf, und Sie sehen sämtliche Methoden, die Ihnen das iOS SDK zur einfachen Animation zur Verfügung stellt.

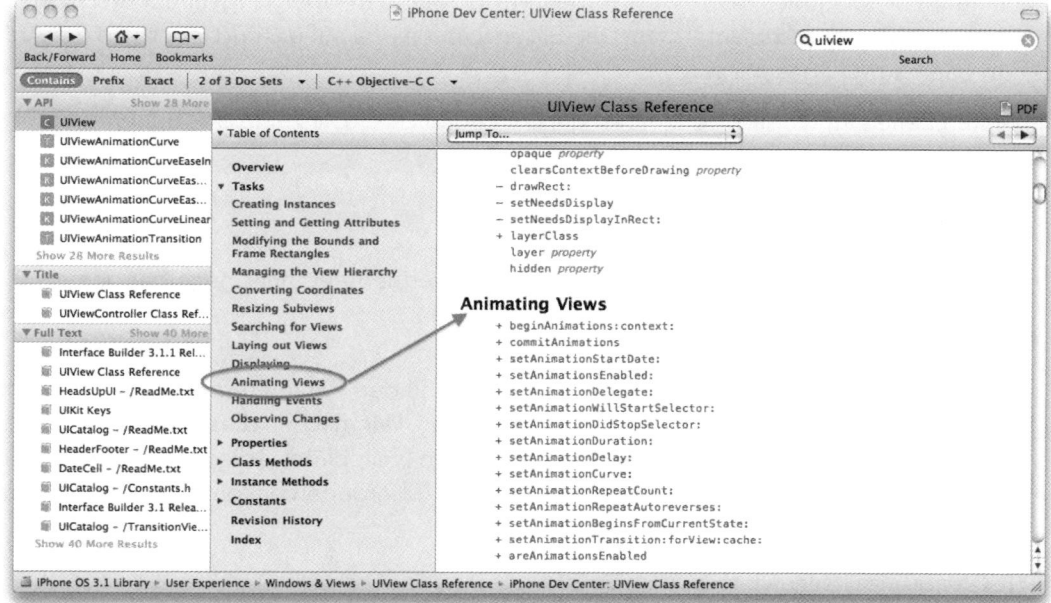

Abbildung 7.18: In der Hilfe zu UIView finden Sie alle Varianten, um ein sichtbares Steuerelement zu animieren.

Zurück zur eigentlichen Thematik: Das Prinzip der Animation von Steuerelementen ist immer dasselbe:

1. Sämtliche Steuerelemente, die animiert werden sollen, werden mithilfe von Methoden oder ihrer Eigenschaften auf den Vorher-Zustand eingestellt, also beispielsweise über die Eigenschaft *label.alpha = 0.0;* unsichtbar gemacht.

2. Als Nächstes wird mitgeteilt, dass alle folgenden Veränderungen animiert werden sollen. Das geschieht über die Methode *beginAnimations*.

3. Nun wird die Art der Animation, wie beispielsweise die Dauer, eingestellt, und es werden sämtliche Formatierungen an den Steuerelementen vorgenommen, also etwa die Sichtbarkeit wiederhergestellt: *label.alpha = 1.0;*.

4. Mit der Methode *commitAnimations* wird die Animation gestartet.

5. Fertig!

In unserem Fall soll jedes neue View mit einem Einblenden-Übergangseffekt erscheinen. Im Klartext heißt dies, dass am Anfang die Eigenschaft *alpha* auf *0.0* und innerhalb der Animation dann auf *1.0* gesetzt wird.

Die ersten Zeilen im Quellcode bleiben gleich. Lediglich die Anzeige des neuen View

```
[self.view bringSubviewToFront: newView];
```

wird ein wenig aufgepeppt.

Zuerst wird das neue View, also die über *newView* referenzierte Instanz unsichtbar gemacht:

```
newView.alpha = 0.0;  // unsichtbar;
```

Als Nächstes wird die Animation eingeleitet. In den beiden Parametern *beginAnimations* und *context* können Sie die Art der Animation festlegen. Wir machen dies jedoch mit zusätzlichen Methodenaufrufen, weshalb die Parameter einen Nullpointer – dieser entspricht der 0 bei Zahlen oder dem leeren String bei Zeichenketten – übergeben bekommen, der mit dem symbolischen Namen *nil* (*not in list*) formuliert wird.

```
[UIView beginAnimations:nil context:nil];
```

Nach der Einleitung der Animationsdefinition formatieren Sie den Zustand, der nach der Animation herrschen soll. In unserem Fall soll *newView* wieder sichtbar sein.

```
newView.alpha = 1.0; // sichtbar;
```

Auch andere Animationseinstellungen setzen Sie in diesem Block, also beispielsweise die Dauer der Animation in Sekunden:

```
[UIView setAnimationDuration: 1.0];
```

Dann zeigen Sie das View an

```
[self.view bringSubviewToFront: newView];
```

und beenden die Animationsdefinition mit:

```
[UIView commitAnimations];
```

Sobald *commitAnimations* ausgeführt wird, beginnt die Animation. Das ist wenig Aufwand und viel Effekt, wie Sie nach einem Start über ⌘+⌥+R feststellen werden.

Kapitel 8

Listen und Tabellen

Listen und Tabellen sind bei iOS allgegenwärtig. Auch oft, wenn man gar nicht das Gefühl hat, es handele sich tatsächlich um eine Tabelle, ist es intern – aus Sicht von Cocoa – trotzdem eine. Nämlich, weil die Anzeige auf der Steuerelemente-Klasse *UITableView* aufbaut. Das gilt sowohl für normale Listen, die Sie beispielsweise bei der Sprachauswahl oder häufig in Form von Datensätzen – etwa im Adressbuch – sehen, als auch für kategorisierte Listen, wie beispielsweise in den Einstellungen, wo die verschiedenen Optionen unter ALLGEMEIN oder NETZWERK oder APPLIKATIONEN gruppiert sind. Aber selbst im Fotoalbum sind die zahlreichen Einträge nichts anderes als Elemente einer Tabelle. Beim Album selbst handelt es sich um eine einspaltige Tabelle, also sozusagen um eine Liste. Dass hier neben dem Text auch noch ein Vorschaubild angezeigt wird, tut dem keinen Abbruch. Navigieren Sie hingegen in ein Fotoalbum hinein, sehen Sie die Miniaturen sämtlicher Fotos vierspaltig. Hier handelt es sich ebenso um eine Tabelle. Und auch diese basiert auf demselben Code wie alle anderen Tabellen auch – auf der Klasse *UITableView*.

In diesem Kapitel möchte ich Ihnen das Steuerelement *UITableView* erläutern. Sie werden sehen, wie man eine einfache Listenansicht erzeugt und diese nach eigenen Bedürfnissen anpasst. Vielleicht werden Sie am Anfang sagen, dass das Verfahren in Objective-C sehr viel komplizierter ist, als Sie es vielleicht von anderen Entwicklungssystemen gewohnt sind. Aber glauben Sie mir: Es lohnt sich, diese anfänglichen kleinen Schritte zu gehen, bis man die erste Liste auf dem Display hat. Denn tatsächlich ist es nicht einfach so, dass Sie nur eine Liste von Werten eingeben und diese ohne Weiteres in Listenform dargestellt wird. Vielmehr ist es so, dass das Tabellen-Steuerelement für jede Zelle, die es darstellt, eine Ereignisbehandlungsroutine aufruft, die wiederum die Aufgabe übernimmt, diese spezielle Zelle zu füllen. Egal ob mit Text oder auch mit formatierten Elementen oder sogar mit einem Bild oder einem Video.

Abbildung 8.1: Obwohl jede Darstellung anders aussieht, werden sie doch sämtlich mit demselben Steuerelement UITableView erzeugt.

8.1 Die Tabelle und ihre Datenquelle

Das Prinzip, wie *UITableView* arbeitet, mutet zunächst etwas kompliziert an. In anderen Programmiersprachen füllt man einfach eine Zeichenkettenliste und das Listenfeld – denn im Grunde genommen ist ein *UITableView* nichts anderes als eine Auswahlliste – und zeigt die Einträge an. Hat man das Prinzip von *UITableView* jedoch einmal verstanden, ist es ein unglaublich flexibles Anzeigeinstrument. Das sieht man ja bereits in den unterschiedlichen Arten, wie es in der Praxis verwendet wird (siehe Abbildung 8.1).

Ein *UITableView*-Steuerelement legen Sie wie jedes andere auch einfach auf die View- oder Fensterfläche. Dass es von sich aus versucht, den möglichst optimalen Platz einzunehmen, werden Sie gleich noch in der Praxis erleben. Uns soll hier lediglich interessieren, woher die Daten kommen, die dieses *UITableView* anzeigen soll. Im Grunde ist das Prinzip sehr simpel und eingängig. Über die Eigenschaft *dataSource* wird das Steuerelement mit verschiedenen fest definierten Code-Segmenten verknüpft. Im einfachsten Fall zeigt *dataSource* auf den Quelltext Ihrer Moduldatei, also beispielsweise *ProjektnameAppDelegate.m*. Zur Laufzeit erwartet das Tabellenelement dann mindestens zwei Routinen. Die erste muss einen ganzzahligen Wert zurückliefern: die Anzahl der angezeigten Zeilen in der Tabelle. Die zweite Routine hingegen wird jedes Mal aufgerufen, wenn eine Zelle auf dem Display dargestellt werden soll. Diese zweite Routine erstellt im Grunde genommen das Layout für die angeforderte Zelle und liefert es in einer festen Objektstruktur zurück. In Abbildung 8.2 sehen Sie den schematischen Aufbau, wie *UITableView* zur Laufzeit mit dem Code kommuniziert.

Der Begriff *dataSource* (Datenquelle) kann im ersten Moment verwirren. Denn es handelt sich nicht etwa um eine Datenbank oder andere Quelle mit festen Informationseinheiten. Tatsächlich ist in diesem Fall die Datenquelle der Verweis auf eine Klasse, in der sich jene Methoden befinden, die das Tabellen-Steuerelement mit den benötigten Informationen – den Daten – versorgt.

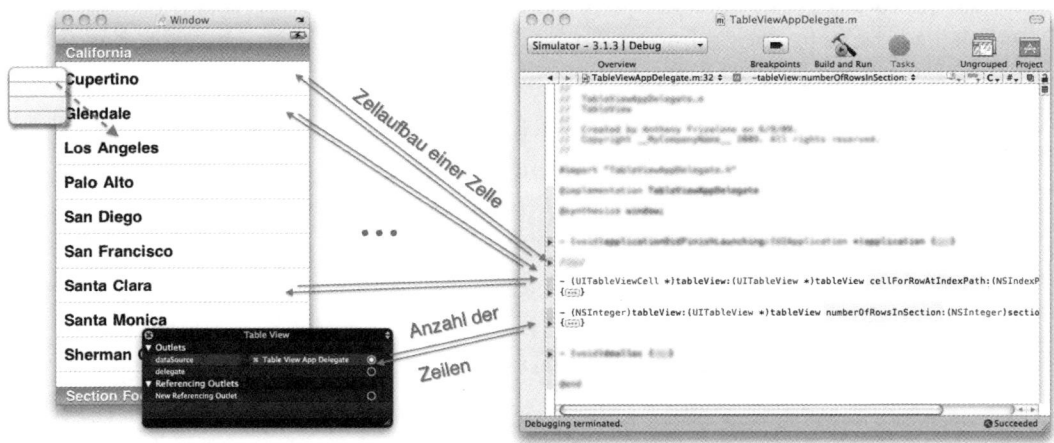

Abbildung 8.2: Das UITableView-Steuerelement wird über seine dataSource-Eigenschaft mit dem Quelltext verknüpft, der auf Anfrage sämtliche Informationen liefern muss, die die Tabelle benötigt.

8.2   Ein UITableView-Praxistest

Gehen wir doch gleich in medias res. Starten Sie Xcode, und legen Sie ein neues Single-View-Application-Projekt an. Ich gebe ihm den an dieser Stelle passenden Namen *Kapitel8*. Starten Sie dann mit einem Doppelklick auf die Datei *ViewController.xib* den Interface Builder. In der Library finden Sie das Steuerelement *UITableView*. Ziehen Sie dieses auf die Fensterfläche. Wie magnetisch versucht die Tabellenansicht sich auf der gesamten freien Fensterfläche auszubreiten.

Projektquellcode

Sie finden den Quellcode des Projekts unter *www.iho.me/Kapitel8*.

Klicken Sie dann mit der rechten Maustaste auf das *UITableView*-Steuerelement. Es öffnet sich dessen Referenz-Katalog, in dem Sie sämtliche Outlets – also Verknüpfungen mit *IBOutlet*-Instanzenvariablen – und Codeverbindungen für die unterschiedlichen Ereignisse festlegen und ablesen können. Beim *UITableView* sind vor allem *dataSource* und *delegate* von Interesse. Während *dataSource* für die reinen Daten verantwortlich ist, ist der *delegate* beispielsweise für Touch-Aktionen verantwortlich. Grundsätzlich reicht allerdings in unserem Beispiel die Verknüpfung des *dataSource*-Sets mit Behandlungsroutinen. Aber jetzt zurück zur Praxis. Greifen Sie im *Table View Connections* des Inspectors die noch leeren Kreise rechts neben *dataSource* und *delegate*, und ziehen Sie diese nacheinander auf das FILE´s OWNER-Symbol in der Objektespalte (die zweite von links). Schon ist die Verbindung hergestellt und die Arbeit im Interface Builder beendet.

Wechseln Sie zurück in Xcode, und öffnen Sie dort die eben mit *UITableView* verknüpfte *.m*-Datei, also *ViewController.m*. Tragen Sie hier im *@implementation*-Abschnitt das Grundgerüst für die beiden von *UITableView* benötigten Routinen ein:

```
- (NSInteger)tableView:(UITableView *)tableView
    numberOfRowsInSection:(NSInteger)section {
return 20;
}
```

und

```
- (UITableViewCell *)tableView:(UITableView *)tableView
    cellForRowAtIndexPath:(NSIndexPath *)indexPath {
…
…
…
return cell;
}
```

Dies sind die beiden Antwort-Routinen, die das *UITableView*-Steuerelement benötigt, um einerseits die Anzahl der Zeilen zu ermitteln und andererseits zu wissen, wie jede einzelne Zelle aussehen soll.

Die erste Methode liefert einen Rückgabewert vom Typ *NSInteger*, nämlich genau die Anzahl der Zellen innerhalb des *UITableView*. Für einen ersten Test soll es reichen, wenn der Code innerhalb der Funktion nur aus der Rückgabe des fixen Wertes 20 besteht:

```
return 20;
```

Bei der zweiten Methode ist das Ganze schon etwas aufwendiger. Zunächst mal ist der Datentyp *UITableViewCell* etwas komplexer als das simple *NSInteger*. Wenn Sie einmal in der Hilfe (⌘ + ⇧ + ?) nach *UITableViewCell* suchen, finden Sie gut drei Dutzend Eigenschaften und Methoden der Klasse. Somit benötigen Sie als Erstes die Deklaration einer lokalen Variablen von genau diesem Typ:

```
UITableViewCell *cell;
```

Danach erzeugen Sie mit der Methode *alloc*, die jede Klasse besitzt, eine Instanz und weisen diese der Objektvariablen zu:

```
cell = [UITableViewCell alloc];
```

Als Nächstes legen Sie mit dem Methodenaufruf *initWithStyle* fest, dass es sich um eine einfache Zelle handelt, in der ein normaler Text angezeigt werden soll:

```
cell = [cell initWithStyle:UITableViewCellStyleDefault
    reuseIdentifier:nil];
```

Damit der reservierte Speicher für die Instanzenvariable *cell* am Ende wieder freigegeben wird, übergeben Sie sie an den sogenannten *Autorelease Pool*:

```
cell = [cell autorelease];
```

Beim Aufruf der Methode *autorelease*, die genauso wie *alloc* Teil einer jeden Klasse ist, wird das entsprechende Objekt auf einen Stapel gelegt. Am Ende der Applikation wird dieser Autorelease Pool vom System bereinigt, sodass kein unnötiger Speicher reserviert bleibt.

Hinweis: Xcode 4.2 und den Apple LLVM Compiler 3.0

Seit Xcode 4.2 setzt Apple standardmäßig den *Apple LLVM Compiler 3.0* ein. Dieser erledigt das nervige Speichermanagement früherer Xcode-Compiler automatisch, indem beim Start des Compilers ein intelligentes Modul den Code durchforstet und herausfindet, an welchen Stellen Objekte gefahrlos aus dem Speicher entfernt werden können. Das erspart Ihnen viel Arbeit bei der Programmierung – und mir einen Heidenaufwand, Ihnen das *alloc-retain-release*-System von „früher" zu erklären. Na, okay, ich werde es trotzdem tun, weil der eine oder andere ja noch mit Xcode 3.x arbeiten will oder muss. ;-)

In jedem Fall müssen Sie die Zeile

```
cell = [cell autorelease];
```

unter Xcode 4.2 mit dem Apple LLVM Compiler 3.0 weglassen. Ob bei Ihnen der LLVM eingeschaltet ist, prüfen Sie folgendermaßen: Markieren Sie in der Dateihierarchie von Xcode links das Objekt ganz oben – in unserem Beispiel ist das *Kapitel8* mit dem kleinen blauen Xcode-Symbol –, dann wählen Sie in der zweiten Spalte den Eintrag direkt unter PROJECT und schauen dann unter den BUILD SETTINGS nach.

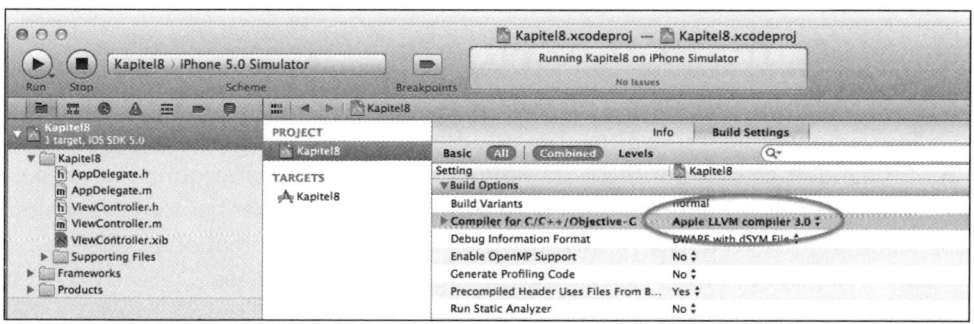

Abbildung 8.3: In den BUILD SETTINGS des Projekts sehen Sie, mit welchem Compiler Ihr Projekt übersetzt wird.

Bleibt nur noch eines, nämlich festzulegen, welcher Text genau angezeigt werden soll. In diesem ersten einfachen Beispiel soll ein einfacher statischer Text ausreichen:

```
cell.textLabel.text = @"HALLO ZELLE";
```

Abbildung 8.4: Mit nur wenigen Zeilen Code wird das UITableView-Steuerelement zum Leben erweckt.

8.3 Parameter nutzen

Der zweiten Methode – *tableView:cellForRowAtIndexPath:* – , die für das Füllen der einzelnen Zellen verantwortlich ist, werden beim Aufruf zwei Parameter übergeben. Beim ersten Parameter handelt es sich um das *UITableView*, um das es gerade geht. Auf diese Weise kann ein und dieselbe Methode für mehrere *UITableView*-Steuerelemente herhalten. Der zweite Parameter ist vom Typ *NSIndexPath* und übergibt Informationen über die aktuell geforderte Zelle. In der Praxis werden Sie die Eigenschaft *row* dieser Datenstruktur nutzen, um festzustellen, welche Zeile gerade zur Bearbeitung ansteht. Und auch wir können diese Eigenschaft sofort nutzen und den Inhalt der einzelnen Zellen individualisieren. Ändern Sie die Zeile

```
cell.textLabel.text = @"HALLO ZELLE";
```

wie folgt ab:

```
cell.textLabel.text = [NSString stringWithFormat:
   @"Zeile %d", indexPath.row];
```

Die Klassenmethode *stringWithFormat* liefert das, was beispielsweise *printf* oder auch *NSLog* am Bildschirm oder in der Debugger-Konsole ausgeben, in Form eines *NSString*, also einer Zeichenkette, mit der man etwas leichter arbeiten kann als mit den Zeichenketten in C. Und dieses Ergebnis wird in die *text*-Eigenschaft des *textLabels* der aktuellen Zelle übertragen. Starten Sie nun das Programm erneut, sehen Sie in jeder Zeile einen individuellen Text (siehe Abbildung 8.5).

Abbildung 8.5: Mithilfe des zweiten Parameters NSIndexPath lassen sich die einzelnen Zellentexte durchnummerieren.

8.4 Formatierte Zellen

Besonders beliebt sind Tabellen, in denen eine fette Überschrift und eine Unterzeile zu sehen sind. Auch dafür gibt es einen Standard bei *UITableView*. Sie müssen dabei nur an zwei kleinen Schrauben drehen. Zunächst einmal erstellen Sie mit der Methode *initWithStyle* die Zelle nicht mit der Konstanten *UITableViewCellStyleDefault*, sondern mit *UITableViewCellStyleSubtitle*. Ob ich alle diese Abkürzungen kenne? Gott bewahre, nein! Ich habe in der Hilfe nachgeschaut! Suchen Sie mal nach *UITableViewCellStyleDefault*. Da bekommen Sie noch jede Menge anderer Vorschläge!

Okay, nun haben Sie also die Vorbereitungen getroffen. Jetzt müssen Sie nur noch den jeweiligen Text für die Unterzeile angeben, diesen jedoch nicht in der Eigenschaft *textLabel*, sondern in der Eigenschaft *detailTextLabel*:

```
cell.detailTextLabel.text = [NSString stringWithFormat:
    @"Unterzeile %d", indexPath.row];
```

Abbildung 8.6: Mit nur zwei kleinen Änderungen bekommt die dröge Liste ein neues Layout.

An dieser Stelle ist es an Ihnen, sich weitere Eigenschaften zur Formatierung anzuschauen. Probieren Sie mal

```
cell.textLabel.textColor = [UIColor blueColor];
```

oder

```
cell.detailTextLabel.textColor = [UIColor redColor];
```

oder tippen Sie *cell.textLabel*, und drücken Sie dann auf ESC , um sämtliche Eigenschaften von *textLabel* angezeigt zu bekommen.

8.5   Symbolbilder anzeigen

Eine Liste auf diese Art schön formatiert darzustellen, ist eines; die einzelnen Einträge mit Bildern zu versehen, macht jedoch noch viel mehr her. Und wenn Sie erst einmal sehen, wie simpel das ist, verstehen Sie, warum es in so vielen Anwendungen zum Einsatz kommt.

In unserem einfachen Beispiel sollen zwei Smileys die geraden und die ungeraden Zeilen markieren. Grundsätzlich sollten die beiden Smileys ungefähr dieselbe Dimension haben. Tatsächlich werden sie von *UITableView* entsprechend angepasst, also skaliert, damit sie in die Zeile passen. Grundsätzlich können Sie auch GIF- oder JPEG-Grafiken verwenden, allerdings empfehle ich Ihnen das sehr viel flexiblere PNG-Format, das nicht wie GIF auf 256 Farben beschränkt ist und trotzdem die Möglichkeit bietet, transparente Teile auszusparen, um den Hintergrund durchscheinen zu lassen.

Für unser Beispiel habe ich in Google nach dem Begriff *Smiley* suchen lassen, bin dann zur Bildersuche gewechselt und habe in den Optionen Symbole gewählt. Auf diese Weise finden Sie schnell die passenden Dateien. Wählen Sie zwei Bildchen aus, und speichern Sie sie auf Ihrem Desktop.

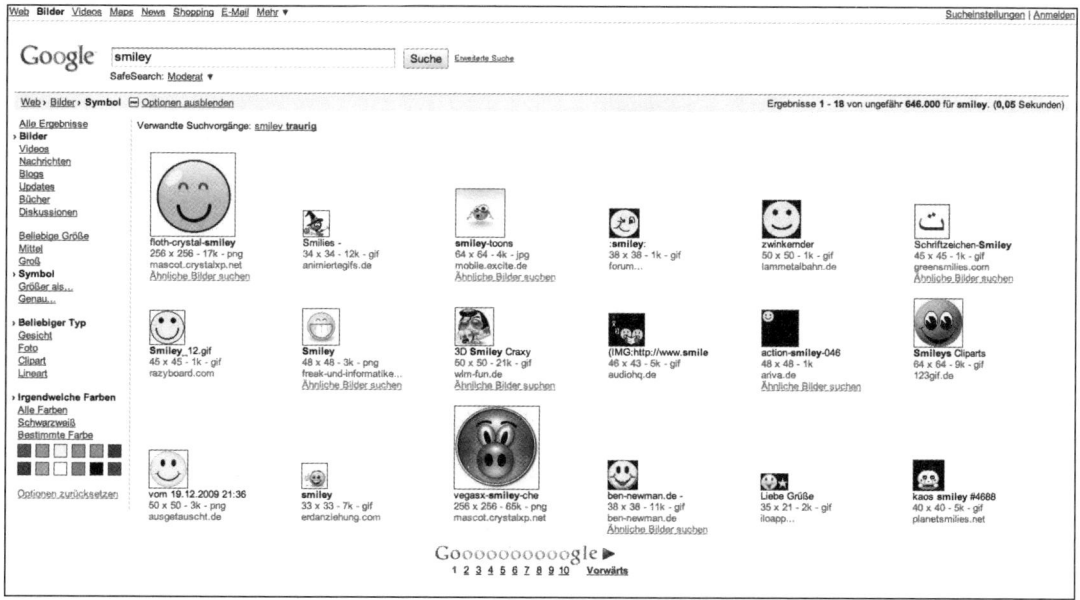

Abbildung 8.7: In der Bildersuche von Google finden Sie zu allen Begriffen eine Vielzahl von Symbolen, die bestens für das UITableView geeignet sind.

Markieren Sie die beiden Dateien, und schieben Sie sie dann bei gedrückter Maustaste direkt über einen beliebigen Ordner der hierarchischen Finder-Darstellung in der linken Spalte von Xcode. Nun öffnet sich ein Dialog, in dem Sie bestätigen müssen, in welches Projekt die Grafiken übernommen werden sollen. Wichtig ist, dass Sie ganz oben das Häkchen setzen: Copy items into ... Nur dann werden die Grafiken auch in das Projektverzeichnis kopiert. Wenn Sie anschließend auf Add klicken, gehören die beiden Smileys zu Ihrem Projekt.

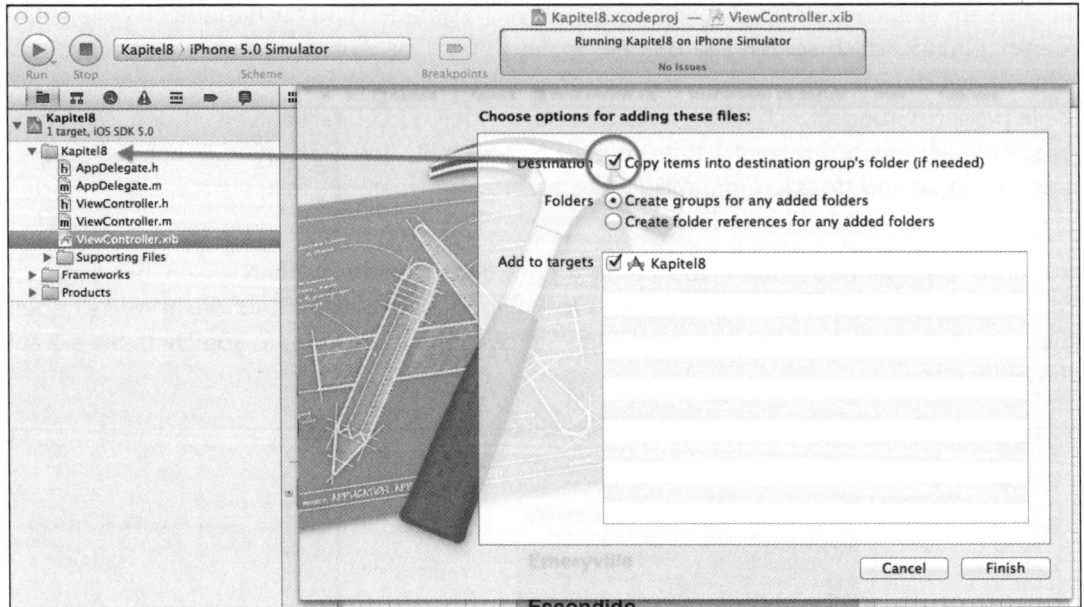

Abbildung 8.8: Bilder und sonstige Ressourcen werden per Drag&Drop ins Xcode-Projektfenster gezogen.

Als Letztes bleibt noch, dem *UITableView*-Steuerelement mitzuteilen, dass bei geraden Zeilen der erste und bei ungeraden Zeilen der zweite Smiley angezeigt werden soll. Das geschieht wiederum in der Moduldatei *ViewController.m* vor oder nach dem Setzen des Zellentextes:

```
if(indexPath.row % 2 == 0) {
 [cell imageView].image = [UIImage imageNamed:@"smiley1.png""];
} else {
 [cell imageView].image = [UIImage imageNamed:@"smiley2.png""];
}
```

Das Prinzip ist simpel: Die zuvor erzeugte Zelle besitzt eine Methode namens *imageView*, die eine Referenz auf ein *UIImageView* zurückliefert. Dieses wiederum besitzt die Eigenschaft *image* vom Typ *UIImage*. Und dieser Eigenschaft wird ein *UIImage* zugewiesen. Die Klassenmethode *imageNamed* der Klasse *UIImage* liefert dabei ein *UIImage* zurück, das über den Namen der zum Projekt gehörenden Ressourcen referenziert werden kann. Im Grunde genommen heißt die erste Code-Anweisung: *„Lade die Datei smiley1.png" und weise die Ressource der aktuellen Zelle als Bild zu."*

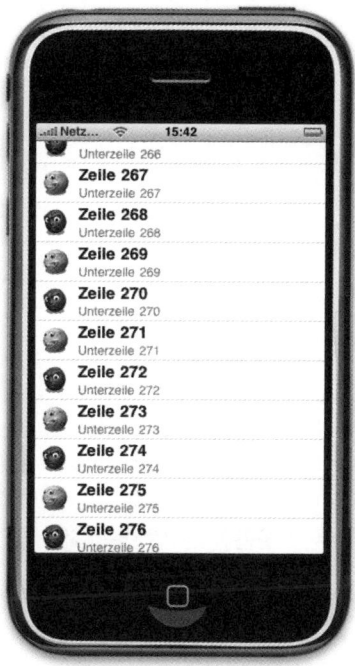

Abbildung 8.9: Mit wenig Aufwand werden Tabellen mit Grafiken aufgepeppt.

8.6   Mehrere Abschnitte anzeigen

Als letzte reine Funktion des *UITableView*-Steuerelements möchte ich Ihnen jetzt noch zeigen, wie leicht Sie die Anzeige in mehrere Abschnitte einteilen. Das kennen Sie beispielsweise von den Einstellungen (siehe Abbildung 8.1). Wahrscheinlich denken Sie sich bereits: Das funktioniert doch sicher auf dieselbe Art, wie beim Füllen der Zellen. Genau! Aber weil ich es Ihnen ja nicht so leicht machen und Ihnen die kleinen Wissensbrocken nicht einfach vorwerfen will, gehen wir gemeinsam den Weg, den jeder Programmierer beschreiten würde, der sich mit einer ihm noch unbekannten Materie auseinandersetzen muss: Er schaut in die Hilfe. Öffnen Sie die Hilfe über ⌘ + ⇧ + ? respektive ⌘ + ⌥ + ⇧ + ? unter Xcode 4.x, und suchen Sie nach *UITableViewDataSource*. Klicken Sie dann im mittleren, blau unterlegten Fensterbereich auf *Tasks*, erscheint eine Liste aller Schnittstellen zwischen Ihrem Code und dem *UITableView*-Steuerelement.

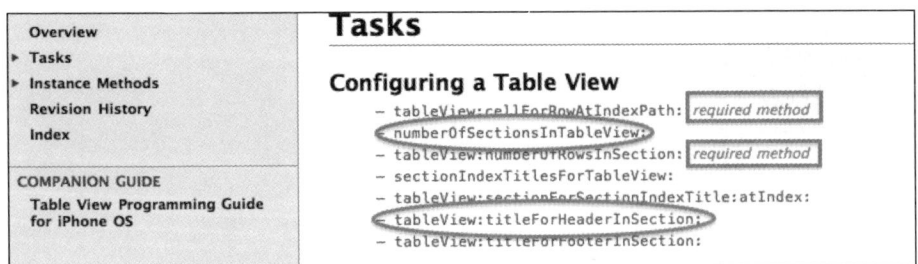

Abbildung 8.10: Nur zwei Antwortmethoden werden in einem UITableView benötigt. Alle anderen brauchen Sie nur, wenn der Bedarf besteht.

Zwei Methoden sind dabei zwingend vorgeschrieben. Es sind genau die beiden, die wir bereits seit Anfang des Kapitels verwendet haben. Die eine liefert die Anzahl der Zeilen zurück und die andere den Inhalt der jeweiligen Zelle. Bislang haben wir den Parameter *section*, der bei beiden Funktionsaufrufen – einmal in Form von *indexPath.section* und einmal direkt als *section* – vorkommt, einfach ignoriert. Der Grund ist, dass wir keine Angaben zur Anzahl der Abschnitte (*sections*) gemacht haben. Dies nämlich geschieht im Rahmen der optionalen Instanzenmethode *numberOfSectionsInTableView*. Geben Sie in dieser Methode als Rückgabewert die Zahl 3, werden zur Laufzeit entsprechend drei Abschnitte angezeigt. Wie viele Zeilen pro Abschnitt verfügbar sind, legen Sie wiederum in der bereits bekannten Methode *tableView:numberOfRowsInSection* fest, nur dass Sie diesmal tatsächlich auf den Parameter *section* eingehen. Die Deklaration der Methoden erhalten Sie, wenn Sie unter Configuring a Table View auf den Link zur entsprechenden Methode klicken. Kopieren Sie den Methodenkopf in Ihre Moduldatei, und passen Sie den Quelltext wie folgt an:

```
- (NSInteger)numberOfSectionsInTableView:(UITableView *)tableView
{
 return 3;
}
```

```
- (NSInteger)tableView:(UITableView *)tableView numberOfRowsInSection:(NSInteger)section
{
 if (section==0) return 2;
 else if (section==1) return 3;
 else   return 400;
}
```

Starten Sie nun das Programm erneut. Was Sie sehen, ist eine ähnliche Anzeige wie zuvor. Allerdings ist die Nummerierung anders. Zuerst kommen die Einträge *Zeile 0* und *Zeile 1*. Dann erscheint erneut *Zeile 0*, *Zeile 1* und *Zeile 2* und anschließend die Zeilen durchnummeriert von 0 bis 399. Wollen Sie diesem Verhalten auf den Grund gehen, ändern Sie in der Instanzenmethode, die den Zelleninhalt verändert, die Zuweisung an die Eigenschaft *detailTextLabel.text* wie folgt ab:

```
cell.detailTextLabel.text =
 [NSString stringWithFormat: @"In Sektion %d", indexPath.section];
```

Starten Sie die Applikation erneut. Nun erkennen Sie schon eher, woran es liegt, dass die Zeilen so seltsam nummeriert sind. In den ersten beiden Abschnitten sind – wie auch in der Methode zuvor festgelegt – jeweils zwei respektive drei Zeilen vorhanden. Insofern gehören die ersten beiden Zeilen zur Sektion 0, die darauffolgenden drei zur Sektion 1 und die folgenden 400 zur Sektion 2. Schöner wäre es natürlich, wenn eine entsprechende Überschrift über jeder Sektion sichtbar wäre. Und genau dafür gibt es natürlich auch wieder eine Instanzenmethode, mit der Sie die Überschrift der jeweiligen Sektion festlegen können:

```
- (NSString *)tableView:(UITableView *)tableView
    titleForHeaderInSection:(NSInteger)section {
 return [NSString stringWithFormat:@"Title Section %d", section];
}
```

Nach einem Neustart sehen Sie, dass das Ganze schon etwas besser aussieht.

Abbildung 8.11: Auch einzelne Abschnitte – Sections genannt – sind mit UITableView ein Kinderspiel und mit wenigen Zeilen codiert.

8.7 Speicher-Hygiene

Bislang war die Funktionalität unser primärer Fokus. Nun muss ich aber auch dem Thema Speicher ein paar Worte widmen. Denn auch, wenn 16, 32 oder gar 64 Gigabyte einen schier unermesslichen Speicherbereich darstellen ... irgendwann ist auch der belegt. Schließlich dachte ein Herr Gates in den 1980er-Jahren auch, dass 640 Kilobyte RAM ja wohl mehr als genug für jedwede Anwendung darstellt, und auch das Jahr-2000-Problem wäre gar nicht erst zu einem geworden, hätte man sich vorher schon ein paar Gedanken gemacht.

Grundsätzlich werden alle Steuerelemente des Formulars über den sogenannten Auto-release-Pool am Ende der Applikation wieder freigegeben. Und wenn man selbst Speicher für ein neues Objekt alloziert, kann man es – wie wir es bereits in Abschnitt 8.2 getan haben – mit *[OBJEKT autorelease]* eben jenem Pool hinzufügen. Man hat auch dann keine weitere Arbeit mehr und hinterlässt am Ende einen bereinigten Hauptspeicher. Doch geht es ja nicht nur darum, nach dem Ende der Applikation schonend und achtsam mit den Ressourcen umzugehen. Auch während der Programmierung sollten Sie immer darauf achten, dass Sie Objekte bzw. Instanzen möglichst wiederverwenden und so schnell wie möglich wieder freigeben.

In unserem Beispiel gehen wir recht verschwenderisch mit den Ressourcen um. Bei jedem Aufruf zur Darstellung einer neuen Zelle erzeugen wir ein neues Objekt vom Typ *UITableViewCell*. Jedes Mal! Obwohl wir im Grunde genommen immer dasselbe tun: Wir ändern den Text, eventuell ein Bildchen und gegebenenfalls die Schriftfarbe. Fertig! Und genau das ist auch in mehr als 90 % der Fälle bei der Verwendung von *UITableView* der Fall. Genau aus diesem Grunde gibt es bei dieser Klasse auch eine Technik, um Ressourcen zu sparen. Hat man einmal eine *UITableViewCell* erstellt, kann man sie in der aufrufenden *UITableView*-Instanz – die ja als Parameter übergeben wird – unter einer Bezeichnung abspeichern, wie etwa „MeinZellname". Beim nächsten Mal braucht man dann keine neue Zelle zu erzeugen, sondern greift einfach auf den gespeicherten Wert zu.

Im Grunde genommen haben wir bereits von dieser Technik Gebrauch gemacht, obwohl wir sie nicht einsetzen. So haben wir am Anfang der Instanzenmethode die Zelle über

```
UITableViewCell *cell;
cell = [UITableViewCell alloc];
cell = [cell initWithStyle:UITableViewCellStyleDefault
    reuseIdentifier:nil];
cell = [cell autorelease];
```

erzeugt. Stattdessen prüfen wir jetzt zunächst einmal, ob es in dem aufrufenden *UITableView* eventuell schon eine vorformatierte Zelldefinition gibt:

```
UITableViewCell *cell;
cell = [tableView dequeueReusableCellWithIdentifier:@"MeinZellname"];
```

Ist das nicht der Fall, wird die Zelle genauso wie bisher auch angelegt. Der einzige Unterschied zu dem früheren Code besteht darin, dass beim Methodenaufruf *initWithStyle* statt *nil* derselbe symbolische Name – in unserem Beispiel der *NSString* *"MeinZellname"* – für die Zelle verwendet wird:

```
if(cell == nil){
 cell = [UITableViewCell alloc];
 cell = [cell initWithStyle:UITableViewCellStyleSubtitle
    reuseIdentifier: @"MeinZellname"];
 cell = [cell autorelease];
}
```

Das war's schon. Mit diesem einfachen Kniff haben Sie massenhaft Ressourcen und auch Zeit gespart. Vielleicht nicht bei 10 oder 100 angezeigten Zeilen. Aber setzen Sie mal den Rückgabewert der Funktion *numberOfRowsInSection* auf 10.000 oder 100.000. Da sollte schon etwas zu spüren sein!

8.8   Touch und Action!

Okay, das mit dem Anzeigen klappt ja schon ganz gut. Allein ist es kein abendfüllendes Erlebnis, einfach nur Informationen in den Zellen darzustellen. Es soll ja auch etwas passieren, wenn der Benutzer eine Zeile antippt.

Und genau jetzt kommt die *delegate*-Eigenschaft des *UITableView* ins Spiel. Denn genauso wie bei *dataSource* gibt es hier ein Set an Behandlungsmethoden, die auf die diversen Ereignisse reagieren, die so im Leben eines *UITableView*-Objekts eintreten können. Ein solches Set an Funktionen nennt man übrigens Protokoll oder auf Englisch *protocol*. Das hört sich kompliziert an, ist aber nur eine Übereinkunft, wie Steuerelemente oder Objekte im Allgemeinen mit dem Quellcode kommunizieren– so, wie Sie unserem westlichen Protokoll der Klasse „Umgangsformen" folgen und eine entgegengestreckte Hand mit der Ereignisbehandlung „Hand auch ausstrecken und schütteln" beantworten.

In jedem Falle finden Sie alles Wissenswerte in der Hilfe unter dem Suchbegriff *UITableViewDelegate*. Wir verwenden nur die Behandlungsroutine, die ausgeführt wird, wenn der Nutzer auf einen Eintrag gedrückt hat: *tableView:didSelectRowAtIndexPath:*. (Übrigens: Es gibt beispielsweise auch noch *tableView:willSelectRowAtIndexPath:*, also die Behandlungsmethode, die ausgeführt wird, bevor die Markierung anzeigt, dass die Zeile ausgewählt wird.)

```
- (void)tableView:(UITableView *)tableView didSelectRowAtIndexPath:(NSIndexPath *)indexPath
{
  NSLog(@"Auf Zeile %d in Sektion %d geklickt", indexPath.row, indexPath.section);
}
```

Starten Sie das Programm, und schauen Sie in die Konsole (⌥+⌘+C). Bei jedem Antippen einer Zeile wird hier protokolliert, in welcher Zeile und welcher Sektion getippt wurde.

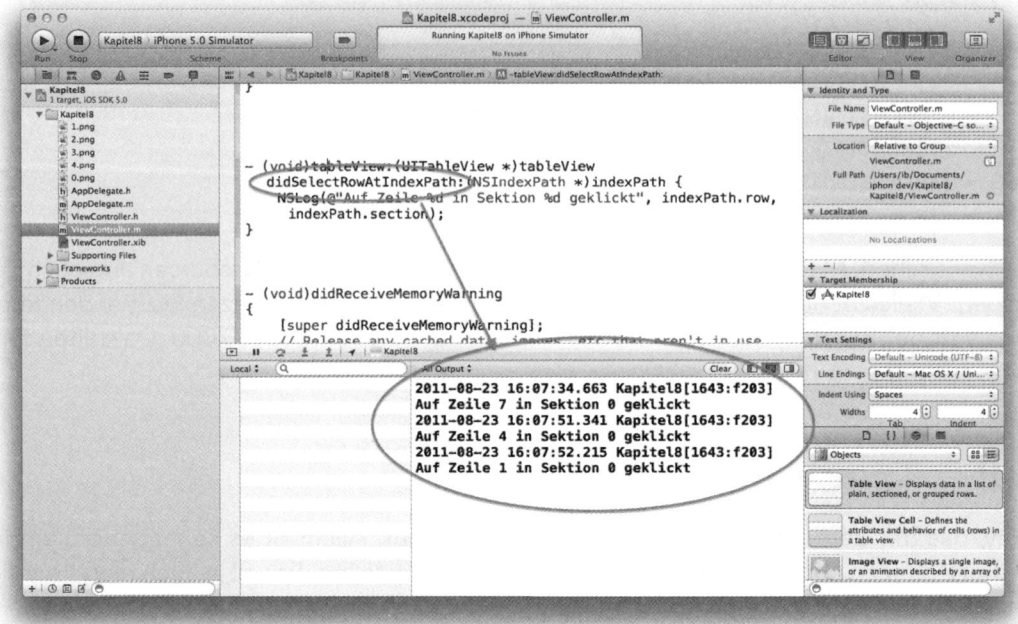

Abbildung 8.12: Das über die delegate-Eigenschaft festgelegte Protokollmodul reagiert mit der Methode tableView:didSelectRowAtIndexPath: auf das Ereignis des Tippens.

Sollte es bei Ihnen nicht zu einer Ausgabe kommen, haben Sie vielleicht nicht die *delegate*-Eigenschaft mit FILE'S OWNER verbunden.

Kapitel 9

Listenauswahl mit dem Picker

Eines der genialsten Steuerelemente des iOS SDK-Benutzerinterfaces sind die *UIPicker-View*-Auswahllisten. Im Grunde genommen funktionieren sie ähnlich wie ein *UITableView*. Und sie werden auch aus Sicht des Programmierers ganz ähnlich gehandhabt. Da ihr Sinn jedoch ist, aus einer klar definierten Anzahl von Werten die gewünschte Angabe heraus-suchen zu lassen, können sie für eine Vielzahl von Eingabevarianten herhalten. Neben der einfachen Auswahlliste, die sowohl am Mac als auch unter Windows als Listenfeld oder Drop-down-Liste bekannt ist, lässt sich das *UIPickerView*-Steuerelement auch noch in mehrere Teile unterteilen. Auf diese Weise kann es – ähnlich wie der Kilometerzähler eines Autos – eine Vielzahl von Kombinationen darstellen. Und dennoch ist gewährleistet, dass der Benut-zer nur aus den vordefinierten Werten wählen kann. Soll beispielsweise der Anwender eine Zahl zwischen 0 und 999.999 eingeben, so wählen Sie einfach sechs Zahlenräder mit den Zif-fern 0-9. Die Kombinationen überlassen Sie dann dem Benutzer. Im Gegensatz zu einem Textfeld, in dem der Benutzer auch Buchstaben oder Sonderzeichen – natürlich versehent-lich! – eingeben kann, sind die Resultate beim *UIPickerView*-Feld immer in Ordnung und müssen nicht auf Fehler geprüft werden. Damit ersparen Sie nicht nur dem Anwender die stete Neueingabe, sondern auch sich selbst als Programmierer die lästige Fehlerabfrage.

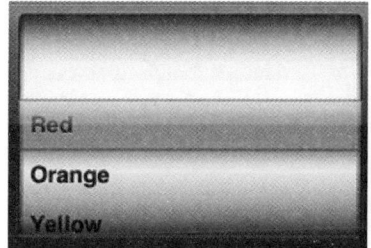

Abbildung 9.1: Mit dem UIPickerView-Steuerelement lassen sich auf einfache Weise zahlreiche Varianten zur leichten und weniger fehleranfälligen Nutzereingabe realisieren.

Projektquellcode

Sie finden den Quellcode des Projekts unter *www.iho.me/Kapitel9*.

9.1 Die Standardschritte zum ersten Pickerfeld

Erstellen Sie als Erstes wieder eine *Single-View*-basierte Anwendung, und nennen Sie sie *Kapitel9*. Öffnen Sie direkt die *ViewController.xib* aus der Projektübersicht, wodurch der Interface Builder mit einem leeren Fenster startet. Suchen Sie sich aus der Library ein *UIPickerView*-Steuerelement heraus, und legen Sie es irgendwo auf die Fensterfläche. Wie auch beim *UITableView* ist das Steuerelement symbolisch bereits mit einigen Werten vorbelegt, die aber zur Laufzeit nicht mehr vorhanden sind. Das war's bereits im Interface Builder. Zumindest für den Anfang. Speichern Sie die *ViewController.xib*, und wechseln Sie zur Headerdatei *ViewController.h* in Xcode. Was wir brauchen, ist ein *IBOutlet* für das *PickerView*. Erweitern Sie den @interface-Abschnitt wie folgt:

```
@interface ViewController : UIViewController {
    IBOutlet UIPickerView* picker;
}
```

Speichern Sie die Headerdatei, und kehren Sie mit einem Klick auf *ViewController.xib* zum Interface Builder zurück, um die Verknüpfungen zwischen dem Interface Builder-Steuerelement und der *IBOutlet*-Variablen *picker* herzustellen. Ziehen Sie dazu mit der rechten Maustaste aus der zweiten Spalte von links eine Verbindung von dem Symbol FILE´S OWNER zu dem *UIPickerView*-Steuerelement.

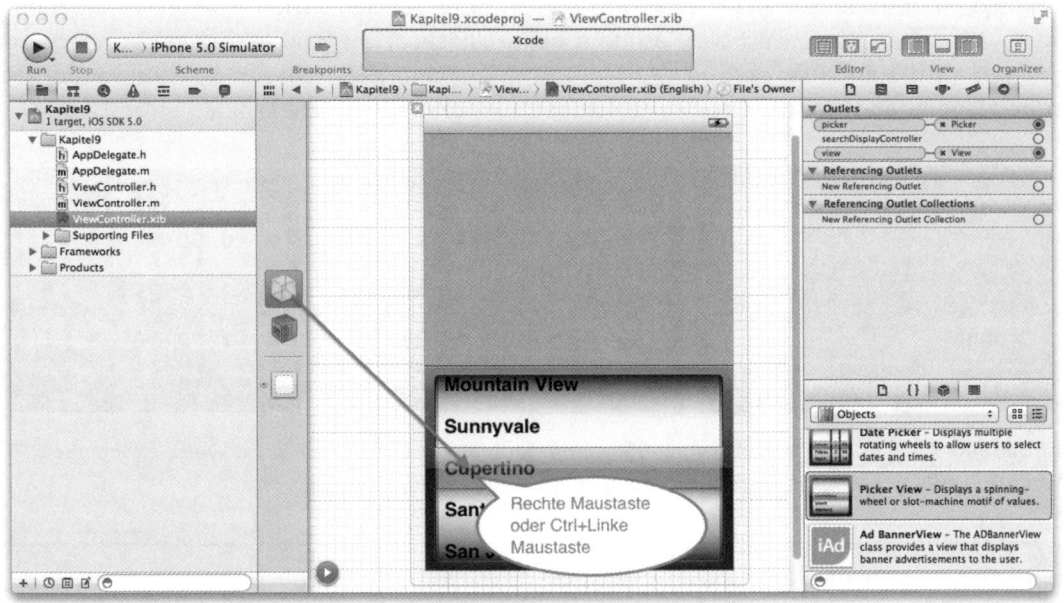

Abbildung 9.2: Mit der rechten Maustaste wird die Verbindung zwischen der IBOutlet-Variablen und dem Picker-Steuerelement hergestellt.

Das Prozedere, wie ein *UIPickerView*-Feld zur Laufzeit mit Daten gefüllt wird, ist dasselbe wie bei einem *UITableView*. So müssen Sie auch hier eine Datenquelle festlegen. Diese Datenquelle ist genauso wie bei *UITableView* keine tatsächliche Datenbank, sondern ein Code-Protokoll, mit dem das Steuerelement zur Laufzeit mit den entsprechenden Informationen für die einzelnen Spin-Räder versorgt wird. Was leider ein wenig verworren ist, ist, dass beim *UIPickerView*-Steuerelement der Inhalt des Steuerelements nicht wie bei *UITableView* über die *dataSource*-Verbindung, sondern über die mit *delegate* referenzierte Moduldatei verarbeitet wird. *dataSource* dient lediglich dazu, die Anzahl der Elemente und die Anzahl der Räder in einem *UIPickerView* festzulegen.

Tipp

Suchen Sie in der Referenz nach *UIPickerViewDelegate* und nach *UIPickerView-DataSource*. Dort finden Sie die gesamte Funktionalität des Steuerelements nach Aufgaben (Tasks) sortiert.

Um die Verbindung zwischen dem *UIPickerView* und der Moduldatei herzustellen, ziehen Sie mit der rechten Maustaste eine Verbindung vom Steuerelement zu dem symbolischen Objekt FILE'S OWNER links in der zweiten Spalte der *ViewController.xib*-Ansicht. Legen Sie in der Auswahl, die nun aufpoppt, fest, dass sowohl *delegate* als auch *dataSource* mit diesem symbolischen Objekt – in unserem Beispiel ist das symbolisch die Datei *ViewController.m* – verknüpft sein soll.

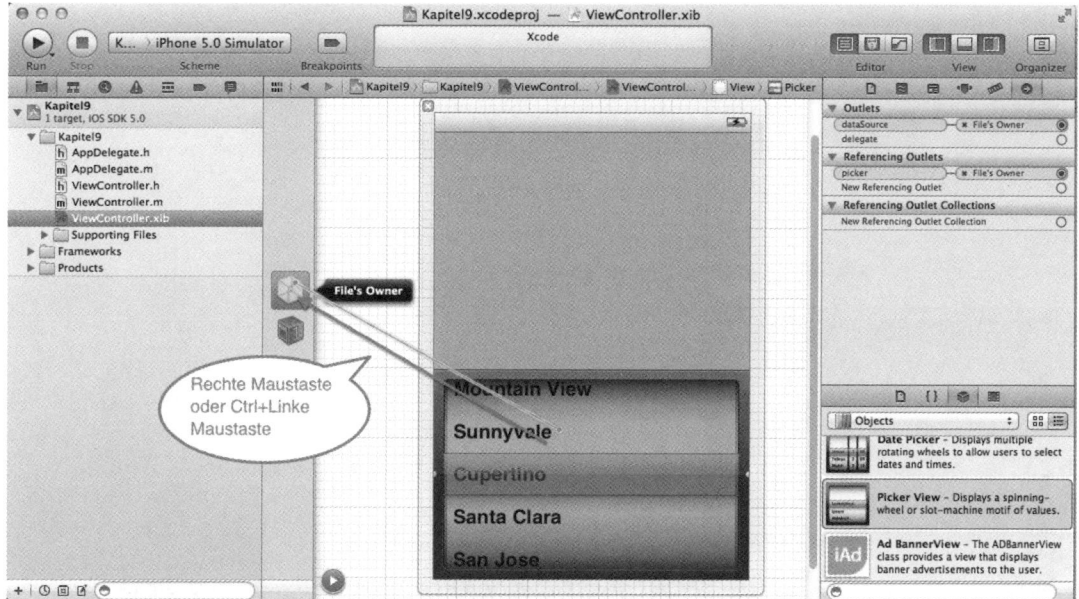

Abbildung 9.3: Mit der rechten Maustaste erklären Sie der Moduldatei – dem FILE'S OWNER – dass sie sowohl als delegate als auch als dataSource herhalten muss.

Kehren Sie dann zu Xcode zurück, und öffnen Sie die Moduldatei. Grundsätzlich benötigt ein *UIPickerView* mindestens zwei Response-Methoden:

```
- (NSInteger)numberOfComponentsInPickerView:
               (UIPickerView *)thePickerView {
   return 1;
}
- (NSInteger)pickerView:(UIPickerView *)thePickerView
            numberOfRowsInComponent:(NSInteger)component {
   return 10;
}
```

Beide Methoden liefern einen ganzzahligen Wert zurück. Die erste – *numberOfCompo-nentsInPickerView:* – teilt den Steuerelementen zur Laufzeit mit, wie viele Unterteilungen das *UIPickerView* haben soll, also wie viele einzelne Einstellungsräder. Die zweite Methode hingegen zeigt an, wie viele unterschiedliche Einträge dargestellt werden sollen. Da wir im ersten Schritt mit einer einfachen Anzeige anfangen, brauchen wir uns auch um den Parameter *component* nicht zu kümmern. Denn während die erste Response-Methode nur einmal aufgerufen wird, würde die zweite für jede einzelne Unterteilung einmal durchlaufen. In unserem einfachen Beispiel haben wir jedoch noch keine Unterteilung. Das kommt erst später!

Nun können Sie Ihr Programm bereits starten. Alles funktioniert prima – allein der Inhalt des Auswahlfeldes besteht lediglich aus Fragezeichen.

Abbildung 9.4: Wenn Sie nur die beiden grundlegenden Response-Methoden des UIPickerView-Steuerelements einbinden, funktioniert die Auswahl – allein es fehlt der Inhalt.

Was Sie noch brauchen, ist die Methode, die zur jeweiligen Zeile den passenden Wert in Form eines *NSString* zurückliefert:

```
- (NSString *)pickerView:(UIPickerView *)pickerView
        titleForRow:(NSInteger)row forComponent:(NSInteger)component {
return @"Hallo";
}
```

Ich gebe zu: Sehr viel abendfüllender als die Anzeige mit den Fragezeichen ist auch diese Variante nicht. Allerdings haben wir es schon mal geschafft, unseren eigenen Text einzubinden. Dann wollen wir das Ganze mal ein wenig individualisieren. Ändern Sie deshalb den Rückgabewert in

```
return [NSString stringWithFormat:@"%i",row];
```

wodurch zumindest einmal die Ziffern von 0–9 in der Anzeige erscheinen – schließlich haben wir ja gesagt, unser Steuerelement habe 10 Zeilen. Wir verwenden dazu den Parameter *row*, der anzeigt, in welcher Zeile wir uns gerade befinden.

Nun bleibt nur noch die Frage, woran merken wir, wenn der Benutzer am Rad dreht? Wie Sie sicher schon richtig vermuten, gibt es auch hier eine entsprechende Methode, die immer dann aufgerufen wird, wenn ein anderer Wert im Fokus der Anzeige erscheint:

```
- (void)pickerView:(UIPickerView *)pickerView didSelectRow:(NSInteger)row
inComponent:(NSInteger)component{

// Dies wird bei jedem Spinning ausgeführt
}
```

Und anstelle des Kommentars ist es nun an Ihnen, auszuwerten, was der Benutzer meinte, als er den neuen Wert eingestellt hat. Ihnen stehen dazu die beiden Parameter *row* und *component* zur Verfügung. Der erste entscheidet über die Zeile, und der zweite gibt an, an welchem Rad der Anzeige der Benutzer gedreht hat. Wir haben nur eines mit der Response-Methode zur Verfügung gestellt, insofern bleibt dieser Parameter derzeit unberücksichtigt. Um zu sehen, was nun tatsächlich passiert, fügen Sie anstelle des Kommentars die Debugger-Zeile

```
NSLog(@"Gewählt: Zeile %i", row);
```

ein. Öffnen Sie jetzt mit ⌘ + ⇧ + R die Debugger-Konsole, und starten Sie dann mit ⌘ + Enter das Programm. Drehen Sie ein wenig am Rad. Bei jedem Einrasten erscheint im Konsolen-Fenster die entsprechende Nachricht.

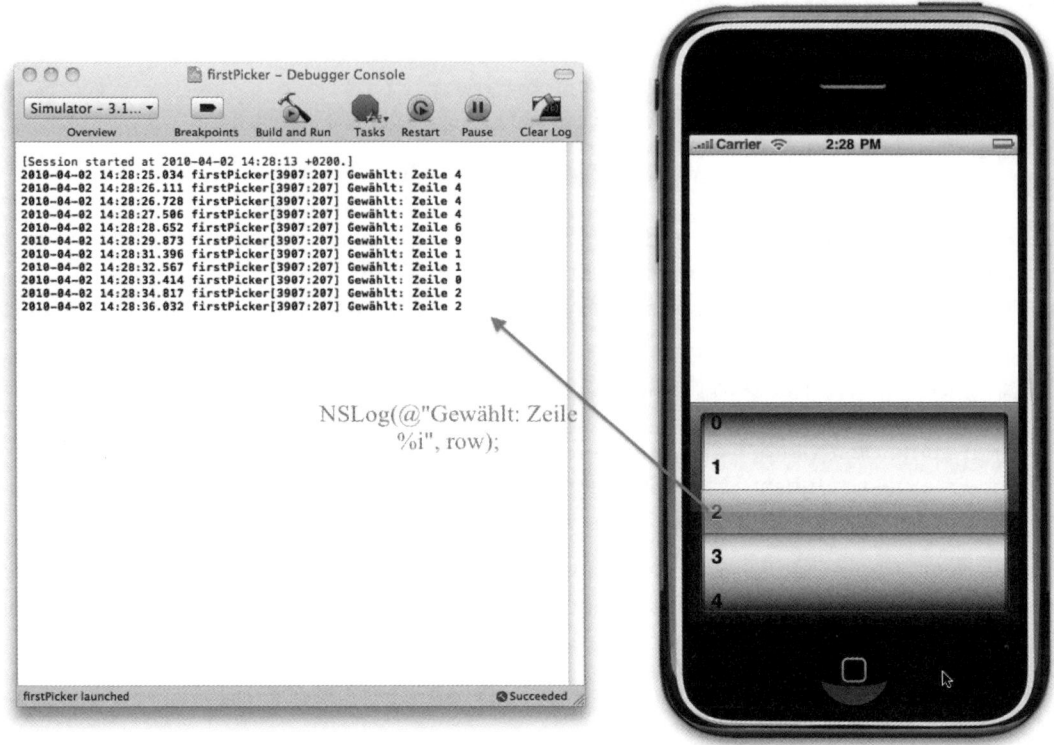

Abbildung 9.5: Immer dann, wenn das Rad zum Stillstand kommt, wird die Response-Methode ausgeführt.

9.2   Die Zahl der Wahl

Im Grunde war das ja noch ganz simpel. Aber es war auch noch wenig ergiebig, weil der Anwendungsbereich für eine Auswahl von zehn Ziffern in der Praxis nur selten vorkommt. Aber wenn man Zahlen zwischen 0 und 999.999 als Benutzereingabe erwartet, kann ein solches Auswahlelement recht gute Dienste leisten. Die Änderung wäre minimal. Statt der 10 als Rückgabewert in *pickerView:numberOfRowsInComponent* geben Sie mit

```
return 1000000;
```

an, dass die Antwortmethode mit allen Werten von 0 bis 999.999 aufgerufen wird.

Wobei ... wenn der Benutzer die Zahl 921.221 wählen will und der Fokus gerade auf der 0 liegt, hat er einiges zu tun. Was aber, wenn er jede Stelle einzeln verschieben könnte, etwa so, wie beim Kilometerzähler eines Tachos, einem Zahlenschloss oder bei alten Rechenmaschinen? Alles, was man machen muss, ist, die Anzahl der einzelnen Einstellungsräder von 1 auf 6 – für 6-stellige Zahlen – zu erhöhen. Ändern Sie einmal in der ersten Response-Methode *numberOfComponentsInPickerView* das

```
return 1;
```

in

```
return 6;
```

und starten Sie das Programm.

Perfekt! Die Anzeige ist schon so, als könnte man eine 6-stellige Zahl wählen. Drehen Sie mal an den Rädern, und schauen Sie auf das Ergebnis im Debugger. Okay, es wird richtig angezeigt, welche Ziffer gewählt wird. Nur leider nicht, in welcher Spalte. Aber das sollte ja leicht zu ändern sein. Bislang lautete die Zeile für die Debugger-Ausgabe:

```
NSLog(@"Gewählt: Zeile %i", row);
```

Schauen Sie in der Kopfzeile der Methode nach, sehen Sie folgenden Parameter:

```
... teger)row inComponent:(NSInteger)component
```

Und genau der Parameter *component* zeigt an, in welcher Spalte sich die Aktion des Nutzers abgespielt hat. Dabei werden die einzelnen Spalten – oder Components/Komponenten, wie sie in Objective-C heißen – von links nach rechts durchnummeriert. Ändern Sie die *NSLog*-Ausgabe in

```
NSLog(@"Gewählt: Zeile %i in Spalte %i", row, component);
```

und starten Sie die App erneut im Simulator. Nun sehen Sie zu jeder eingestellten Ziffer auch noch die Stelle. Dabei ist Spalte 0 das Rad ganz links und Spalte 5 entsprechend das Rad ganz rechts.

Abbildung 9.6: Mithilfe der Parameter row und component können die sechs Einstellungsräder wie eine Zahl betrachtet werden.

Sieht man nun alle Ziffern als eine Zahl an, muss die Ziffer links mit 100.000 multipliziert werden, die rechts daneben mit 10.000 und so weiter. Und wenn Sie dann alle Einzelwerte aufsummieren, haben Sie die eingestellte Zahl. Allgemein kann man es auch so ausdrücken:

```
zahl = Spalte[0] * 100000 + Spalte[1] * 10000 + ... + Spalte[5] * 1
```

Oder auch in einer Schleife gedacht:

```
zahl = 0
zahl = zahl  * 10 + Spalte[0];
zahl = zahl  * 10 + Spalte[1];
zahl = zahl  * 10 + Spalte[2];
zahl = zahl  * 10 + Spalte[3];
zahl = zahl  * 10 + Spalte[4];
zahl = zahl  * 10 + Spalte[5];
```

In C-Notation ausgedrückt, bedeutet das:

```
int zahl =0;
int i;
for (i=0; i<6; i++)
    zahl = zahl * 10 + Spalte[i];
```

Nun sind wir ja Programmierer und wollen nicht für jede Anzahl von Rädern die Routine ändern. Deshalb definieren wir am Anfang der Quelltextdatei symbolische Bezeichner oder auch Konstanten für die Anzahl der Räder und Ziffern mit:

```
#define COLUMNS 6
#define ZIFFERN 10
```

Nun ändern Sie als Erstes in *pickerView:numberOfRowsInComponent* den Rückgabewert in

```
return COLUMNS;
```

und in *numberOfComponentsInPickerView* in:

```
return ZIFFERN;
```

Und auch die Schleife läuft nicht mehr bis zur fixen Zahl 6, sondern so:

```
for (i=0; i<COLUMNS; i++)
```

Nun gibt es natürlich kein Array namens *Spalte[i]*. Aber wenn Sie den Code beispielsweise in *pickerView:didSelectRow:inComponent:* platzieren, in dem bislang die *NSLog*-Ausgabe produziert wird, haben Sie dort als Parameter *thePickerView*, also eine Referenz auf das Picker-Steuerelement, das die Behandlungsmethode aufruft. Und eben diese Klasse stellt mit *selectedRowInComponent* eine Methode zur Verfügung, mit der man den Wert aller Spalten abfragen kann. So lautet der Code, den Sie in *pickerView:didSelectRow:inComponent:* hinzufügen:

```
- (void)pickerView:(UIPickerView *)pickerView didSelectRow:(NSInteger)row
inComponent:(NSInteger)component{
    int zahl =0;
    int i;
    for (i=0; i<COLUMNS; i++)
        zahl = zahl * 10 + [pickerView selectedRowInComponent:i];
    NSLog(@"Eingestellte Zahl:%i", zahl);
}
```

Ein neuer Start zeigt Ihnen im Debugger, dass es funktioniert.

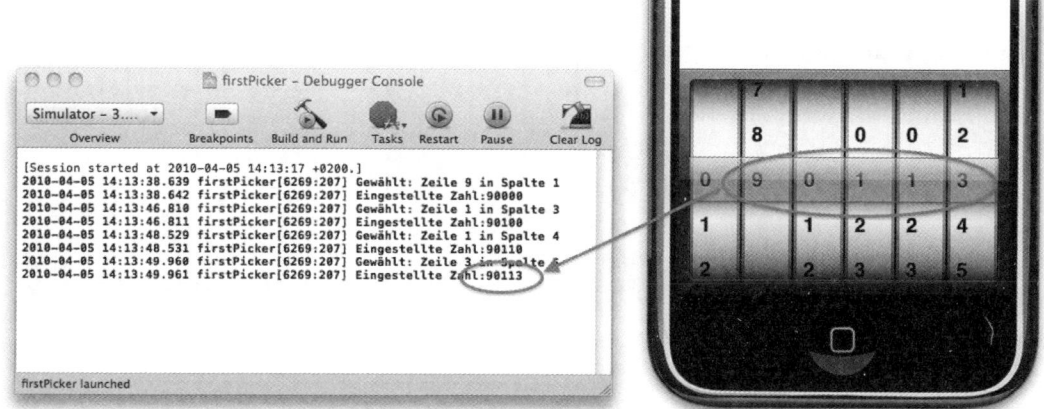

Abbildung 9.7: Mit der for-Schleife wird aus den einzeln eingestellten Ziffern eine Zahl gemacht.

9.3   Angepasste Spaltenbreite

Die Eingabe einer sechsstelligen Zahl ist auf diese Weise ja komfortabel gelöst: sowohl für die Anwender als auch für den Programmierer. Denn die Anwender brauchen nicht über die Tastatur zur numerischen Ansicht zu switchen und dann alle Ziffern zu tippen, sondern drehen spielerisch an den Rädchen, und fertig ist die Eingabe. Der Entwickler hingegen reibt sich die Hände, weil er keine Arbeit mehr mit der Fehlerprüfung hat. Allein: Noch schaut es nicht gerade ansprechend aus. Man müsste die Ziffern zentrieren oder die Breite der Räder etwas verkleinern. Und genau das erreicht man mithilfe der Methode *pickerView:widthForComponent*. Diese *delegate*-Methode liefert – wenn vorhanden – die Breite der einzelnen Spalten in Pixeln zurück. Wenn nur eine Ziffer in sechs Drehrädern angezeigt werden soll, ist 30.0 ein guter Wert. Die Nachkommazahl ist deshalb wichtig, weil diese Routine einen Float-Wert zurückliefern muss. In unserem Beispiel erweitern Sie die Datei *ViewController* um die Methode

```
- (CGFloat)pickerView:(UIPickerView *)pickerView
               widthForComponent:(NSInteger)component{
    return 30.0;
}
```

Und schon sieht der Picker sehr viel ästhetischer aus. Und wenn Sie noch die dritte Spalte von links wie folgt etwas breiter darstellen

```
if (component==2)
    return 40.0;
else
    return 30.0;
```

ist auch das i-Tüpfelchen durch die optische Tausendertrennung gegeben.

Abbildung 9.8: Mithilfe der Spaltenbreite optimieren Sie das numerische Auswahlfeld.

9.4 NSArray – der Begleiter von UIPickerView und UITableView

Ich nehme mal an, dass Sie wissen, was ein Array ist. Also im normalen Leben, außerhalb von Objective-C, ist es eine Variable, die über einen Index angesprochen wird. So könnte man sich eine Reihe von Primzahlen – Sie wissen schon: 1, 2, 3, 5, 7, 11, 13, 17 und so weiter – vorstellen. Und wenn man von *prim[3]* spricht, meint man in unserem Beispiel die 5 – weil die Nummerierung eben in C-artigen Sprachen bei 0 beginnt. Jetzt ist aber das Speichern und Auslesen das Einzige, was man mit einem normalen Array machen kann. Und zudem muss der Datentyp vorher fest definiert sein.

Weg damit, hat sich Apple gesagt. Na ja, nicht wirklich „weg", aber doch zumindest ganz weit in den Hintergrund. Und so hat Apple einfach eine neue Klasse definiert: *NSArray*, mit zahlreichen Funktionen, die ein gewöhnliches Array ziemlich alt aussehen lassen. Das Besondere an *NSArray* ist, dass es nicht nur einfache Werte, wie Zahlen oder Zeichenketten, aufnimmt, sondern ebenso jedes beliebige Objekt. Sogar wieder ein Objekt wie *NSArray* selbst. Außerdem lassen sich *NSArray*-Einträge sortieren, durchsuchen und, und, und ...

Aber es wird noch besser: Denn es existiert auch eine Methode, um Werte direkt aus einer Datei zu lesen respektive sie in eine Datei zu schreiben. Egal ob diese lokal auf dem iPhone liegt oder sich irgendwo im Internet befindet. Mit einem einzigen Methodenaufruf. Ohne dass Sie erste die Datei öffnen und dann in einer Schleife Element für Element hinzufügen müssen. Damit es aber nicht ganz so simpel wird, verwendet man das XML-Format. Doch auch das hat so seine Vorteile. Aber dazu später mehr.

Wir beginnen mit einem ganz einfachen Anlegen eines Arrays, das wir auch gleich mit fünf Werten füllen:

```
NSArray *meinArray;
meinArray = [NSArray arrayWithObjects:
                @"Am", @"Anfang", @"war", @"das", @"Wort", nil];
```

Natürlich können Sie die Zuweisung der Werte auch direkt bei der Deklaration vornehmen:

```
NSArray *meinArray = [NSArray arrayWithObjects:
                @"Am", @"Anfang", @"war", @"das", @"Wort", nil];
```

Die Liste der Objekte (hier sind es lauter Zeichenketten vom Typ *NSString* – erkennbar an dem @ vor den Hochkommata) wird abschließend mit dem Null-Element *nil* gekennzeichnet. Dadurch weiß die *NSArray*-Instanz *meinArray*, dass es genau 5 Elemente hat, denn das sechste ist eben das *nil*. Wie gewohnt, können Sie sich *meinArray* über

```
NSLog(@"%@", meinArray);
```

anzeigen lassen.

Auf die Inhalte können Sie über die Methode *objectAtIndex* zugreifen, also beispielsweise so

```
NSLog(@"%@", [meinArray objectAtIndex:1] );
```

um *Anfang*, also das zweite Element (wir beginnen wie gewohnt bei 0 mit dem Zählen) des Arrays anzuzeigen. Nun, wie viele Elemente das Array besitzt, ergibt sich aus der Methode *count*, also für unser Beispiel:

```
NSLog(@"%d", [meinArray count] );
```

Hier ist wieder das *%d* für ganze Zahlen der symbolische Parameter-Platzhalter, weil *count* als Rückgabe-Datentyp *NSInteger* hat. Aber das und viele weitere Methoden finden Sie in der Hilfe oder wenn Sie auf *NSArray* in Xcode einen Doppelklick bei gedrückter ⎇-Taste ausführen.

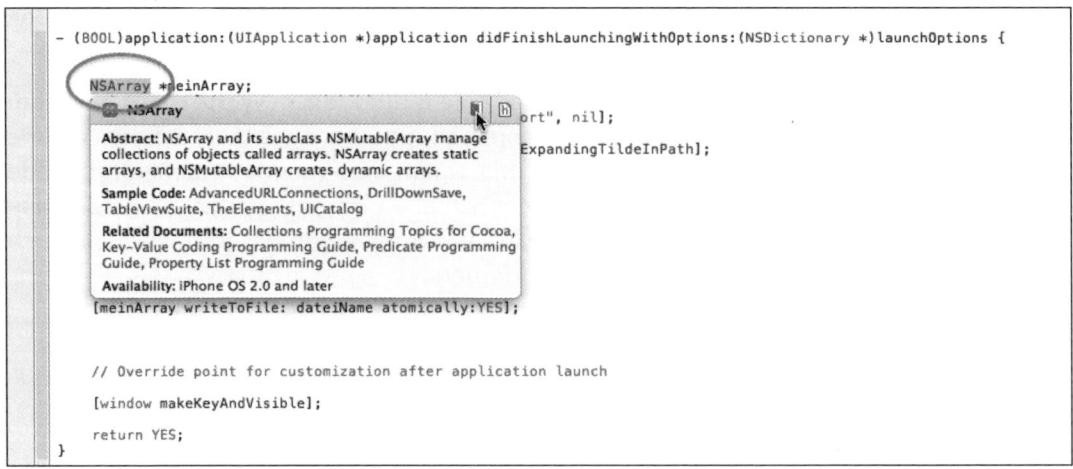

Abbildung 9.9: Ein Doppelklick bei gedrückter Wahltaste ⌥ zeigt eine kurze Hilfe zu jeder Klasse an und einen direkten Link zum ausführlichen Thema in der Hilfe.

Aber warum nennt der nun gerade diese zwei Methoden exemplarisch für *NSArray*, fragen Sie sich vielleicht. Und ausgerechnet im Kapitel über die Picker-Steuerelemente ...

Aber klar, so haben wir es doch schon in den Apps *Kapitel9* sowie *Kapitel8* erprobt: Auch hier gibt es eine Antwortroutine, die die Anzahl der Elemente eines Pickers zurückliefert, und eine, die – je nach gewähltem Eintrag im *UIPickerView* – dessen Inhalt anzeigt. Und diese können nun auch mithilfe von *meinArray* die Anzahl der Einträge zurückliefern:

```
- (NSInteger)pickerView:(UIPickerView *)thePickerView
            numberOfRowsInComponent:(NSInteger)component {
    return [meinArray count];
}
```

Und natürlich auch den Inhalt an der gewählten Stelle:

```
- (NSString *)pickerView:(UIPickerView *)pickerView
        titleForRow: (NSInteger)row forComponent:(NSInteger)component {
    return [meinArray objectAtIndex:row];
}
```

Und wenn Sie dann weitere Elemente hinzufügen, brauchen Sie das nur noch weiter oben beim [NSArray arrayWithObjects ... zu tun. Die beiden Response-Methoden bleiben fortan unberührt.

> ## Hinweis
>
> Wichtig ist natürlich, dass Sie die Variable *meinArray* in der Headerdatei im *@interface*-Abschnitt deklarieren, damit auch alle Methoden der Klasse darauf zugreifen können. Und nach dem Erzeugen müssen Sie der Instanz auch noch mitteilen, dass die Elemente der *NSArray*-Instanz aufbewahrt werden müssen (engl. *retain* = aufbewahren). Somit kommt nach dem [NSArray arrayWithObjects ... noch ein
>
> ```
> [meinArray retain];
> ```
>
> damit Sie mehr als einmal auf die Array-Inhalte Zugriff haben, und auch noch ein
>
> ```
> [meinArray autorelease];
> ```
>
> damit die App am Ende keinen Müll im Speicher hinterlässt.
>
> Das brauchen Sie allerdings nur, wenn Sie nicht den Apple LLVM Compiler von Xcode 4.2 nutzen. Denn hier wird das gesamte Speichermanagement vom Compiler übernommen. Es gilt dann also: *retain* und *autorelease* einfach weglassen ...

*NSArray*s sind schon sehr praktisch. Aber wie auch ihre steinzeitlichen Brüder, die Arrays, sind sie starr. In purem C müsste man nun verkettete Pointer, Listen oder Baumstrukturen ins Spiel bringen, um die Daten zur Laufzeit flexibel zu erweitern oder Teile zu entfernen. Nicht so in Objective-C. Denn wenn eine Funktion nicht existiert, wird schnell eine Runde Familienplanung betrieben und ein Nachfolger gezeugt, der sämtliche Fähigkeiten erbt, aber mit neuen Funktionen und Eigenschaften ausgestattet ist. Der Spross von *NSArray* heißt *NSMutableArray* (engl. *mutable* = veränderlich), also veränderliches NSArray.

9.5 NSMutableArray – das flexible NSArray

NSMutableArray ist ein direkter Abkömmling von *NSArray*. Somit gilt alles, was in Abschnitt 9.4 gesagt wurde, auch für Objekte vom Typ *NSMutableArray*. Der einzige Unterschied ist eben, dass *NSMutableArray* ein flexibles, ein veränderliches Objekt ist. So können zur Laufzeit Elemente hinzugefügt und entfernt werden. Und da genau liegt auch der Unterschied. Im Grunde genommen gilt dasselbe wie bei *NSArray*. Nur dass Sie über Methoden das Array erweitern und Elemente löschen können.

Bei der Initialisierung wird eine eigene Methode verwendet:

```
NSMutableArray *array = [NSMutableArray arrayWithCapacity: 2];
```

Die Zahl, die als Parameter übergeben wird, soll dazu dienen, Platz zu reservieren. Den tieferen Sinn hierfür habe ich bisher allerdings noch nicht gefunden, weil das Objekt den Speicherplatz beim dynamischen Hinzufügen selbst alloziert.

Wollen Sie ein Element, wie beispielsweise einen *NSString*, an das Ende des dynamischen Arrays hinzufügen, nutzen Sie die *addObject*-Methode:

```
[array addObject: @"One"];
```

Um ein Element an einer bestimmten Position einzufügen – und damit alle Folgeelemente nach hinten zu versetzen –, kommt *insertObject:atIndex* zum Einsatz:

```
[array insertObject: @"ZERO" atIndex: 0];
```

Dabei ist lediglich zu beachten, dass C-typisch die Nummerierung bei 0 beginnt. Und natürlich kann die Anzahl der Elemente innerhalb des Arrays wie beim *NSArray* mit der *count*-Methode ermittelt werden:

```
int anzahl = [array count];
```

Beim Entfernen eines Objekts gehen Sie genauso vor wie zuvor beim Einfügen: Sie geben den Index des Array-Eintrags an, der entfernt werden soll. Wollen Sie beispielsweise das zweite Array-Element entfernen, lautet der Methodenaufruf so:

```
[array removeObjectAtIndex:1];
```

Soll es hingegen das letzte Element des Arrays sein, brauchen Sie sich über den Index keine Gedanken zu machen:

```
[array removeLastObject];
```

Und eine tabula rasa erreichen Sie über:

```
[array removeAllObjects];
```

Es gäbe hier noch eine Menge kleiner, nützlicher Methoden zum Suchen oder Sortieren, die aber sämtlich in der Xcode-Dokumentation erklärt sind. Wichtig ist an dieser Stelle nur, dass klar ist, dass das *NSMutableArray* eine recht flexible Variante des *NSArray* ist und dass mit den genannten Methoden schon um Klassen mehr erledigt werden kann als mit den statischen C-Arrays.

9.6 Datumsauswahl

Ein häufiges Anwendungsgebiet für das *UIPicker*-Steuerelement ist die Auswahl von Datum und Zeit. Und weil es eben so häufig ist, hat Apple in seinem SDK eine Klasse abgeleitet, die genau dafür eine einfache Lösung bietet: *UIDatePicker*. Bei diesem Control brauchen Sie keine speziellen Antwortmethoden zu definieren, um die Anzeige zu realisieren.

Stattdessen nehmen Sie sämtliche Darstellungseinstellungen direkt im Interface Builder vor. Und – und das ist das Beste daran – die Datumsanzeige erfolgt direkt in der Notation, die im iPhone des Benutzers voreingestellt ist. Wenn also jemand im angloamerikanischen Raum Ihre App nutzt, hat er die typische Monat/Tag/Jahr-Variante, und eine Uhrzeit wird mit AM/PM dargestellt, ohne dass Sie dafür einen Finger krumm machen müssen.

Erstellen Sie ein neues *Single-View*-basiertes Projekt, nennen Sie es *Kapitel9b*, und ziehen Sie im Interface Builder aus der Library das Steuerelement *DatePicker* auf das Fenster von *ViewController.xib*. Markieren Sie das Control, und öffnen Sie mit ⌘+⌥+4 den *Attributes Inspector*.

Projektquellcode

Sie finden den Quellcode des Projekts unter *www.iho.me/Kapitel9b*.

Dort stellen Sie zuerst einmal ein, was angezeigt bzw. gewählt werden soll. Sie haben rechts neben *Mode* die Wahl zwischen *Datum&Zeit*, *Datum*, *Zeit* oder dem *Timer*. Die ersten drei Modi sind klar. Mit dem Timer wählen Sie eine Anzahl von Stunden und Minuten. Es handelt sich dabei nicht um einen echten Timer, der nach der eingestellten Zeit eine Aktion auslöst – dafür ist das *NSTimer*-Objekt zuständig. Der *DatePicker* im Timer-Modus dient tatsächlich nur und ausschließlich zur Auswahl der Alarmzeit durch den Benutzer.

Die *Locale*-Einstellung können Sie erst einmal vergessen, weil sich die Anzeige auf dem iPhone ebenso wie auf dem Simulator an den Systemeinstellungen orientiert.

Das *Interval* legt bei allen Zeitangaben fest, wie die Minutenabstände abgestuft sind. Legen Sie hier 30 Minuten fest, gibt es pro Stunde genau zwei Werte: 00 und 30 – sowohl bei einer Uhrzeit als auch beim Timer. Wenn Sie sich die Interval-Liste anschauen, sehen Sie auch, dass alle Einträge ganzzahlige Teiler von 60 Minuten (also einer Stunde) sind.

Stellen Sie für einen kleinen Test dieses Steuerelements eine beliebige Kombination aus den verschiedenen Optionen ein. Um auf das Steuerelement zur Laufzeit zugreifen zu können, benötigen wir – wie immer – eine Instanzenvariable in der Headerdatei *ViewController.h*. Erweitern Sie die @interface-Deklaration um die Interface Builder–Verknüpfungsvariable:

```
@interface ViewController : UIViewController {
    IBOutlet UIDatePicker* datePicker;
}
```

Im Interface Builder selbst ziehen Sie aus der zweiten Spalte von links von FILE´S OWNER mit der rechten Maustaste eine Verbindung zu dem *DatePicker*-Steuerelement auf der Oberfläche und verbinden es dann mit der Instanzenvariable *datePicker*.

Praktische Neuerung ab Xcode 4.2

Eine auf den ersten Blick unscheinbare Neuerung in Xcode 4.2 zeigt an, ob eine *IBOutlet*-Variable in der Interface-Ansicht mit einem Steuerelement verknüpft wurde. Das hilft ungemein, wenn man sich die Haare rauft, warum denn die Änderung via Code an dem verflixten Steuerelement keine Wirkung zeigt. Ein häufiger Fehler! So sehen Sie in Abbildung 9.10 in der linken Randspalte des Editors neben einer *IBOutlet*-Variablen einen Kreis. Ist dieser mit einem dunkelgrauen Kreis gefüllt, ist die Variable konnektiert, ansonsten steht sie einfach nur leer im Speicher herum. Dasselbe gilt übrigens auch für sämtliche *IBAction*-Methoden, mit denen Sie direkt – also ohne Delegate – auf Ereignisse reagieren. Auch für diese wird mit einem gefüllten oder leeren Kreis im Editor angezeigt, ob sie bereits mit einem Interface Builder-Objekt verbunden sind.

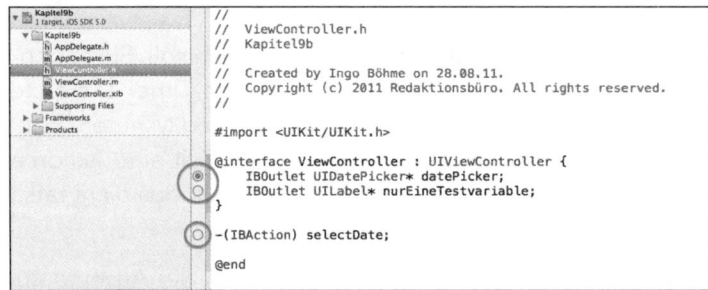

Abbildung 9.10: Im Editor sehen Sie ab Xcode 4.2, ob eine IBOutlet-Variable oder eine IBAction-Methode mit einem Steuerelement verknüpft ist (ausgefüllter Kreis oben) oder nicht (leerer Kreis bei der Dummy-Variablen und bei der IBAction-Methode).

Wenn der Nutzer an dem Datumsfeld eine Einstellung vornimmt, wird ein Ereignis ausgelöst, auf das Sie mit einer *IBAction*-Methode reagieren können. Diese deklarieren Sie zuerst mit

```
-(IBAction) selectDate;
```

in der Headerdatei vor dem *@end*. Ziehen Sie dann im Interface Builder mit der rechten Maustaste eine Verbindung vom Steuerelement zu FILE'S OWNER in der Objektspalte von *ViewController.xib*. Auf diese Weise wird automatisch *Value Change* als Event ausgewählt und *selectDate* als Behandlungsroutine zugewiesen.

Bleibt nur noch, das Event auch gebührend mit einer Methode in der .m-Datei zu empfangen. Tragen Sie die einfachste Form der Behandlungsmethode in der Moduldatei ein:

```
-(IBAction) selectDate {
    NSLog (@"%@",datePicker );
}
```

Starten Sie die Applikation, und blenden Sie die Debugger-Konsole mit ⌘ + ⇧ + C ein. Sobald Sie nun an einem der Datums- und Zeiträder drehen, erscheint ein Debug-Ausdruck des *UIDatePicker*-Steuerelements.

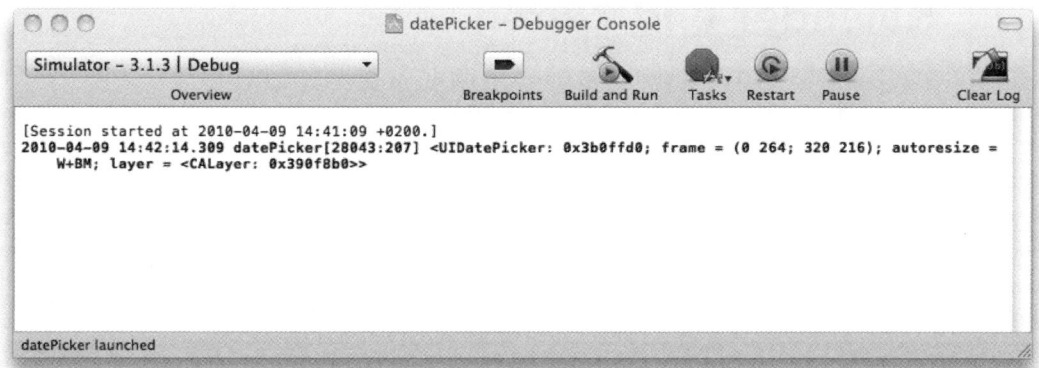

Abbildung 9.11: Die Debugger-Ausgabe von UIDatePicker ist nicht wirklich abendfüllend.

Diese Anzeige ist jedoch nur wenig aussagekräftig. Die Information, die Sie wollen, ist ja das gewählte Datum. Und dieses liefert die Methode *date* zurück. Schauen Sie sich mal in der Hilfe die *UIDatePicker*-Klasse an. Unter *Tasks* sehen Sie alle wichtigen Eigenschaften und Funktionen. So auch die Property *date*. Klicken Sie darauf, erfahren Sie, dass es sich um eine Eigenschaft vom Typ *NSDate* handelt. Ändern Sie in der *NSLog*-Ausgabe das Objekt in

```
NSLog (@"%@", datePicker.date );
```

und schon erscheint im Debugger zumindest etwas, was an ein Datum erinnert.

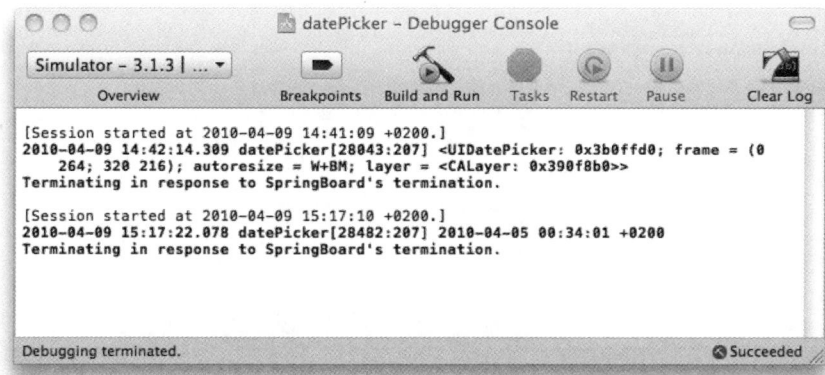

Abbildung 9.12: Erst die Eigenschaft date bringt die Datums-, Zeit- und Zeitzonenangaben zum Vorschein.

Wollen Sie auf die Einzelteile der Datumsangabe zugreifen, müssen Sie sich etwas genauer mit *NSDate* und den dazugehörigen Klassen auseinandersetzen.

9.7 Kalender und Zeiten

Wenn Sie mit Datumsangaben oder Uhrzeiten in Ihrer Applikation hantieren, brauchen Sie Mechanismen und Techniken, um mit zwei Zeitwerten zu rechnen. Eventuell müssen Sie die Zahl der Tage zwischen zwei Terminen ermitteln. Oder Sie wollen einen Biorhythmus und brauchen so die Anzahl der Sekunden seit dem angegebenen Geburtstag. Glauben Sie nun nicht, dass damit schon alles getan wäre. Denn Ihren Benutzer interessiert es nicht, wie Sie es errechnen. Er interessiert sich nur dafür, dass ihm das Ergebnis in ansprechender Form präsentiert wird. Lokalisiert! Da kann ein deutscher Anwender mit einem 4/3/10 genauso wenig anfangen wie ein Amerikaner mit 3.4.10 oder 10-04-03.

Die gute Nachricht ist, dass Ihnen die Systemumgebung des iPhone hierfür mächtige Werkzeuge an die Hand gibt, sodass Sie mit der eigentlichen Umformatierung je nach landesspezifischer Notation keinerlei Arbeit mehr haben. Allerdings brauchen Sie, um wirklich mit Datums- und Zeitangaben arbeiten zu können, mindestens drei Klassen: *NSDate*, *NSDateComponents* und *NSCalendar*.

Abbildung 9.13: Die globale Landeseinstellung bedingt direkt ohne eine Zeile Code das Aussehen des DatePicker.

9.7.1 NSDate – Aufbewahrungsort für Datumsangaben

NSDate ist die Klasse, die beispielsweise die *date*-Eigenschaft des *DatePicker*-Steuerelements zurückliefert. Aber auch im Code können Sie dieses Objekt leicht erzeugen und damit rechnen. Etwa das aktuelle Datum mit:

```
NSDate *now = [[NSDate alloc] init];
```

„Morgen um dieselbe Zeit" ergibt sich daraus mit:

```
NSDate *tomorrow = [now addTimeInterval:24*60*60];
```

und „gestern um dieselbe Zeit" entsprechend mit:

```
NSDate *yesterday = [now addTimeInterval:-24*60*60];
```

Der Wert nach *addTimeInterval* ist die Anzahl der Sekunden, die zu dem Datumswert von *now* hinzugefügt wird. Und 24 Stunden à 60 Minuten à 60 Sekunden entspricht eben 24*60*60. Grundsätzlich ist dies ein Wert vom Typ *NSTimeInterval*. Sie können aber auch ganzzahlige Werte verwenden oder – wenn Sie wirklich typ-konform bleiben wollen – ein Typecasting durchführen:

```
NSDate *yesterday = [now addTimeInterval: (NSTimeInterval) -24*60*60];
```

Mithilfe der Methoden *isEqualToDate* und *earlierDate*, *laterDate* lassen sich zudem zwei *NSDate*-Werte vergleichen bzw. das neuere oder ältere Datum ermitteln. Leider ist die Methode *description* die einzige, mit der das Datum in eine lesbare Form gebracht werden kann. Diese Methode liefert nämlich die Datums- und Zeitangabe in der normierten Schreibweise

```
YYYY-MM-TT hh:mm:ss +xxxx
```

wobei der erste Zahlenverband das Datum, der zweite die Uhrzeit und der dritte die Abweichung von der Greenwich Mean Time darstellt. Der 18. Mai 2010 um 13 Uhr würde in München also so aussehen:

```
2010-05-18 13:00:00 +0200
```

Zumindest in der wärmeren Hälfte des Jahres während der Sommerzeit. Daraus können Sie mit den Methoden von *NSString* – denn das ist der Rückgabe-Datentyp von *description* – die einzelnen Bestandteile des Datums und auch der Zeit extrahieren. Allerdings ist das doch sehr kompliziert und wenig Objective-C-typisch.

9.7.2 NSCalendar – globale Zeitdarstellung

Kalendersysteme sind so vielfältig wie unterschiedlich. Dazu muss man nicht einmal andere Zeitrechnungen (wie beispielsweise den chinesischen, islamischen, persischen oder indischen Kalender) ins Kalkül ziehen. Bereits wenn wir unser gregorianisches Kalendersystem (benannt nach Papst Gregor XIII.) betrachten, das im 16. Jahrhundert das julianische System ablöste, da dieses im Laufe der Jahrhunderte das Osterfest immer mehr in Richtung Sommer verschob, finden sich viele Unterschiede. So beginnt beispielsweise in Deutschland die Woche am Montag. In Amerika hingegen fängt sie Sonntags an. Von den komplizierten und international so unterschiedlichen Berechnungen, was die Kalenderwoche angeht, ganz zu schweigen. Denn in den USA ist die erste Kalenderwoche jene, in die der 1. Januar fällt. In Deutschland hingegen gilt die Regel: „Die erste Kalenderwoche ist diejenige, die mindestens 4 Tage des neuen Jahres enthält", was so auch sinngemäß in der ISO-Norm 8601 festgelegt ist. Über Sinn und Unsinn kann man lange streiten. Jedenfalls führt es immer wieder zu Verwirrungen.

All diese Besonderheiten sind in Cocoa Touch in einer Klasse gekapselt: *NSCalendar*.

Die Klasse *NSCalendar* wurde seit iOS 4.0 deutlich erweitert. Bereits seit der Version 2.0 von iOS wurden der gregorianische, der buddhistische, der hebräische, der japanische und zwei verschiedene Varianten des islamischen Kalenders unterstützt. Seit der Version 4 kommen nun noch der persische, der indische sowie der chinesische Kalender und die Notation nach ISO 8601 hinzu.

Da allen Kalenderberechnungen das Kalendersystem zugrunde liegt, benötigt man auch beim Rechnen und Extrahieren von Kalenderinformationen eine Instanz vom Typ *NSCalendar*.

Diese ist jedoch nahezu immer gleich, und man kann sie fast als Textbaustein aufnehmen:

```
NSCalendar *gregorian = [[NSCalendar alloc]
            initWithCalendarIdentifier:   NSGregorianCalendar];
```

> **Hinweis**
>
> Die weiteren Konstanten für alternative Kalendervarianten finden Sie, wenn Sie nach *NSGregorianCalendar* suchen.
>
> Mit dieser Instanzenvariable können Sie sich nun daran begeben, aus dem *NSDate*-Ergebnis der Eigenschaft *date* unseres *NSDatePicker*-Elements (datePicker.date) die verschiedenen Datumsinformationen herauszukitzeln.

9.7.3 NSComponents – Datum und Zeit auf dem Seziertisch

Hat man das Ergebnis eines *NSDatePicker* und hat man zudem angegeben, dass man sich im Rahmen des gregorianischen Kalenders bewegt, können die einzelnen Komponenten des Datums und der Uhrzeit über die Klasse *NSComponent* erfragt werden. Haben Sie also – wie zuvor bereits im Programm definiert – die Instanzenvariable *date* vom Typ *NSDate*, in der sich das Ergebnis des *NSDatePicker*-Steuerelements befindet, und die Variable *gregorian* vom Typ *NSCalendar*, die eben dieses Datumssystem als Grundlage verwendet, können Sie aus diesen beiden Angaben eine Instanzenvariable erzeugen, die direkte Auskunft über Tag, Monat, Jahr, Stunde, Minute, Kalenderwoche und Wochentag bietet. Die Basis hierzu stellt die Methode *components* des *NSCalendar*-Objekts *gregorian* zur Verfügung, die wiederum einen Wert vom Datentyp *NSComponents* zurückliefert.

```
NSDateComponents *components =
                [gregorian components:0XFFFF fromDate:date];
```

Der erste Parameter nach *components:* gibt an, auf welche der zahlreichen Informationen der Programmierer zugreifen will. Nicht besonders schön, aber effektiv ist die Angabe von *0xFFFF*, wodurch Ihnen sämtliche Informationen von der Sekunde bis zum Jahr zur Verfügung stehen. Über die *NSDateComponents*-Getter-Methoden *day*, *month* usw. erhalten Sie dann Auskunft über die einzelnen Inhalte des Datums *date*.

Aber lassen Sie uns das in der Praxis anschauen. Wechseln Sie in den Interface Builder, und erweitern Sie das Formular, wie in Abbildung 9.14 dargestellt.

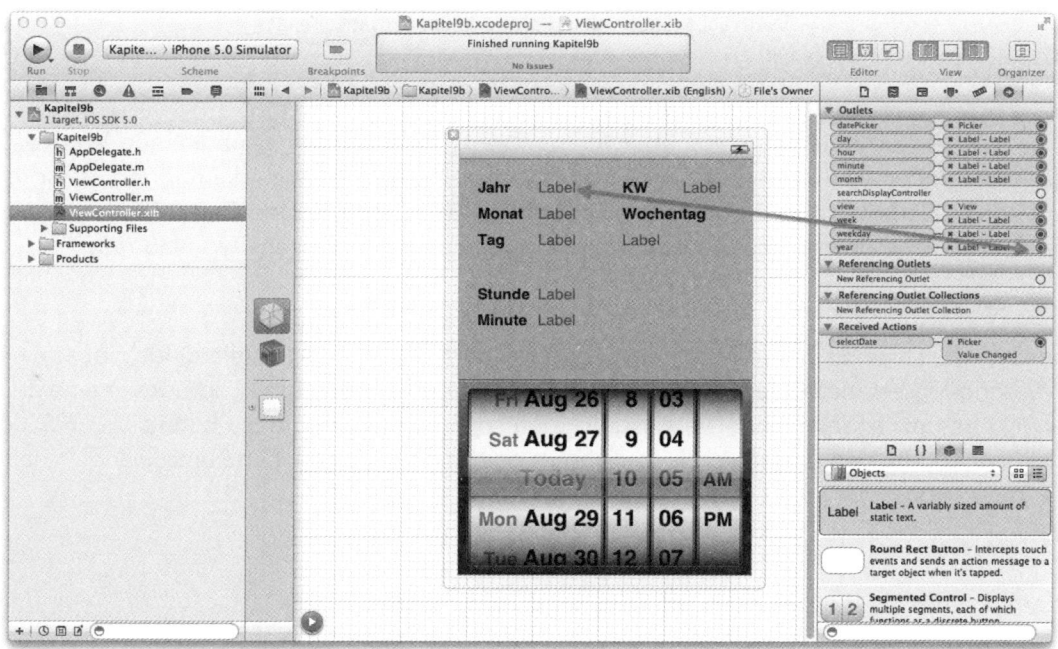

Abbildung 9.14: Beim Einrasten des Datums werden die Einzelteile der NSComponent-Instanz in die UILabels übertragen.

191

Deklarieren Sie danach in der Headerdatei sieben *UILabel*-Variablen, die mit den Interface Builder-Labels verknüpft werden sollen:

```
IBOutlet UILabel *year;
IBOutlet UILabel *month;
IBOutlet UILabel *day;
IBOutlet UILabel *hour;
IBOutlet UILabel *minute;
IBOutlet UILabel *week;
IBOutlet UILabel *weekday;
```

Speichern Sie die Headerdatei, und wechseln Sie in den Interface Builder. Ziehen Sie hier mit der rechten Maustaste je eine Verknüpfung von FILE´S OWNER (aus der *ViewController.xib*-Objektspalte) zu jedem der sieben Label, in denen die Ergebnisse stehen sollen.

Wechseln Sie dann in die Moduldatei, und erweitern Sie dort die Ereignisbehandlungs-methode *selectDate*. In dieser Methode haben Sie bereits in den vorherigen beiden Abschnit-ten die Instanzenvariablen *date* und *gregorian* genutzt, um daraus die Komponenten des Datums zu ermitteln:

```
NSDate *date = datePicker.date;
NSCalendar *gregorian = [[NSCalendar alloc]
                    initWithCalendarIdentifier: NSGregorianCalendar];
NSDateComponents *components =
                    [gregorian components:0XFFFF fromDate:date];
```

Nun können Sie beispielsweise über *[components day]* auf den ganzzahligen Wert des Tages zugreifen. Um diesen der Instanzenvariablen *day* zuzuweisen, die mit dem entspre-chenden *UILabel* auf dem Formular verknüpft ist, benötigen Sie die Setter-Methode *set-Text*. Allerdings erwartet diese als Parameter eine Zeichenkette vom Typ *NSString*:

```
[day setText: @"1"];
```

Jetzt ist das Ergebnis von *[components day]* aber vom Typ *NSInteger*. Allerdings gibt es eine *NSString*-Klassenmethode namens *stringWithFormat*, die beliebige Ausdrücke in eine Zei-chenkette umwandeln kann. Die Ausdrücke entsprechen jenen, die Sie bereits von *NSLog* her kennen. Um den Zahlenwert *[components day]* in einer Zeichenkette umzuwandeln, lau-tet der Ausdruck beispielsweise:

```
[NSString stringWithFormat:@"%d", [components day]]
```

Kombinieren Sie die beiden Ausdrücke, ergibt sich daraus:

```
[day setText: [NSString stringWithFormat:@"%d", [components day]]];
```

Und genauso verfahren Sie mit den übrigen Labels:

```
[month setText: [NSString stringWithFormat:@"%d", [components month]]];
[year setText: [NSString stringWithFormat:@"%d", [components year]]];
[hour setText: [NSString stringWithFormat:@"%d", [components hour]]];
[minute setText: [NSString stringWithFormat:@"%d", [components minute]]];
[week setText: [NSString stringWithFormat:@"%d", [components week]]];
[weekday setText:[NSString stringWithFormat:@"%d",[components weekday]]];
```

Sobald Sie nun an dem Datum etwas verändern, erscheinen die einzelnen Datumskomponenten oben in den Labels. Leider jedoch noch nicht beim Start, weil sich hier noch nichts verändert hat. Um dem Ganzen auf die Sprünge zu helfen, reicht es aber, wenn Sie die *NSDate-Picker*-Antwortmethode *selectDate* aufrufen, sobald die Initialisierung des Fensters – d.h. des aktuellen View – fertig ist, also in der Methode *viewDidLoad*:

```
- (void)viewDidLoad {
    [super viewDidLoad];
    [self selectDate];
}
```

Hinweis

Zahlreiche Beispiele zur Datumsberechnung und Zahlenformatierung finden Sie im Anhang bei den Coderezepten.

Tipp

Weitere Beispiele, wie Sie das Datumsfeld *UIDatePicker* vom Code her manipulieren können, finden Sie in der Hilfe, wenn Sie nach *datepicker sample* suchen.

Kapitel 10

Testen auf dem iPhone

Warum nur habe ich das Gefühl, dass Sie nicht wirklich alle vorherigen Kapitel durchgearbeitet haben? Aber ich kann das verstehen! Mich würde es auch erstmal interessieren, wie man die eigenen Applikationen dann auch tatsächlich mit sich herumtragen kann. Der Grund, warum dieses Kapitel erst so spät kommt, ist, dass es bislang keinen Grund gab, die Applikationen auf einem echten Gerät zu testen. In den nächsten beiden Kapiteln entwickeln wir jedoch eine echte App und stellen diese in den App Store. Insofern ist es absolut nötig, die Programme auf einem echten Device zu testen. Denn der Simulator ist zwar super, aber nicht perfekt. Zudem gibt es einige Funktionen, die er einfach nicht simulieren kann, wie beispielsweise das Tracken von Bewegungen, der sogenannte Accelerometer (Beschleunigungssensor). Zudem benötigen Sie die tatsächliche Bestätigung als zahlendes Mitglied im *Apple Developer Program*, um die sehr komplizierten Mechanismen durchzuführen, die Apple vor dem Start Ihrer Applikation auf dem iPhone verlangt. Und diese Bestätigung dürfte – sofern Sie die ersten Kapitel durchgearbeitet haben – zeitlich ungefähr jetzt da sein. Kommen wir also ohne langes Blabla zur ersten Applikation auf Ihrem iPhone, Ihrem iPod touch oder Ihrem iPad.

10.1 Das Prozedere im Überblick

Nein, das ist keine Prozedur, es ist wirklich ein Prozedere. Bei jeder anderen Firma würde man das Verfahren paranoid oder zumindest umständlich nennen. Aber es handelt sich halt um Apple, und die große Fangemeinde – auch unter den Programmierern – verzeiht hier so manche extravagante Handlungsweise.

Grundsätzlich geht man folgendermaßen vor: Zunächst legt man einen Eintrag in der sogenannten *Keychain*, oder auf Deutsch: im *Schlüsselbund*, an. Diesem Eintrag wird ein Zertifikat von der Apple-Developer-Seite individuell für Sie hinzugefügt. Ist das vorhanden, können Sie im Entwickler-Portal all jene Geräte auflisten lassen, die Sie – grundsätzlich – zur Entwicklung verwenden. Dann benötigen Sie noch eine *Application-ID*. Theoretisch benötigen Sie diese für jede Anwendung. Allerdings kann man auch einen Dummy-Eintrag erzeugen und damit alle Testprogramme auf das iPhone bringen. Das ist wesentlich weniger arbeitsaufwendig! Als Letztes muss noch das sogenannte *Provisioning Profile* erstellt werden. Dies ist die Stelle, an der die drei Informationen Entwicklungsgerät/Entwickler/Application-ID zusammenfließen. Dieses *Provisioning Profile* muss auf dem tatsächlich physisch vorhandenen iPhone, iPod touch oder iPad installiert sein. Ansonsten wird die Installation und der Start der Xcode-Anwendung verweigert.

10.2 Geräte für die Entwicklung freigeben

Als Allererstes muss Xcode wissen, welche Geräte Sie für die Entwicklung verwenden. Starten Sie Xcode, und öffnen Sie im Menü WINDOW den Punkt ORGANIZER. In der linken Spalte sehen Sie, wenn Sie oben *Devices* wählen, sämtliche Geräte, die schon einmal von Xcode erkannt wurden. Das Gerät, das gerade mit Ihrem Mac verbunden ist, ist mit einem grünen Lämpchen versehen. Haben Sie es noch nicht für die Entwicklung freigegeben, sehen Sie im rechten Teil des Fensters die Schaltfläche USE FOR DEVELOPMENT. Klicken Sie darauf, und die erste Stufe, um das iPhone als Development Gerät zu nutzen, ist erklommen.

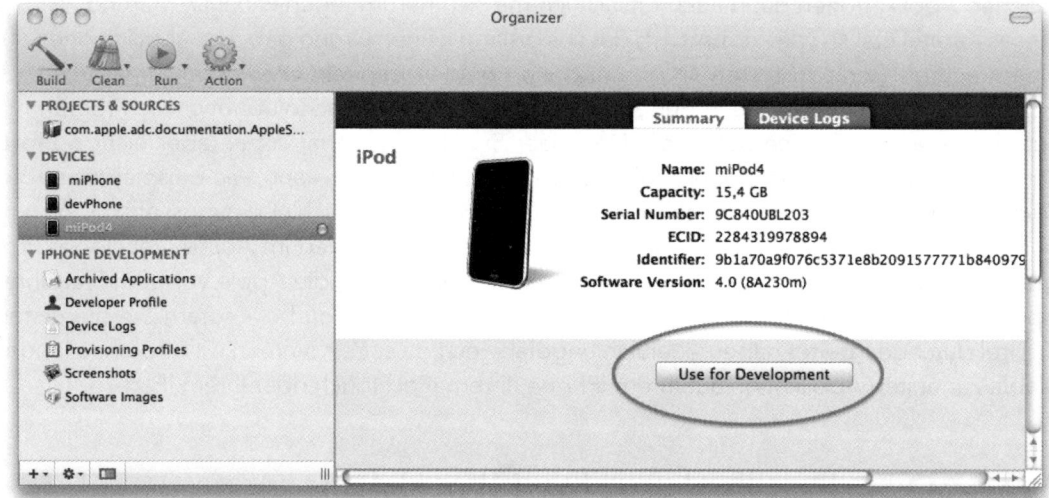

Abbildung 10.1: Im Xcode-Organizer legen Sie fest, welche der angeschlossenen Geräte (Devices) für die Entwicklung verwendet werden sollen.

10.3 Zertifikate erzeugen, anfordern und installieren

Die zweite Stufe ist, in der Schlüsselbund-Verwaltung, der Keychain, das *iOS Developer Certificate* anzulegen. Dies ist eine digitale Identität, eine ID, die mit Ihrem Namen und Ihrer E-Mail-Adresse verknüpft ist.

Das entsprechende Verwaltungstool finden Sie im Verzeichnis *Dienstprogramme* unterhalb des Programme-Ordners. Alternativ und sehr viel schneller geht es, wenn Sie mit ⌘+ Leertaste das Spotlight-Eingabe-Fenster oben rechts am Bildschirm öffnen und den Text *Schlü* eintragen. *Schlüsselbundverwaltung* sollte nun der erste Eintrag sein.

Abbildung 10.2: Über Spotlight gelangen Sie schnell zu den Dienstprogrammen.

Haben Sie die Schlüsselbundverwaltung geöffnet, markieren Sie links ANMELDUNG. Sollte rechts bereits ein Schlüssel markiert sein, klicken Sie auf die freie Fläche, damit dieser nicht mehr ausgewählt ist. Erst dann wählen Sie im Menü SCHLÜSSELBUNDVERWALTUNG den Eintrag ZERTIFIKATSASSISTENT/ZERTIFIKAT EINER ZERTIFIZIERUNGSINSTANZ ANFORDERN.

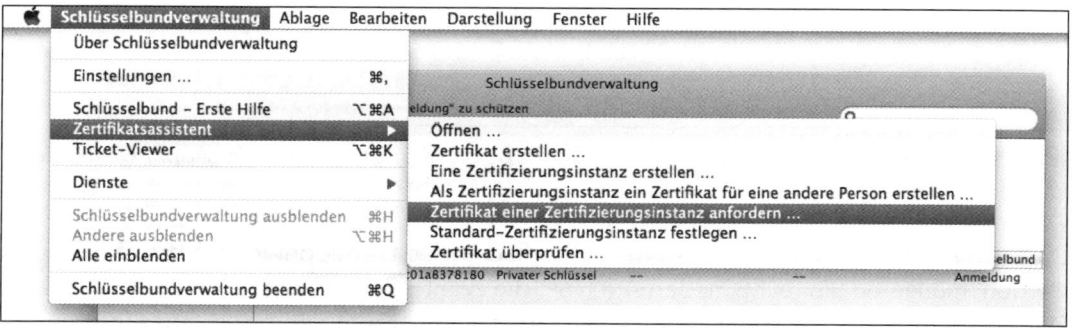

Abbildung 10.3: Mithilfe des Zertifikatsassistenten erstellen Sie einen Schlüssel mit Genehmigung von Apple.

Im ersten Fenster des Zertifikatsassistenten geben Sie Ihren Namen sowie die E-Mail-Adresse ein, die Sie bei der Anmeldung beim Apple-Developer-Programm verwendet haben. Wenn Sie – so wie ich – viele verschiedene E-Mail-Adressen verwenden und sich einfach nicht mehr daran erinnern, mit welcher Sie nun gerade diese Anmeldung durchgeführt haben, öffnen Sie *http:developer.apple.com*, wechseln in den MEMBER-Bereich, klicken oben auf YOUR ACCOUNT und anschließend auf die Schaltfläche UPDATE PROFILE. Die Mail-Adresse, die Sie dort sehen, ist auch diejenige, die Sie in der Schlüsselbundverwaltung eintragen müssen.

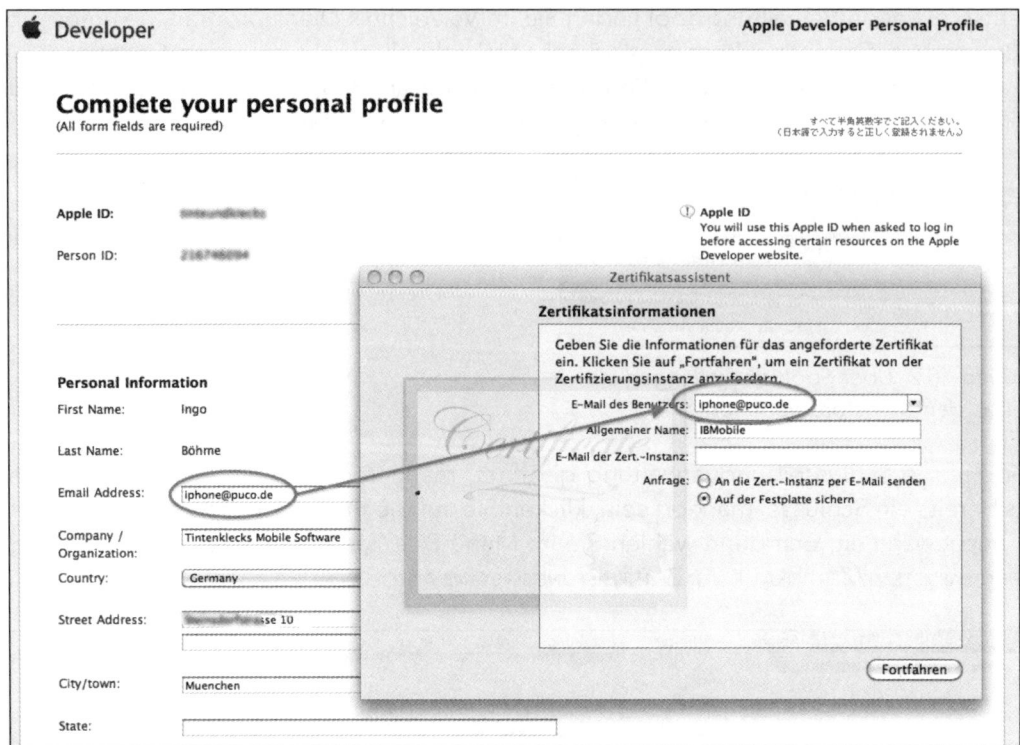

Abbildung 10.4: Die E-Mail-Adresse im Zertifikat muss dieselbe sein, die Sie im Apple-Developer-Programm hinterlegt haben.

Da wir das Zertifikat später in der Web-Oberfläche des Developer-Programms hochladen werden, markieren Sie rechts neben ANFRAGE: die zweite Option, AUF DER FESTPLATTE SICHERN. Deshalb brauchen Sie auch nichts bei E-Mail-Adresse der Zertifizierungsinstanz einzutragen. Nach einem Klick auf FORTFAHREN gilt es noch, den Speicherort für die Zertifikat-Anfrage zu wählen. Legen Sie die Datei ruhig auf dem Schreibtisch ab. Nachdem Sie die Zertifikat-Anfrage hochgeladen haben, können Sie die Datei wieder löschen.

> ### Hinweis
>
> Erscheint bei Ihnen im Zertifikatsassistent die Option EIGENE SCHLÜSSELPAARINFORMATIONEN FESTLEGEN, markieren Sie das Kästchen, und schauen Sie nach, ob im nächsten Schritt die Standardwerte RSA-ALGORITHMUS und 2048 BIT SCHLÜSSELLÄNGE eingestellt sind. Aber eigentlich sollten das die Standardwerte sein.

Wenn Sie nun ein Weilchen warten, sehen Sie in der Schlüsselbundverwaltung die beiden neuen Einträge ÖFFENTLICHER SCHLÜSSEL und PRIVATER SCHLÜSSEL.

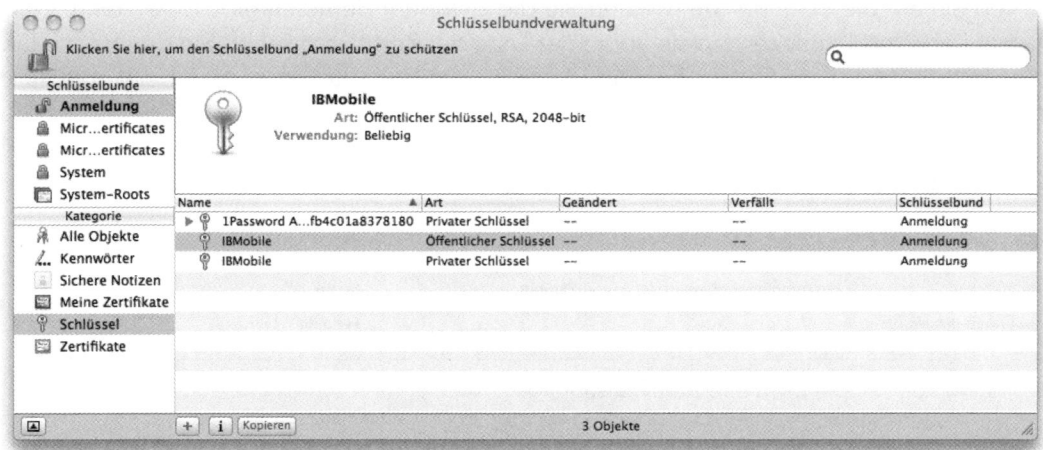

Abbildung 10.5: Der Zertifikatsassistent legt einen öffentlichen und einen privaten Schlüssel für Ihr Entwicklerzertifikat an.

Nun wenden Sie sich direkt an Apple. Loggen Sie sich unter *http://developer.apple.com* im *Member Center* ein, und klicken Sie bei den Developer Program Ressources auf den Eintrag iPhone Provisioning Portal. In diesem Abschnitt Ihrer Mitgliedsverwaltung nehmen Sie all die Aktionen vor, die nötig sind, um Anwendungen auf der echten Hardware testen zu können und um sie im *Apple App Store* zu vertreiben.

Klicken Sie links zunächst auf Certificates. Diese Liste sollte leer sein. Apple ändert zuweilen die Beschriftung seiner Oberfläche. Derzeit lautet die Anforderung eines neuen Zertifikats Request Certificate. Aber inhaltlich sollten Sie sehen, worauf Sie klicken müssen.

Abbildung 10.6: Im iOS Provisioning Portal fordern Sie Ihren privaten Entwicklerschlüssel von Apple an.

Klicken Sie auf die Schaltfläche, wählen Sie die zuvor auf dem Schreibtisch erstellte Zertifikatsanfrage, und schicken Sie sie ab. In der Liste der Zertifikate sehen Sie den neuen Eintrag, versehen mit dem Status *Pending Issuance*, was bedeutet, dass man bei Apple Ihren Status prüft.

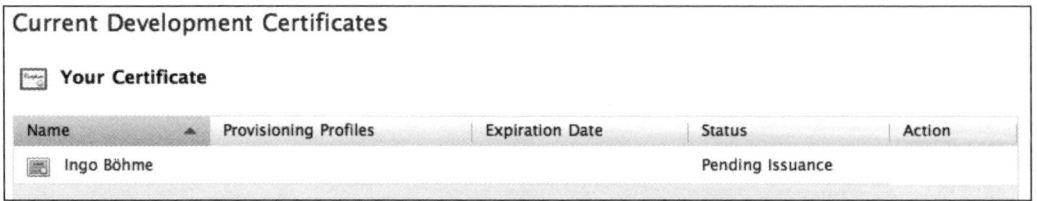

Abbildung 10.7: Apple prüft Ihre Zertifikatsanfrage.

Nach wenigen Minuten sollte eine Mail von Apple in Ihrem Postfach liegen, und nach einem Refresh der Webseite sollte neben Ihrem Zertifikat nunmehr eine Schaltfläche DOWNLOAD zu sehen sein. Laden Sie mit einem Klick auf DOWNLOAD das Zertifikat auf Ihren Mac, und führen Sie auf der Datei einen Doppelklick aus.

Wechseln Sie nun zur Schlüsselbundverwaltung, sehen Sie im Eintrag PRIVATER SCHLÜSSEL das entsprechende Zertifikat samt Verfallsdatum. Diesen Prozess müssen Sie erst wieder durchführen, wenn Ihr Zertifikat abgelaufen ist.

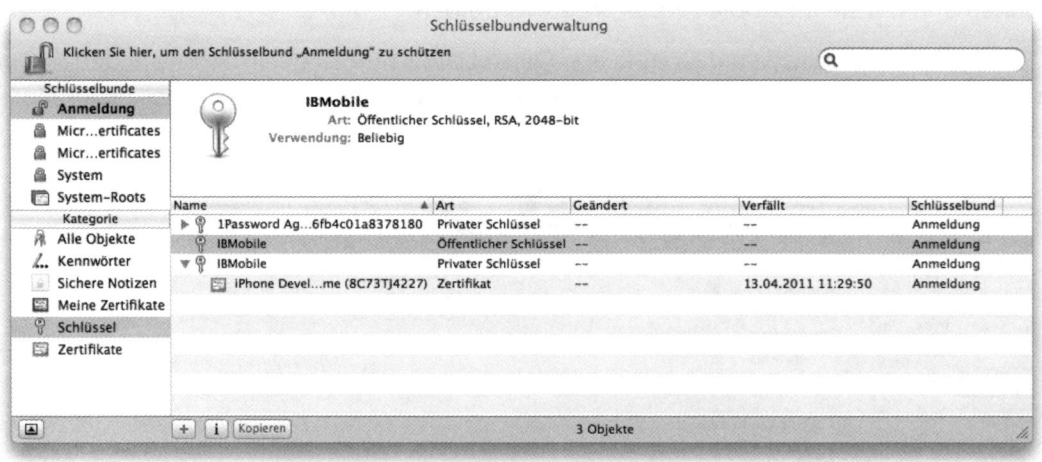

Abbildung 10.8: Auf Ihrem Mac befindet sich nun ein privates Zertifikat für Ihren Entwicklerschlüssel.

Das Zertifikat für die Zweitgeräte-Entwicklung sichern

Um mit demselben Zertifikat auf einem zweiten Gerät zu arbeiten oder um auf die nächste Generation Ihres Macs umzusteigen, können Sie Ihr Zertifikat sichern. Markieren Sie dazu in der Schlüsselbundverwaltung links den Abschnitt ANMELDUNG/MEINE ZERTIFIKATE. In der Liste rechts sehen Sie dann Ihr Entwicklerzertifikat, in dem sich auch Ihr privater Schlüssel befindet. Klicken Sie mit der rechten Maustaste oder mit `Ctrl` + Linksklick darauf, und wählen Sie aus dem Kontextmenü EXPORTIEREN. Mit einem Passwort gesichert, wird der Schlüssel als *.p12*-Datei gespeichert. Diese Datei sollten Sie an einer sicheren Stelle aufbewahren. Auf jedem System, auf dem Sie ebenfalls entwickeln wollen, reicht ein Doppelklick auf die *.p12*-Datei, und das Zertifikat erscheint in der Schlüsselbundverwaltung. In der Praxis hat es sich bewährt, diese Datei in Ihrer Dropbox (*www.dropbox.com*) zu sichern oder per Sugar Sync (*www.sugarsync.com*) oder sie bei Apple direkt unter *www.me.com* oder *www.icloud.com* abzulegen, damit Sie stets Zugriff auf sie haben.

Den öffentlichen Schlüssel erhalten Sie in Ihrem Developer Account, und Sie können ihn dort im *Provisioning Portal* herunterladen.

Tipp

Wenn Sie sich einen neuen Mac kaufen, führen Sie am besten den Migrationsassistenten aus. Dies ist ein Tool, um alle Ihre Einstellungen und Programme weiterhin auf dem neuen System nutzen zu können. Wenn Sie unter Windows einmal ein neues Gerät eingerichtet haben, kennen Sie die tagelange Nachinstallation und Einrichtung sämtlicher Tools, die Sie auf Ihrem „alten" System gewohnt waren. Und spätestens dann, wenn Sie den alten Rechner plattgemacht haben, gibt es sicher noch irgendwo einen Punkt, der auf dem neuen, schnellen, tollen System fehlt. Auch hier ist es im gelobten OS X-Land um einiges leichter. Denn wenn beide Systeme im selben Netz verbunden sind, starten Sie den Migrationsassistenten (`⌘`+`Leertaste` und *Migr* eingeben) und folgen auf beiden Systemen den Anweisungen. Je nach Geschwindigkeit der LAN-Verbindung ist nach relativ kurzer Zeit der neue Mac perfekt für die Arbeit eingerichtet. Samt aller Zertifikate.

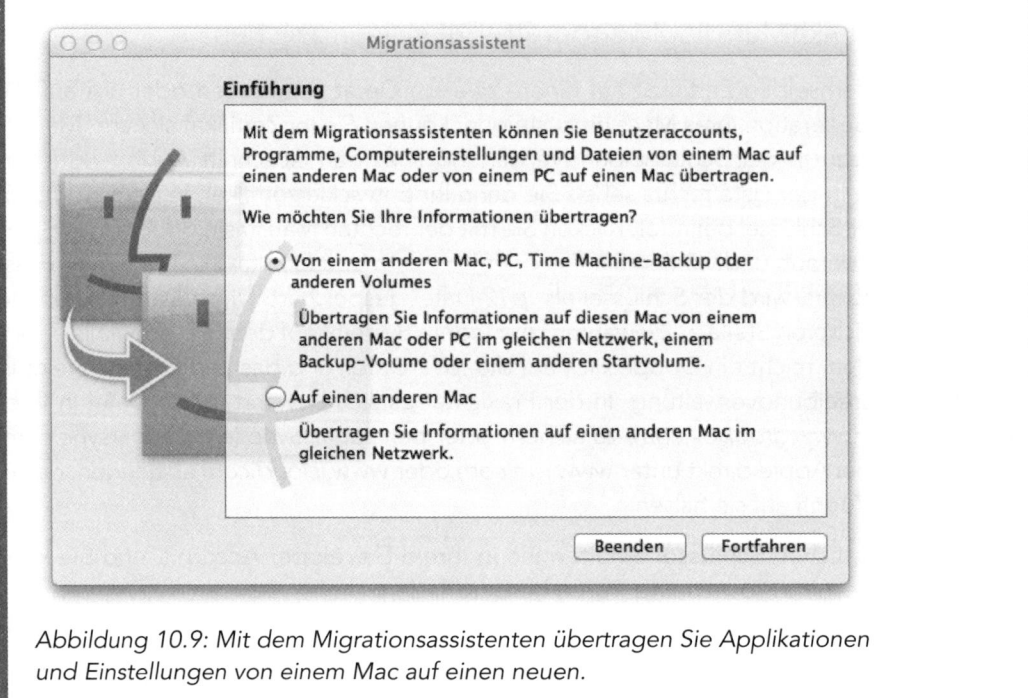

Abbildung 10.9: Mit dem Migrationsassistenten übertragen Sie Applikationen und Einstellungen von einem Mac auf einen neuen.

10.4 Entwicklungsgeräte hinzufügen

Als Nächstes fügen Sie alle Ihre Entwicklungssysteme, also Ihre physikalisch vorhandenen iPhones, iPod touchs und iPads zur Device-Liste im *iOS Provisioning Portal* hinzu. Auch diesen Schritt müssen Sie theoretisch nur einmal machen. Lediglich dann, wenn Sie ein neues Gerät zur Entwicklung aufnehmen, muss dieses hier auch wie im Folgenden beschrieben hinzugefügt werden.

> ## Achtung, Jailbreak!
>
> Geräte, die die sogenannten *Jailbreak*-Funktionen unterstützen, die von Apple nicht abgesegnet sind, können nicht immer als Entwicklungsgerät verwendet werden. Wer diese Funktionen weiterhin nutzen will, der sollte sich ein Zweitgerät zur Entwicklung zulegen.

Wechseln Sie in das *iOS Provisioning Portal*, und wählen Sie in der linken Auswahlleiste den dritten Punkt DEVICES aus. In dieser Ansicht sehen Sie alle im *Apple Developer Center* als Entwicklungswerkzeuge registrierten Geräte. Zu Anfang ist es natürlich leer. Sie können hier pro Jahr 100 neue Geräte hinzufügen. Sollten Sie tatsächlich mehr benötigen, bleibt

Ihnen nichts anderes übrig, als einen erweiterten Account zu bestellen. Aber das ist ja wohl eher unwahrscheinlich!

Klicken Sie auf Add Devices, erscheint eine Eingabemaske, in der Sie den Namen des Geräts und dessen *Device ID* festlegen. Ersteres ist ein beliebiger Name, den Sie dem entsprechenden Gerät geben. Die *Unique Device ID*, die UDID, ist eine eindeutige Kombination aus 40 hexadezimalen Ziffern. Diese erfahren Sie beispielsweise im Organizer von Xcode. Die UDID ist die Zeichenfolge rechts neben Identifier – immer vorausgesetzt, Sie haben das Gerät in der linken Leiste ausgewählt. Diesen Wert können Sie per Cut&Paste in das *iOS Provisioning Portal*-Formular übernehmen. Über Submit wird das neue Gerät in die Liste übernommen.

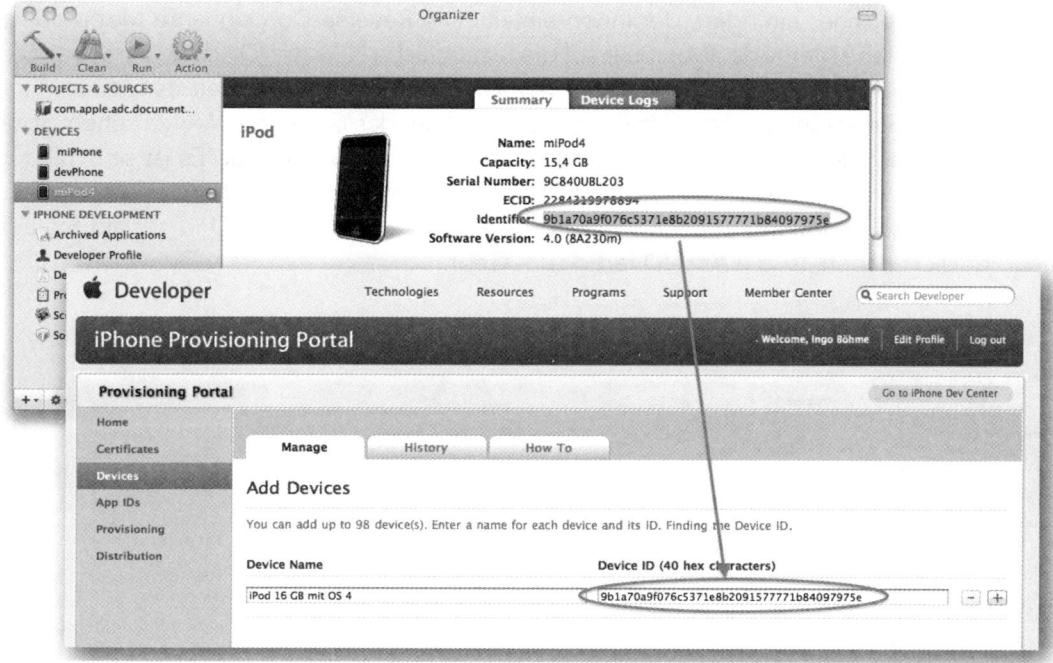

Abbildung 10.10: Der Unique Device IDentifier wird im Xcode-Organizer ermittelt und per Cut&Paste übertragen.

10.5 Eindeutige APP-ID

Für jede neue Applikation benötigen Sie eine neue Application-ID. Nun ja, das ist nicht so ganz richtig. Sie brauchen sie nur, wenn Ihre Anwendung individuellen Zugriff auf die Keychain des iPhones oder iPads benötigt oder wenn sie Push-Nachrichten erhalten soll. Ist das nicht der Fall, reicht es, eine auf Ihren Namen registrierte Dummy-App-ID zu verwenden. Insofern brauchen Sie nicht für jedes Testprogramm eine neue ID.

Eine App-ID besteht aus zwei Teilen. Der erste ist eine 10 Zeichen lange Kombination von Apple selbst, die sogenannte *Bundle Seed ID*. Dies ist wörtlich übersetzt ein „Samenpaket", aus dem Ihre Applikationen werden. Der zweite Teil ist eine beliebige Bezeichnung, die zumeist aus einem umgekehrten Domainnamen sowie dem Applikationsbezeichner besteht.

Im Beispiel

```
P X Z 5 U M 4 2 U 6 . d e . i b m o b i l e . t i n y u r l
```

ist PXZ5UM42U6 die *Bundle Seed ID*. Die virtuelle Subdomain *tinyurl.ibmobile.de* lautet umgedreht entsprechend *de.ibmobile.tinyurl*, und schon ist die eindeutige und zumindest halbwegs nachvollziehbare App-ID entstanden. Aber grundsätzlich können Sie hier auch jeden beliebigen Bezeichner einfügen, der Ihnen einfällt. Die Reverse-Domainname-Methode ist nur die empfohlene Methode. Wenn Sie auf die Schaltfläche NEW APP ID klicken, erhalten Sie einen Dialog, in dem Sie den Namen Ihrer Applikation festlegen. Handelt es sich um Ihre erste App, die Sie anmelden, ist unter *Bundle Seed ID* nur das *Generate New* zu sehen. Später dann werden alle jemals erzeugten *Bundle Seed IDs* hier aufgelistet. Es ist sinnvoll, für Applikationen, die untereinander Daten austauschen, immer dieselbe *Bundle Seed ID* zu verwenden. Den Bundle-Identifier können Sie wieder beliebig wählen. Und sobald Sie auf SUBMIT geklickt haben, ist die App-ID fertig zum Gebrauch.

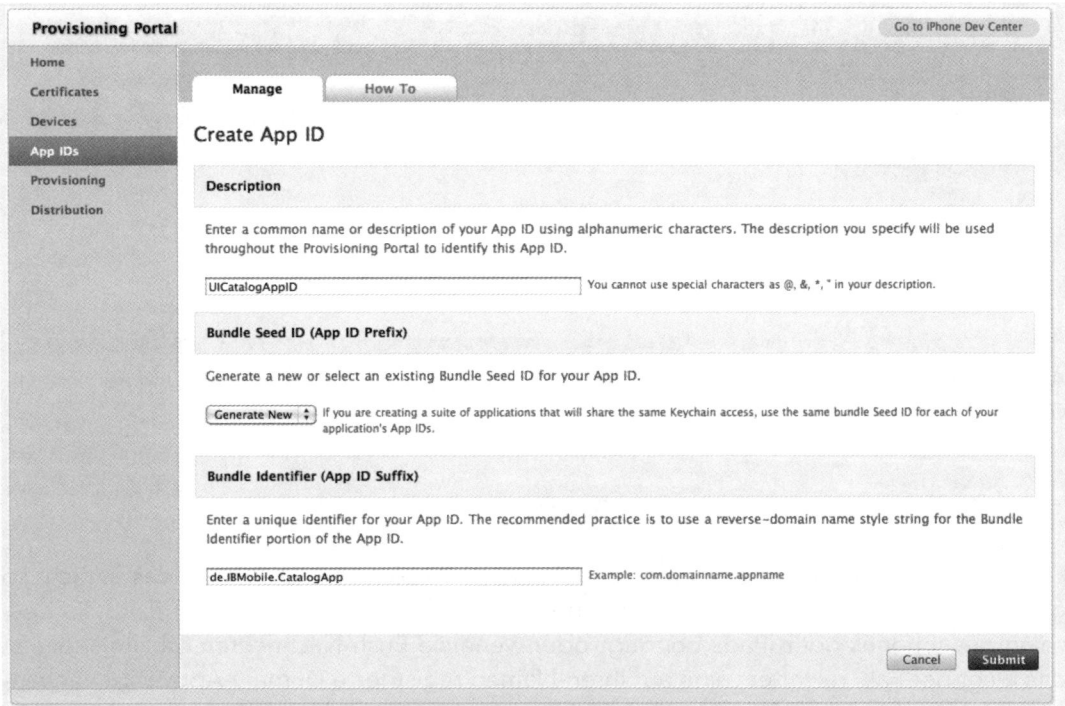

Abbildung 10.11: Bei der Wahl des Namens sowie der Bundle-Identifier sind Sie völlig frei.

Für die Mini-Testapplikationen, die Sie im Laufe dieses Buches entwickeln, bietet es sich an, eine gemeinsame App-ID zu erzeugen. Dann brauchen Sie diesen umständlichen Weg nicht wieder und wieder zu beschreiten. Das Einzige, was Sie tun müssen, ist im unteren Textfeld der *Create App ID*-Webseite (siehe Abbildung 10.12) als letztes Zeichen ein * einzutragen. Öffnen Sie mit *Add App ID* ein neues *Create App ID*-Formular, und tragen Sie als Namen ins erste Textfeld *TestApps* ein. Im unteren Textfeld tragen Sie etwas im Stil von *JustATest** (achten Sie auf das Sternchen!) ein und schicken das Formular mit SUBMIT ab. Schon erscheint die neue ID in der Liste.

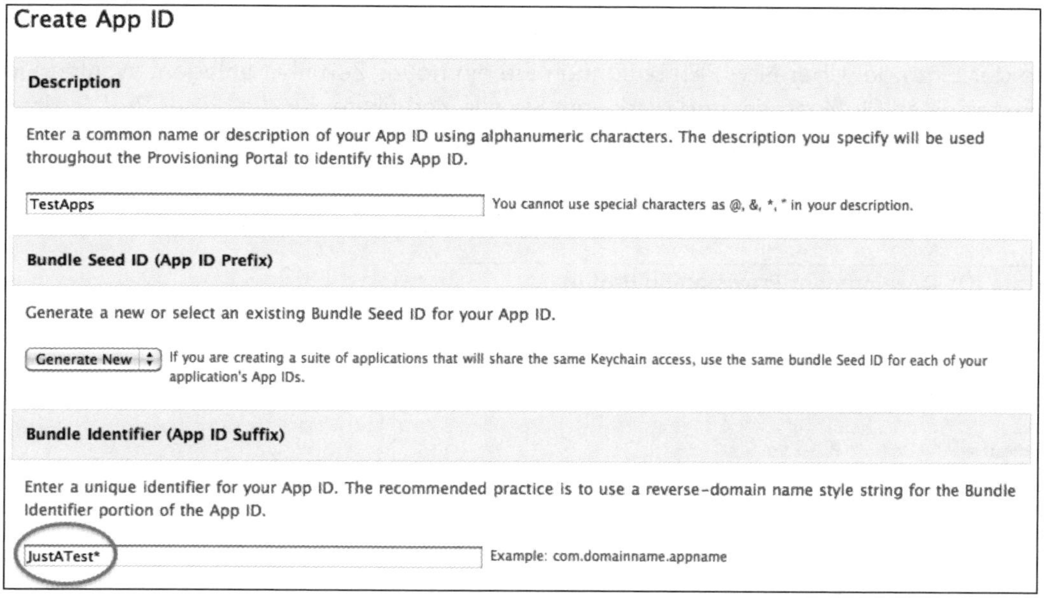

Create App ID

Description

Enter a common name or description of your App ID using alphanumeric characters. The description you specify will be used throughout the Provisioning Portal to identify this App ID.

| TestApps | You cannot use special characters as @, &, *, " in your description. |

Bundle Seed ID (App ID Prefix)

Generate a new or select an existing Bundle Seed ID for your App ID.

| Generate New ⬍ | If you are creating a suite of applications that will share the same Keychain access, use the same bundle Seed ID for each of your application's App IDs. |

Bundle Identifier (App ID Suffix)

Enter a unique identifier for your App ID. The recommended practice is to use a reverse–domain name style string for the Bundle Identifier portion of the App ID.

| JustATest* | Example: com.domainname.appname |

---

*Abbildung 10.12: Sobald im App-ID-Suffix als letztes Zeichen ein * steht, kann diese App-ID für mehrere Applikationen verwendet werden.*

Die eigentliche App-ID ist in der Listendarstellung zumeist abgekürzt. Um sie zu kopieren, müssen Sie bei den Dummy-App-IDs auf DETAIL und bei den normalen IDs auf CONFIGURE klicken. Diese ID werden Sie später in den Projekteinstellungen Ihrer Applikationen einfügen. Mit Fertigstellung der Applikationskennung und den registrierten Entwicklungsgeräten können Sie nun das Bindeglied fertigstellen, um endlich Ihres Geistes Frucht auch auf Ihrem echten Gerät anschauen zu können: das *Provisioning Profile*.

10.6 Das Provisioning Profile

Der letzte offizielle Schritt, bevor Sie nun endlich Ihr iPhone als Plattform zum Testen verwenden können, ist das Verbinden von Entwickler, Applikation und Testgerät. Dies geschieht im sogenannten *Provisioning Profile*, in dem diese drei Elemente zu einem Zertifikat zusammengeführt werden. Dieses Provisioning Zertifikat muss auf jedem einzelnen iPhone, iPod touch oder iPad installiert sein, das für die Entwicklung genutzt wird – also sozusagen auf allen, die bereits im Abschnitt *Devices* der Apple-Developer-Oberfläche erfasst wurden.

Öffnen Sie *developer.apple.com*, und wechseln Sie ins *iOS Provisioning Portal*. Klicken Sie links in der Navigation auf PROVISIONING. Wie bei App-IDs und Devices sehen Sie hier eine Liste der Einträge. Über NEW PROFILE können Sie ein neues Zertifikat anlegen. Wählen Sie als Erstes einen Profilnamen, und markieren Sie alle Zertifikate, für die dieses Profil gelten soll. Ein Provisioning Profile gilt immer nur für eine spezielle Applikation bzw. eben für eine Applikationsgruppe, die – wie in unserem Beispiel in Abschnitt 10.5, Abbildung 10.12 – als Dummy-App-ID fungiert und als App-ID-Suffix ein * hat.

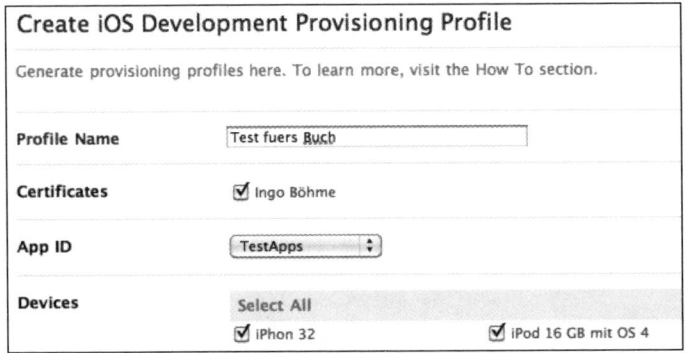

Abbildung 10.13: Das Provisioning Profile verbindet Entwickler, App-ID und Geräte miteinander.

Speichern Sie dann die Einstellung über SUBMIT ab. Gegebenenfalls müssen Sie ein paar Minuten warten, bis das neue Profil von Apple genehmigt wurde. Dann erscheint ein neuer Eintrag in der Liste der Provisioning Profiles. Wenn Sie rechts neben dem neuen Eintrag in der Liste auf DOWNLOAD klicken, wird das Zertifikat im Download-Ordner des Benutzers abgelegt.

> ## Tipp
>
> Rechts neben dem DOWNLOAD-Button der Provisioning Profiles sehen Sie einen mit EDIT beschrifteten Link. Mit diesem können Sie ein bestehendes Profil verändern oder auch mit sämtlichen Einstellungen duplizieren.

Öffnen Sie den Download-Ordner – etwa über das Lupensymbol im Download-Fenster ($\boxed{\diagdown}$ + $\boxed{\mathcal{H}}$ + $\boxed{L}$) von Safari –, und kopieren Sie das Zertifikat mit der Endung *.mobileprovision* in den Ordner *~/Library/MobileDevice/Provisioning Profiles*, wobei ~ für Ihren Benutzerordner steht. Gegebenenfalls müssen Sie den Ordner *Provisioning Profiles* zuerst erstellen. Kopieren Sie die Datei dann in das Organizer-Fenster von Xcode. Das Provisioning-Zertifikat erscheint dann in der entsprechenden Liste im Finder.

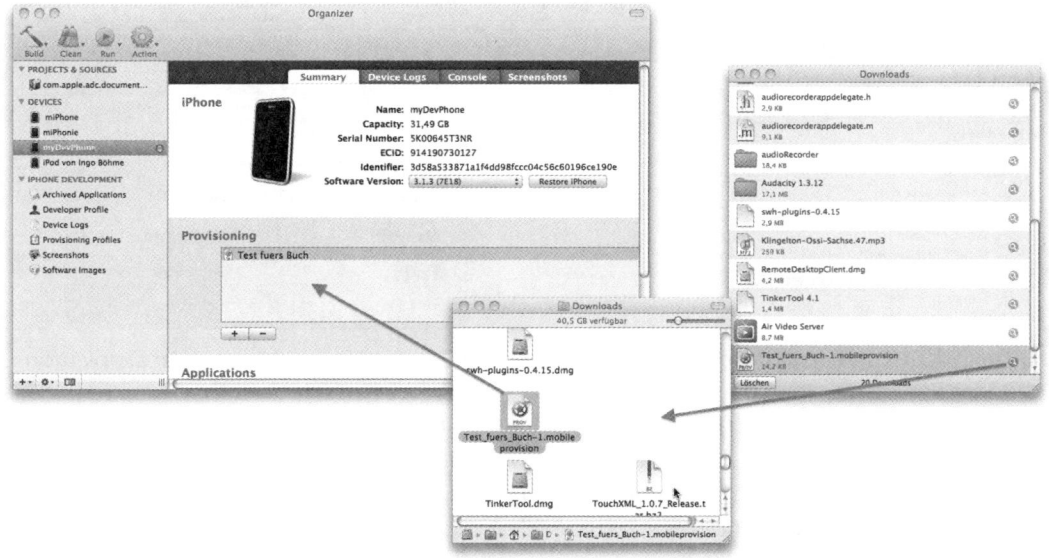

Abbildung 10.14: Das Provisioning Profile ziehen Sie auf den Xcode-Organizer, wodurch es mit dem iPhone oder iPad synchronisiert wird.

Tipp

Zuweilen macht das Hinzufügen von Provisioning-Zertifikaten Probleme. Dann erwies sich bislang die folgende Methode stets als erfolgversprechend: Ziehen Sie das *.mobileprovision*-Profil aus dem Finder-Fenster direkt über das Xcode-Icon im Dock, und lassen Sie es dort los. Fertig!

10.7 Der erste Start auf dem iPhone, iPad oder iPod touch

Öffnen Sie als Erstes irgendeine Applikation, die Sie auf dem iPhone testen wollen. Wählen Sie in der Projektverwaltung oben links zunächst das Ziel. In Abbildung 10.15 habe ich das iPhone mit dem Namen *miPhone* ausgewählt.

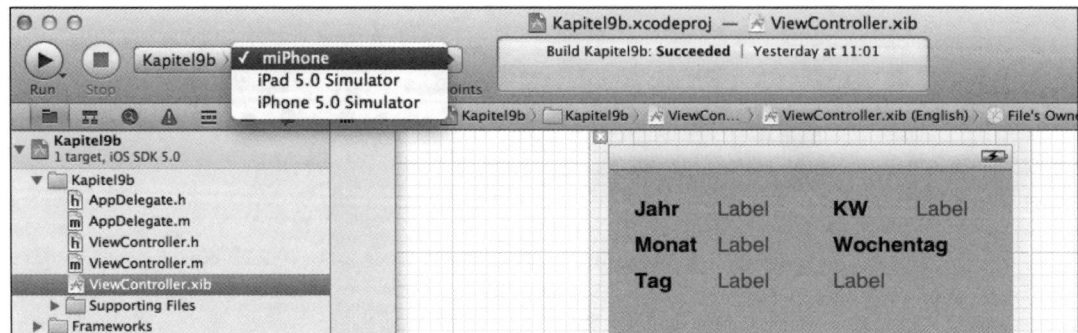

Abbildung 10.15: Der erste Schritt zur nativ laufenden iPhone-App ist die Auswahl der Zielplattform.

Als Nächstes markieren Sie in der Projektverwaltung links den obersten Eintrag mit dem Projektnamen (in Abbildung 10.15 ist das *Kapitel 9b 1 target, iOS SDK 5.0*). Rechts im Hauptfenster markieren Sie den Projektnamen unter TARGETS und schauen dann in die BUILD SETTINGS im Abschnitt CODE SIGN. Wählen Sie – sofern dort nichts automatisch ausgefüllt wurde – Ihr *iOS Developer Certificate*.

Wechseln Sie dann in den INFO-Bereich links neben BUILD SETTINGS. Dort geben Sie als *Bundle Identifier* das App-Suffix ein, und zwar genau so, wie Sie es als App-ID und im Provisioning Profile angegeben haben. Lautet die App-ID beispielsweise *4NU55BPKX3.de.IBMobile. CatalogApp*, so tragen Sie als Identifier nur das Suffix, also *de.IBMobile.CatalogApp*, ein. Haben Sie hingegen eine Dummy-ID erzeugt, die beispielsweise wie in Abschnitt 10.5 beschrieben *B53P7J2FUX.JustATest** lautet, so ist ein möglicher Identifier *JustATest.Mein-AppName* oder, wie in Abbildung 10.16, *JustATest.Metronome*.

Wechseln Sie dann erneut in den Reiter BUILD SETTINGS. Hier sehen Sie im Abschnitt DEPLOYMENT das *iOS Deployment Target*. Wenn Sie alle Geräte unterstützen wollen, die iPhone OS 3.1 unterstützen, müssen Sie hier auch iOS 3.1 auswählen. Sollten Sie hier die neueste Version verwenden, läuft Ihre Anwendung nur auf all jenen Geräten, die auch wirklich bis zur neuesten Version upgedatet haben.

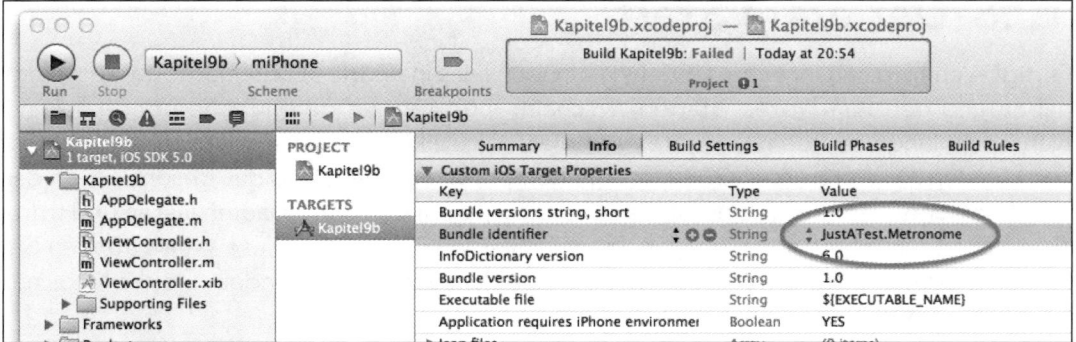

Abbildung 10.16: Als Erstes legen Sie in den Targeteigenschaften der App den App-Namen als eindeutigen Identifier fest.

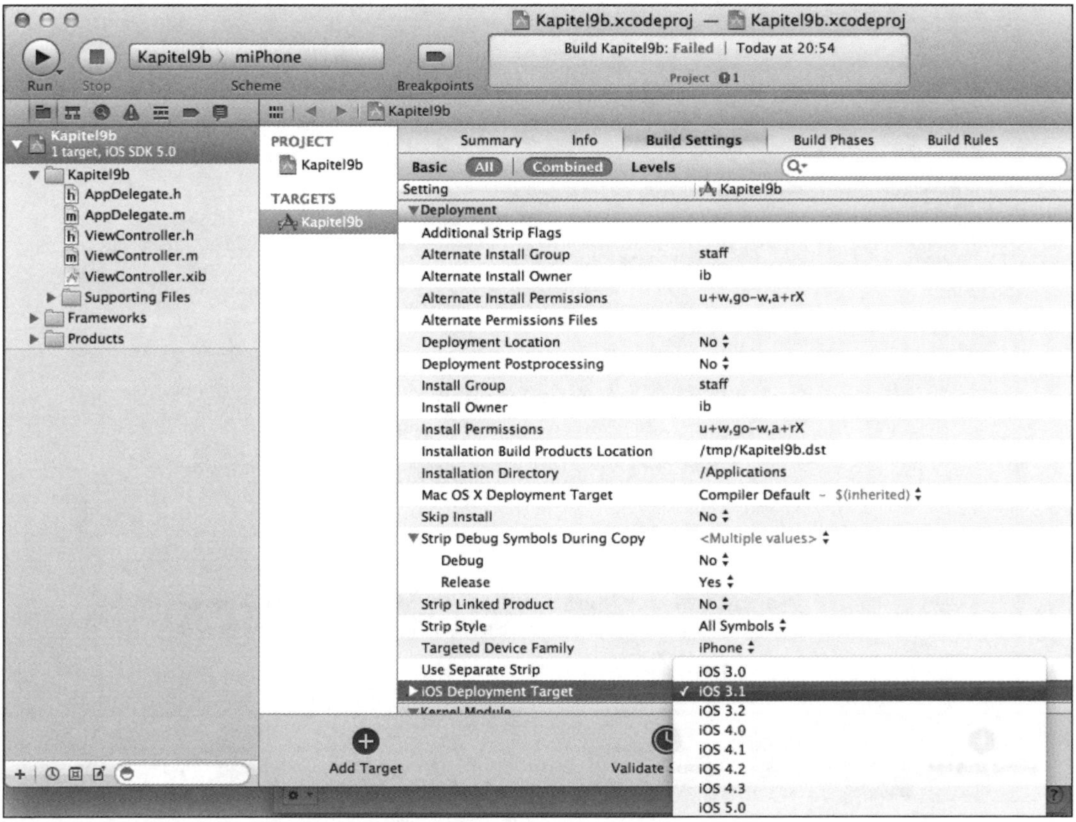

Abbildung 10.17: Im Abschnitt DEPLOYMENT legen Sie die Mindestanforderung an das iOS Gerät fest, auf dem Ihre App laufen soll.

10.8 Der erste Start

Fertig! Wenn Sie nun Ihr echtes iOS-Device oben links in Xcode als Zielplattform festgelegt haben und den Run-Prozess starten, erscheint Ihre App auf dem iPhone oder iPad und nicht mehr länger auf dem Simulator. Auf diese Weise können Sie auch Applikationen testen, die den Accelerometer, GPS oder die Kamera verwenden. Und das Besondere an der Xcode-iPhone/iPad-Integration ist, dass Sie die App auf dem Gerät laufen lassen und trotzdem Schritt für Schritt durch den Code marschieren können. Auf diese Weise können Sie *NSLog*-Ausdrücke auswerten oder sich Variablen anzeigen lassen, indem Sie die Maus auf sie ziehen (siehe Abbildung 10.18).

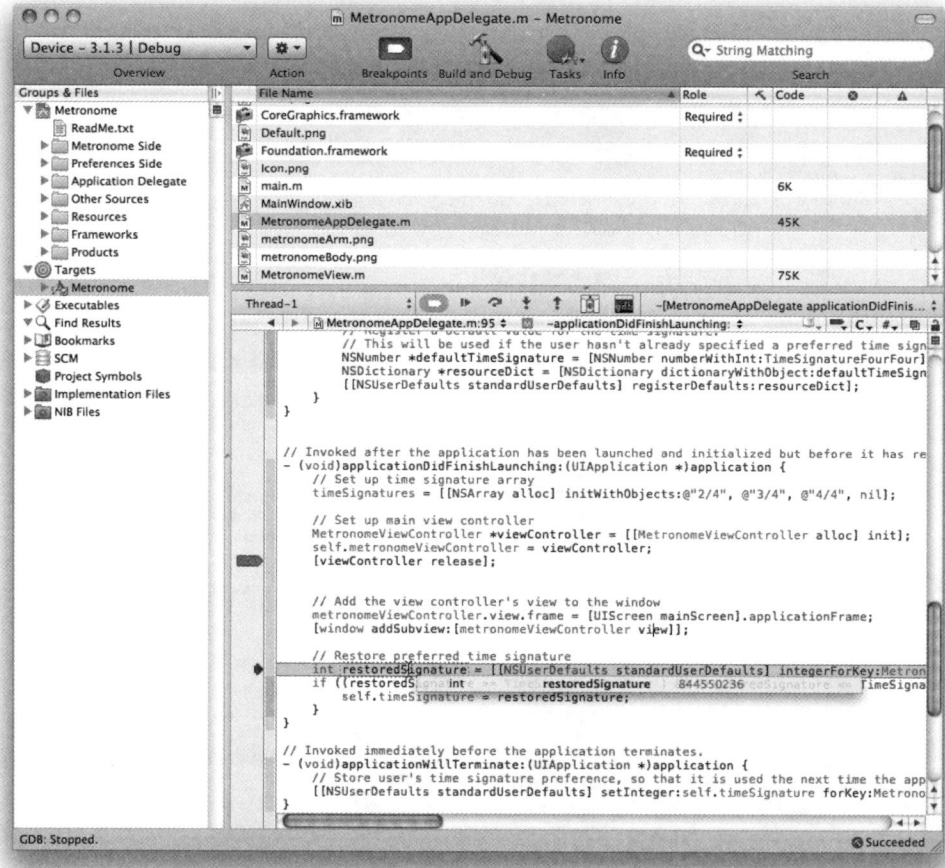

Abbildung 10.18: Obwohl die App nun auf einem physischen Gerät läuft, kann der Code trotzdem unter Xcode debuggt werden.

Kapitel 11

Eine Applikation für den App Store

In diesem Kapitel geht es nun endlich zur Sache. Wir entwickeln eine einfache, aber durchaus praxisorientierte Anwendung und begeben uns dann in den Prozess, diese für den App Store vorzubereiten und auch tatsächlich einzureichen. Anhand der Praxis-Probleme erfahren Sie, wie der praktische Weg zu den Anwendern ist.

11.1 Das Prinzip iHo.me

Eines schönen Tages gab es hierzulande die .me-Domains zur Registrierung. Da ziemlich gleichzeitig Steve Jobs ständig über die Thematik *iHome* sprach, war es für mich naheliegend, dass ich mir eben jene Domain – *www.iHo.me* – reservierte. Ich hatte damals noch keine Ahnung, was ich daraus machen sollte, aber in der Kürze liegt die Würze.

Sie kennen nun sicher das Problem mit den langen URLs. Bei YouTube geht es ja noch gerade, aber wenn Sie beispielsweise auf einen FAZ-Artikel verweisen wollen, ist der Versuch, am Telefon die URL zu nennen, völlig hoffnungslos. Groß- und Kleinschreibung, Sonderzeichen und natürlich die Länge. Nun gibt es natürlich schon andere Dienste, mit denen man URLs verkürzen kann. Aber im App Store gibt es nur spärliche und noch dazu nicht sonderlich funktionelle Anwendungen dazu. Obwohl es doch gerade hier – Thema *Twitter* oder *Facebook* – ganz besonders angebracht wäre. Nun ist das Prinzip vonseiten der Webserver-Programmierung absolut simpel. Man hat eine Datenbanktabelle, in der ein Kürzel und die dazugehörige URL gespeichert sind. Wird die Domain etwa mit *www.iHo.me/book* aufgerufen, braucht nur noch – zumeist über eine .htacces-Umleitung auf dem *Apache*-Server – ein Redirector aufgerufen zu werden, der in der Tabelle nachsieht und auf die gespeicherte URL umleitet. Das Grundgerüst samt der Schnittstelle für Entwickler (es API zu nennen, wäre vielleicht etwas verwegen) hat gerade einmal zwei Stunden Programmierarbeit gekostet.

In diesem Kapitel möchte ich mit Ihnen eine kleine Anwendung entwickeln, die auf diese Funktionssammlung von *www.iHo.me* zurückgreift und URLs verkürzt – und zwar auf dem iPhone. Wir werden den grundsätzlichen Funktionsumfang für die erste Version sehr knapp halten, aber ich schätze, wenn Sie dieses Buch in den Händen haben, hat es schon das eine oder andere Update im App Store gegeben. Mit Anbindung an Facebook, Unterstützung der Zwischenablage und vielen weiteren Features, die mir schon vorschweben. Die Applikation wird kostenlos sein, insofern werde ich die Download-Zahlen auf der Webseite zu diesem Buch (*www.iHo.me/stat*) veröffentlichen. So können Sie sich eine Vorstellung davon machen, wie es um die möglichen Download-Zahlen Ihrer eigenen Ideen bestellt ist, wenn Sie diese umsetzen.

11.2 iHo.me und seine Programmierer-Funktionen

iHo.me bietet vier API-Schnittstellen für den Zugriff an. Diese werden über URLs gesteuert und geben als HTTP-Rückgabewert eine Zeichenkette zurück. Das ist nicht die eleganteste, aber sicher die einfachste Art, mit den Systemfunktionen zu kommunizieren.

Hinweis

Da ich bereits bei anderen Büchern und ähnlichen Portalen gesehen habe, in welchem Maße freie Services mit DOS-Attacken malträtiert werden, habe ich die Zugriffe auf die API mit einem Code gesichert. Diese ID müssen Sie bei jedem Funktionsaufruf übergeben. Anderenfalls erhalten Sie ein leeres Ergebnis zurückgeliefert. Sollte dieser Code missbraucht und so mein Server überlastet werden, muss ich ihn sperren und auf der Buch-Homepage einen neuen Code zum Testen bereitstellen. Einen individuellen API-Code für Ihre Projekte erhalten Sie natürlich unter *www.iHo.me*, wenn Sie sich als Entwickler anmelden.

11.2.1 Ist die Kurz-URL frei?

Die erste Abfrage ist simpel. Sie eruiert lediglich in der Datenbank, ob eine Kurz-URL im System bereits vergeben ist. Öffnen Sie Safari, und geben Sie als URL

www.iHo.me/isfree.php?ID=A0B1C2D3E4F5&SEARCH=test

ein. ID ist hierbei die Entwickler-ID. Für die Testbeispiele in diesem Buch habe ich A0B1C2D3E4F5 reserviert. Der Suchtext – der Parameter SEARCH – entspricht dem Kürzel hinter dem Domainnamen. Bei *www.iHo.me/test* ist es eben *test*. Die Rückgabe ist wahlweise *0* – also NEIN – weil die Kurz-URL bereits vergeben ist, oder eben eine *1*, wenn das Kürzel noch frei ist. Unsere App braucht also nur die passende URL zu bilden und das Ergebnis – 0 oder 1 – auszuwerten.

Tipp

Die zuletzt vergebenen Kürzel sehen Sie auch auf der Startseite *www.iHo.me*.

11.2.2 Der nächste Vorschlag

Nach einer Weile werden die guten Abkürzungen, wie Hund, Katze, Maus ... nicht mehr vorhanden sein. Aber selbst die nichtssagende URL *www.iHo.me/xy12* ist immer noch besser als ein normaler FAZ-Link, wie etwa:

http://www.faz.net/s/Rub5/Doc~EC4...D~ATpl~Ecommon~Scontent.html

Sie können natürlich herumprobieren und mit *isfree.php* testen, was es gerade noch so gibt. Oder Sie verwenden die zweite Schnittstelle

www.iHo.me/nextfree.php?ID=A0B1C2D3E4F5

und erhalten als Rückgabe im Browser – später dann in der App als *NSString* – das derzeit kürzeste und alphabetisch gesehen kleinste Kürzel, das noch frei verfügbar ist.

11.2.3 URL reservieren

Haben Sie ein passendes Kürzel gefunden, hilft Ihnen das API-Skript *seturl.php*, dieses Kürzel zu reservieren und einer URL zuzuweisen. Neben der *ID* braucht dieses Skript noch das Kürzel im Parameter *TINY* sowie die *URL* im gleichnamigen Parameter *URL*. Mit

www.iHo.me/seturl.php?ID=A0B1C2D3E4F5&TINY=ap&URL=www.apple.de

reservieren Sie das Kürzel *ap*, das bei einem Aufruf von

www.iHo.me/ap

auf die deutschsprachige Apple-Homepage weiterleitet.

Nun kann man bei diesem Aufruf ein paar Dinge falsch machen. Dass bei einer falschen *ID* einfach nichts zurückgeliefert wird, hatte ich ja schon weiter oben erwähnt. Der zweite Fehler ist, dass man die *URL* vergisst. Dann ist das Rückgabeergebnis *1*. Vergessen Sie hingegen das Kürzel – also den Parameter *TINY* –, ist *2* der Rückgabewert. So geht es weiter. Ist hingegen alles gut verlaufen, und die Tiny URL wurde reserviert, liefert das Skript *OK* als Ausgabe.

Rückgabewert	Bedeutung
1	URL nicht angegeben
2	TINY (Abkürzung) nicht angegeben
3	Falsche/ungültige URL
4	Tiny URL wurde bereits reserviert und steht nicht zur Verfügung
99	Unbekannter Fehler
OK	Alles verlief glatt, und die URL wurde reserviert.

Tabelle 11.1: Rückgabewerte der Registrierungsfunktion

11.2.4 Echtwort-Vorschläge

Im System von iHo.me sind auch zwei Tabellen hinterlegt, in denen sich 2-, 3- und 4-stellige deutsche und englischsprachige Wörter befinden. Schließlich kann man sich eine URL um einiges besser merken, wenn nicht eine kryptische Buchstabenkombination nach dem *iHo.me* steht, sondern ein Wort, wie in den Beispielen *iHo.me/bild* oder *iHo.me/otto*. Die Mini-API von iHo.me stellt auch hier eine Schnittstelle zur Verfügung:

```
proposal.php?ID= A0B1C2D3E4F5 [&LANGUAGE=e] [&SEARCH=%] [&MYCOUNT=20] [&PAGE=0]
```

Diese Schnittstelle hat bis zu fünf Parameter. Wieder ist nur der erste verpflichtend, also die *ID*. Denn wie zuvor gilt: Ohne ID läuft hier gar nichts!

Der zweite Parameter (wobei natürlich die Parameter in beliebiger Reihenfolge an die URL geklatscht werden können) heißt *LANGUAGE* und gibt an, aus welcher Sprachentabelle die Wörter genommen werden sollen. Belegen Sie diesen Parameter mit d (für Deutsch), erhalten Sie auch nur Vorschläge von deutschen Wörtern. Verwenden Sie e – oder lassen Sie den Parameter ganz weg, was die eckigen Klammern symbolisieren sollen –, wird automatisch auf die englischen Begriffe zugegriffen.

Der dritte Parameter – SEARCH – entspricht einem SQL-Suchausdruck. Das % ist eine sogenannte Wildcard und steht für eine beliebige Buchstabenkombination. Lautet der Parameter also SEARCH=%, so werden sämtliche Wörter gefunden und die Vorschläge aufgenommen. Sollen es hingegen nur Wörter sein, die mit einem kleinen a beginnen, lautet der Parameter SEARCH=a%. Auf diese Weise kann die Auswahl auf sinnvolle Abkürzungen eingegrenzt werden.

Die letzten beiden Parameter beziehen sich auf die Anzahl der Resultate. Der Wert, den Sie dem Parameter MYCOUNT mit auf den Weg gegeben haben, bestimmt, wie viele Resultate Sie maximal erhalten. Lassen Sie ihn weg, wird als Standardwert 20 genommen – eine Anzahl, die für eine *UITableView*-Darstellung gut geeignet ist. Diese kann danach jederzeit mit WEITERE VORSCHLÄGE ANZEIGEN um weitere 20 Einträge erweitert werden.

Und dabei kommt der letzte Parameter – PAGE – ins Spiel. Dieser gibt an, die wievielte Seite *proposal.php* von *iHo.me* abholen soll. Haben Sie beispielsweise in einem ersten Durchlauf mit den Standardeinstellungen die ersten 20 Vorschläge abgeholt, bringt Ihnen

www.iHo.me/proposal.php?ID=A0B1C2D3E4F5&PAGE=1

die zweiten 20 und

www.iHo.me/proposal.php?ID=A0B1C2D3E4F5&PAGE=2

die folgenden.

Probieren Sie diesen Link einmal im Safari aus. De facto erhalten Sie eine hintereinander aufgereihte Liste der gefundenen Suchbegriffe. Dies ist jedoch lediglich deshalb so, weil die Zeilenumbrüche keine HTML-Zeilenumbrüche sind, sondern das ASCII-Zeichen 13 (CR). Im Quelltext (siehe Abbildung 11.1) sind die einzelnen Begriffe dann wieder durch Zeilen getrennt.

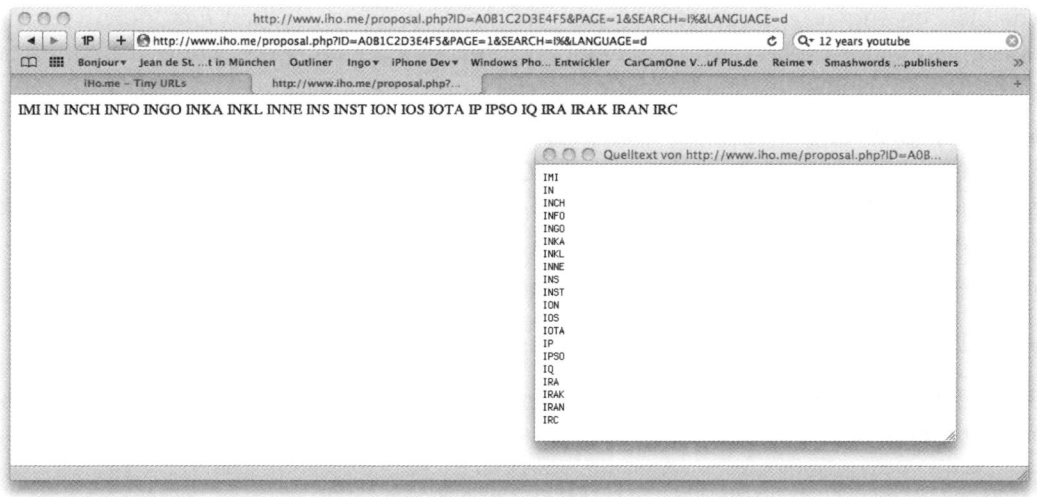

Abbildung 11.1: Beim Aufruf von IHo.me/proposal.php werden alle gefundenen Begriffe durch Zeilenumbrüche getrennt zurückgeliefert.

11.3 Das Grundgerüst der Applikation

Während es in den vorherigen Kapiteln ja nur darum ging, das grundsätzliche Verständnis für Views und andere Steuerelemente zu erlangen und damit umzugehen, soll diese Anwendung hier nun in den App Store gelangen. Deshalb sollte das Look&Feel auch jenes einer echten iPhone-Applikation sein.

Aus diesem Grunde beginnen wir auf der Basis einer *Tabbed Application* ein neues Projekt, das *KAPITEL11* heißen soll.

> ## Projektquellcode
>
> Sie finden den Quellcode des Projekts unter *www.iho.me/Kapitel11*.

11.3.1 Ein auf Tabs basiertes Applikationsgerüst

In diesem neuen Projekt erzeugt Xcode automatisch ein Steuermodul – die *AppDelegate.h/ .m* – sowie zwei *.xib*-Dateien, *FirstViewController.xib* und *SecondViewController.xib* (mitsamt ihrer Modul- und Headerdateien). Ersteres erzeugt den Applikationsrahmen und legt die TabBar an den unteren Rand. Grundsätzlich wäre es auch denkbar, das Ganze in Form einer *MainWindow.xib* zu erledigen. Bislang war das auch der Fall. Aber seit Xcode 4 haben sich die Entwickler bei Apple für den code-orientierten Template-Ansatz entschieden. In diesem Steuermodul, das am Anfang der Programmausführung steht, wird eine TabBar mit zwei Schaltflächen angelegt. Bei einem Tippen auf die erste Taste wird der *FirstViewController* angezeigt. Bei der zweiten Taste erscheint entsprechend *SecondViewController*. Starten Sie das Programm einmal im Simulator, um sich die Grundfunktion bewusst zu machen.

Um sich ein Bild von dem dahinter stehenden Code zu machen, öffnen Sie die *AppDelegate .m*. Die erste Methode des *UIApplicationDelegate*-Moduls lautet *application:didFinish LaunchingWithOptions:*. Diese wird ausgeführt, sobald die App initialisiert und gestartet wurde, aber noch nichts sichtbar ist.

Das Template erzeugt zuerst einmal ein *UIWindow* mit der Größe des Hauptfensters:

```
self.window = [[UIWindow alloc] initWithFrame:[[UIScreen mainScreen] bounds]];
```

Als Nächstes werden zwei *UIView*-Controller auf Basis der beiden genannten .xib-Dateien erzeugt (siehe *initWithNibName*):

```
UIViewController *viewController1 = [[FirstViewController alloc]
initWithNibName:@"FirstViewController" bundle:nil];
```

sowie

```
UIViewController *viewController2 = [[SecondViewController alloc]
initWithNibName:@"SecondViewController";
```

Jetzt werden Sie sich vielleicht fragen „Woher zum Geier weiß der Compiler denn, was [FirstViewController alloc] bedeutet?". Die Frage ist berechtigt. Dazu muss er die Klassen- deklaration der *.xib*-Dateien kennen. Und das tut er, weil am Anfang der Moduldatei mit

```
#import "FirstViewController.h"
#import "SecondViewController.h"
```

die beiden Headerdateien, die zu den *.xib*-Dateien gehören, eingebunden wurden. Dadurch sind die beiden Klassen bekannt.

Als Nächstes erzeugt das Steuermodul den *UITabBarController*, also die Buttonleiste, die am unteren Rand angezeigt werden soll:

```
self.tabBarController = [[UITabBarController alloc] init];
```

Die Eigenschaft *tabBarController* ist in der Headerdatei *AppDelegate.h* deklariert. Ein *Tab-BarController* zeigt immer so viele Schaltflächen an, wie es Elemente in der *NSArray*-Eigenschaft *viewControllers* der *TabBar* gibt. Jedes Element ist ein *UIViewController*, also in unserem Beispiel die beiden *UIViewController viewController1* und *viewController2*, die die beiden *.xib*-Dateien repräsentieren. Dazu wird der *viewControllers*-Eigenschaft ein *NSArray* zugewiesen, nämlich jenes, das aus den beiden genannten *UIViewController*-Objekten besteht:

```
self.tabBarController.viewControllers = [NSArray arrayWithObjects: viewController1,
viewController2, nil];
```

Dann wird dem *window* – also der höchsten sichtbaren Instanz unserer App – mitgeteilt, dass sein Haupt-View-Controller ein *tabBarController* ist:

```
self.window.rootViewController = self.tabBarController;
```

und fertig ist die TabBar-Verwaltung.

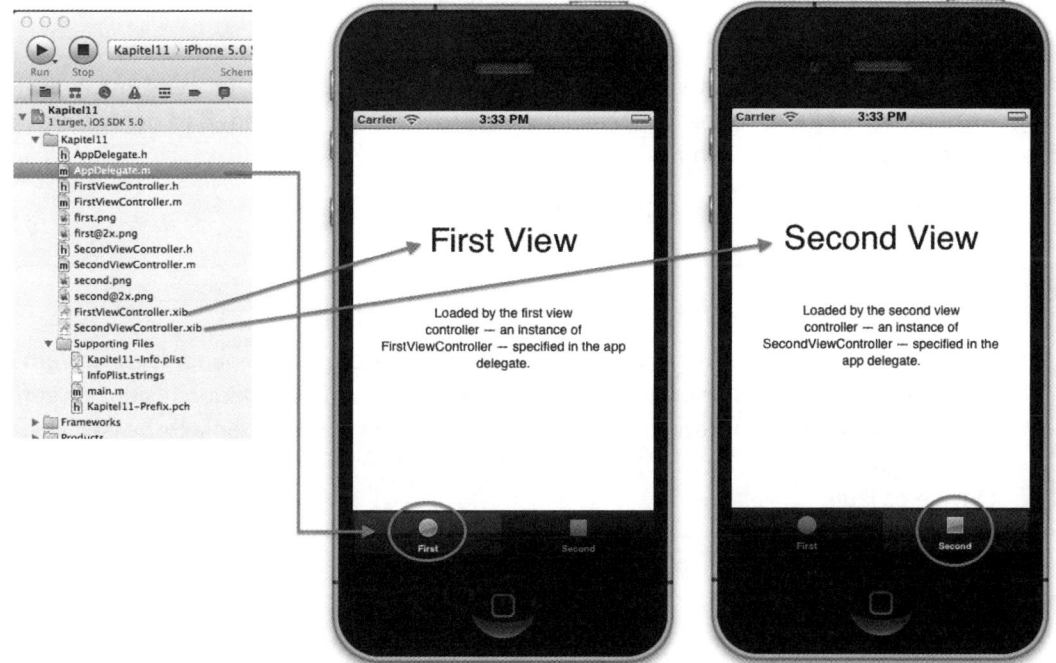

Abbildung 11.2: Die Vorlage Tabbed Application bietet schon die gesamte Funktionalität zum Wechseln der Views.

Schauen Sie nun einmal in den Code von *FirstViewController.m* genauer an. In der Initialisierungsroutine initWithNibName:bundle: wird der gesamte Verwaltungsaufwand erledigt, also das Erstellen des Views anhand der Interface Builder-Datei *FirstViewController.xib* und das Festlegen von TabBar-Symbol und -Beschriftung. Als Parameter wird der Name der *.xib*-Datei beim Aufruf übergeben:

```
UIViewController *viewController1 = [[FirstViewController alloc]
initWithNibName:@"FirstViewController" bundle:nil];
```

Die zugehörige *.xib*-Datei heißt also *FirstViewController.xib*.

Nach der einleitenden Initialisierung wird der Titel des *UIViewControllers* gesetzt:

```
self.title = NSLocalizedString(@"First", @"First");
```

Sie hätten natürlich auch

```
self.title = @"First";
```

schreiben können. Es wäre dasselbe Ergebnis gewesen. Aber Apple wählt seit der Version 4 von Xcode den internationalen Ansatz. Denn mit *NSLocalizedString* sucht sich die App automatisch den zur eingestellten Sprache passenden Eintrag in einer Lokalisierungsdatei. Aber dazu kommen wir später!

Als Nächstes greifen Sie auf das kleine Piktogramm zu, das auf dem Tabbar-Button angezeigt werden soll: *self.tabBarItem.image*. Dieses wird im Code mit dem Bild belegt, das im Projekt als *First.png"* enthalten ist:

```
self.tabBarItem.image = [UIImage imageNamed:@"first"];
```

Hinweis: Besonderheiten für das Retina-Display

Im Projekt finden Sie zudem die Bilddatei *First@2x.png*. Hierbei handelt es sich um dasselbe Bild wie in *First.png"*. Nur ist es eben etwas größer. Dadurch sieht es auf dem hochauflösenden Retina-Display des iPhone 4 und höher einfach besser aus. Das Programm wählt automatisch das passende Icon, je nachdem, auf welchem Device es läuft.

Das war's schon.

Wir benötigen für die Applikation genau drei Reiter. Erstellen Sie als Erstes ein neues *UIView*. Anstatt den konventionellen Weg zu gehen, nutzen wir einfach die Vorbelegung von *First-View*, in der ja auch schon das Symbolbild vorbelegt ist. Das hat für Sie zudem den Vorteil, dass Sie einmal an einem einfachen Beispiel in der Praxis sehen, wie die Zusammenhänge zwischen *.xib*-, *.m*- und *.h*-Datei sind.

Erstellen Sie im Finder von den drei Dateien *FirstViewController.h*, *FirstViewController.m* und *FirstViewController.xib* je eine Kopie. Ein kleiner Hinweis: Die *.xib*-Dateien befinden sich im Ordner *en.lproj*. In diesem Ordner verwaltet Xcode alle Dateien, die lokalisiert, also an eine bestimmte Sprache angepasst sind. Wenn Sie später eine spezielle Version für die deutschsprachige App-Version erstellen, werden die Dateien entsprechend im Ordner *de.lproj* gehalten. Am einfachsten geht das Kopieren, wenn Sie im Finder die Dateien markieren, ⌘ + C und direkt danach ⌘ + V drücken. Dadurch wird je eine Datei mit dem Zusatz ,*Kopie*' ange-legt. Benennen Sie diese dann der Einfachheit halber in *ThirdViewController.h/.m/.xib* um. Als Nächstes ziehen Sie die drei Dateien vom Finder ins Projekt.

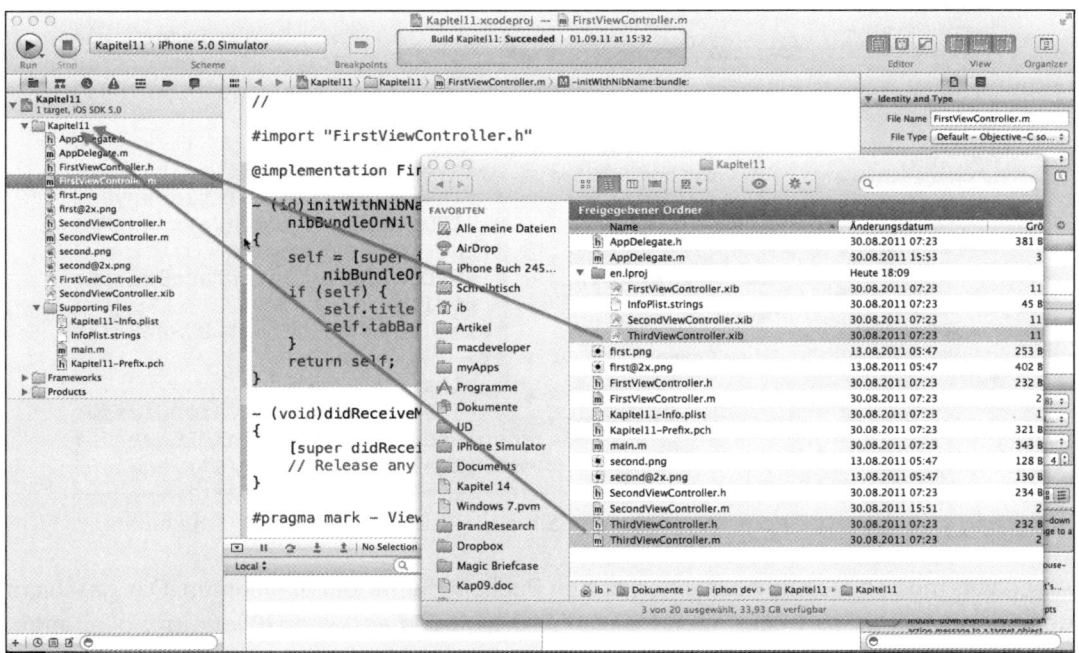

Abbildung 11.3: Ziehen Sie als Erstes die drei UIViewController-Dateien ins Projekt.

Damit ist es jedoch leider nicht getan. Denn in den drei Dateien selbst deutet ja noch alles auf *FirstViewController* hin. Öffnen Sie also die *.h*-Headerdatei, und ersetzen Sie über EDIT / FIND / REPLACE sämtliche Vorkommen von *FirstViewController* mit *ThirdViewController*. Das-selbe machen Sie danach mit der Moduldatei *ThirdViewController.m*. Bei der *.xib*-Datei scheint das Ganze nicht so einfach zu gehen. Weit gefehlt. Denn auch eine *.xib*-Datei kön-nen Sie im Quelltext öffnen statt im Interface Builder. Dazu klicken Sie mit der rechten Maustaste (oder Ctrl + Linksklick) auf die *.xib*-Datei und wählen aus dem Kontextmenü im Menü OPEN AS ... den Eintrag SOURCECODE. Dadurch sehen Sie den XML-Quelltext. Und hier können Sie wieder die Ersetzung durchführen. Und wenn Sie dann im *.xib*-Kontext-menü wieder OPEN AS ... / INTERFACE BUILDER wählen, erscheint die Datei wieder wie gewohnt als Interface Builder-Layout. Zur besseren Kenntlichmachung können Sie ja die Labels ent-sprechend anpassen.

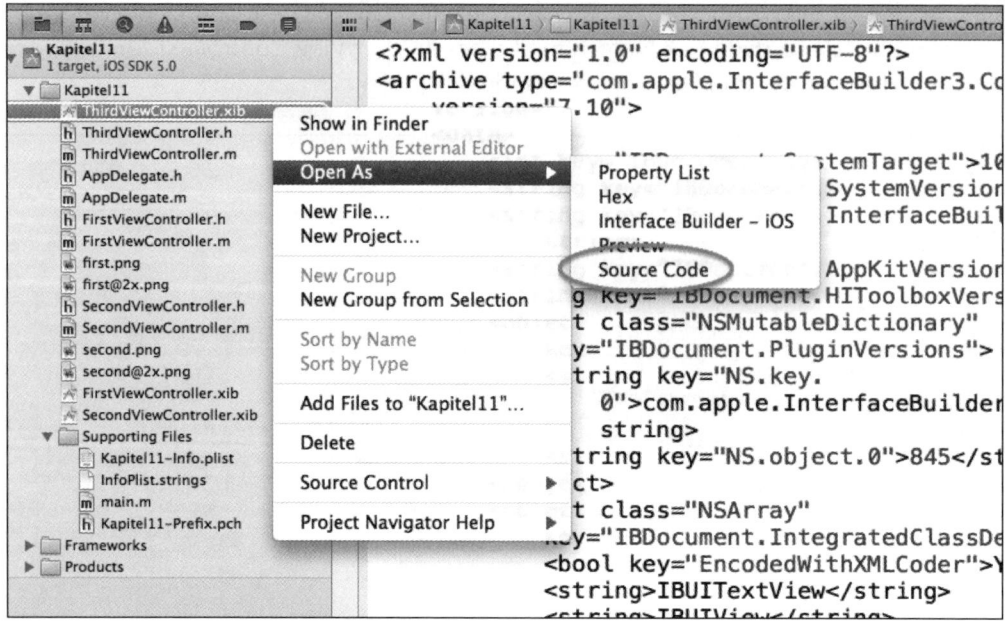

Abbildung 11.4: Über das Kontextmenü zeigen Sie die .xib-Datei in ihrer XML-Struktur an.

Als Letztes müssen Sie nun noch einen dritten Punkt in die TabBar aufnehmen. Das geschieht genau dort, wo wir es weiter oben bereits für die beiden anderen *UIViewController* angeschaut haben: im Application-Delegate-Modul – also der App-Steuerung – *AppDelegate.m*.

Hier legen Sie am Anfang fest, dass die neue Klasse bekannt ist:

```
#import "ThirdViewController.h"
```

In der Methode *application:didFinishLaunchingWithOptions:* werden ja die beiden UIView-Controller *viewController1* und *viewController2* erzeugt. Auf dieselbe Weise erstellen Sie dort auch das neue Element, das angezeigt werden soll:

```
UIViewController *viewController3 = [[ThirdViewController alloc]
initWithNibName:@"ThirdViewController" bundle:nil];
```

Damit existiert es im Speicher, ist grundsätzlich initialisiert, wird aber noch nicht angezeigt. Das soll ja über die TabBar geschehen. Weiter unten im Code sehen Sie ja, wie die beiden anderen *UIViewController* mit den TabBarButton verknüpft werden:

```
self.tabBarController.viewControllers = [NSArray arrayWithObjects:viewController1,
viewController2, nil];
```

Und so liegt es nahe, diese Zeile einfach um die neue Instanz zu erweitern:

```
self.tabBarController.viewControllers = [NSArray arrayWithObjects:viewController1,
viewController2, viewController3, nil];
```

Jetzt ist der Zeitpunkt gekommen, das Programm zu starten ... und voilà, es erscheinen drei Buttons in der TabBar, und der dritte ist tatsächlich bereits damit beauftragt, das neue View anzuzeigen.

Aber steht denn da noch immer *First*, und warum zeigt es denn dasselbe Icon an wie beim ersten Button? Na ja: Wir haben ja in der *ThirdViewController.m* noch keine Änderungen vorgenommen. Und in der Moduldatei – genauer gesagt: in der Methode *initWithNib-Name:bundle:* – wird ja das Icon und die Beschriftung für die TabBar-Schaltfläche festgelegt. Öffnen Sie die Moduldatei, und nehmen Sie die Änderungen vor:

```
- (id)initWithNibName:(NSString *)nibNameOrNil bundle:(NSBundle *)nibBundleOrNil
{
    self = [super initWithNibName:nibNameOrNil bundle:nibBundleOrNil];
    if (self) {
        self.title = NSLocalizedString(@"Third", @"Third");
        self.tabBarItem.image = [UIImage imageNamed:@"third"];
    }
    return self;
}
```

Das setzt natürlich voraus, dass in Ihrem Projekt ein entsprechendes Symbolbild namens *third.png* enthalten ist. Ist das nicht der Fall, fügen Sie die Datei entsprechend hinzu. Eine gute Größe ist übrigens 30 x 30 Pixel. Und wenn Sie dann auch noch eine Datei namens *third@2.png* in der Größe 60 x 60 Pixel anfertigen und hinzufügen, sind Sie auch für iPhones mit Retina-Display gewappnet.

11.3.2 Ein wenig optisches Makeup

Um die Symbolbilder der Schaltflächen anzupassen, müssen die PNG-Grafiken gewisse Eigenschaften aufweisen:

1. Sie dürfen maximal 50 x 30 Pixel groß sein.

2. Sie sollten einfarbig angelegt sein. In jedem Fall werden alle Farbtöne ignoriert, und auf dem Tab wird nur ein monochromes Symbol angezeigt.

3. Die auf der Schaltfläche oder dem Tab transparenten Bereiche müssen auch in der PNG-Grafik transparent sein.

Gute Vorlagen oder vielleicht sogar die fertigen Symbole finden Sie zuhauf in der Google-Bildersuche, wenn Sie die Recherche über die Option SYMBOLE einschränken. Im Beispiel habe ich nach *Schraubzwinge* – stellvertretend für das Zusammenpressen – und nach *Infosymbol* gesucht. Die Lupe ist (das sehen Sie gleich) Bestandteil der Tab Bar.

> ## Tipp
>
> In *Photoshop* oder in *Photoshop Elements* ist es sehr einfach, die Bilder als TabBar-Icon umzugestalten: Wandeln Sie die Grafik in eine Ebene um, und löschen Sie – wahlweise mit den Maskierungswerkzeugen und der Entfernen-Funktion oder mit dem Radiergummi – die transparenten Elemente weg. Speichern Sie sie dann als Kopie im PNG-Format. Fertig!

Die fertige PNG-Datei schieben Sie mit der Maustaste aus dem Finder in das Xcode-Projekt. Im folgenden Fenster sollten Sie auf jeden Fall ankreuzen, dass die Datei auch in das Projektverzeichnis kopiert werden soll. Ansonsten löschen Sie sie vielleicht versehentlich an anderer Stelle, und damit ist sie für Ihre Applikation verloren.

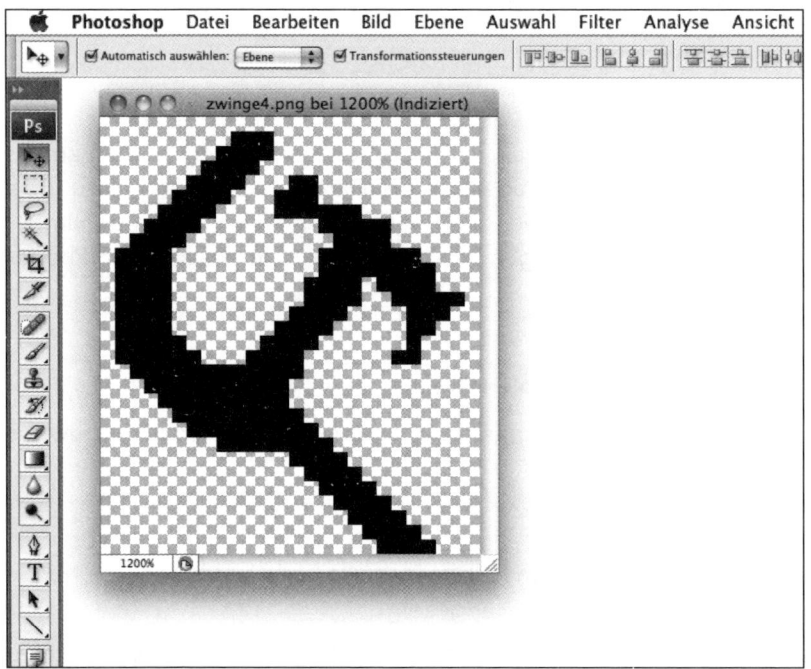

Abbildung 11.5: Für Schaltflächen oder Tabs erstellen Sie den monochromen Schatten des Symbols (indizierte Farben: 2) und löschen die transparenten Bereiche.

Erstellen Sie drei Symbolbilder für die drei Bereiche, also beispielsweise die Schraubzwinge, eine Lupe sowie ein Info-Symbol. Nennen Sie sie *First.png*", *Second.png*" und *Third.png*", und ersetzen Sie die bestehenden Dateien des Projekts. Auf diese Weise brauchen Sie nichts am Code zu ändern.

Nun ist die Navigation über die drei verschiedenen View-Ansichten fertig.

11.4 Die Infoseite

Am leichtesten ist es, die dritte Seite – die Infoseite – zu gestalten, also jenes View, das beim dritten Tab angezeigt wird. Dieses kommt (fast) ohne Code aus und besitzt doch die komplette Funktionalität, um dem Benutzer einen ausführlichen Bedienungstext anzuzeigen und ihn auf Wunsch auf die Entwickler-Homepage in Mobile Safari zu leiten.

Doppelklicken Sie in der Xcode-Projektübersicht auf die Datei *ThirdWiewController.xib*, wodurch sie im Interface Builder dargestellt wird. Öffnen Sie als Nächstes die *Library* mit ⌥+Ctrl+⌘+3, und ziehen Sie eine *Navigation Bar* an den oberen Rand des Info-Views. Beschriften Sie diese mit *Info*, indem Sie einen Doppelklick auf der NavigationBar ausführen und den Text einfach überschreiben. Öffnen Sie dann den ATTRIBUTES INSPECTOR mit ⌥+⌘+4, und ändern Sie die Eigenschaft STYLE in *Black* oder *Black Translucent*, wodurch sich die Leiste schwarz oder schwarz glänzend einfärbt. Nehmen Sie sich danach aus der Library einen *Bar Button Item*, und platzieren Sie diesen auf der rechten Seite der Toolbar. Der Button nimmt automatisch die Farbe der Leiste an. Auch die Beschriftung der Schaltfläche ändern Sie – wie zuvor bei der Toolbar – durch einen Doppelklick und Überschreiben in WEBSITE. Oder Sie wählen im *Attributes Inspector* über die Eigenschaft IMAGE der Schaltfläche ein Symbol – in unserem Beispiel etwa eine stilisierte Erdkugel.

Bleibt nur noch der Infotext selbst. Eine praktische Variante ist, einen langen Text mithilfe des *TextView*-Steuerelements aus der Library darzustellen. Dazu verschieben Sie solch ein Control aus der Library auf die freie Fläche. Das Steuerelement passt sich automatisch an den zur Verfügung stehenden Platz an. Markieren Sie es, und öffnen Sie mit ⌥+⌘+4 den *Attributes Inspector*. Das Erste, was Sie tun, ist, das Häkchen vor EDITABLE zu entfernen. Dadurch wird der Text zwar angezeigt und kann auch gescrollt und sogar ausgewählt und kopiert werden, der Benutzer kann ihn jedoch nicht ändern. Was ja auch sinnvoll ist. Dann folgt im Inspector das Textfeld. Dessen Inhalt können Sie beliebig groß anlegen. Benötigen Sie einen Zeilenumbruch, müssen Sie statt Enter die Kombination ⌥+Enter drücken.

Starten Sie nun die Anwendung, und wechseln Sie zum dritten Tab. Sie sehen, dass der Text richtig angezeigt wird und dass Sie die Informationen, die unten aus dem Fenster herausfließen, durch Wischen in den sichtbaren Bereich holen können – genauso, wie Sie es von anderen iPhone Apps gewohnt sind. Und das alles geht ganz ohne Code!

Nun bleibt noch die Aktion, die ausgeführt wird, wenn der Benutzer die Schaltfläche am oberen Rand des Fensters antippt. Das Grundgerüst ist ja bereits Routine: Zunächst brauchen Sie die Deklaration der Responder-Methode in der zugehörigen Headerdatei – also: *ThirdViewController.h*:

```
-(IBAction) goToWebsite;
```

und natürlich den eigentlichen Code der Routine in der *.m*-Datei:

```
-(IBAction) goToWebsite {
}
```

Was aber soll das Programm tun, wenn der Nutzer auf die Schaltfläche drückt? Nun, es soll am besten *Mobile Safari* aufrufen und diesem die URL der Hompage *www.iho.me* übergeben. Oder besser noch einen Verweis auf eine individuelle Seite, die ich schon mal mit *www.iho.me/app* vorbelege und jederzeit im Nachhinein ändern kann.

Um ein Dokument – egal ob es eine Mail, ein Song, ein Video oder eben eine Webseite ist – im iPhone zu öffnen, braucht man das *UIApplication*-Objekt. Die gemeinsamen Applikationen, die von allen Apps angesprochen werden können, liefert die Klasse *UIApplication* über die Methode *sharedApplication* als Instanz zurück. Auf dieser Instanz kann man dann aufbauen und beispielsweise Events verschicken oder prüfen, ob ein bestimmter Dateityp geöffnet werden kann.

Hinweis

Schauen Sie sich in der Xcode-Hilfe die Referenz von *UIApplication* an. Dort finden Sie alle Methoden, die Sie systemweit aufrufen können. Die Zuordnung, welches Programm denn nun zuständig ist, übernimmt das iOS selbst.

Für unser Anliegen benötigen wir die Methode *openURL* der *UIApplication*-Instanz. Diese erwartet als Parameter eine URL, die vom Typ *NSURL* übergeben werden muss. *NSURL* ist wiederum eine Klasse. Mit der Methode *URLWithString* kann diese Klasse eine Zeichenkette in eine gültige URL umwandeln. Der Code, um die URL *www.iho.me/app* aufzurufen, lautet demnach:

```
[[UIApplication sharedApplication]
        openURL:[NSURL URLWithString:@"http://www.iho.me/app"]];
```

Nun gilt es noch, die *IBAction* auch tatsächlich der Schaltfläche zuzuordnen. Dazu speichern Sie die Xcode-Dateien und öffnen in der Interface Builder-Ansicht die *ThirdViewController.xib*. Ziehen Sie dort von der Schaltfläche – dem *Bar Button Item* – mit der rechten Maustaste eine Verbindung zu FILE'S OWNER in der ThirdViewController.xib-Objektspalte unter PLACEHOLDERS, und markieren Sie *goToWebsite* als Methode für die Standardaktion des Buttons. Starten Sie die App erneut, und probieren Sie die Schaltfläche auf der Info-Seite. Bei einem Klick sollten Sie in Safari auf die genannte Webseite weitergeleitet werden.

Abbildung 11.6: Ein Klick auf das Website-Symbol bringt den Benutzer in Mobile Safari auf die iHo.me-Website.

11.5 Das Tiny URL-Interface

Im Tiny URL-Interface, also im ersten Tab, geschieht die eigentliche Aktion. Der Benutzer trägt eine URL und ein Kürzel ein, und mit einem Klick auf eine Schaltfläche wird die Kurz-Adresse auf *www.iHo.me* reserviert. Damit die App etwas wertiger wirkt, soll die Hintergrundfarbe Schwarz sein. Das passt besser zu der TabBar. Aber es steht Ihnen natürlich frei, Ihr eigenes Farbschema zu wählen.

Öffnen Sie im Interface Builder das Formular *FirstViewController.xib*. Ändern Sie im *Attributes Inspector* ([⌘]+[⌥]+[4]) die Hintergrundfarbe auf Schwarz. Dadurch passt sich im Folgenden auch die Farbe der Labels an, sodass sie sichtbar bleiben.

Legen Sie drei *UILabel*, zwei *UITextField*s, einen *UIButton* und ein *UITextView* auf das View, und ordnen Sie sie wie in Abbildung 11.7 gezeigt an.

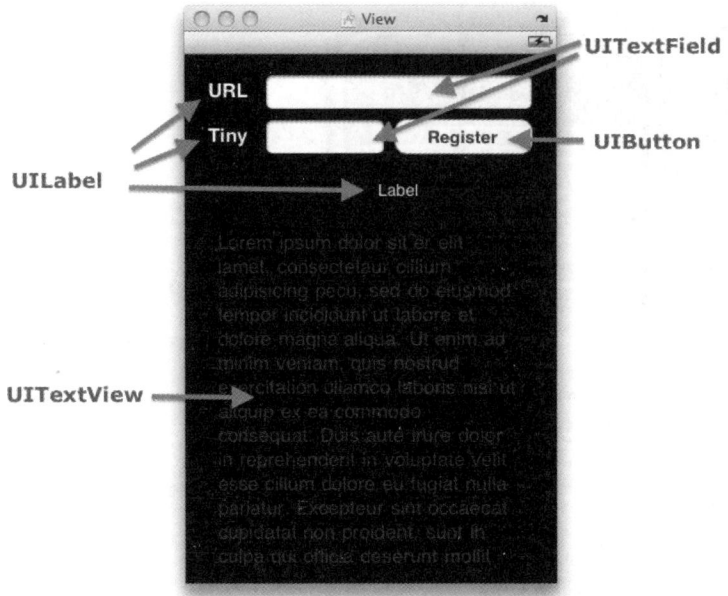

Abbildung 11.7: Das Haupfenster besteht nur aus wenigen Steuerelementen.

Es bietet sich an, die beiden Labels für URL und Tiny fett zu formatieren. Auch macht es vom ästhetischen Standpunkt her Sinn, die Höhe der Schaltfläche so zu verkleinern, damit sie genauso groß ist wie das Textfeld. Die Farbgebung für die restlichen Label ist Geschmackssache. Da im unteren der drei Label die Tiny-URL in der Form *www.iHo.me/kurz* dargestellt werden soll, empfiehlt sich eine Signalfarbe wie Gelb. Das untere Feld soll lediglich Fehlermeldungen anzeigen bzw. am Anfang eine kurze Anleitung geben, wie das Programm zu benutzen ist. Damit auch hier der Benutzer im Text nichts ändern kann (was nicht schlimm, aber recht sinnlos ist), deaktivieren Sie noch die Eigenschaft EDITABLE im Attributes Inspector.

11.5.1 Deklarieren der Instanzenvariablen

Nun gibt es wieder *business as usual*. Deklarieren Sie also als Erstes in der Headerdatei *FirstViewController.h* die benötigten Instanzenvariablen als *IBOutlet*. Nun brauchen wir natürlich nicht alle Steuerelemente. Die beiden Beschriftungen URL und TINY brauchen keine Vertreter im Code, da sie ja nur beschreibend für den Benutzer des User Interface gedacht sind. Und auch die Schaltfläche gibt nichts von ihren Eigenschaften preis. Okay, wir brauchen sie danach, um den Registrierungsprozess einzuleiten. Aber das erledigt ja im zweiten Schritt eine *IBAction*-Methode. Somit bleiben nur noch vier Steuerelemente, die Repräsentanten im Code benötigen:

1. Das URL-Textfeld, in dem der Benutzer die Webadresse eingeben kann, die dann verkürzt werden soll:

```
IBOutlet UITextField *url;
```

2. Das Textfeld für die Abkürzung:

```
IBOutlet UITextField *tiny;
```

3. Ein Label, in dem die Tiny-URL nach jedem Tastendruck im Textfeld *tiny* aktualisiert erscheinen soll:

```
IBOutlet UILabel *ihome;
```

4. Und zu guter Letzt einen Stellvertreter für das große Textfeld, in dem Anleitung und Fehlertexte stehen sollen:

```
IBOutlet UITextView *message;
```

11.5.2 Antwortmethoden deklarieren

Während des Programmlaufs müssen Sie aus Code-Sicht nur auf zwei Ereignisse reagieren:

- Der Benutzer tippt einen Buchstaben – dann nämlich soll der Label die *iHo.me*-Adresse anzeigen.
- Der Benutzer drückt die Schaltfläche. Dann kommt es zur eigentlichen Interaktion mit dem Server.

Das bedeutet, dass Sie auch nur zwei *IBAction*-Routinen in der *tinyURL.h* deklarieren müssen. Also tragen Sie direkt vor dem @end die beiden Zeilen

```
- (IBAction) showIhome;
- (IBAction) registerURL;
```

ein. Das war´s schon an Deklarationen. Sie können nun zurück zum Interface Builder wechseln und dort die Ereignisse, aber auch die Eigenschaften mit dem Code verbinden.

11.5.3 Verbindungen im Interface Builder

Öffnen Sie im Interface Builder das View und das zugehörige *tinyURL.xib*-Dokumentenfenster. Ziehen Sie nun für jede Instanzenvariable mit der rechten Maustaste eine Verbindung von FILE´S OWNER zum entsprechenden Steuerelement auf dem Formular, und wählen Sie nach dem Loslassen der Maustaste das passende *IBOutlet* aus der Liste im Popup-Fenster. Wenn Sie danach auf FILE´S OWNER klicken, sollte es so aussehen, wie in Abbildung 11.8 dargestellt.

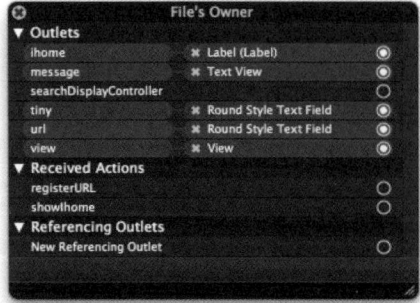

Abbildung 11.8: Die vier Instanzenvariablen sind mit den Steuerelementen verbunden.

Dann markieren Sie die Schaltfläche erst mit der linken Maustaste, sodass der Markierungsrahmen erscheint, und ziehen dann mit der rechten Maustaste eine Verbindungslinie zu FILE's OWNER. Stellen Sie hier die Verbindung zu *registerURL* her. Und abschließend verbinden Sie auf dieselbe Art und Weise auch das Textfeld TINY mit der Behandlungsmethode *showIhome*.

11.5.4 Erste Code-Arbeiten

Der eigentliche Code ist recht simpel. Tragen Sie zunächst einmal die beiden Methodengerüste für die bereits in der Headerdatei deklarierten Behandlungsroutinen im *@implementation*-Abschnitt der Moduldatei *tinyURL.m* ein:

```
- (IBAction) showIhome{
}
- (IBAction) registerURL{
}
```

Der Code für die erste Routine ist extrem simpel. Sie erinnern sich: Diese Routine soll die verkürzte *iHo.me*-Adresse im Label *ihome* anzeigen. Es wird also einfach der Inhalt von *tiny.text* genommen und an die feste Zeichenkette *www.iHo.me/* angehängt. Oder, in Objective-C ausgedrückt:

```
ihome.text = [NSString stringWithFormat: @"www.iHo.me/%@", tiny.text];
```

Starten Sie dann das Programm, und schauen Sie, was passiert.

Nix! Sie können im TINY-Feld tippen, was Sie wollen – die gelbe Anzeige darunter zeigt stumpfsinnig *Label* an. Aber halt: Wechseln Sie einmal das Eingabefeld. Et voilà – die Anzeige ist da.

Na klar: Mit der Methode der Zuweisung von Code an das Textfeld wurde natürlich das Standardereignis mit der Methode *showlhome* verbunden. Und das ist beim *UITextField* das Ereignis *Editing Did End*.

Wechseln Sie in den Interface Builder, und markieren Sie im Dokumentenfenster den *FirstResponder*. Im *Connections Inspector* (⌥+⌘+6) sehen Sie nun alle möglichen Aktionen, auf die reagiert wird. Nehmen Sie hier rechts neben *showlhome* den Kreis, und ziehen Sie ihn im View auf das Textfeld TINY. Nun erscheint das Popup, das Sie bereits aus den ersten Kapiteln kennen. Wählen Sie das Textfeld-Ereignis *Editing Changed*, das nach jedem Tastendruck im Textfeld ausgeführt wird.

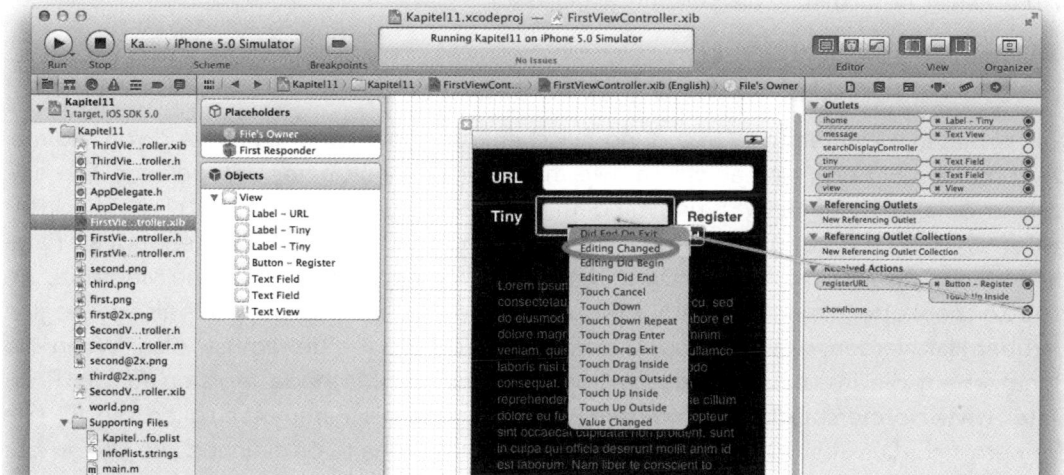

Abbildung 11.9: Über den CONNECTIONS INSPECTOR verknüpfen Sie das richtige Ereignis mit der Methode showlhome.

> **Hinweis**
>
> Da das TINY-Textfeld bereits mit einem anderen Ereignis verknüpft war, steht im *Connections Inspector* statt des einen Ereignisses der Text *Multiple*. Nur der Ordnung halber sollten Sie das *Multiple* ausklappen und das überholte Event *Editing Did End* löschen. Es macht aber auch nichts, wenn Sie es so lassen, wie es ist.

Nach einem erneuten Start – Speichern nicht vergessen – sollte alles so funktionieren, wie Sie es erwarten.

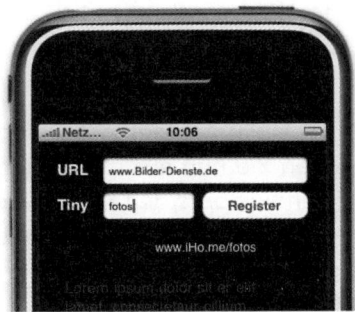

*Abbildung 11.10: Nachdem das richtige Ereignis zugeordnet ist,
wird bei jeder Textänderung die Kurz-URL angepasst.*

11.5.5 Lesen aus einer Web-Ressource

Nun kommen wir zur ersten Verbindung zwischen der App und der Online-API von *iHo.me*.
Dazu müssen Sie erst einmal wissen, wie man an den Inhalt einer URL gelangt. Die einfachste Variante ist, einen *NSString* mit dem Inhalt einer URL zu füllen. [NSString stringWith-
ContentsOfURL: ... lautet der Aufruf der Klassenmethode. Diese Methode benötigt als Parameter eine URL vom Typ *NSURL*. Diese Klasse *NSURL* wiederum besitzt eine Methode, um
eine Zeichenkette in eine gültige *NSURL* umzuwandeln. So müssen wir uns also zu Beginn
darüber klar werden, was überhaupt aus der API von iHo.me gefragt ist. Also: Wenn der
Benutzer auf die REGISTER-Schaltfläche tippt, soll mit der Methode *registerURL* die PHP-
Datei *www.iho.me/seturl.php* aufgerufen werden, und als Parameter sollen die ID (Sie
erinnern sich: Die Test-ID lautet *A0B1C2D3E4F5*), der Inhalt von *tiny* und die URL in der
Variablen *url* übergeben werden. Dies alles können Sie mit der *NSString*-Methode *string-
WithFormat* zu einer Zeichenkette verknüpfen:

```
NSString *phpScript = [NSString stringWithFormat:
        @"http://www.iho.me/seturl.php?ID=%@&TINY=%@&URL=%@",
        @"A0B1C2D3E4F5" , tiny.text, url.text];
```

Wenn Sie danach die Variable mit

```
NSLog(@"%@",phpScript);
```

im Debugger-Fenster (⌘+⇧+R) anzeigen lassen, sehen Sie, ob der Ausdruck stimmt.

Als Nächstes wandeln Sie diese soeben zusammengefügte URL in eine URL vom Typ *NSURL*
um:

```
NSURL *phpURL = [NSURL URLWithString:phpScript];
```

Und prüfen auch gleich wieder, ob alles passt:

```
NSLog(@"%@",phpURL);
```

Nun haben Sie eine gültige URL und können auf die *iHo.me*-API zugreifen:

```
NSString *content = [NSString stringWithContentsOfURL:phpURL
                        encoding:NSASCIIStringEncoding error:nil];
NSLog(@"URL: %@ \n%@",url,content);
```

Dadurch erhalten Sie den Rückgabewert der PHP-Datei *seturl.php* in der *NSString*-Variablen *content*. Diese kann jetzt verschiedene numerische Werte (siehe Abschnitt 11.2.3) annehmen oder eben die Zeichenkette OK, was anzeigt, dass die Reservierung der URL geklappt hat.

Als Erstes prüfen Sie also, ob der Rückgabewert OK ist:

```
if ([content isEqualToString:@"OK"]) {
```

Falls das der Fall ist, soll die Textfarbe Weiß sein, und der Statustext soll anzeigen, dass die URL reserviert wurde:

```
    [message setTextColor: [UIColor whiteColor]];
    message.text = [NSString stringWithFormat: @"Die Kurz-URL
            www.iho.me/%@ wurde erfolgreich reserviert und wird auf
            %@ umgeleitet.",tiny.text, url.text];
```

Anderenfalls ist ein Fehler aufgetreten, und der Statustext wird erst einmal rot eingefärbt:

```
} else {
    [message setTextColor: [UIColor redColor]];
```

Und dann beginnt die Prüfung der Fehlercodes (siehe Abschnitt 11.2.3), wobei zu jedem Code ein individueller Fehlertext gesetzt wird.

```
    if ([content isEqualToString:@"1"])
      message.text = @"Bitte geben Sie eine URL ein";
    else if ([content isEqualToString:@"2"])
      message.text = @"Bitte geben Sie ein URL-Kürzel in das Textfeld rechts neben Tiny ein.";
    else if ([content isEqualToString:@"3"])
      message.text = [NSString stringWithFormat: @"Die Eingabe `%@` ist keine gültige URL.",
url.text];
    else if ([content isEqualToString:@"4"])
      message.text = [NSString stringWithFormat: @"Die Kurz-URL www.iho.me/%@ wurde bereits
      reserviert. Bitte suchen Sie sich ein anderes Kürzel heraus.",tiny.text];
    else
      message.text = @"Es ist ein unbekannter Fehler aufgetreten.";
}
```

Im Grunde also ganz simpel, wenn man sich auch als Nicht-Objective-C-ler erst einmal daran gewöhnen muss, dass man Zeichenketten nicht einfach so auf Gleichheit prüfen kann und stattdessen eine Methode – *[content isEqualToString ...* – bemühen muss. Aber auch das hat seinen Sinn. Denn während die Gleichheit wohl global gesehen keine großen Probleme bereitet, ist das Größer und das Kleiner je nach verwendetem Zeichensatz international völlig unterschiedlich. Aber das ist ja hier nicht das Thema, sondern soll lediglich erklären, warum ein so simpler Sachverhalt wie der Vergleich zweier Zeichenketten eines solchen Aufwands bedarf.

11.5.6 Eine gute Abkürzung

Abkürzungen wie *iHo.me/x3c* oder *iHo.me/925* sind zwar schön kurz, aber zumeist dennoch schwer zu merken. Und wenn Sie andere Kombinationen bei *iHo.me* versuchen, muss auch ein wenig Glück im Spiel sein, damit die passende Abkürzung noch frei ist. Deshalb soll die Suchseite helfen, noch freie Wörter aus dem Duden zu finden, die 3 oder 4 Buchstaben lang sind.

Öffnen Sie zunächst die Interface Builder-Datei *SecondViewController.xib*. Schieben Sie ein *UISearchBar*-Steuerelement an den oberen Rand, und platzieren Sie darunter ein *UITableView*. Formatieren Sie dann die *UISearchBar* im *Attributes Inspector*. Sinnvoll ist beispielsweise, den *Placeholder* vorzubelegen. Dies ist der Text, der am iPhone oft grau in Textfeldern steht und Hinweise liefert, was man eingeben soll. Sobald man dann wirklich etwas eintippt, verschwindet er und gibt den Platz für die Eingabe frei. Zudem sollten Sie als Style *Black Opaque* oder *Black Translucent* wählen, damit es zum Stil des restlichen Programms passt.

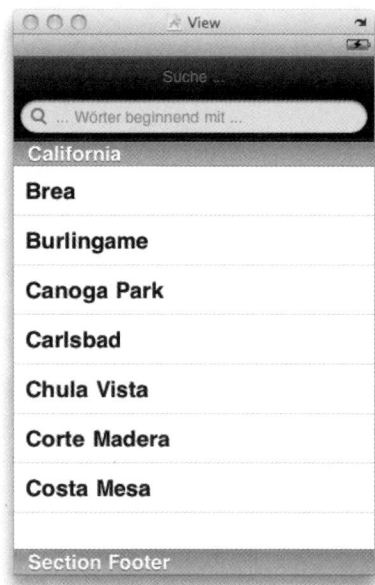

Abbildung 11.11:
Das View im zweiten Tab – SecondViewController.xib – bietet einen typischen Such-Dialog und wird komplett über das dataSource- und delegate-Protokoll gesteuert.

Tipp

Besonders dann, wenn Steuerelemente wie *UITableView* oder auch *UISearchBar* statt über *IBAction*-Methoden über einen Delegate gesteuert werden (also einen Stellvertreter in Form von vordefinierten Methodenaufrufen, die nach einem festen Protokoll aufgebaut sind), ist es immer viel Arbeit, sich an alle Deklarationen zu erinnern. Über die Applikations- und die Dateischablonen von Xcode bekommen Sie schon jede Menge Code vorbereitet in der Modul- und Headerdatei. Und auch die Code-Vervollständigung tut das ihre, um Ihnen so viel Gedankenlast wie möglich abzunehmen. Denn wer kann sich schon die ganzen Parameter und die unzähligen Methoden und Eigenschaften merken?

Allein: Es bleiben die Delegate-Methoden. Etwa die Antwortmethoden auf die *UITableView*-Ereignisse, also *numberOfSectionsInTableView:tableView* oder *tableView: tableView cellForRowAtIndexPath:indexPath*. Also müsste ich immer wieder in alten Projekten kramen, um mir die Real-life-Beispiele herauszufischen. Müsste! Denn ich habe einen sehr viel praktikableren Weg gefunden. Die Textvervollständiger, wie *TextExpander* (*www.smileonmymac.com*) oder *Typinator* (*www.ergonis.com*) sind quasi prädestiniert, dem Programmierer diese Denk- und Merkarbeit abzunehmen. Beide Programme klemmen sich zwischen Tastatur und Mac und ersetzen vorgegebene Kürzel durch Textblöcke. So wird beim Typinator etwa aus *<<author* das HTML-Metatag *<meta name="author" content="{^}">* (das ^ steht für die Cursorposition nach der Ersetzung). So sind über 110 Shortcuts für HTML vorhanden, die sich in meiner Praxis hervorragend bewähren.

Der TextExpander kostet knapp 40 US$, der Typinator knapp 20 EUR. Das war für mich auch, aber nicht allein entscheidend, den Typinator einzusetzen. Letzterer ist lokalisiert und besitzt dazu eine Ersetzungsbibliothek, für die typisch falsch geschriebene neue deutsche Rechtschreibung. So macht er aus *daß* automatisch *dass* usw. Für Objective-C gibt es leider keine vorgefertigten Schablonen. Allerdings kann man Sets importieren. Ich habe ein solches Set unter *www.iho.me/typinator* online gestellt, und werde es im Laufe der Zeit immer wieder erweitern. Dann bekommt man beispielsweise mit `(((UITableViewDelegate` das komplette Set an Delegate-Methoden samt Kommentaren eingefügt.

Und noch eine gute Nachricht: Sie können den Typinator auch unregistriert verwenden. Er ist voll funktionstüchtig und fügt lediglich zuweilen einen entsprechenden Reminder ein, dass die Software doch fairerweise registriert werden sollte.

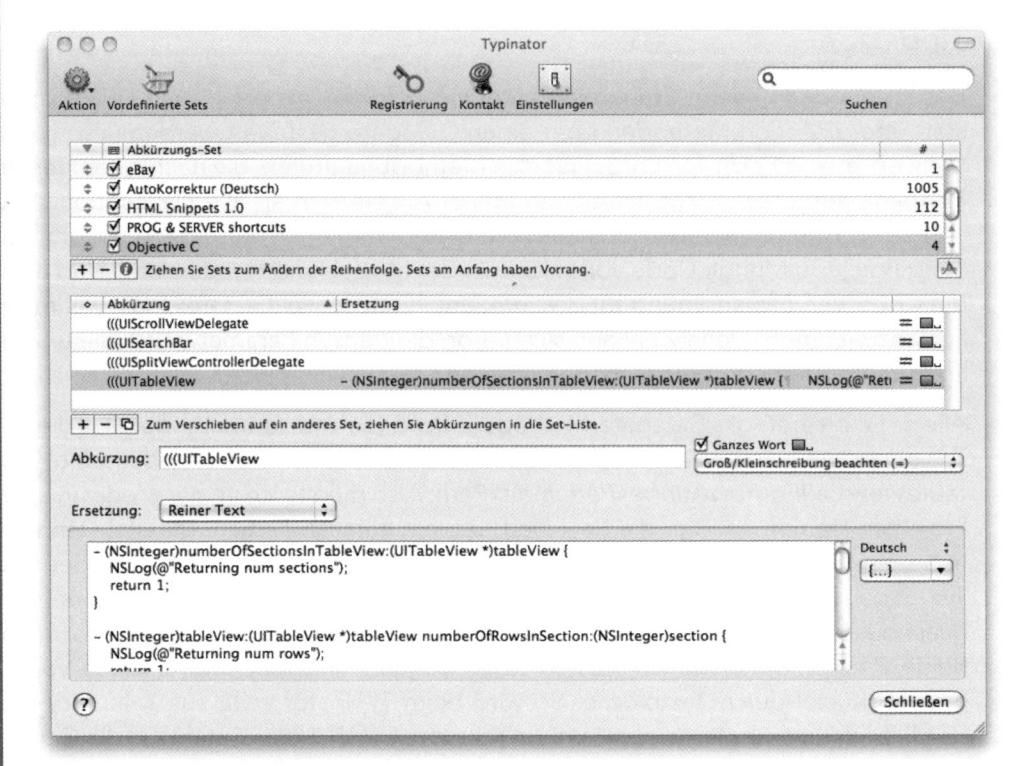

Abbildung 11.12: Mit dem Typinator im Hintergrund lassen Sie beliebige Abkürzungen durch umfangreiche Codeblöcke ersetzen.

Sowohl das *UITableView* als auch das *UISearchBar* werden über Delegates gesteuert. Das heißt, dass für sämtliche Code-Interaktion nicht die üblichen Ereignisse wie *Touch Up Inside* oder Ähnliche herhalten, sondern Methoden, die nach einem fest definierten Protokoll die Kommunikation zwischen Code und Interface Builder-Steuerelement regeln.

Hinweis

Ein Protokoll ist ein Set von Methoden, über das ein Steuerelement mit dem Code kommunizieren kann.

> ## Tipp
>
> Wenn Sie sich einmal einen Überblick verschaffen wollen, welche Steuerelemente und Klassen alle über ein Delegate-Protokoll gesteuert werden, rufen Sie mit ⎇ + ⌘ + ⇧ + ? die Xcode-Hilfe auf und geben als Suchbegriff *Delegate Protocol Reference* ein. Schauen Sie dann links in der grauen Ergebnisspalte in den Abschnitt TITLE, und klicken Sie dort auf SHOW 86 MORE RESULTS. Besonders die Einträge, die mit *UI...* beginnen, sind da interessant, wie *UIAccelerometerDelegate* (die Nutzung der Bewegungsbibliothek) oder *UIGestureRecognizerDelegate*, um Berührungsgesten zu interpretieren.

In der Regel verknüpft man ein delegate-gesteuertes Steuerelement im Interface Builder mit der zugehörigen *.m*-Datei, indem man im Interface Builder vom Steuerelement mit der rechten Maustaste eine Verbindung zu FILE´S OWNER – also den symbolischen Stellvertreter der zugehörigen Quelltextdateien – zieht und dann aus der Popup-Liste der Eintrag DELEGATE wählt.

Das alleine reicht aber nicht aus. Denn das Interface, das in der Headerdatei deklariert ist, muss das Protokoll erst einmal verstehen. Und dazu müssen Sie ihm im Code beibringen, worauf es zu reagieren hat. Ändern Sie in der Datei *SecondViewController.h* folgende Zeile:

```
@interface SecondViewController: UIViewController {
in
@interface SecondViewController: UIViewController
                < UITableViewDataSource, UITableViewDelegate,
                UISearchBarDelegate >
{
```

Das bedeutet, dass ab sofort die *UIViewController*-Klasse *search* auf *TableView*- und *SearchBar*-Ereignisse reagieren kann.

Verbinden Sie nun im Interface Builder sowohl die *SearchBar* als auch das *TableView* mit der rechten Maustaste mit FILE´S OWNER. Bei *TableView* müssen Sie gleich zwei Protokolle verbinden, nämlich *dataSource* und *delegate*. Während *dataSource* für die Inhalte innerhalb des *UITableView*-Steuerelements zuständig ist, kann mit dem *delegate*-Protokoll Einfluss auf das Verhalten genommen werden. Etwa dann, wenn der Benutzer eine Zeile auswählt.

Öffnen Sie dann die Moduldatei und fügen Sie die nötigen *dataSource*- und *delegate*-Methoden für das *UITableView*- und das *UISearchBar*-Protokoll hinzu:

UITableViewDataSource-Protokoll

```
// ** Das TableView-DataSource-Protokoll - UITableViewDataSource
- (NSInteger)numberOfSectionsInTableView:(UITableView *)tableView {
    return 1; /// Anzahl der Sektionen
}
- (NSInteger)tableView:(UITableView *)tableView
                    numberOfRowsInSection:(NSInteger)section {
    return 10; /// Anzahl der Zeilen
}
- (UITableViewCell *)tableView:(UITableView *)tableView
                cellForRowAtIndexPath:(NSIndexPath *)indexPath {
    UITableViewCell *cell =
            [tableView dequeueReusableCellWithIdentifier:@"Standard"];
    if (cell == nil) {
        cell = [[UITableViewCell alloc] initWithFrame:CGRectZero
                    reuseIdentifier:@"Standard"];
    }
    cell.textLabel.text = [NSString stringWithFormat:
                                    @"Zeile %i", indexPath.row];
    return cell;
}
```

UITableViewDelegate-Protokoll

```
// ** Das TableView-Delegate-Protokoll - UITableViewDelegate
- (NSIndexPath *)tableView:(UITableView *)tableView willDeselectRowAtIndexPath:
(NSIndexPath *)indexPath {
    NSLog(@"Zeile %i ausgewählt", indexPath.row);
return indexPath;
}
```

UISearchBarDelegate-Protokoll

```
// ** Das SearchBar-Protokoll - UISearchBarDelegate
- (void)searchBarSearchButtonClicked:(UISearchBar *)searchBar {
    NSLog(@"Suche nach `%@`", searchBar.text);
}
```

Wenn Sie die Applikation starten, sollte das Suchfenster so wie in Abbildung 11.13 aussehen. Es werden 10 Zeilen angezeigt, und diese sind mit Zeile 0 bis Zeile 9 durchnummeriert. Jedes Mal, wenn der Benutzer eine Zeile antippt, wird in der Debugger-Konsole protokolliert, welche Zeile er ausgewählt hat. Sobald er einen Suchtext eingibt und bestätigt, wird die *UISearchBarDelegate*-Methode *searchBarSearchButtonClicked:searchBar* ausgeführt, in der in unserem Dummy-Code einfach der Suchtext im Debugger-Fenster ausgegeben wird.

Abbildung 11.13: Sämtliche Funktionen im Suchfenster werden über Protokolle gesteuert.

Nun gibt es noch drei Dinge zu erledigen:

1. Es muss eine URL mit der ID (*A0B1C2D3E4F5*) und dem Suchtext (*searchBar.text*) erzeugt werden. Aus dem Ergebis der Abfrage www.iho.me/proposal.php?ID=...&SEARCH=... wird ein *NSArray* gebildet, das dann im *TableView* zur Anzeige verwendet werden kann.

2. Nach jeder Eingabe im Suchfeld muss der erste Schritt erneut ausgeführt werden. Danach wird das *UITableView* aufgefordert, sich mit den neuen *NSArray*-Inhalten neu darzustellen.

3. Tippt der Anwender auf einen *UITableView*-Eintrag, wird dieser im ersten Tab in das TINY-Feld eingetragen und die Anzeige auf das erste Tab umgeschaltet.

Zunächst einmal deklarieren Sie in der Headerdatei *SecondViewController.h* das Array:

```
@interface SecondViewController : UIViewController {
    NSArray *searchResults;
}
```

Dann wechseln Sie in die Moduldatei und suchen im Text die Methode *viewDidLoad* (je nach Xcode-Version müssen Sie vor der Methode gegebenenfalls die Kommentarzeichen entfernen). Dort füllen Sie mit der *NSArray*-Methode *arrayWithContentsOfURL* das Array mit den

Inhalten aus der URL *http://iho.me/proposal.php?ID=A0B1C2D3E4F5*. Nun gibt es etwas, was ich Ihnen bis dato verschwiegen habe. Denn auch, wenn es in Abschnitt 11.2.4 so aussah, als würde das Skript die Suchergebnisse einfach durch Zeilenvorschübe getrennt auflisten, ist dies de facto nicht so. Denn die Methode, um eine Datei in ein Array einzulesen, erwartet die Informationen in Form einer *.plist*-Datei. Hierbei handelt es sich um eine XML-Datei, die die eigentlichen Texte in der Form

```
<string> Text / Array-Element </string>
```

enthält. Dazu kommt ein wenig Overhead für den XML-Aufbau – und fertig. Im Browser hingegen wird es wie eine normale Liste angezeigt. Schauen Sie sich jedoch den Quelltext an, erhalten Sie so etwas wie in Abbildung 11.14.

```
Quelltext von http://www.iho.me/proposal.php?ID=A0B1C2D3E4F5
<?xml version="1.0" encoding="UTF-8"?>
<!DOCTYPE plist PUBLIC "-//Apple//DTD PLIST 1.0//EN" "http://www.apple.com/DTDs/PropertyList-1.0.dtd">
<plist version="1.0">
<array>
    <string>AAH</string>
    <string>AAHS</string>
    <string>AAL</string>
    <string>AALS</string>
    <string>ABA</string>
    <string>ABAC</string>
    <string>ABAS</string>
    <string>ABB</string>
    <string>ABBA</string>
    <string>ABBE</string>
    <string>ABBS</string>
    <string>ABED</string>
    <string>ABET</string>
    <string>ABID</string>
    <string>ABLE</string>
    <string>ABLY</string>
    <string>ABO</string>
    <string>ABOS</string>
    <string>ABRI</string>
    <string>ABUT</string>
</array>
</plist>
```

Abbildung 11.14: Die NSArray-Methode initWithContentsOfURL erwartet eine XML-Datei mit in `<string> .. </string>` *geklammerten Werten.*

Die *NSArray*-Methode *arrayWithContentsOfURL* erwartet nun als Parameter einen Wert vom Typ *NSURL*. Also deklarieren und definieren wir in *viewDidLoad* eine Variable für die URL:

```
NSURL *proposalURL = [NSURL URLWithString:
            @"http://iho.me/proposal.php?ID=A0B1C2D3E4F5&LANGUAGE=d"];
```

Mit dieser URL wird nun das Array gefüllt:

```
searchResults = [NSArray arrayWithContentsOfURL: proposalURL];
```

Hinweis: Xcode vor der Version 4.2

Seit der Version 4.2 unterstützt Xcode das sogenannte *Automatic Retain Count*-Verfahren (ARC-Verfahren). Das bedeutet, dass sich der Compiler vor dem eigentlichen Übersetzen Gedanken darüber macht, welche Variablen im Speicher gehalten (engl. *retain* = aufbewahren, behalten) werden müssen, und sie – wenn sie nicht mehr von Nutzen sind – automatisch wieder frei gibt (engl. *release* = loslassen, freigeben).

Würden wir nichts weiter tun, würde am Ende der Methode der sogenannte *Retain-Code* von *searchResult* um eins verringert und damit 0. Das würde aber bedeuten, dass der komplette Inhalt für die Katz wäre und der Zugriff auf den Suchtext später nicht mehr möglich wäre. Deshalb erhöhen Sie nun künstlich diesen Code mit:

```
[searchResults retain];
```

Um ganz sauber zu arbeiten, müssen Sie den Retaincode am Ende, wenn das View wieder aus dem Speicher entfernt wird, verringern. Dies geschieht in der vordefinierten Methode *viewDidUnload*:

```
[searchResults release];
```

Wenn Sie sich jetzt fragen, was der Schmarrn soll, schließlich wird in dem Fall der Speicher ja eh bereinigt ... korrekt! Aber man sollte sich angewöhnen, ein *retain* immer nur in Kombination mit einem späteren *release* zu verwenden. Bei größeren Projekten werden es Ihnen Nutzer und Hauptspeicher danken. Außerdem kann es sein, dass die Apple-Prüfer beim Einreichen in den App Store bei zu vielen offenen *retain*s – oder auch etwas leger ausgedrückt: bei Ressourcensäuen – den Daumen nach unten drehen, und Sie haben ein bis zwei Wochen verloren, weil der Einreichungsprozess wieder von Neuem beginnt.

Allein aus diesem Grunde sollten Sie sich überlegen, auf Xcode 4.2 mit der automatischen Speicherbereinigung ARC umzusteigen.

Als Nächstes nehmen Sie sich die *DataSource*-Methoden vor. Beim Aufruf von *tableView: numberOfRowsInSection* gibt die Funktion nunmehr nicht mehr den statischen Wert 10 zurück, sondern die Anzahl der Array-Elemente:

```
return [searchResults count];
```

Und auch *tableView:cellForRowAtIndexPath* zeigt nicht mehr den drögen *Zeilex*-Text an, sondern soll stattdessen die Eigenschaft *textLabel.text* der *UITableViewCell*-Variablen *cell* mit dem Inhalt des Array-Objekts anzeigen, das über die Zeile (*row*) von *indexPath* adressiert ist. Puh – hört sich das kryptisch an! Dabei ist es so simpel:

```
cell.textLabel.text = [searchResults objectAtIndex:indexPath.row];
```

Dann starten Sie mal erneut. Und JOP: Was Sie sehen, sind tatsächlich Live-Daten von *www.iHo.me*.

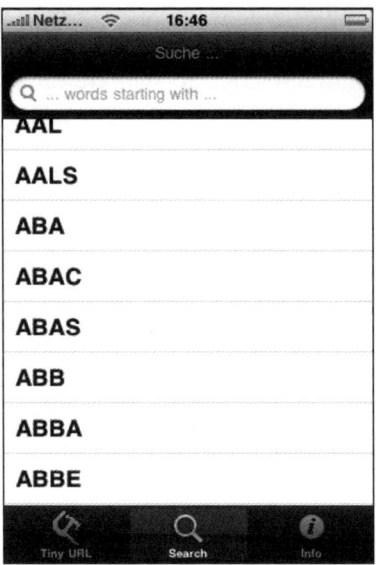

Abbildung 11.15: Mit nur wenigen Zeilen Code haben Sie die Verbindung zu den Live-Daten auf www.iHo.me hergestellt.

Bleibt noch die Suche, die mit einem ganz ähnlichen Vorgehen – nur mit leicht geänderter URL – zum Ziel führt. Die Suche muss nämlich den Suchparameter *SEARCH* in die URL mit aufnehmen. Und der Ort, wo die Suche implementiert wird, ist die Methode *searchBarSearchButtonClicked*, die Teil des *UISearchBar*-Protokolls ist und deshalb auch schon in der *SecondViewController.m* deklariert wurde (Sie erinnern sich an vorhin, als wir die ganzen Protokolle eingefügt haben?):

```
- (void)searchBarSearchButtonClicked:(UISearchBar *)searchBar {
}
```

Diese Methode erhält einen Parameter: *searchBar*. Dies ist ein Verweis auf das *UISearchBar*-Steuerelement über dem *TableView*, jenes nämlich, in dem Sie den Suchtext eingeben. Um zu schauen, ob das Zusammenspiel zwischen dem Steuerelement und dem Protokoll (genauer gesagt: der *searchBarSearchButtonClicked*-Methode) funktioniert, lassen Sie doch einfach in der Konsole (⌘+⇧+ C) den Suchtext ausgeben:

```
NSLog(@"Suche nach `%@`", searchBar.text);
```

Und probieren Sie es aus. Hat es geklappt? Gut. Dann können wir weitergehen. Als Erstes wird – wie auch schon weiter oben – die URL gebildet. Der Unterschied ist nur, dass neben *ID* und *LANGUAGE* nun auch noch der Parameter *SEARCH* übergeben wird, nämlich gefüllt mit dem Inhalt des Suchfeldes.

```
NSString *iHome = [NSString stringWithFormat:
            @"http://iho.me/proposal.php?ID=%@&SEARCH=%@&LANGUAGE=d",
@"A0B1C2D3E4F5", searchBar.text];
```

Und dann wird daraus eine *NSURL*-genormte Webadresse gemacht:

```
NSURL *proposalURL = [NSURL URLWithString:iHome];
```

Nun muss das Array *searchResults* wieder mit der Rückgabe des API-Aufrufs gefüllt werden.

Hinweis

In Xcode-Versionen vor 4.2 – also ohne *Automatic Retain Counting* (ARC) – muss das bereits existierende Array zunächst geleert respektive aus dem Speicher gelöscht werden:

```
[searchResults dealloc];
```

Dann erst haben wir denselben Zustand wie beim Laden des View und können das Array mit *arrayWithContentsOfURL* auffüllen:

```
searchResults = [NSArray arrayWithContentsOfURL: proposalURL];
```

Hinweis

Und natürlich muss bei Xcode ohne ARC auch der *Retain Count* wieder erhöht werden, damit *searchResult* nicht am Ende der Methode dereferenziert wird:

```
[searchResults retain];
```

Fertig! Neustart der App, Wechsel zur Suchen-Seite, Text eingeben und auf Suchen klicken ... und nichts passiert. Na klar! Schließlich müssen wir dem *TableView* ja noch sagen, dass es neuen Inhalt zum Darstellen gibt. Also zurück zu Xcode!

UITableView besitzt eine Methode, die *reloadData* heißt und die genau das macht, nämlich die Protokollmethoden erneut aufzurufen und damit neue Inhalte darzustellen. Allein, wir haben noch keinen Stellvertreter, also keine *IBOutlet*-Instanzenvariable für das Steuerelement, sodass wir die Methode nicht aufrufen können. Also legen Sie in der Headerdatei *search.h* zuerst eine Deklaration im Interface-Abschnitt an:

```
IBOutlet UITableView *mainTableView;
```

Speichern Sie die Datei, und ziehen Sie dann im Interface Builder eine Verbindung mit der rechten Maustaste von FILE's OWNER zum *UITableView*-Control, um *mainTableView* mit dem Steuerelement zu verknüpfen.

Kehren Sie dann zu Xcode und der Behandlung von *searchBarSearchButtonClicked* zurück, und fügen Sie

```
[mainTableView reloadData];
```

an den bestehenden Code an. Wenn Sie die App nun erneut starten, funktioniert es endlich so, wie es soll. Na ja ... fast. Es zeigt zumindest schon mal die Ergebnisse. Leider zeigt es auch immer noch die Tastatur und verringert so den Platz für die Zeilen des *TableView*. Aber auch hier gibt es eine ganz einfache Lösung: Mit dem Methodenaufruf

```
[searchBar resignFirstResponder];
```

wird die Tastatur einfach zurückgesetzt. Diese Methode funktioniert bei allen textfeld-orientierten Controls, wie *UITextView*, *UITextField* und sämtlichen Erweiterungen.

Abbildung 11.16: Die Suchfunktion bietet eine komfortable Abfrage der verfügbaren URL-Kürzel.

Als Letztes bleibt jetzt nur noch, auf das Tippen des Nutzers zu reagieren. Tippt er nämlich auf einen Eintrag, soll dieser in das Tiny-Feld im ersten Tab übernommen werden, und es soll natürlich auch gleich dorthin gewechselt werden.

Und da beginnt jetzt die Schwierigkeit. Wie nämlich greift man auf die Ressourcen einer anderen *.xib*-Datei zu? Die Antwort lässt sich relativ leicht eruieren. Das Objekt *self* bezieht sich ja auf das Fenster, in dem sich alles abspielt. Darin enthalten ist der *Tab Bar Controller* (*self.tabBarController*), der wiederum sämtliche Views beinhaltet und über die Eigenschaft *viewControllers* als *NSArray* zur Verfügung stellt. Diese sind von links nach rechts durchnummeriert. So hat *FirstViewController.xib* den Index 0, *SecondViewController.xib* den Index 1 und *ThirdViewController.xib* den Index 2. Da wir auf *FirstViewController.xib* zugreifen wollen, erstellen wir eine Referenz vom Typ *UIView* und wählen über die Methode *objectAtIndex* das erste View-Element des *NSArray* aus:

```
UIView *view = [self.tabBarController.viewControllers objectAtIndex:0];
```

Die Variable *view* verweist (zeigt = Zeiger) nun auf das *FirstViewController.xib*-View. Das heißt, dass Sie nun sämtliche Funktionalität dieses View über die Variable *view* nutzen können.

Um den Inhalt der Instanzenvariable *tiny* – also des Textfeldes im *FirstViewController*-View – zu setzen, gibt es noch keine Methode. Aber dem ist ja schnell abzuhelfen. Zuerst fügen Sie in der *FirstViewController.h* vor dem @end die Deklaration

```
-(void) setTinyText: (NSString*)text;
```

ein und definieren deren Aktion dann in der *FirstViewController.m*:

```
-(void) setTinyText: (NSString*)text{
   [tiny setText:text];

}
```

Und schon haben Sie selbst die Schnittstelle geschaffen, um aus der *FirstViewController.m* auf das Tɪɴʏ-Textfeld zugreifen zu können.

> ## Hinweis
>
> Je nach Schnittstelle kann es sein, dass der Text Leerzeichen oder eventuell einen Zeilenvorschub enthält. Mit der *NSString*-Methode *stringByTrimmingCharactersIn-Set* können Sie führende und folgende Sonderzeichen entfernen. Der Aufruf lautet dann
>
> ```
> [tiny setText: [text  stringByTrimmingCharactersInSet:
>                   [NSCharacterSet  whitespaceAndNewlineCharacterSet]]];
> ```
>
> und gewährleistet, dass in dem Tɪɴʏ-Textfeld nur die tatsächlichen Buchstaben des Kürzels stehen.

Zurück zur *SecondViewController.m*. Wenn der Benutzer einen Zelleneintrag antippt, wird – wie schon weiter oben vorbereitet – als Reaktion *tableView:didSelectRowAtIndexPath* ausgelöst. In diesem Codeblock setzen Sie nun das Textfeld im ersten View und schalten danach die Ansicht dorthin.

Als Erstes erzeugen Sie eine *UIViewController*-Referenz auf die erste *.xib*-Datei:

```
UIViewController *tinyURLView = [self.tabBarController.
                                 viewControllers objectAtIndex:0];
```

Dann ermitteln Sie aus dem *NSArray* namens *searchResults* das Objekt an der Position *indexPath.row*, also den aktuell gewählten Eintrag:

```
NSString *selectedText = [searchResults objectAtIndex: indexPath.row];
```

Diese Zeichenkette übergeben Sie an die zuvor in *FirstViewController.h* und *.m* erzeugte Methode *setTinyText*:

```
[tinyURLView setTinyText: selectedText];
```

Jetzt gibt es nur ein Problem. Denn *tinyURLView* haben wir ja als Typ *UIViewController* deklariert. Und ein normaler *UIViewController* kennt eben die Methode *setTinyText* nicht. De facto ist aber der *UIViewController*, von dem wir sprechen, kein „normaler" *UIViewController*, sondern eben der etwas modifizierte, nämlich der, den wir mit

```
@interface FirstViewController : UIViewController {
    IBOutlet UITextField *url;
    IBOutlet UITextField *tiny;
...
```

in der *FirstViewController.h* vom Original-*UIViewController* abgeleitet und um die Felder *url*, *tiny*, ... sowie die Methode *setTinyText* erweitert haben. Also muss die Deklaration beim Tippen auf den *TableView*-Eintrag in der Datei *SecondViewController.m* nicht

```
UIViewController *tinyURLView .....
```

sondern

```
FirstViewController *tinyURLView .....
```

lauten. Das aber kennt Xcode nicht. Woher soll es auch?

Richtig: Mit einer *#import*-Direktive am Anfang der Moduldatei kann man dem abhelfen. Da heißt: Fügen Sie in *SecondViewController.m* direkt unter

```
#import "SecondViewController.h"
```

noch die Zeile

```
#import "FirstViewController.h"
```

ein. Und schon weiß Xcode, um was für eine Art von *UIViewController* es sich handelt, und kompiliert ohne Probleme.

Starten Sie die App einmal, und führen Sie die Suche aus. Wenn Sie auf einen Eintrag in der Ergebnisliste beim Suchen tippen, scheint nichts zu passieren. Es ist aber doch etwas passiert! Denn wenn Sie auf die erste Seite wechseln, sehen Sie auf der eigentlichen TinyURL-Seite, dass die URL-Kürzel mit dem eben angetippten Eintrag ausgefüllt worden sind. Blöd, dass die App nicht automatisch beim Tippen auf einen Eintrag zu dieser Seite wechselt! Das kann sie natürlich. Ein *UITabBarController* verfügt über die Methode *setSelectedIndex*, mit der man die einzelnen TabBar-Buttons vom Code her auswählen kann. Und als wir eben im SUCHEN-Fenster auf den ersten *UIViewController* zugegriffen haben, haben wir uns ja bereits des *TabBarController*s bedient: mit *self.tabBarController*. Also wechseln Sie im Modul *SecondViewController.m* direkt nach dem setTinyText-Methodenaufruf mit

```
[self.tabBarController setSelectedIndex:0];
```

in den ersten Tab. Ein erneuter Start der App – und siehe da, es funktioniert ... fast! Denn eines stimmt noch nicht so ganz: Wenn Sie in der Suchergebnis-Liste einen Eintrag auswählen, erscheint er zwar im Textfeld auf der Startseite, nicht aber darunter im gelb gefärbten Label. Aber erinnern Sie sich noch an die *IBAction*-Methode *showIhome* aus Abschnitt 11.5.4? Diese Methode füllt das Label unter dem TINY-*TextField* in der Form *www.iho.me/abkuerzung*, wenn der Benutzer den Inhalt des Textfeldes verändert. Und da wir das gerade getan haben, ohne die Tastatur zu verwenden, müssen wir die Methode von Hand aufrufen, weil die *IBAction*-Methode nur bei Änderungen durch die Tastatur ausgelöst wird:

```
[tinyURLView showIhome];
```

Und fertig ist die Funktionalität der Applikation.

Abbildung 11.17: Mit knapp zwei Dutzend Codezeilen ist die Applikation fertig.

11.5.7 Startarbeiten

Die grundsätzliche Funktionalität ist fertig. Jetzt ist nur noch ein wenig Kosmetik nötig, damit am Anfang nach dem Start – also in der *viewDidLoad*-Behandlungsmethode der Datei *First-ViewController.m* – im Feld TINY bereits ein Vorgabetext steht, nämlich das erste verfügbare Kürzel, das bei *iHo.me* noch frei ist. Das Prinzip ist dasselbe wie auch beim Aufruf der anderen *iHo.me*-API-Funktionen. Zuerst wird die URL in eine String-Variable überführt:

```
NSString *phpScript = [NSString stringWithFormat:
            @"http://www.iho.me/nextfree.php?ID=%@", @"A0B1C2D3E4F5"];
```

Danach überführen Sie sie in eine *NSURL*-Variable:

```
NSURL *phpURL = [NSURL URLWithString:phpScript];
```

Die wiederum wird als Parameter für die *NSString*-Methode *stringWithContentsOfURL* verwendet.

```
NSString *content = [NSString stringWithContentsOfURL:phpURL
                        encoding:NSASCIIStringEncoding error:nil];
```

Danach befindet sich in der *NSString*-Variablen *content* das erste freie *iHo.me*-Kürzel. Mit diesem belegen Sie das TINY-Textfeld

```
[tiny setText:content];
```

und rufen – wie weiter oben – die Methode *showIhome* auf, um die *iHo.me*-URL unter den Textfeldern anzuzeigen:

```
[self showIhome];
```

Nun starten Sie die App und testen sie. Versuchen Sie, sich so dämlich anzustellen, wie ein künftiger Benutzer sich nur anstellen kann. Und wenn Sie sicher sind, dass Ihre App so weit fehlerfrei ist, können Sie sie für den App Store vorbereiten.

11.6 Feintuning für den App Store

Zwei Dinge fehlen noch. Zunächst einmal brauchen Sie das Icon, mit dem sich die Apps in der Anwendungsübersicht zeigen. Die Zuweisung bei iPhone Apps ist sehr simpel. Was Sie benötigen, ist eine 57 x 57 Pixel große PNG-Datei mit dem Namen *icon.png* " und gegebenenfalls ein Icon der Größe 114 x 114 Pixel für das hochauflösende Retina-Display des iPhone 4 und seiner Nachfolger. Das muss den Namen *icon@2x.png* " tragen. Den schimmernden Aqua-Effekt erzeugt das System selbstständig, und Sie brauchen keinerlei Dreidimensionalität in die Grafik einzubauen. Die Datei *icon.png* " fügen Sie dann per Drag&Drop zum Hauptverzeichnis des Projekts hinzu, und schon besitzt die App ein Symbolbild.

Ganz ähnlich verhält es sich mit dem Splash-Screen. Dieser trägt den Namen *Default.png*".
Wichtig ist beim Dateinamen, dass das D ein Großbuchstabe ist. Zudem muss die Dimension der Datei 320 x 480 Pixel sein. Und wieder können Sie eine detailreichere Variante mit
dem Namen *Default@2x.png*" und der Auflösung von 640 x 960 Pixel zur Anzeige auf dem
Retina-Display hinzufügen. Wie *icon.png*" muss auch *Default.png*" im Hauptverzeichnis
des Projekts liegen. Fehlen übrigens die Retina-angepassten Dateivarianten, werden das
Icon und der Splashscreen mit der einfachen Auflösung verwendet.

Alles neu in Xcode 4

Um den Dateinamen und den Speicherort für Icon und Splashscreen müssen Sie sich
ab Xcode 4 nicht mehr kümmern. Markieren Sie im Dateifenster (links) das Projekt
und rechts den Eintrag TARGET. Wechseln Sie dann in den linken Reiter SUMMARY. Hier
können Sie beliebige PNG-Dateien als Icon und als Splashscreen aus dem Finder
oder den Projektdateien in die dafür vorgesehenen Platzhalter im Hauptbereich des
Fensters ziehen.

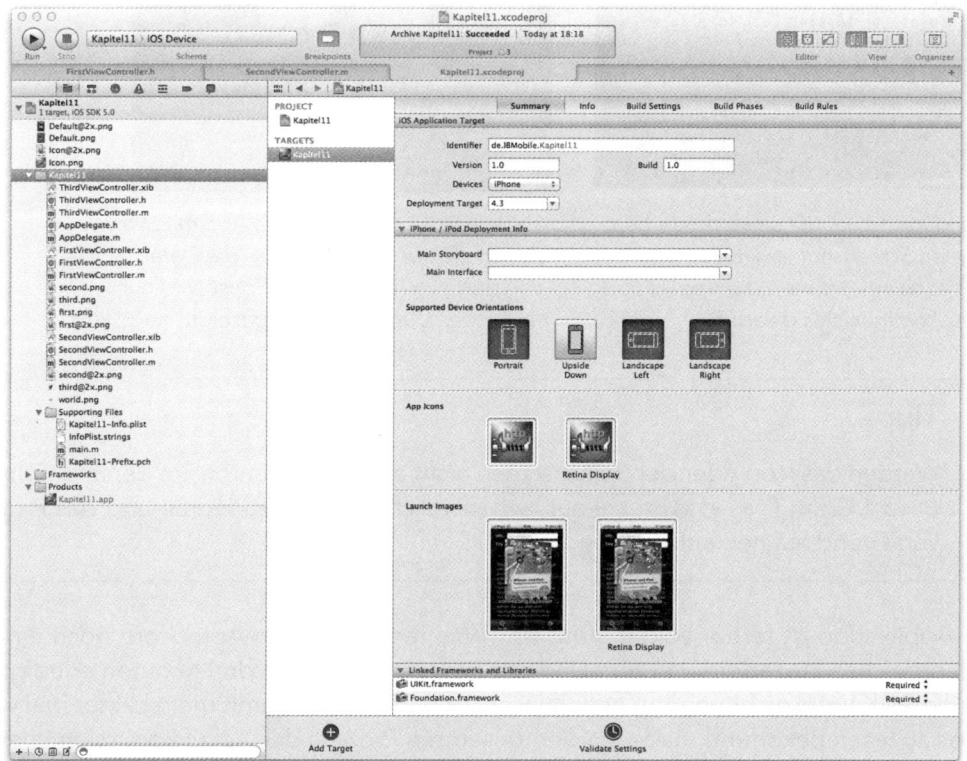

*Abbildung 11.18: Seit Xcode 4 können Sie den Splashscreen und Icons direkt aus dem
Projekt oder dem Finder per Drag&Drop im SUMMARY-Tab des Projekt-Target festlegen.*

Ein kleiner Tipp für den Splashscreen: Die meisten Entwickler machen einen Screenshot von der ersten Ansicht der App und benennen diesen in *Default.png "* um. Auf diese Weise sieht es Millisekunden nach dem Start so aus, als wäre die App geladen – alles ist nur schöner Schein! Aber dem User gefällt es.

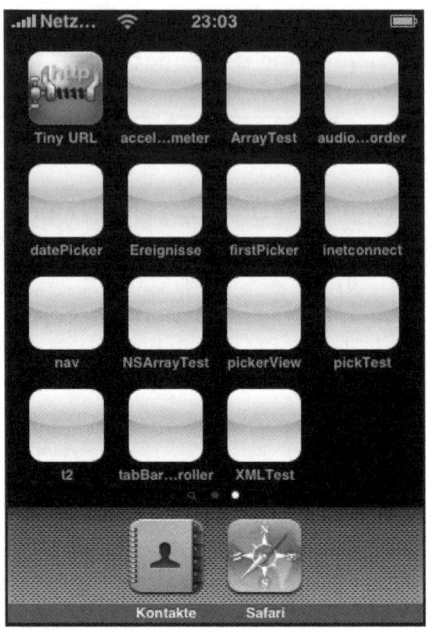

Abbildung 11.19: Mit einem leicht bearbeiteten Screenshot als Default.png " sieht es so aus, als wäre die Applikation in Nullkommanichts geladen.

Abbildung 11.19: Damit eine App mit Symbolbild dargestellt wird, muss die Datei icon.png " vorhanden sein. Sonst wird nur ein weißes Dummy-Icon angezeigt.

> ## Tipp
>
> Werden das Icon oder der Splashscreen nicht angezeigt, führen Sie den Menüpunkt BUILD / CLEAN ($\boxed{\Diamond}$+$\boxed{\mathcal{H}}$+$\boxed{K}$)) aus, um sämtliche Caches zu leeren und das Projekt von Grund auf neu aufzubauen.

Die Applikation ist fertig. Leider steht der Veröffentlichung im App Store noch ein recht umfangreiches Prozedere im Weg. Und das ist nicht in zwei bis drei Minuten erledigt. Und um dieses Kapitel nicht unnötig aufzublasen (und unter uns: damit mein Lektor mal wieder etwas zu lesen bekommt), habe ich den gesamten Prozess der *App Submission* in ein das nächste Kapitel ausgelagert. Das hat auch den Vorteil, dass Sie immer gleich darauf zugreifen können, wenn Sie mal wieder eine neue Applikation für den App Store entwickeln.

Kapitel 12

App Store- und
Ad Hoc-Vertrieb

Am Anfang des Vertriebs steht der Papierkram. Nämlich das, was Apple vor den Einsatz Ihrer Apps auf iPhones gestellt hat – egal ob sie nur innerhalb der Firma verteilt oder auch über den App Store vertrieben werden. Zertifikate, Profiles ... wenn ich nur daran denke, raucht mir schon der Kopf. Aber dies ist die Krux, um die wir nun mal nicht herumkommen. Also versuchen wir gemeinsam, es so simpel und gut strukturiert wie möglich zu halten. Die folgenden Schritte sind chronologisch, und Sie können immer wieder hier nachschlagen, weil sich am grundlegenden Prozedere nichts ändern wird.

App Store und Ad Hoc: Dies sind die beiden Möglichkeiten zum Vertrieb und Verteilen von iPhone-Applikationen. Ad Hoc ist die Verteilung innerhalb eines relativ kleinen Kreises von Anwendern. Bis zu 100 Geräte dürfen beim Standardaccount innerhalb des *Apple Developer Program* genutzt werden. Denn genau 100 unterschiedliche Geräte lassen sich im *iOS Provisioning Portal* registrieren. Und auf jedem kann ein Entwickler- oder eben auch ein Ad-Hoc-Profil installiert werden. Oder natürlich auch mehrere. Ad-Hoc-Profile können beispielsweise genutzt werden, um eine firmeninterne iPhone App, die definitiv nichts im App Store zu suchen hat, schnell und – für Apple-Verhältnisse – unkompliziert zu verteilen. Nun hat eine Firma wie BMW, Siemens oder auch Apple selbst natürlich mehr als 100 Mitarbeiter. Deshalb gibt es Enterprise-Programme, um mehr als 100 Geräte in den Pool aufnehmen zu können.

Der Vertrieb über den App Store hat natürlich ein größeres Potenzial. Im dreistelligen Millionenbereich bewegt sich die Anzahl der iPod touch-, iPhone- und iPad-Nutzer weltweit. Und hier ist – das weiß jeder iPhone-Besitzer, der schon mal eine Anwendung aus dem App Store geladen hat – der Vertrieb aus Benutzersicht unglaublich simpel. Ein Klick unterwegs auf Installieren, und schon ist das iPhone um eine Funktion reicher. Der Entwickler hingegen muss vor der Veröffentlichung erst mal einiges an Vorarbeit leisten. Aber mit der Zeit stellt sich Routine ein, und es wird Ihnen dann nicht mehr sooo kompliziert vorkommen. Etwa so wie das Ausfüllen einer Steuererklärung ... nein, nicht die auf dem Bierdeckel ;-).

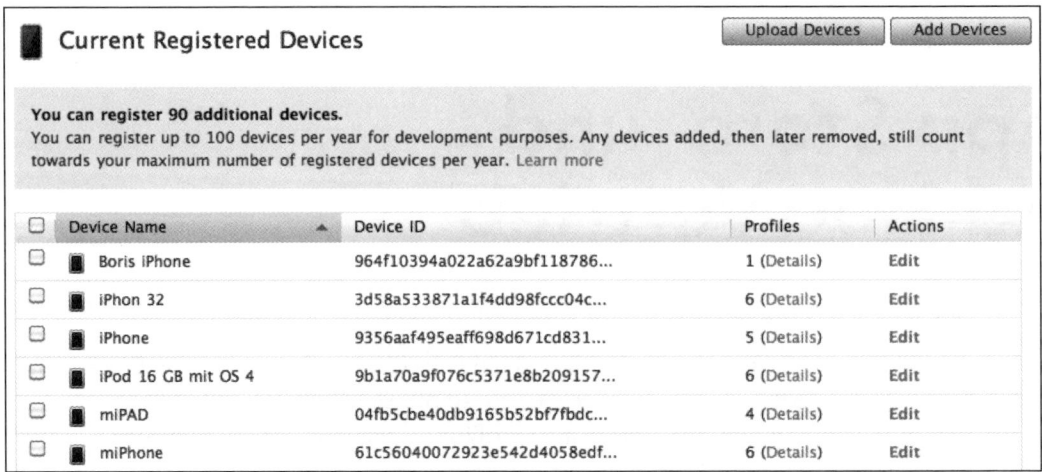

Abbildung 12.1: Bis zu 100 Entwickler- und Anwendergeräte können im iOS Provisioning Portal registriert werden.

12.1 Zertifikat anfordern

Als Erstes müssen Sie mal wieder für Ihren Mac ein Zertifikat bei Apple anfordern. Dieses wird in der Schlüsselbundverwaltung installiert. Und genau dort wird es auch beantragt. Starten Sie über DIENSTPROGRAMME im *Programme*-Ordner oder über Spotlight ([⌘]+[Leertaste]) die Schlüsselbundverwaltung.

1. Markieren Sie im linken Abschnitt als Schlüsselbund ANMELDUNG und als Kategorie ZERTIFIKATE.

2. Klicken Sie dann im rechten Bereich des Fensters mit der linken Maustaste auf eine leere Stelle, damit kein vorhandenes Zertifikat mehr ausgewählt ist.

3. Wählen Sie im Menü SCHLÜSSELBUNDVERWALTUNG unter ZERTIFIKATSASSISTENT den Menüpunkt ZERTIFIKAT EINER ZERTIFIZIERUNGSINSTANZ ANFORDERN.

4. Geben Sie im ersten Assistenten-Fenster die Mail-Adresse ein, mit der Sie sich beim Apple Developer Program angemeldet haben.

Tipp

Wenn Sie die E-Mail-Adresse nicht mehr wissen, loggen Sie sich im Member-Bereich des *iOS Developer Portal* (*developer.apple.com*) ein und klicken auf My Profile. Sie *müssen* diese Mailadresse verwenden, da dies die Verbindung ist, mit der die Zertifikate und die Schlüssel verknüpft sind.

---

5. Wählen Sie dann die Option, die Zertifikatsanfrage auf der Festplatte zu sichern, und markieren Sie das Kästchen Eigene Schlüsselpaarinformationen festlegen. Letzteres ist grundsätzlich nicht nötig, weil die Standardwerte bereits eine RSA-Verschlüsselung mit 2048 Bit vorgeben. Allerdings können Sie es so noch einmal verifizieren.

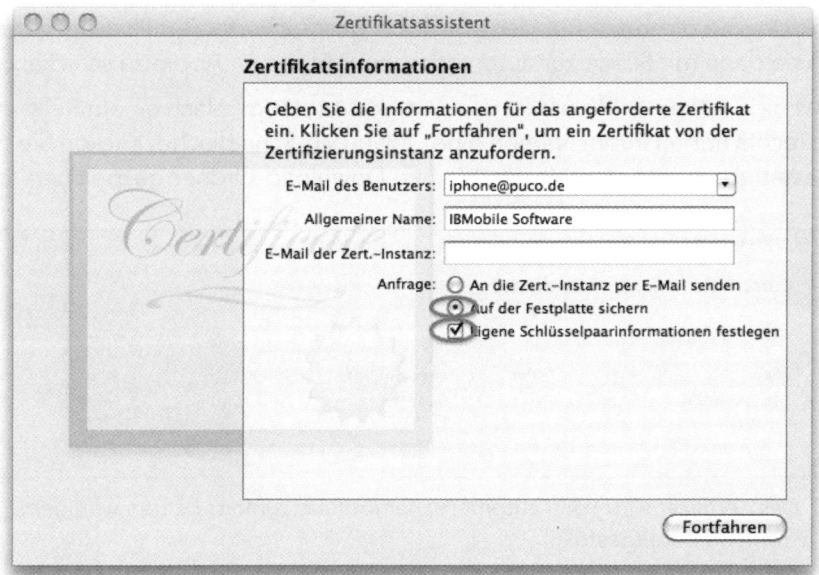

Abbildung 12.2: Erstellen Sie eine Zertifikatsanfrage mit der Mail-Adresse aus der Apple Developer Program-Anmeldung, und speichern Sie sie auf Ihrem Desktop.

6. Speichern Sie die Anfrage auf Ihrem Desktop. Der Name spielt keine Rolle.

12.2 Zertifikatsanforderung zur Prüfung hochladen

Nachdem Sie nun die Zertifikatsanforderung erstellt haben, müssen Sie sie zu Apple hochladen.

1. Gehen Sie auf *developer.apple.com* in den Member-Bereich, und klicken Sie auf iOS PROVISIONING PORTAL.

2. Wie bereits in Kapitel 10.3 beim Anfordern eines Entwicklerzertifikats wählen Sie links den zweiten Punkt von oben: CERTIFICATES.

3. Standardmäßig ist rechts nun der DEVELOPMENT-Tab geöffnet, in dem sich ja auch bereits Ihr Entwicklerprofil befindet. Klicken Sie hier auf den Reiter DISTRIBUTION. Ist noch kein Zertifikat angelegt, sehen Sie hier einen ziemlich langen Sermon. Ganz unten ist eine Schaltfläche CHOOSE FILE, mit der Sie die zuvor auf dem Desktop gespeicherte Zertifikatsanforderung auswählen, um sie dann mit SUBMIT zur automatischen Prüfung an Apple zu schicken.

4. Nach zumeist weniger als einer Minute ist das Zertifikat bestätigt. Nach einem Refresh der Seite erscheint rechts neben Ihrem Namen eine DOWNLOAD-Schaltfläche. Klicken Sie diese an, wird das bestätigte Zertifikat auf Ihrem Mac im Download-Ordner gespeichert.

Abbildung 12.3: Das Zertifikat wird nach automatischer Prüfung zumeist binnen weniger Sekunden zum Download bereitgestellt.

5. Öffnen Sie das geladene Zertifikat mit einem Doppelklick, wird es automatisch in die Schlüsselbundverwaltung eingebunden.

Hinweis

Im Abschnitt CERTIFICATES sehen Sie einen Hinweis auf das *Apple Worldwide Developer Relations-*(WWDR-)Zertifikat mit einem Link CLICK HERE TO DOWNLOAD NOW. Diese Datei müssen Sie ebenfalls einmalig downloaden und mit einem Doppelklick in der Schlüsselbundverwaltung installieren.

Abbildung 12.4: Nach der Installation sind das Apple-WWDR- und das Distribution-Zertifikat in der Schlüsselbundverwaltung vorhanden.

12.3 Noch leichter: Der Assistent

Seit Xcode 4 hat sich auch beim iOS Provisioning einiges geändert. So hilft Ihnen direkt beim Eintritt in den Provisioning-Bereich ein Assistent beim Einrichten des Profils. Klicken Sie als Erstes auf die Schaltfläche Launch Assistant.

Abbildung 12.5: Der Provisioning-Assistent erstellt in einem Step-by-Step-Verfahren die Schritte zum fertigen Entwicklerprofil.

Folgen Sie dann den Anweisungen, und gehen Sie jeweils mit CONTINUE zum nächsten Schritt. Der zweite Schritt erklärt, wie Sie mit der Schlüsselbundverwaltung ein Zertifikat – also ein Schlüsselpaar aus privatem und öffentlichem Schlüssel – für den aktuellen Rechner erstellen. Im dritten Schritt laden Sie dann die Datei zu Apple hoch.

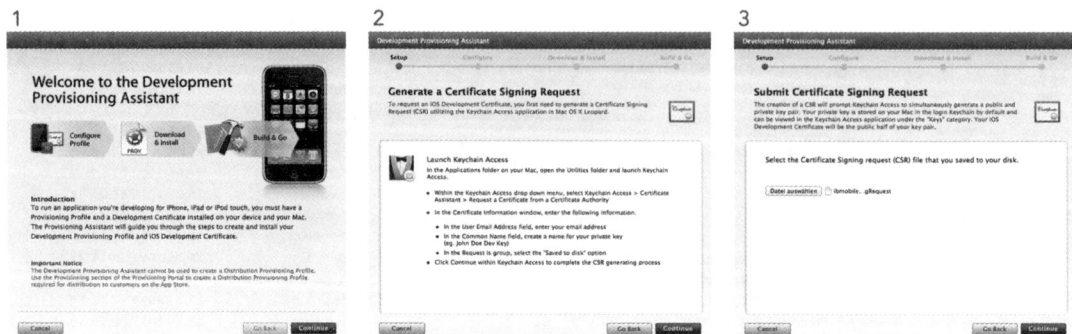

Abbildung 12.6: In den ersten drei Schritten wird im Assistenten das Zertifikat für den aktuellen Rechner erstellt und hochgeladen.

Dann wird die Anfrage bei Apple geprüft. Das geschieht automatisiert. Daher dauert das Warten im vierten Schritt auch nur wenige Sekunden, und im fünften Schritt ist dann das *Provisioning Profile* fertig. Sie können es anschließend direkt herunterladen.

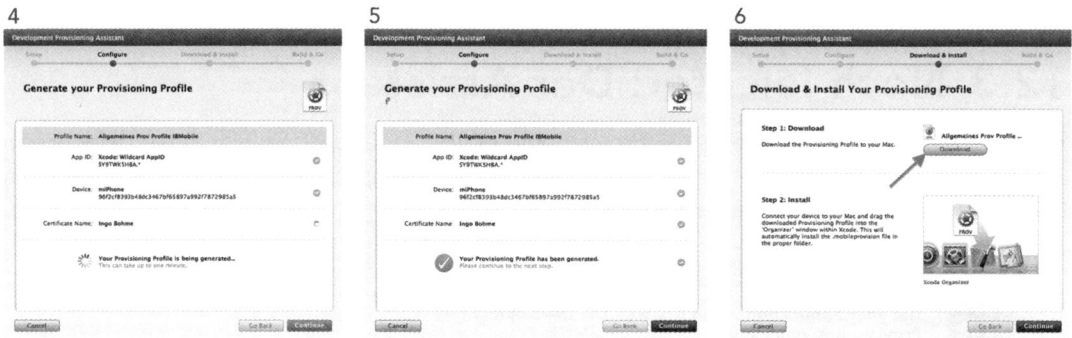

Abbildung 12.7: Die Provisioning–Profile-Anfrage wird bei Apple in Echtzeit geprüft (4), und der Erfolg (5) ist nach wenigen Sekunden sichtbar. Dann brauchen Sie nur noch das Zertifikat downloaden.

Im „neuen" Safari klicken Sie einfach auf den DOWNLOAD-Button oben rechts und führen dann einen Doppelklick auf dem obersten Listeneintrag – dem MOBILEPROVISION PROFILE – aus. Es wird dann im Organizer von Xcode (WINDOW / ORGANIZER) angezeigt.

7

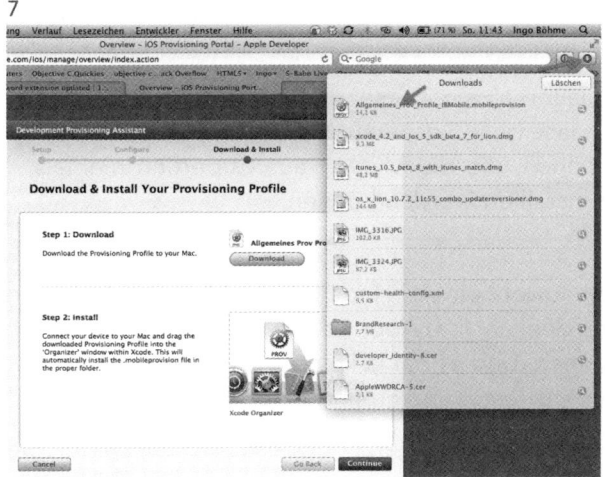

8

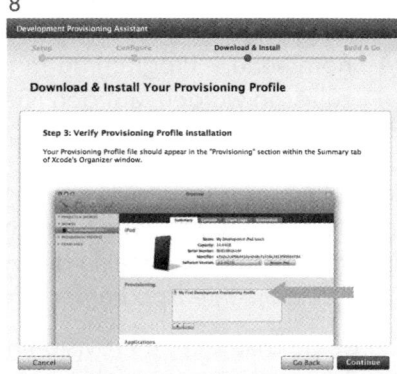

Abbildung 12.8: Wenn Sie das MOBILEPROVISION PROFILE (7) mit einem Doppelklick öffnen, wird es automatisch installiert, wie Sie im Xcode Organizer (8) sehen können.

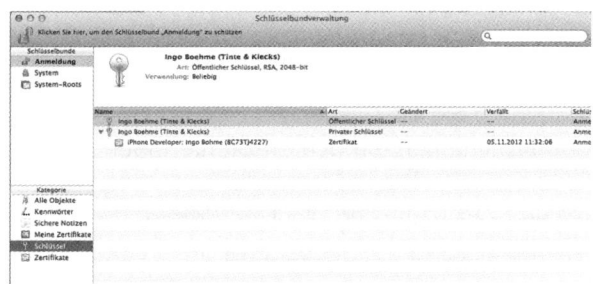

Abbildung 12.9: Folgen Sie dem Assistenten weiter, erstellt er auch noch ein Entwicklerprofil für Sie.

12.4 iOS Distribution Provisioning Profile

Das *iOS Provisioning Profile* – sei es für die Entwickler oder für den Vertrieb der fertigen App – dient dazu, eine Applikation in Xcode zu signieren. An dieser Kennzeichnung können iPhone und Co. dann ablesen, ob diese App auf dem jeweiligen Gerät laufen darf.

Hinweis

An dieser Stelle setzt übrigens der Jailbreak ein. Dieser entfernt aus dem iOS den kompletten Signierungsprozess, sodass beliebige – auch nicht von Apple abgenommene – Programme mit Funktionen, die die Macher aus Cupertino niemals zulassen würden, auf den iGeräten installiert werden können.

Lassen Sie uns gemeinsam im Folgenden sowohl ein Ad Hoc-Profil als auch eines für den App Store erzeugen. Wenn Sie nicht daran denken, Ihre Apps ad hoc weiterzugeben – egal: Vielleicht kommen Sie mal in die Verlegenheit. Und es hat ja keine weiteren Folgen für Sie, außer, dass Sie Ihre App immer direkt an Beta-Tester und Freunde rausschicken können.

Und beide Distribution Provisioning Profiles sind schnell erzeugt. Also: Worauf warten Sie noch? Auf mich? Ach so. Na denn man los!

12.4.1 Ad Hoc-Profile erzeugen und herunterladen

Im iOS Provisioning Portal wählen Sie in der linken Spalte den Punkt PROVISIONING. Nun sehen Sie schon all die Entwickler-Profile. Sie jedoch klicken auf den Reiter DISTRIBUTION.

1. Klicken Sie auf die Schaltfläche NEW PROFILE.

2. Markieren Sie die Option AD HOC als DISTRIBUTION METHOD, und geben Sie einen beliebigen Profilnamen ein. Ich empfehle Ihnen, den Text *Ad Hoc* und den Namen der App, für die das Profil erstellt werden soll, in den Namen einzubinden, also beispielsweise in unserem Fall *Tiny URL Ad Hoc Profile*.

3. Wählen Sie aus dem Listenfeld die App aus. Diese haben Sie im Rahmen der Entwicklerprofil-Erzeugung bereits registriert. Zudem markieren Sie all die registrierten Geräte, auf denen das Profil gültig sein soll, also all jene, die berechtigt sind, die App laufen zu lassen.

Hinweis

Wollen Sie neue Geräte in die Liste aufnehmen, müssen Sie diese zuerst wieder im Abschnitt DEVICES hinzufügen (siehe Kapitel 10). Dazu benötigen Sie deren UDID, die eindeutige Gerätekennung, die Sie in iTunes über einen Klick auf die Seriennummer des Geräts erhalten. Diese elend lange Nummer können Sie übrigens mit ⌘ + C in die Zwischenablage kopieren, obwohl nichts in iTunes daraufhin deutet.

---

4. Klicken Sie dann auf SUBMIT, um den Eintrag bei Apple zur Überprüfung anzumelden.

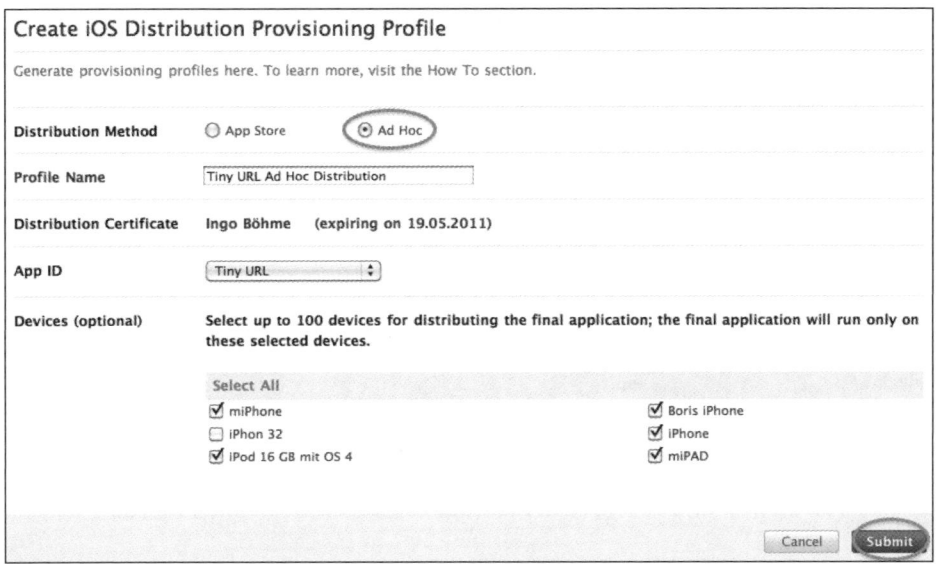

Abbildung 12.10: Mit wenigen Klicks ist das Ad Hoc Distribution Provisioning Profile an Apple zur Prüfung geschickt.

5. Als Nächstes sehen Sie in der Liste bereits das neue *Provisioning Profile*. Sollte dort noch PENDING statt ACTIVE stehen, warten Sie einfach einen Augenblick und laden die Seite dann neu.

6. Laden Sie das Profil mit der DOWNLOAD-Schaltfläche auf Ihren Rechner.

7. Schieben Sie das Ad Hoc-Profil mit der Maus in iTunes und dort in die Mediathek, also in die linke Randspalte in den Bereich, wo APPS, MUSIK oder RADIO steht. Beim nächsten Sync wird das Zertifikat auf die im Profil bestimmten Geräte übertragen.

Abbildung 12.11: Das Ad Hoc-Profil wird in den Mediathekbereich von iTunes gezogen und so nach dem Sync auf allen betroffenen Geräten installiert.

Um sicherzugehen, dass das Provisioning Profile installiert wurde, schauen Sie direkt auf dem entsprechenden Gerät nach. Wählen Sie in den EINSTELLUNGEN den Punkt ALLGEMEIN und dort ganz unten die Option PROFILE. Hier sehen Sie alle für dieses Gerät installierten und übertragenen Provisioning Profiles.

Abbildung 12.12: Auf dem iPhone sehen Sie in den allgemeinen Einstellungen, welche Profile installiert sind.

12.4.2 App Store-Profile erzeugen und downloaden

Vom Erstellen her sind Ad Hoc-Profile und App Store-Profile nahezu identisch. Auch hier beginnen Sie im Reiter DISTRIBUTION in der Kategorie PROVISIONING.

1. Klicken Sie auf die Schaltfläche NEW PROFILE.

2. Anstatt AD HOC zu wählen, belassen Sie das Optionsfeld bei der Auswahl APP STORE.

3. Wie zuvor vergeben Sie einen Namen, wie etwa *Tiny URL*, und wählen die entsprechende App. Geräte müssen Sie natürlich keine wählen, weil die Zielgruppe ja nun die gesamten fast Hundert Millionen iNutzer weltweit sind, die ja sämtlich auf den App Store zugreifen können.

4. Nach dem Klick auf SUBMIT wird das Zertifikat quasi in Echtzeit für Sie erstellt.

5. Laden Sie die *.mobileprovision*-Datei in den *Download*-Ordner, und ziehen Sie sie wahlweise auf das Xcode- oder das iTunes-Icon im Dock (oder wie zuvor in den Mediathek-Bereich von iTunes).

12.5 Anpassungen in der Xcode-Applikation

Nachdem Sie die Profile über iTunes auf Ihrem Entwicklungsrechner installiert haben, müssen Sie noch verschiedene Anpassungen an Ihrem Xcode-Projekt vornehmen. Ich werde mich hier stets auf das *Tiny URL*-Projekt aus Kapitel 11 beziehen. Die komplette Anpassung gilt sowohl für den Vertrieb über den App Store als auch über die Ad Hoc-Variante.

Starten Sie also Xcode, und laden Sie das Projekt. In Xcode 3 waren hier noch viele Schritte nötig. Xcode 4 hat das Prozedere deutlich vereinfacht.

12.5.1 Zutaten komplett?

Bevor Sie eine App für die Ad Hoc-Verteilung oder den App Store kompilieren, sollten Sie alle erforderlichen Schritte getan haben.

Zum Ersten brauchen Sie ein passendes Icon. Das sollte in 57 x 57 und in 114 x 114 Pixel vorliegen. Diese Icons ziehen Sie aus dem Finder direkt in Xcode. Wählen Sie dazu in Xcode links oben das Projekt, und klicken Sie dann rechts auf TARGET und das Register SUMMARY. Dadurch erscheint eine Zusammenfassung, in der auch Platzhalter für das Icon für iPhones älteren Datums, also mit einer Bildschirmauflösung von 320 x 480 Pixel, und ein Platzhalter für iPhones mit dem hochauflösendem Retina–Display. Ziehen Sie aus dem Finder das 57x57-Pixel-Icon in das linke Icon-Feld und das 114x114-Pixel-Icon in das rechte Feld. Fertig.

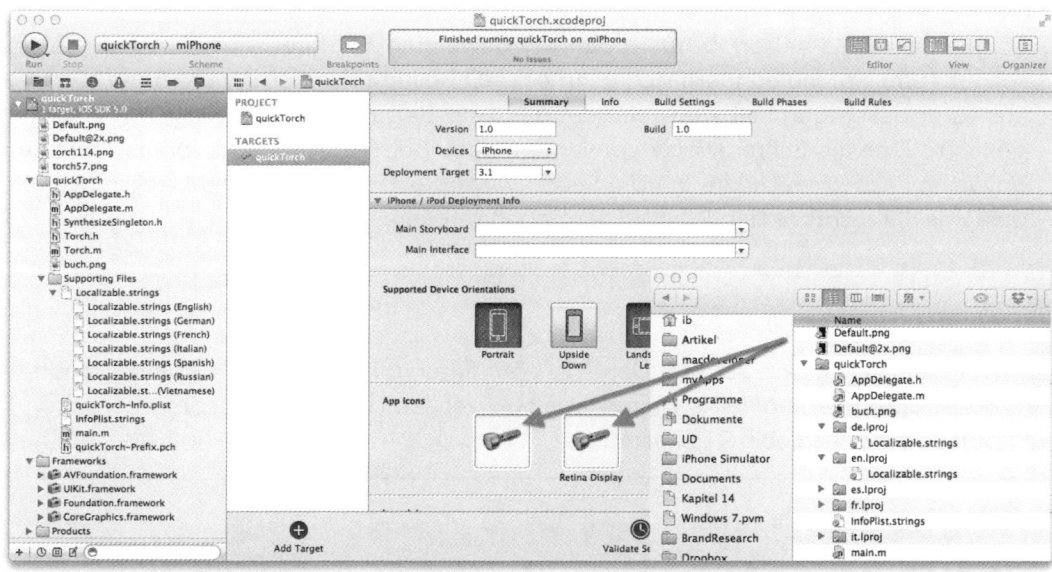

Abbildung 12.13: Die Icons für alte iPhones und für iPhones mit Retina-Display legen Sie im SUMMARY-Tab des Targets per Drag&Drop fest.

Prüfen Sie dann mit PRODUCT / ANALYZE, ob keine Warnungen mehr vorhanden sind.

Als Nächstes nehmen Sie die Einstellungen und Verbindungen zu dem passenden Provisioning Profile vor.

1. Markieren Sie links oben das Projekt, und markieren Sie in der mittleren Spalte TARGET. Klicken Sie dann auf den Reiter SUMMARY.

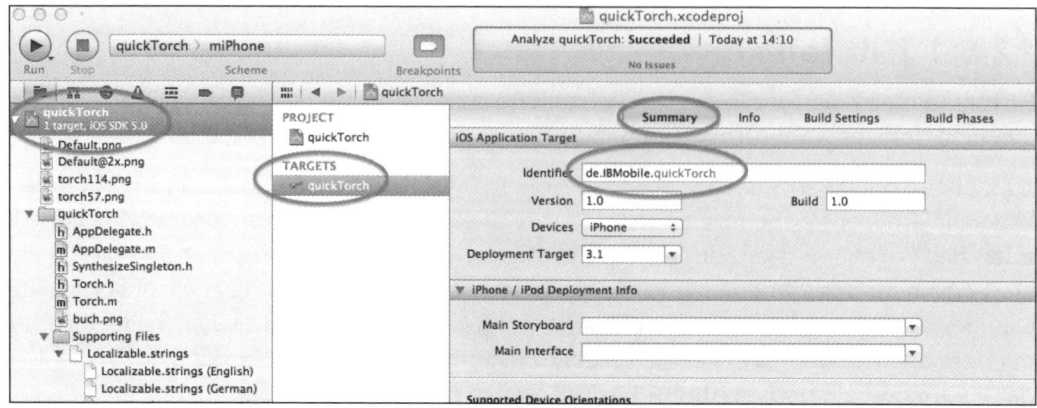

Abbildung 12.14: Die App-ID legen Sie im Summary-Tab des Targets fest.

2. Tragen Sie rechts neben IDENTIFIER den frei gewählten Teil Ihrer App-ID ein (siehe Abschnitt 10.5) ein. Sie erinnern sich: Eine App-ID besteht aus der *Bundle Seed ID* sowie aus einer beliebigen halbwegs eindeutigen App-Bezeichnung, für die meist eine umgekehrte Domain-Schreibweise verwendet wird. Bei *PXZ5UM42U6.com.tintenklecks.tinyurl* ist *PXZ5UM42U6* die *Bundle Seed ID*. Der Rest, also *com.tintenklecks.tinyurl*, ist das, was Sie rechts neben IDENTIFIER eintragen müssen.

Achtung

Der Identifier ist case-sensitiv. Daher ist *com.tinteundklecks.tinyurl* also etwas anderes als *com.tinteundklecks.Tinyurl*. Das hört sich jetzt banal an, hat mich aber schon Stunden meines Lebens gekostet. ;-)

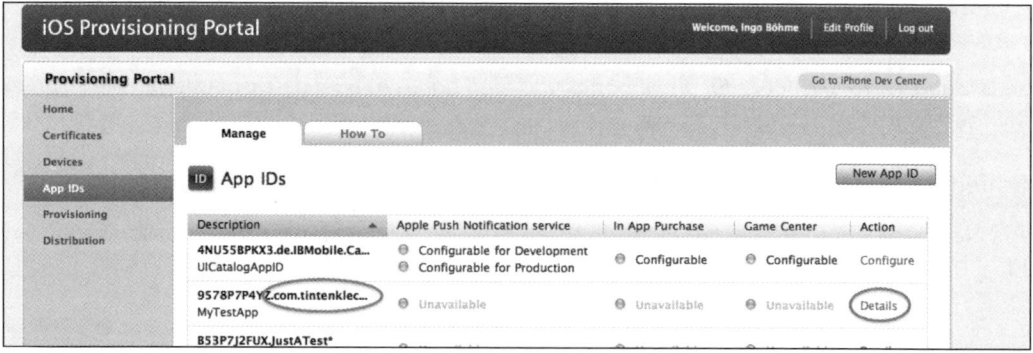

Abbildung 12.15: Was Sie als Projekt-Identifier eintragen müssen, entnehmen Sie dem App-ID-Bereich des Provisioning-Portals.

3. Prüfen Sie die Informationen darunter, ob sie korrekt sind. Die Version ist besonders bei Updates nötig, weil diese abgewiesen werden, wenn die neue Version nicht größer als die vorherige ist. Also: Achten Sie darauf, dass hier etwas Sinnvolles steht.

4. Ist im Kästchen rechts von DEVICES auch wirklich die richtige Variante gewählt? IPHONE heißt, es läuft auf iPhones und auf iPads. Auf den Tablets läuft es aber nur im iPhone-Modus, also jenem, den man mit der x2-Schaltfläche vergrößern kann. IPAD hingegen ist nur für die Tablets geeignet. Und zu guter Letzt gibt es eben UNIVERSAL. Universal-Apps stellen sich von der Größe auf das entsprechende Device ein. Aber Obacht: Prüfen Sie zuvor, ob Ihre App auch gescheit auf einem iPad läuft, bevor Sie hier UNIVERSAL wählen.

5. Dasselbe gilt auch für das DEPLOYMENT TARGET, also die iOS-Version, die auf den Geräten, die Ihre App nutzen können, mindestens vorhanden sein muss. Lassen Sie die App unbedingt auf einem iOS-Device mit dieser iOS-Nummer laufen. Denn die Apple-Tester tun es, und wenn Ihre App dann crasht, heißt es: „Return to sender".

12.5.2 Code Signing-Identity auswählen

Haben Sie Ihrer App nun mit der *Identity* einen offiziellen Namen gegeben, wechseln Sie in den Abschnitt BUILD SETTINGS. Markieren Sie dort ganz links ALL, und scrollen Sie dann runter zum Bereich CODE SIGNING. Dort sehen Sie DEBUG und RELEASE. Ersteres ist stets aktiv, wenn Sie Ihre App auf Ihrem iDevice getestet haben. Das haben Sie doch, oder?

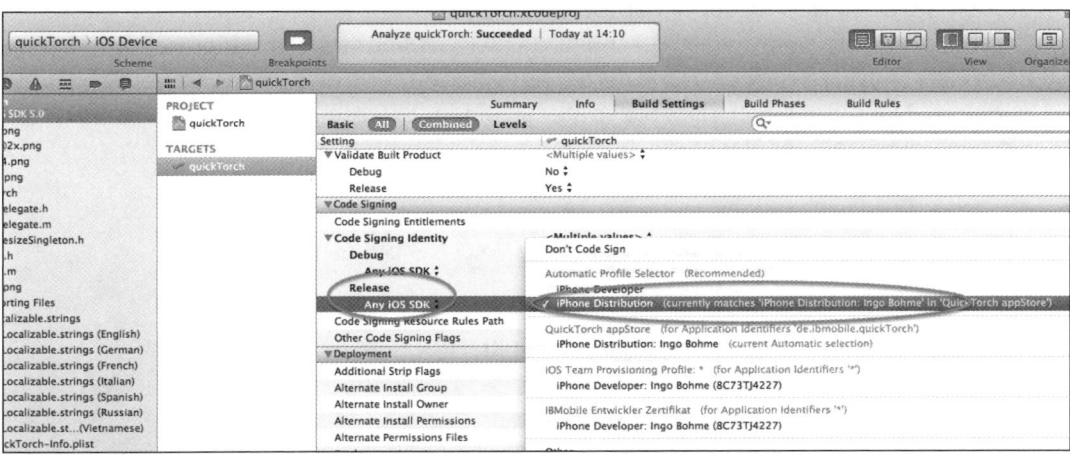

Abbildung 12.16: Wegen der vielen Profile ist es wichtig, im iOS Provisioning-Portal für sich selbst sprechende Namen zu vergeben.

Wählen Sie für den Vertrieb rechts neben RELEASE das passende IPHONE DISTRIBUTION PROFILE. Sollte hier etwas mit „no match" stehen, dann findet Xcode keine Kombination aus Ihrem Schlüsselpaar, das Sie mit der Schlüsselbundverwaltung erstellt haben und einem iPhone Distribution Profile für den genannten App Identifier. Oder Sie haben den Fehler mit der Schreibweise gemacht (siehe weiter oben den Achtung-Kasten).

12.5.3 Der Build-Prozess

Der Build-Prozess zum Erstellen der App ist bei beiden Vertriebsverfahren derselbe. Allerdings heißt seit Xcode 4 der Vorgang, um eine fertige App zu erstellen, *Archive*.

1. Stellen Sie sicher, dass im Projektfenster oben links das iOS DEVICE und nicht der Simulator gewählt sind. Der Menüpunkt ARCHIVE im Menü PRODUCT ist nur dann sichtbar, wenn ein echtes Device oder der Stellvertreter iOS DEVICE gewählt ist.

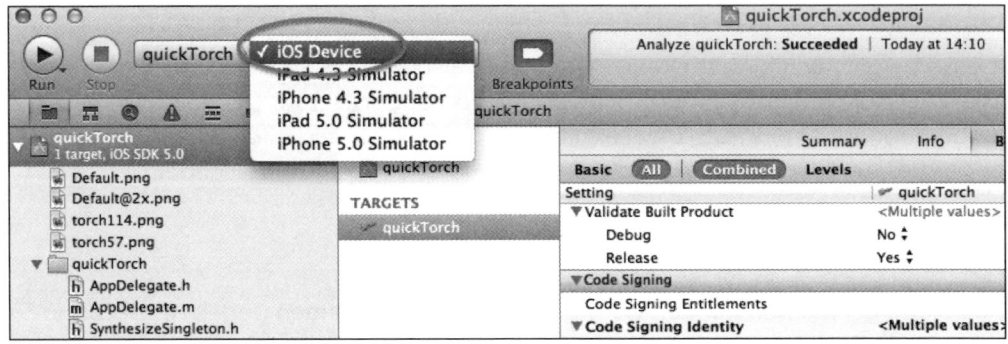

Abbildung 12.17: Stellen Sie zuerst sicher, dass Sie oben links das konkrete iOS DEVICE markiert haben.

2. Starten Sie dann den Erzeugungsprozess über PRODUCT / ARCHIVE. Sobald der Compile- und Build-Prozess beendet ist, erscheint das ARCHIVES-Fenster. Und hier sieht man dann auch den Sinn des ganzen Prozedere. Denn Xcode legt eine Archivkopie des Quellcodes an. Nur für den Fall, dass Sie später an einem Release weiterarbeiten wollen, weil Sie nach durchzechter Nacht die App eher verschlimmbessert haben.

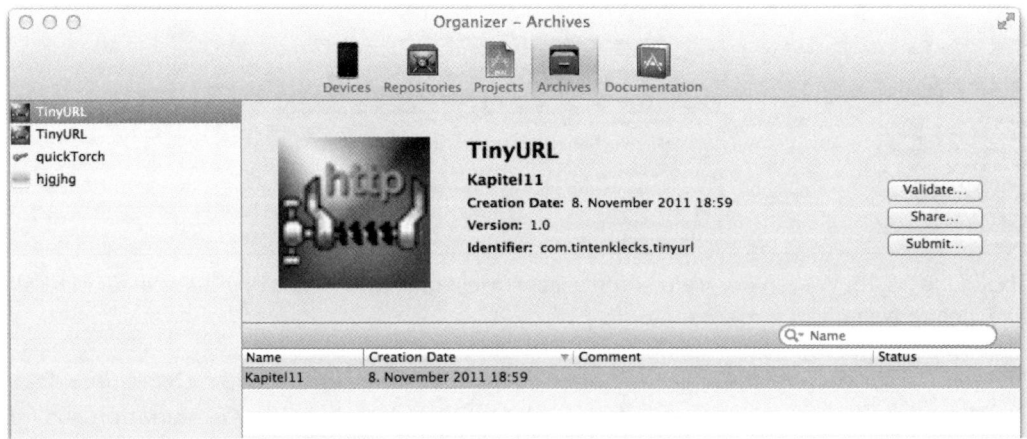

Abbildung 12.18: Im ARCHIVES-Bereich des Organizer legt Xcode vor jedem Build einer App für den App Store eine Kopie des Quellcodes an.

3. Klicken Sie dann rechts den mittleren Button: SHARE. Im folgenden Dialog sind bereits iOS APP STORE PACKAGE sowie das korrekte DISTRIBUTION PROFILE rechts neben IDENTITY markiert.

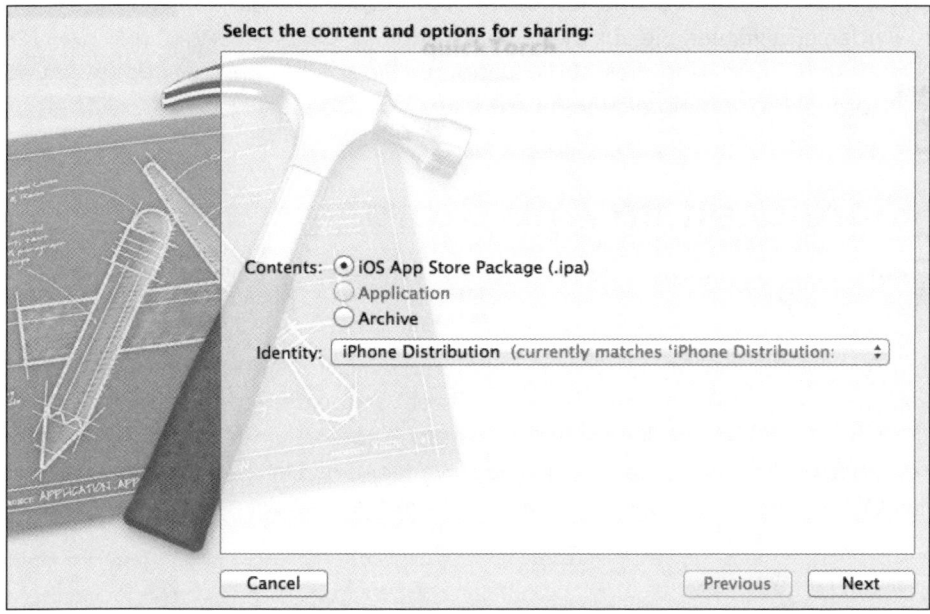

Abbildung 12.19: In diesem Dialog haben Sie letztmals die Chance, das richtige Profil auszuwählen.

4. Nun reicht ein Klick auf NEXT, die Wahl des IPA-NAME (IPA ist die Extension der iPhone und iPad Apps – eine Abkürzung für *iPhone application*) und des Ordners, in dem das Kompilat gespeichert werden soll. Fertig.

Unterschiede beim Ad Hoc-Verfahren

Neben dem bereits angesprochenen *Distribution Provisioning Profile* (siehe Kapitel 12.4.1, „Ad Hoc-Profile erzeugen und herunterladen") müssen Sie lediglich die IPA-Datei vertei-len. Wollen Sie Ihre App also nur mit der Ad Hoc-Methode vertreiben, sind Sie an dieser Stelle fertig, sofern Sie als Identity auch das *Ad Hoc Profile* gewählt haben. Die Installation erfolgt, indem Sie IPA-Datei auf iTunes ziehen. Oder Sie verwenden den iPhone-Konfigu-rator (*www.iho.me/iPconfig*) .

Wenn Sie ein neues Device in die Liste Ihrer Verteiler oder Tester aufnehmen wollen, tra-gen Sie dieses unter *developer.apple.com* im *Provisioning Portal* als Device ein, klicken unter PROVISIONING / DISTRIBUTION auf MODIFY rechts neben dem *Ad Hoc Profile* und klicken die Checkbox für die gewünschten Geräte an. Anschließend führen Sie erneut ein PROJECT / ARCHIV aus und geben die neu erstellte IPA-Datei weiter.

Dateien für den App Store

Für den App Store benötigen Sie sowohl die *Tiny URL.app* als auch die *Tiny URL.app.dSYM*, die Debugger-Informationen für die Gutachter bei Apple enthält. Markieren Sie beide Dateien im Finder, und wählen Sie aus dem Kontextmenü 2 OBJEKTE KOMPRIMIEREN. Das Resultat ist die Datei *Archive.zip*. Und dies ist die Datei, die Sie später dann zur Begutachtung im *App Store Approval Process* einreichen müssen.

12.6 Einreichen im App Store

Bevor Sie sich nun daranbegeben, Ihre App einzureichen, sollten Sie einige Dinge prüfen bzw. zur Hand haben:

1. Dass Ihre App Icons braucht, haben wir ja weiter oben bereits besprochen. Darüber hinaus verlangt der App Uploader eine 512x512–Pixel-Version des Icons – ebenfalls im PNG-Format. Daher empfehle ich Ihnen, in Photoshop (Express) ein 512 x 512 Pixel großes Icon anzulegen und davon später eine Kopie zu verkleinern. Das geschieht übrigens ohne den Glas-Effekt – der wird automatisch vom System hinzugefügt.

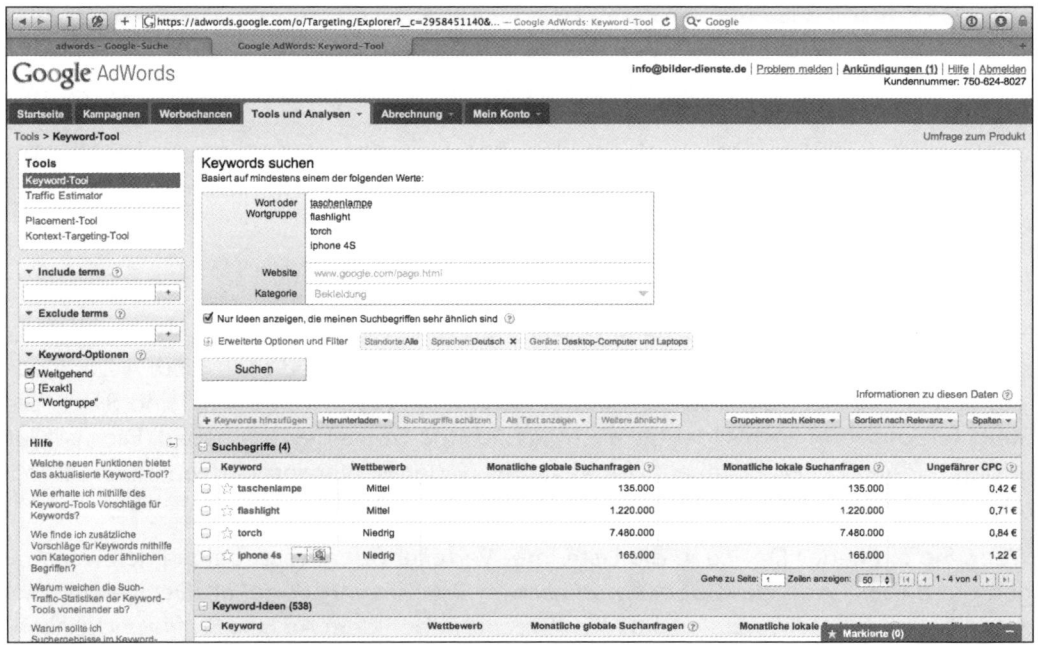

Abbildung 12.20: Mithilfe des Keyword-Tools von Google AdWords finden Sie Begriffe, die auch wirklich gesucht werden.

2. Prüfen Sie, ob Sie mindestens einen Screenshot von Ihrer App haben. Dieser muss im Format 320 x 480 Pixel vorliegen – also direkt vom echten iPhone. Screenshots machen Sie, indem Sie den Ein/Aus-Schalter drücken und halten und dann einmal die runde Home-Taste drücken. Sie hören ein Auslösergeräusch und das Bild wird in den Fotos abgelegt.

3. Machen Sie sich Gedanken zu den Keywords zu Ihrer Applikation. Während Sie die Beschreibung noch beliebig ändern können, ist dies bei den Suchbegriffen nur bedingt möglich. Daher nutzen Sie am besten ein Online-Werkzeug, wie das Keyword-Tool von *Google AdWords* (*https://adwords.google.com*), um wirklich gute Begriffe zu finden.

Nun beginnt der eigentliche Prozess, die Informationen unter Ihrem Namen im App Store einzureichen:

4. Öffnen Sie im Browser *iTunes Connect* (*http://itunesconnect.apple.com*), und melden Sie sich mit Ihrem Developer Account an. Eventuelle Mitteilungen, es gäbe wieder neue Vertragsänderungen, bestätigen Sie mit der entsprechenden Schaltfläche. Schließlich brauchen die Apple-Anwälte auch ihre Daseinsberechtigung.

5. Klicken Sie in der Hauptansicht auf MANAGE YOUR APPLICATION.

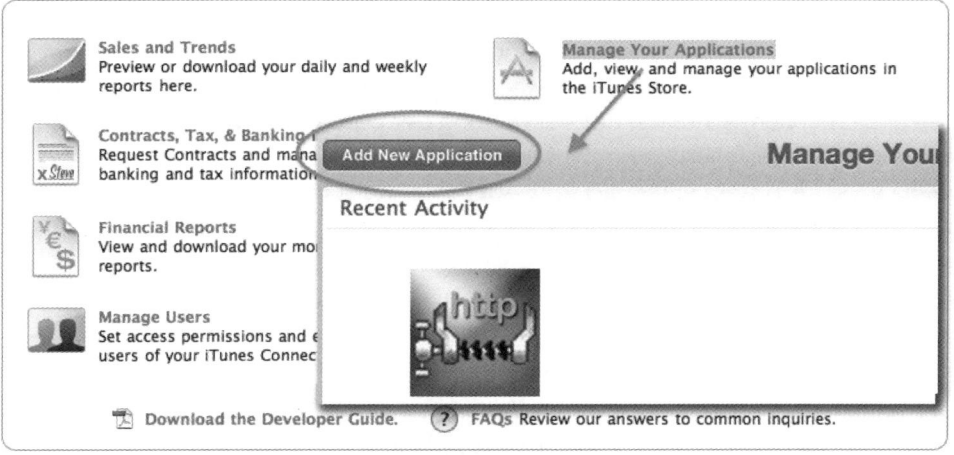

Abbildung 12.21: In der Hauptansicht managen Sie Ihre kompletten App Store-Aktivitäten – vom Einreichen bis hin zu den Käufen und Abrechnungen.

6. In der Übersicht Ihrer Apps – die logischerweise noch leer ist – sehen Sie alle kürzlich erfolgten Aktivitäten. Um eine neue App hochzuladen, klicken Sie auf ADD NEW APPLICATION.

7. Als Nächstes folgt ein Prozess im Frage-und-Antwort-Stil. Beantworten Sie die Fragen sinnvoll. Insbesondere die Fragen nach der Ausprägung von Sex, Alkohol und Gewalt sollten Sie Ihrer Zielgruppe gemäß anpassen.

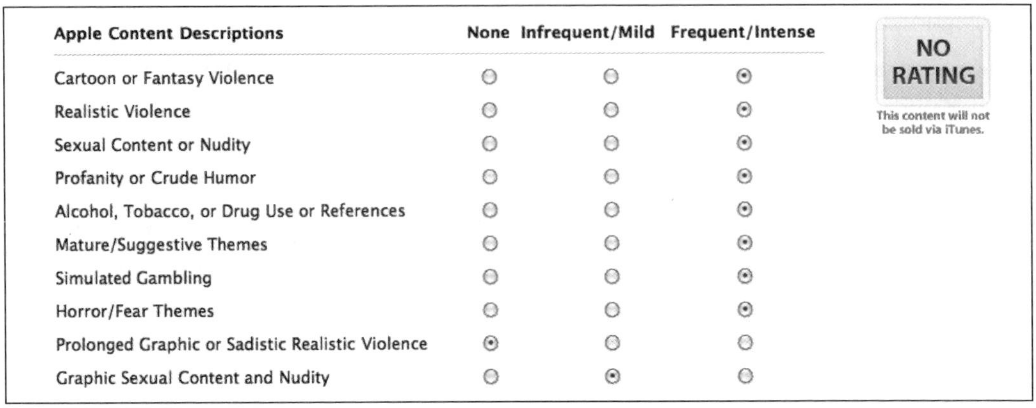

Apple Content Descriptions	None	Infrequent/Mild	Frequent/Intense	
Cartoon or Fantasy Violence	○	○	◉	
Realistic Violence	○	○	◉	
Sexual Content or Nudity	○	○	◉	
Profanity or Crude Humor	○	○	◉	
Alcohol, Tobacco, or Drug Use or References	○	○	◉	
Mature/Suggestive Themes	○	○	◉	
Simulated Gambling	○	○	◉	
Horror/Fear Themes	○	○	◉	
Prolonged Graphic or Sadistic Realistic Violence	◉	○	○	
Graphic Sexual Content and Nudity	○	◉	○	

NO RATING
This content will not be sold via iTunes.

Abbildung 12.22: „Welcome to America": Apps dürfen „realistische Gewalt" enthalten, aber nackte Körper haben in iTunes nichts zu suchen.

8. Auf der Seite, auf der Sie die eigentlichen App-Informationen vom Namen über die Beschreibung bis hin zu den Kategorien eintragen, steht auch das kryptische SKU-Number. Hierbei handelt es sich um eine mehr oder weniger beliebige Bezeichnung, die Sie dieser App geben und die Ihnen später bei der Auswertung der Daten hilft. Hier können Sie beispielsweise den App-Bezeichner, also im *Tiny Info*-Beispiel das *com.tintenklecks.tinyurl* eintragen. Diese ID muss im System eindeutig sein. Auf Fehler weist der Assistent Sie jedoch hin.

9. Nach vielen Continue-Klicks gelangen Sie auf die Upload-Seite. Hier laden Sie zumindest die gezippte App sowie das große 512-x-512-Pixel-Icon hoch. Ist das Icon in Ihrer komprimierten App nicht 57 x 57 Pixel groß, wird der Assistent dies definitiv monieren. Die Screenshots sind optional. Aber wenn Sie an Ihr eigenes App Store-Verhalten denken, werden Sie wissen, dass Apps ohne Bilder ein No-Go sind.

10. Nun wählen Sie noch den Preis. Standardmäßig haben Sie nur die Möglichkeit kostenlose Apps einzustellen. Ansonsten benötigen Sie die *Paid Apps*-Zulassung (siehe Abschnitt 12.7). Danach diktiert Apple die Preise. Zumindest muss sich der Preis in den sogenannten *Tiers* (engl. *tier* = Stufe) befinden, wobei *tier 1* den bekannten 0,99 Cent/ 0,79 Euro entspricht.

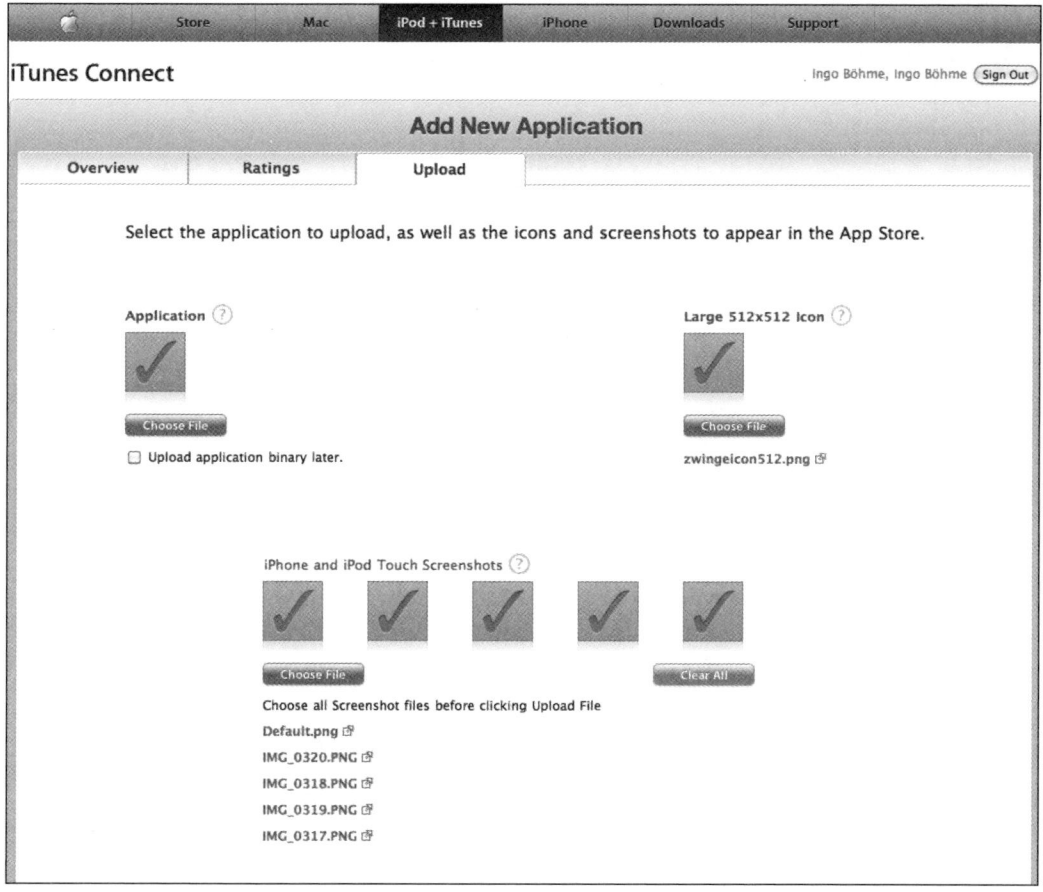

Abbildung 12.23: Beim Upload ist es wichtig, dass die Icons enthalten sind und die richtige Größe haben.

11. Klicken Sie auf die Übersicht der gerade eingestellten App. Als Status sehen Sie *Prepare for upload.* Ganz unten rechts, etwas versteckt sitzt der Button UPLOAD BINARIES. Nachdem Sie auf der nächsten Seite mit NO bestätigt haben, dass Ihre App keine Verschlüsselung enthält, die nicht für den Export erlaubt ist, gelangen Sie auf eine Info-Seite, die Ihnen mitteilt, dass zum Upload der App ein externes Programm namens *Application Loader* benötigt wird. Das ist jedoch nur bedingt richtig, weil Xcode selbst mittlerweile die Fähigkeit hat, eine Applikations-Binary in den App Store zu laden.

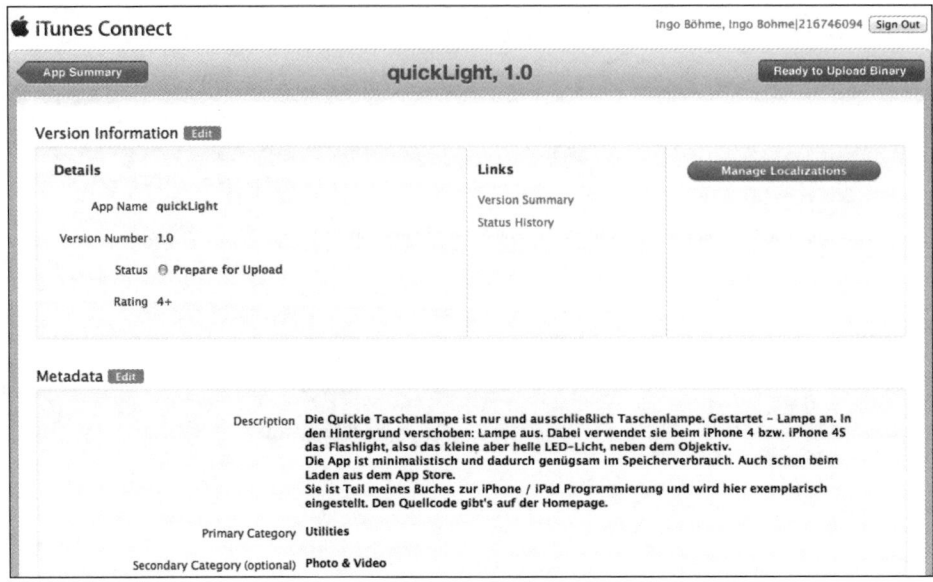

Abbildung 12.24: In der Übersicht Ihrer App erscheint nun der Status PREPARE FOR UPLOAD.

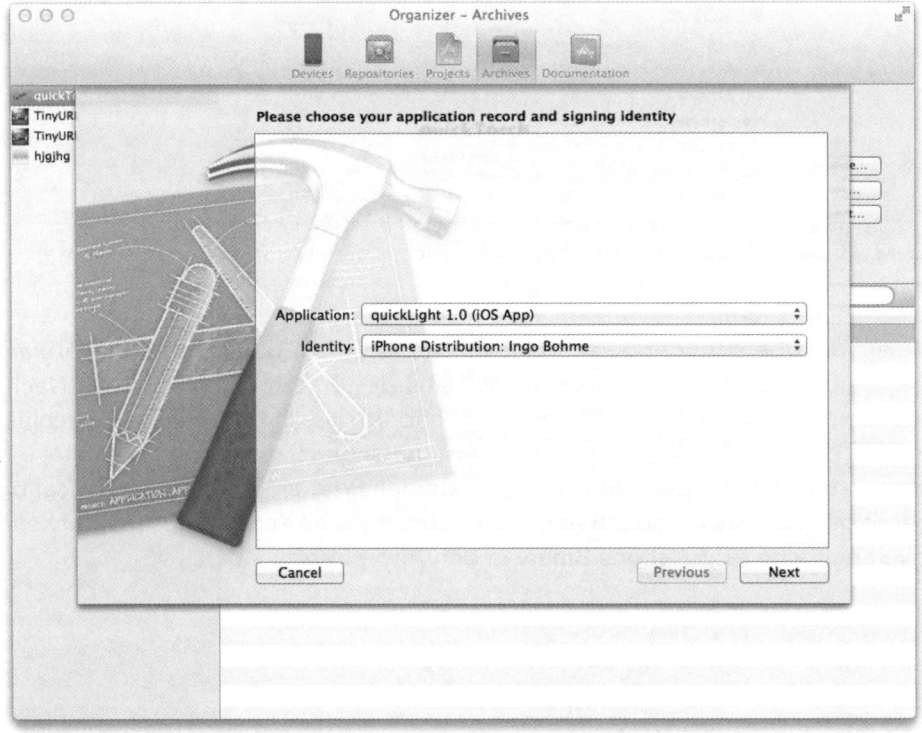

Abbildung 12.25: Sie nehmen direkt aus dem Xcode Organizer Kontakt mit iTunes Connect auf und laden die App in den Store.

Wechseln Sie jetzt in Xcode, prüfen Sie noch einmal, dass das richtige Distribution-Profil als Release-Variante gewählt ist, und wählen Sie PRODUCT / ARCHIVE im Menü. Statt auf SHARE klicken Sie nun aber auf SUBMIT. Geben Ihre iTunes-Connect-Zugangsdaten ein, und achten Sie auf der nächsten Seite noch einmal darauf, dass einerseits die richtige App und andererseits das korrekte Provisioning Profile als IDENTITY gewählt ist.

Mit einem Klick auf NEXT wird die Frucht Ihrer Gedanken in den Obstladen hochgeladen. Und wenn die App die automatische Vorprüfung bestanden hat, erwartet Sie die Message „... has passed validation ...", und der reale Prüfprozess beginnt.

12.7 Warten auf Apple

Und nun heißt es: Warten. Denn Apple braucht eine bis drei Wochen, bis Ihre App untersucht ist. Und dann gibt es oft wegen Nichtigkeiten eine Ablehnung. Zuweilen hat die Ablehnung nicht einmal etwas mit der App zu tun. Die Webseite ist nicht vorhanden oder entspricht nicht der Mindestanforderung, oder in der Mail-Adresse hat sich ein Fehler eingeschlichen. Und dann heißt es jedes Mal wieder einreichen und prüfen lassen. Die gute Nachricht ist, dass die erneute Prüfung in der Regel etwas schneller geht.

Nach dem Einreichen habe ich noch schnell eine „Firmen-Website" auf *www.IBMobile.de* – Ähnlichkeiten mit großen blauen Unternehmen sind rein zufällig ;-) – zusammengeschustert (siehe Abbildung 12.26). Diese ist absolut erforderlich, weil die App sonst auf jeden Fall zurückgewiesen wird, wie zahlreiche Postings in einschlägigen Foren belegen. Das Impressum muss da sein. Das ist Grundbedingung. Was jedoch sonst so alles auf dieser Site steht, scheint die Tester von Apple nicht zu interessieren. Ich habe die *Web2date*-Vorlage (*Web2date* ist ein tolles – leider nur für Windows verfügbares – Tool, um offline komplette Websites zu erstellen und zu verwalten; ich nutze es immer, wenn ich eine professionell wirkende Dummy-Site brauche) für Optiker verwendet, weshalb auch aus Versehen der Text „Bei IBMobile Software finden Sie eine große Auswahl an Brillen und Kontaktlinsen ..." stehen geblieben ist. Das hat Apple aber nicht gestört.

Mit *Tiny URL* hatte ich Glück. Es wurde am 20. Mai um 16:21 (Pacific Time, was hierzulande 1:21 nachts bedeutet) eingereicht, und die Tester haben es gleich am nächsten Morgen unter die Lupe genommen. Nach einer Woche bangen Wartens, fast auf die Minute genau nach sieben Tagen, wurde es bereits bei der ersten Prüfung angenommen.

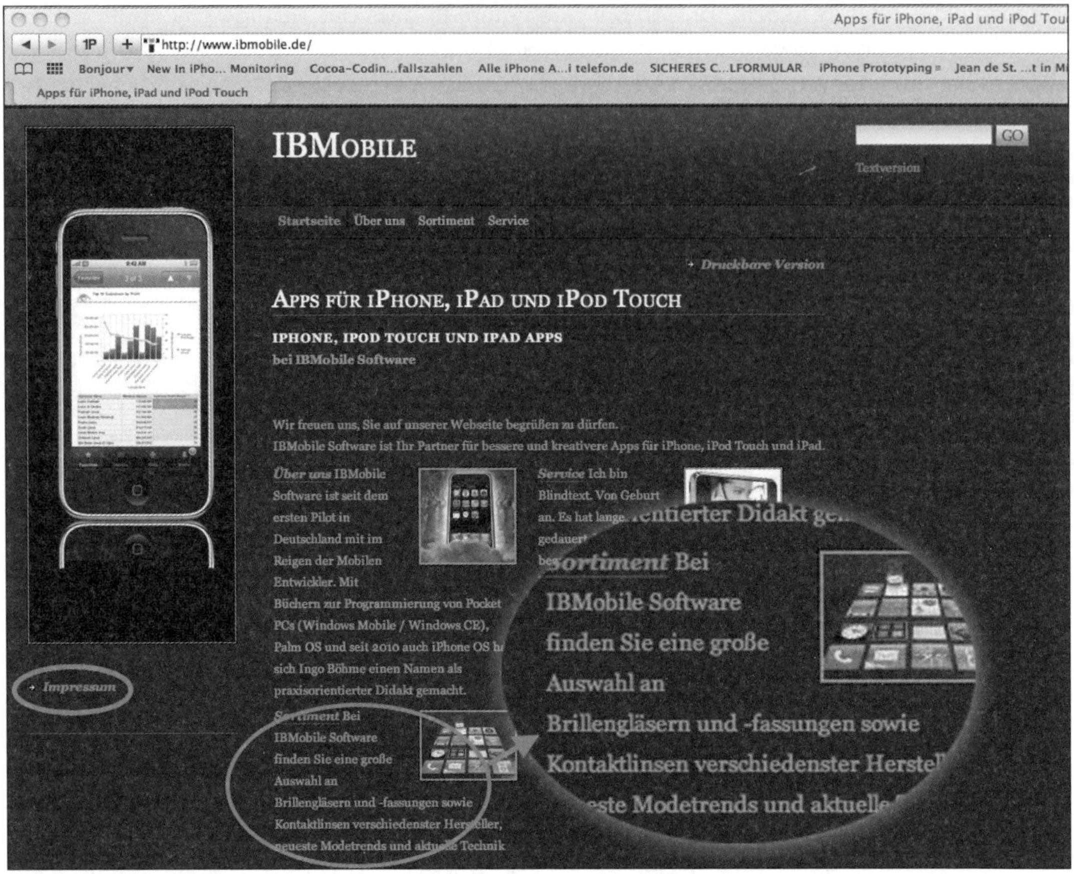

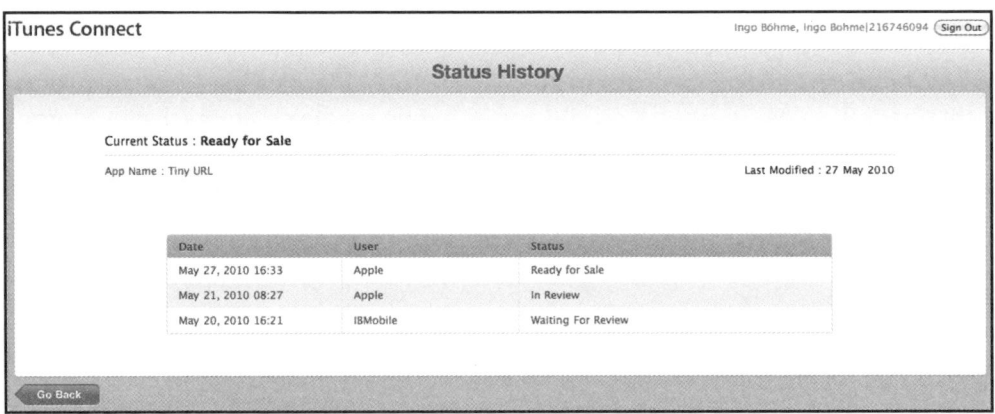

Abbildung 12.26: Bei der Sichtung der Firmenwebsite geht es nur um Formalien, wie das Impressum, und nicht um Inhalte.

Abbildung 12.27: Der Prozess der Prüfung: Nicht immer geht er so reibungslos vonstatten wie bei Tiny URL.

12.8 Verträge und Bankinformationen

Kostenlose Apps in den App Store zu bekommen, ist noch recht einfach, weil Sie den Vertrag über den Vertrieb kostenloser Apps gleich mit Ihrer Anmeldung unterschieben haben. Vor den Verkauf hat Apple jedoch noch ein wenig virtuellen Papierkram gesetzt. Diesen können Sie online in *iTunesconnect.apple.com* erledigen.

1. Loggen Sie sich in *itunesconnect.apple.com* mit Ihrem Entwickler-Account ein.

2. Wechseln Sie in den Bereich CONTRACTS, TAX AND BANKING.

3. Fordern Sie hier einen Vertrag für kostenpflichtige Apps an.

4. Tragen Sie in CONTACT INFO die Zuständigen für Marketing, Finanzen, Recht usw. ein – oder eben überall sich selbst.

5. Nehmen Sie Ihre Kontoverbindung samt IBAN zur Hand, und tragen Sie diese im BANK INFO-Assistenten ein. Und haben Sie bitte ein wenig Geduld. Denn die Kontonummer und vor allem die IBAN müssen Sie eintippen und können sie nicht einfach per Copy&Paste einfügen. Die Kontonummer muss 10-stellig sein, weshalb Sie sie mit führenden Nullen auffüllen müssen. Außerdem darf der Name keine Umlaute enthalten. – So, das waren alle Fehler, die ich gemacht habe.

6. Die TAX INFO ist weniger für das deutsche Finanzamt, sondern für die amerikanischen Behörden gedacht. Hier müssen Sie lediglich angeben, dass Sie keine Aktivitäten außerhalb des App Store innerhalb des (steuerlichen) Hoheitsgebiets der USA betreiben, insbesondere keine Büros betreiben oder Mitarbeiter haben, die (physisch) in den USA arbeiten.

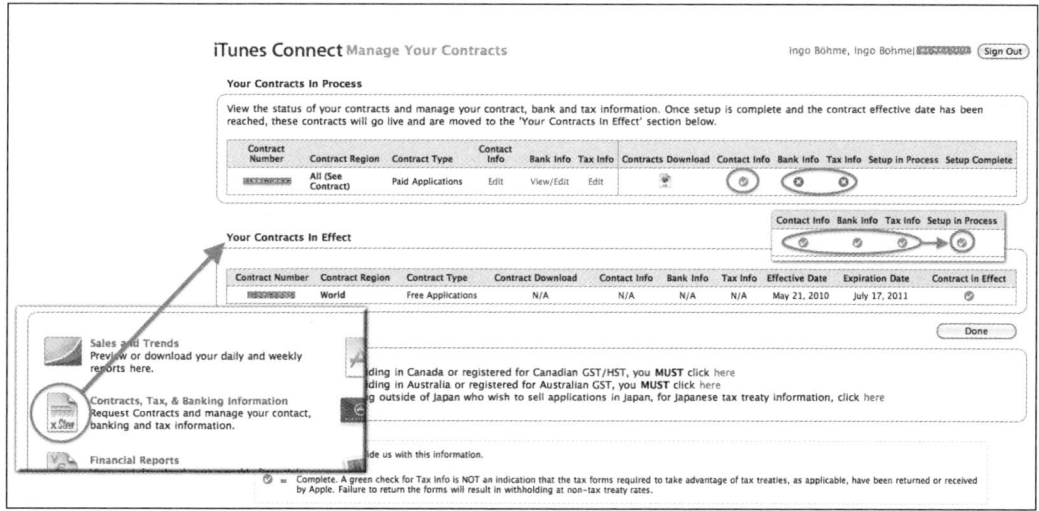

Abbildung 12.28: Bevor Sie kommerzielle Apps entwickeln können, müssen Sie zunächst den Paid Application Contract samt Steuer- und Bankdaten ausfüllen.

Haben Sie die drei Informationen eingetragen, ist Ihr Antrag in der Warteschlange und wird geprüft. In meinem Fall hat dies nur knapp zwei Stunden gedauert.

Hinweis

Sollte diese Vertragsoption – wie bei mir – nicht vorhanden sein, melden Sie sich bei *iTStax@apple.com* mit Ihrem Namen, Ihrem Login-Nick (ohne Passwort!) und Ihrer ID (oben rechts links vom Sign out-Button), und beschweren Sie sich, dass der Punkt nicht verfügbar sei. Binnen 24 Stunden erhalten Sie die Antwort, und die Vertragsoption wird angezeigt.

Kapitel 13

iPad ahoi

Die Entwicklung auf dem iPad ist nahezu identisch mit der Programmierung für die kleineren Displays auf iPod touch und iPhone. Und de facto läuft ja auch quasi jedes iPhone-Programm auf einem iPad. Standardmäßig tut es das in Originalgröße oder nach einem Fingertipp auf die 2x-Schaltfläche auch bildschirmfüllend.

Es gibt grundsätzlich nur zwei Unterschiede zwischen iPhone Apps und solchen für das iPad:

1. iPad Apps haben ein größeres Display zur Verfügung. Daher sollte die Gestaltung im Interface Builder auf relative Größen und Abstände eingerichtet sein.

2. iPad Apps sollten auf jede Drehung reagieren und das Display entsprechend anpassen. So steht es zumindest in den Apple Guidelines zur Gestaltung der iPad-Oberfläche. Und ich würde mich daran halten, weil es einerseits der *User Experience* – dem Nutzererlebnis (welch blöde Übersetzung) – entspricht und andererseits Apple ja jederzeit den Daumen gen Boden richten kann, wenn den Testern etwas nicht gefällt. Und bei einer Prüfdauer von sieben Tagen ist es ratsam, ihnen keinen Grund zur Ablehnung zu geben.

13.1 iPad vs. iPhone/iPod touch

Es gibt zwei unterschiedliche Arten, an die iPad-Entwicklung heranzugehen. Die erste ist, eine bestehende iPhone App zu nehmen und sie zu einer sogenannten *Universal App* zu machen. Diese Variante entscheidet beim Start der App, auf welchem Gerät sie läuft, und stellt sich vom Code und von den Formularen her darauf ein.

1. Öffnen Sie eine beliebige Ihrer iPhone Apps in Xcode. Ich verwende hier die *Tiny URL*-App aus Kapitel 11, die ja bereits im App Store zu finden ist.

2. Markieren Sie in der linken Spalte des Xcode-Projektfensters ganz oben das Projekt und in der mittleren Spalte TARGETS. Nun sehen Sie auf der SUMMARY-Seite alle allgemeinen Infos, wie den Startbildschirm und die Icons. Weiter oben steht ganz unscheinbar rechts neben DEVICES ein Dropdown-Feld. Und dort finden Sie die Einträge IPHONE, IPAD und UNIVERSAL.

3. Selektieren Sie UNIVERSAL, und ... Fertig! Ihre App ist nun in der Lage, auf dem iPad nativ – also ohne 2x-Schaltfläche – zu laufen.

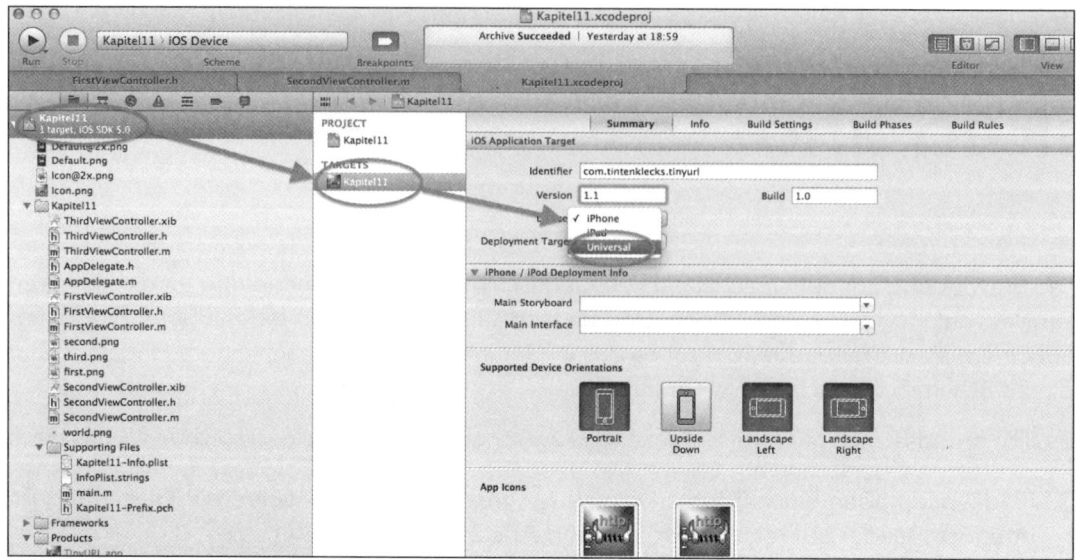

Abbildung 13.1: Auf einfache Weise machen Sie aus Ihrer iPhone App eine Universal App, die zwischen dem Code auf iPhone und iPad unterscheidet.

Zugegeben, es sieht nicht perfekt aus, aber es hat zumindest schon mal den Anschein einer iPad-Applikation. Die Steuerelemente haben eine normale Größe und sind nicht einfach nur hochskaliert. Allein: Der Startbildschim, der über *Default.png"* eingeblendet wird, passt so gar nicht mehr. Dieser muss beim iPad *Default-Portrait.png"* heißen und 768 x 1004 Pixel groß sein. Erstellen Sie ein solches Bild, nennen Sie es *Default-Portrait.png"* (Groß-/Kleinschreibung beachten!), und legen Sie es in das Hauptverzeichnis des Projekts. Dann wird es beim nächsten Start am iPad angezeigt.

13.1.1 Der Size Inspector für die richtige Proportion

Ansonsten ist es jetzt der Zeitpunkt gekommen, sich mit dem *Size Inspector* zu beschäftigen. Dies ist eine Möglichkeit, Ihren Steuerelementen zu erklären, wie sie sich verhalten sollen, wenn sich das Device dreht oder, wie im Falle des iPad, eine neue Bildschirmauflösung hat.

Laden Sie doch mal das *Tiny URL*–Projekt, und markieren Sie die Datei *FirstViewController.xib*. Aktivieren Sie dann über VIEW / UTILITIES / SHOW SIZE INSPECTOR (oder ⌘ + ⌥ + 5) dieses Tool in der rechten Seitenleiste.

Markieren Sie beispielsweise das Label oben links mit der Beschriftung URL. Was soll mit dem passieren, wenn sich die Größe ändert oder sich das iPad dreht? Nun, es soll weiterhin denselben Abstand links und oben haben. Die Größe braucht sich nicht anzupassen. Das überlassen wir den Eingabefeldern. Also stimmt die Standardangabe im Kästchen AUTOSIZING für dieses Steuerelement und auch für das Label darunter. Denn die äußeren roten Striche im

AUTOSIZING-Feld bedeuten, wenn sie durchgezogen sind, dass der entsprechende Rand fixiert bleibt. Dort, wo sie gestrichelt sind, vergrößert bzw. verkleinert sich der Rand proportional zur neuen Größe (im Verhältnis zu den Layout-Dimensionen). Die Striche im Inneren wirken sich auf die Größe des Steuerelements aus. Sind sie durchgezogen, wird die Höhe respektive die Breite skaliert. Ansonsten bleibt sie wie im Layout. In Abbildung 13.2 sehen Sie, welche Steuerelemente in der *Tiny URL*-App wie angepasst werden müssen.

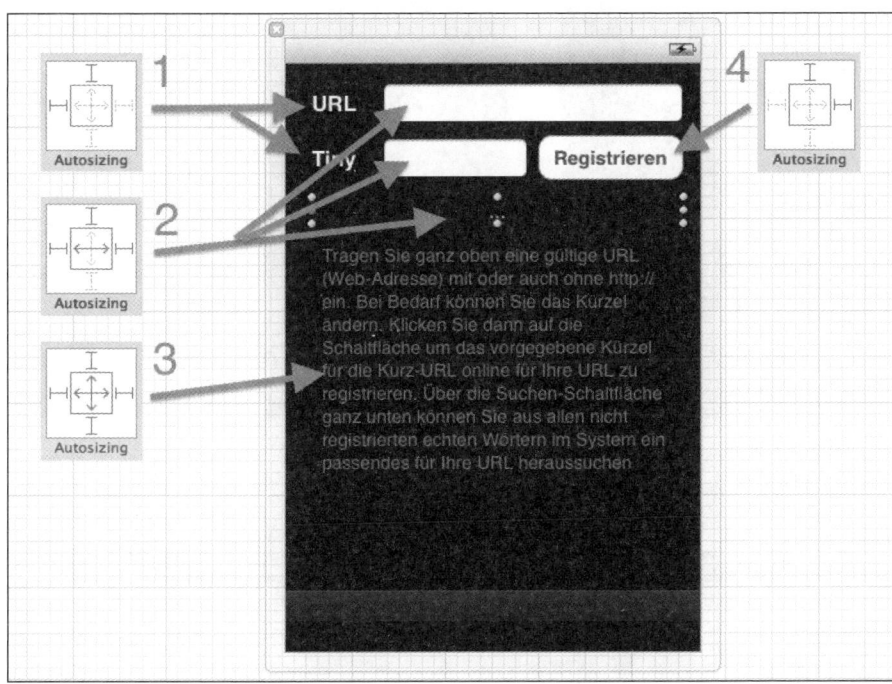

Abbildung 13.2: Die Abbildung zeigt schematisch, welche Steuerelemente wie angepasst werden müssen, damit sie auf dem iPad ein vernünftiges Layout bilden.

Bei den beiden Labels (1) können Sie die Standardvorgabe beibehalten.

Die beiden Textfelder (2) hingegen sollen von oben sowie vom linken und vom rechten Rand her fixiert sein. Bei einer Breitenänderung soll sich jedoch auch die Breite des Text-feldes ändern. Gleiches gilt auch für das Label darunter, in dem die neue *iho.me*-Kurz-URL angezeigt wird.

Der große Info-Text (3) wird komplett skaliert und füllt somit auch beim iPad die komplette Dis-playfläche aus. Ob das sinnvoll ist – weil ja nichts Wichtiges drinsteht – sei mal dahingestellt.

Zu guter Letzt bleibt nur noch die REGISTRIEREN-Schaltfläche (4). Bei ihr ist es genau spiegel-verkehrt wie bei den Labels links. Sie soll sich immer am rechten oberen Rand orientieren und ihre Größe nicht verändern. Starten Sie die App nun im iPad-Simulator. Sie sieht nicht wirklich schön aus, aber es ist wenigstens eine echte iPad-Variante.

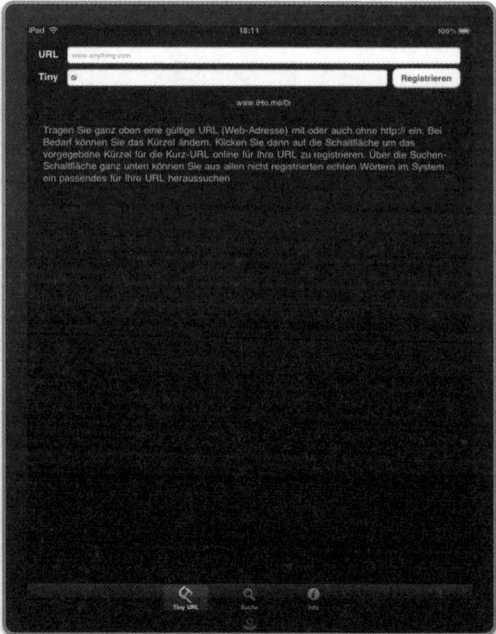

Abbildung 13.3: Eine reine iPhone App (links) wird einfach nur hochskaliert. Die individuelle iPad-Variante (rechts) zeigt sich im iPad-Look&Feel.

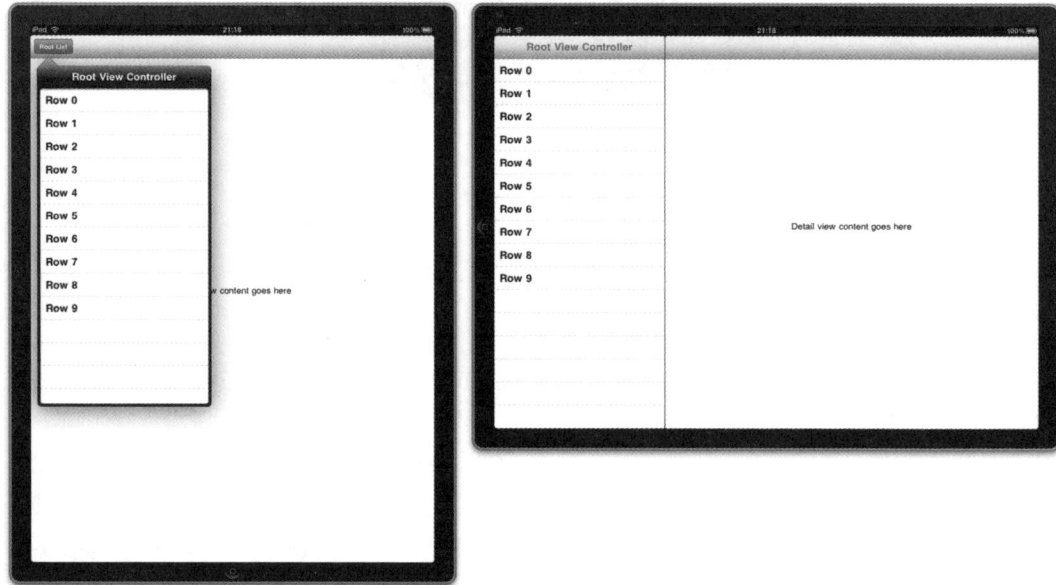

Abbildung 13.4: Das iPad-Look&Feel bietet quer eine Navigationsleiste, die sich hochkant automatisch als sogenanntes Popover über den Content legt.

13.2 Das Split View-Prinzip des iPad

Anstatt eine bestehende App zu verändern, möchte ich aber eine reine iPad-Anwendung mit Ihnen entwickeln. Und zwar soll diese auf dem *Object Split View Controller* aufbauen, der mit OS 3.2 und dem iPad neu eingeführt wurde.

13.2.1 Die Master-Detail-Schablone

Nun gibt es im New-Projekt-Assistenten bereits eine Vorlage mit der Bezeichnung MASTER-DETAIL APPLICATION (siehe Abbildung 13.5). Das Grundergebnis der Vorlage ist eine Anwendung, die bereits die Rotation und den typischen Split-Screen unterstützt, also in der horizontalen Lage die Teilung des Bildschirms in Navigation und Content und in der Vertikalen nur den Content mit eingeblendetem *Pop-over* zeigt (siehe Abbildung 13.6).

> ### Projektquellcode
>
> Sie finden den Quellcode des Projekts unter *www.iho.me/Kapitel13*.

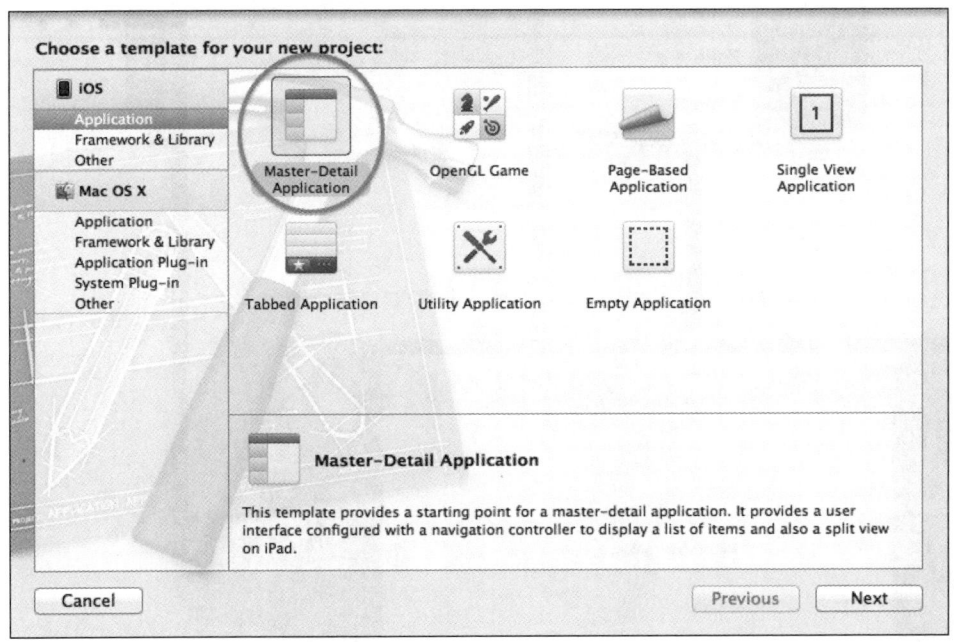

Abbildung 13.5: Mit der Vorlage MASTER-DETAIL APPLICATION erstellen Sie schnell eine typische iPad-Anwendung.

Der Besondere an dieser Vorlage ist, dass Apple einen Weg gefunden hat, diese typische Art, ein iPad zu steuern, auch für das iPhone umzusetzen (siehe Abbildung 13.6). Insofern ist diese Vorlage ein cleverer Ausgangspunkt, wenn Sie unterschiedliche *UIViews* präsentieren müssen und flexibel auf iPad und iPhone vertreten sein wollen.

Wenn Sie sich das Projekt anschauen, sehen Sie unterschiedliche *.xib*-Dateien für iPhone und iPad. Der Quelltext hingegen ist fast identisch. Lediglich an ganz wenigen Stellen wird mit

```
if ([[UIDevice currentDevice] userInterfaceIdiom] == UIUserInterfaceIdiomPhone)
```

geprüft, ob die App gerade auf einem iPhone ausgeführt wird. Denn beispielsweise ein *UIPopOverController* existiert nun mal nicht für das iPhone.

Abbildung 13.6: Das Split View-Prinzip wird am iPhone über ein TableView und eine Detailansicht gelöst.

Anhang A

Code-Rezepte, Tipps und Tricks

Das grundlegende Prinzip, wie eine iOS App aufgebaut ist, haben Sie nun verstanden. Wozu soll ich Ihnen nun die vielen unterschiedlichen Klassen der Frameworks in der Theorie näherbringen? Stattdessen habe ich mich in den Weiten des Internets auf die Suche nach den am häufigsten gestellten Fragen gemacht. Und daraus besteht dieser etwas ausschweifende Anhang. Ich erkläre dabei nicht mehr, wohin Sie was schreiben sollen oder welche Tastenkombination das Programm zum Laufen bringt. Das sollte jetzt klar sein. Dafür sind es Lösungsansätze, die Sie zumeist einfach so, wie sie sind, übernehmen können oder die Sie höchstens einmal in kleinen Punkten anpassen müssen.

A.1 Xcode, Simulator, Interface Builder und Tools

In diesem Abschnitt geht es um das Arbeitsmaterial, also die Dokumenten- und Code-Verwaltung *Cocoa* und das visuelle Tool *Interface Builder*.

A.1.1 Wechsel zwischen Header- und Moduldatei

Die wohl wichtigste und – zumindest bei mir – am häufigsten verwendete Xcode-Tastenkombination ist ⎇+⌘+↑ beziehungsweise Ctrl+⌘+↑ ab Xcode 4.2. Damit wechseln Sie von der Header- zur Moduldatei und wieder zurück.

Wer ein neueres MacBook hat, das Mehrfingergesten auf dem Trackpad unterstützt, der kann den Wechsel erledigen, indem er mit drei Fingern nach oben wischt. Noch praktischer!

A.1.2 Code-Vervollständigung

Wenn Sie einen Klassennamen eingeben, zeigt der Xcode-Editor den wahrscheinlichsten nächsten Namen im Editiermodus rechts neben dem Cursor an. Mit der Taste → oder mit der Tabulatortaste stimmen Sie dem Vorschlag zu.

A.1.3 Projektname umbenennen

Xcode 4 macht es unglaublich einfach, ein Projekt umzubenennen. Markieren Sie links im Projektfenster den Eintrag ganz oben, also den mit dem Projektnamen. Klicken Sie nach einer Sekunde erneut darauf, wird er zum Eingabefeld. Tragen Sie den neuen Namen ein, und drücken Sie die Eingabetaste. Es erscheint darauf ein Fenster mit allen Dateien und Einträgen, die automatisiert geändert werden können. Ein Klick auf RENAME, und alles ist getan.

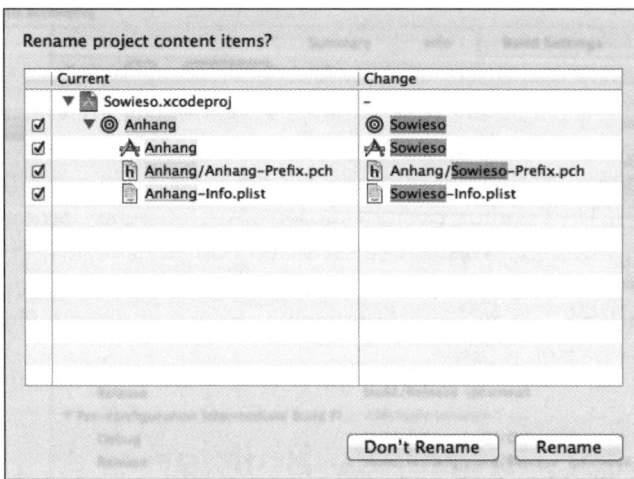

Abbildung A.1: Seit Xcode 4 ist es so einfach, ein Projekt umzubenennen, dass man meist den Wald vor lauter Bäumen nicht sieht

A.1.4 Ein neues Framework in Xcode 4 hinzufügen

Etwas umständlicher ist es, ein neues Framework (wie etwa die Bibliothek der Audio- und Video-Objekte oder die Systeminformationen) zu Ihrem Projekt hinzuzufügen. Dazu müssen Sie in Xcode 4 links im Projektbaum den obersten Eintrag (mit dem Projektnamen) markieren, anschließend in der Spalte daneben das Target anklicken und im Ordner *Build Phases* im Abschnitt LINK BINARIES WITH LIBRARIES auf die Plus-Schaltfläche klicken und das gewünschte Framework mit einem Doppelklick auswählen.

A.1.5 Nach dem Approval-Prozess

Sobald Sie die Mail erhalten, dass Ihre App für den App Store akzeptiert ist, gibt es noch einiges zu erledigen.

Loggen Sie sich in *iTunes Connect* ein, und ändern Sie das Erscheinungsdatum auf den aktuellen Tag. Auf diese Weise erscheint Ihre App in der Liste der Neuerscheinungen und wird auch in die zahlreichen Apps zu diesem Thema aufgenommen. Aber beeilen Sie sich: Das können Sie nur an dem Tag machen, an dem Ihre App angenommen wurde und Sie die Bestätigung erhalten haben.

Die meisten Infos, die im iTunes App Store erscheinen, können Sie auch nach dem Approval-Prozess noch ändern, ohne dass ein erneuter Apple-muss-mal-wieder-mitmischen-Zyklus beginnt: Es ist kein Problem, die Beschreibung umzuformulieren, Screenshots auszutauschen oder den Preis zu ändern. Erst der Upload einer neuen Binary erfordert auch das erneute Einschalten der Apple-Tester.

A.1.6 Die richtige Methode finden

Es gibt kaum eine Funktion, die in den zahlreichen Klassen der iOS-Bibliotheken nicht vorhanden ist. Die Schwierigkeit ist nur, sie zu finden. Im Prinzip ist es aber ganz einfach, die Tausenden von Methoden so weit einzuschränken, dass nur noch eine Handvoll übrig bleibt.

Nehmen wir mal an, Sie brauchen einen Farbwert, den Sie aus den Grundfarben Rot, Grün und Blau zusammensetzen wollen. Dann beginnen Sie mit:

```
[UIColor
```

Sie wissen, dass Sie als Ergebnis einen Farbwert, also vom Typ *UIColor*, erhalten wollen. Drücken Sie nach der Eingabe die Taste Esc, erscheint die Liste der möglichen Methoden. Links, in Hellblau, sehen Sie Rückgabewerte der Vorschläge. Und alles, was hier im Beispiel nicht *UIColor* liefert, können Sie getrost vergessen. So finden Sie schnell die passende Routine.

```
[super viewDidLoad];
// Do any additional setup after loading the view, typically from a nib.


UIColor *meineFarbe = [UIColor UITABLEDELEGATEMETHODEN
                      Ⓜ UIColor * clearColor
                      Ⓜ UIColor * colorWithCGColor:(CGColorRef)
void)viewDidUnloa  Ⓜ UIColor * colorWithCIColor:(CIColor *)
                   Ⓜ UIColor * colorWithHue:(CGFloat) saturation:(CGFloat) bri
 [super viewDidUr  Ⓜ UIColor * colorWithPatternImage:(UIImage *)
 // Release any    Ⓜ UIColor * colorWithRed:(CGFloat) green:(CGFloat) blue:(CG
 // e.g. self.myO  Ⓜ UIColor * colorWithWhite:(CGFloat) alpha:(CGFloat)
                   Ⓜ          BOOL conformsToProtocol:(Protocol *)
void)viewWillAppe  Ⓜ            id copyWithZone:(NSZone *)
                   Ⓜ UIColor * cyanColor
```

Abbildung A.2: Wenn Sie auf den Rückgabewert achten, reduziert sich die infrage kommende Anzahl der Methoden drastisch.

```
      openURL:[NSURL URLWithString:@ re
      [UIApplication
}
```

Abbildung A.3: Die Code-Vervollständigung akzeptieren Sie mit der Taste ⇥ .

Ist der Vorschlag nicht das, was Sie eigentlich wollten, zeigt Ihnen ein Druck auf die Taste Esc , welche weiteren Methoden, Klassen oder Eigenschaften das System für Sie noch bereithält. Standardmäßig ist die Liste nach der wahrscheinlichsten Vervollständigung sortiert. Mit einem Klick auf das kleine Pi-Zeichen am unteren rechten Rand wird die Liste alphabetisch sortiert.

```
    [NSURL c]
     Ⓜ class
     Ⓜ copyWithZone:
/*   Ⓜ conformsToProtocol:
// The Ⓜ classForKeyedUnarchiver              programma
- (id)i Ⓜ classFallbacksForKeyedArchiver       ndleOrNil
   if   Ⓜ cancelPreviousPerformRequestsWithTarget:       il])) {
   }    Ⓜ cancelPreviousPerformRequestsWithTarget:selector:object:
}  ret
*/       NSURL                                         π
```

Abbildung A.4: Die Code-Vervollständigung zeigt eine Auswahlliste der möglichen Klassen und Methoden.

Wenn Sie an eine Methode geraten, die mehrere Argumente besitzt, können Sie mit ⇥ vom einen zum anderen Argument wechseln und die Schlüsselwörter dazwischen überspringen.

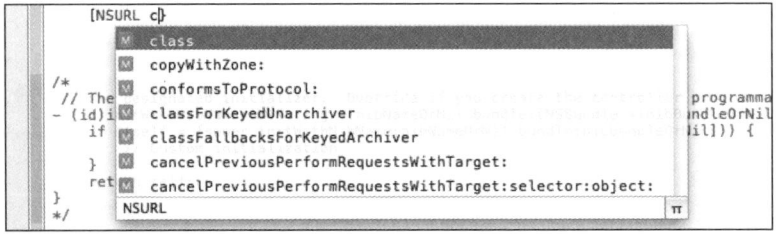

Abbildung A.5: Mit der Tabulatortaste springen Sie von Argument zu Argument.

A.1.7 XCode-Shortcuts für Typinator

Unter *www.iho.me/typinator* können Sie eine Bibliothek für die Shortcut-Software *Typinator* (*www.ergonis.com/products/typinator*) downloaden, die – ständig erweitert – sämtliche Delegate-Methoden und viele sonstige Makros für Xcode und Objektive C enthält. Bereits mit der kostenlosen Testversion können Sie so Ihre Produktivität beim Programmieren deutlich erhöhen.

Um den doch recht umfangreichen Code für eine einfache Alert-Box in Ihrem Code einzufügen, tippen Sie dann einfach (((alert, und schon steht der entsprechende Objective C-Code an der aktuellen Cursorposition.

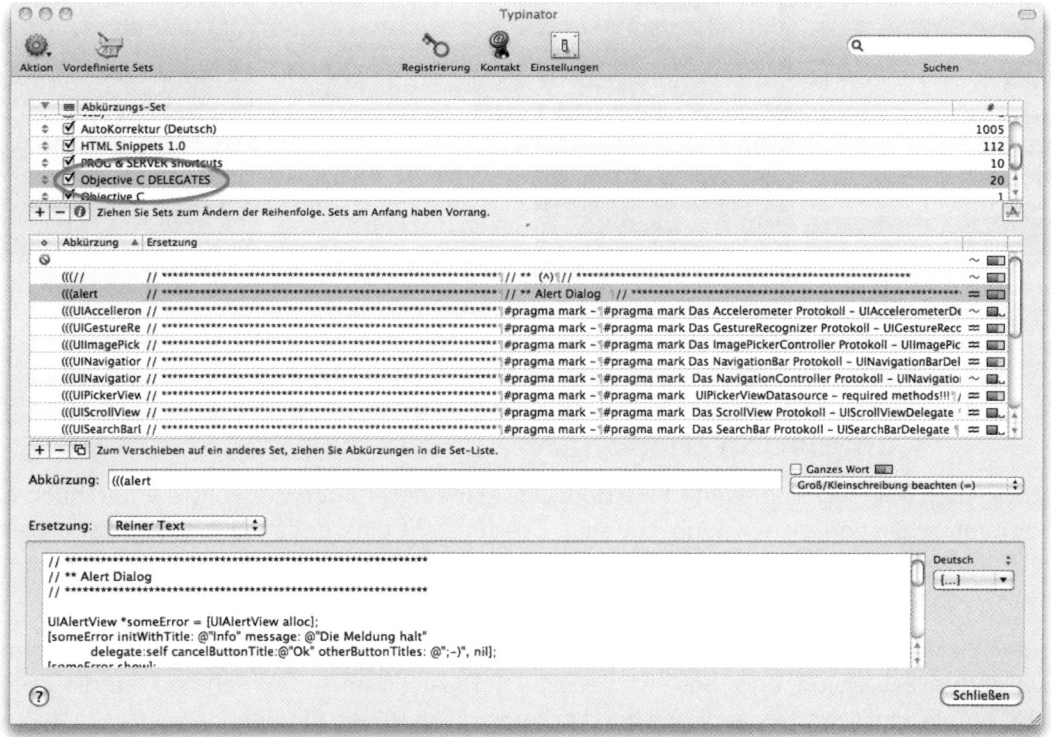

Abbildung A.6: Mit dem Shortcut-Programm Typinator und der Bibliothek unter www.iho.me/typinator vereinfachen und beschleunigen Sie die Codeeingabe in Xcode erheblich.

A.1.8   Visuelle Gestaltung ohne Interface Builder

Für iPhone und iPad gibt es eine App namens *Dapp*, mit der Sie am iPhone und iPad komplette Apps visuell gestalten und formatieren können. Diese senden Sie dann per E-Mail als Quellcode an Ihren Entwicklungsrechner und haben so den Objective C-Quellcode samt aller wichtigen Formatierungen, dem Speichermanagement und allen *delegate*- beziehungsweise *dataSource*-Methoden – ganz ohne XIBs und Interface Builder.

Abbildung A.7: Mit der iPhone- und iPad App Dapp gestalten Sie interaktive Apps, generieren Objective C-Code und senden ihn per Mail an Ihren Entwicklungsrechner.

A.1.9   Eigene Code-Vervollständigung mit Completion Dictionary

Xcode kann mit Plug-Ins erweitert werden. Das in meinen Augen sinnvollste unter ihnen ist *Completion Dictionary* (*www.iho.me/dict*). Dieses stellt eine einfache Art dar, Code-Teile mit Parameter-Platzhaltern zu erzeugen und diese ebenso wie die Code-Vervollständigung von Xcode selbst zu verwenden.

Laden Sie von *www.iho.me/dict* die Datei *CompletionDictionary-xxx.zip* (xxx steht hier symbolisch für die Version, und diese ist derzeit 4.1.1). Aus dem Archiv nehmen Sie die Datei *ODCompletionDictionary.xcplugin* und kopieren diese in den Ordner

~/Library/Application Support/Developer/Shared/Xcode/Plug-ins/

wobei die Tilde ~ für das Benutzerverzeichnis steht, sowie in den Ordner

/Library/Application Support/Developer/Shared/Xcode/Plug-ins/

Da es sich bei Letzterem um ein Systemverzeichnis handelt, müssen Sie den Vorgang mit dem Admin-Passwort bestätigen.

Starten Sie dann Xcode neu. Im Menü EDIT sehen Sie nun den neuen Menüpunkt COMPLETION DICTIONARY. Mit EDIT MACROS können Sie die vorhandenen Textersetzungen verwalten, löschen oder neue hinzufügen. Mit EXPAND MACRO expandieren Sie die Buchstabenkombination links vom Cursor im Editorfenster zu dem zugeordneten Textblock. Das Besondere ist, dass Sie in den Textbausteinen Platzhalter im Stil von `<#hier eingeben#>` verwenden können, die im Quellcode als Formularfelder erscheinen.

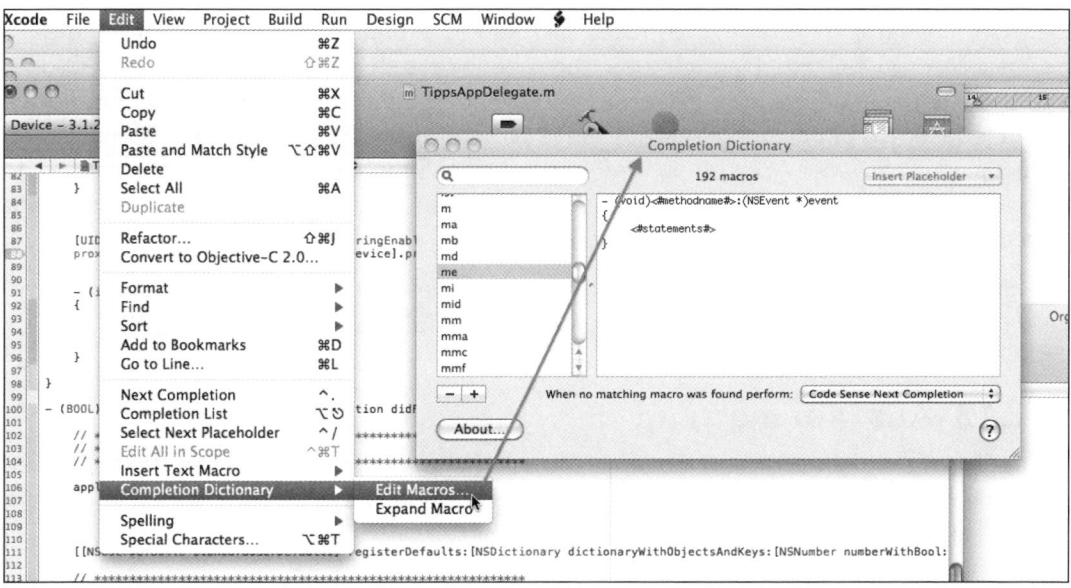

Abbildung A.8: Mit dem Completion Dictionary können Sie eine eigene Code-Vervollständigung in Xcode verwenden.

A.1.10 Automatische Methodenklammern

Wenn Sie die schließende Methodenklammer] setzen, wird automatisch davor, an der passenden Stelle in der Codezeile, die geöffnete Klammer [gesetzt.

A.1.11 Groß-/Kleinschreibung im Dateisystem

Oft findet man diesen Fallstrick erst nach Stunden heraus: Während der Mac in der Standardpartitionierung ein Dateisystem besitzt, bei dem in Dateinamen nicht zwischen Klein- und Großschreibweise unterschieden wird, ist das beim iPhone sehr wohl der Fall. So kann es sein, dass Ihre App in der fehlertoleranten Simulator-Umgebung einwandfrei läuft und auf dem iPhone im echten Leben plötzlich vorgibt, die Datei sei nicht vorhanden.

A.1.12 Dateiverzeichnis des iOS Simulators

Der *iOS Simulator* stellt die Dateistruktur der jeweils aktuellen iPhone App wie eine ganz normale Mac OS X-Ordnerhierarchie dar. Diese befindet sich im persönlichen Library-Ordner des Users unter *~/Library/Application Support/iPhone Simulator*. In diesem Ordner finden Sie für jede jemals benutzte iOS-Version einen Ordner, also 4.0.2 für iOS 4.0.2. Darunter wiederum sind die IDs der Apps zu fiunden, die auf dem Simulator getestet wurden. Hier hilft nur reinschauen, weil zuoberst gleich das Bundle mit dem App-Namen liegt. Die Dokumente sind dann im Ordner *Documents* zu finden.

Auf diese Weise können Sie auf die Schnelle eine Datei in das iPhone-Dokumentenverzeichnis schieben oder daraus löschen, um unterschiedliche Situationen zu testen.

A.1.13 Aus .xib mach .m

Häufig ist es sinnvoll, visuelle Elemente „on the fly" per Code zu erstellen, anstatt sie im Interface Builder zu erstellen und die ganzen Zuordnungen herzustellen. Nun ist es aber im Interface Builder leichter, ein gescheites Layout hinzubekommen.

Den Spagat zwischen den beiden Aspekten vollbringt das Programm *Nib2ObjC* (*www.iho. me/Nib2ObjC*). Dieses liest *.xib*-Dateien ein und stellt diese als Objective C-Quellcode dar.

A.1.14 Info zu Objective-C- und Cocoa-Bezeichnern

Weiterführende Infos zu einer Klasse oder auch zu einer Methode oder Eigenschaft erhalten Sie, wenn Sie die Taste ⌘ drücken und halten und anschließend auf dem Namen einen Doppelklick ausführen. Es erscheint ein Info-Popup, in dem Sie die grundlegende Funktion und die Deklaration erfahren. Oben rechts sehen Sie eine Schaltfläche mit einem

Buch und eine mit einem H. Erstere verweist zur Xcode-Hilfe und zeigt die komplette Klassen- oder Methodenbeschreibung. Mit der ⌶h⌷-Taste gelangen Sie direkt zur Headerdatei, in der sich die Originaldeklaration befindet.

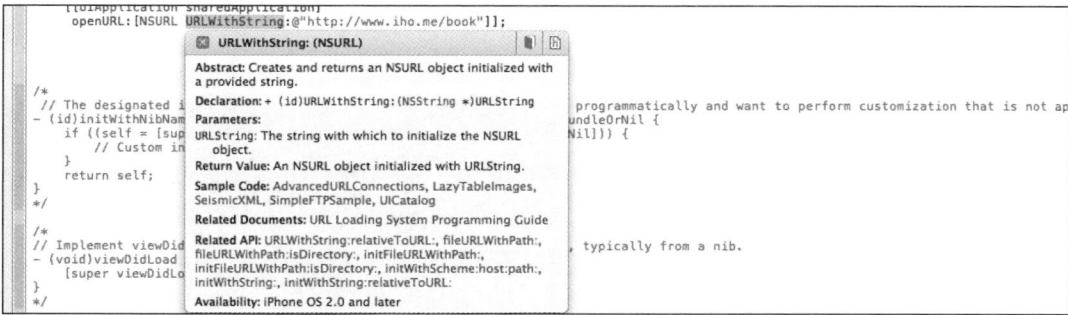

Abbildung A.9: Doppelklicken Sie bei gedrückter ⌶⌃⌷-Taste auf einen Bezeichner, zeigt Xcode eine Kurzinfo an und bietet Verweise in die Hilfe und zur Deklaration des Bezeichners.

A.1.15 Schnellsuche nach Dateien und Definitionen

Die *Open Quickly*-Funktion im FILE-Menü ist eine oft unterschätzte Methode, um Dateien zu öffnen. Tippen Sie einfach ⌶⌘⌷+⌶⇧⌷+⌶O⌷, und geben Sie Buchstaben aus dem Inhalt der Datei ein – schon werden wie bei Spotlight sämtliche Fundstellen angezeigt. Wenn Sie vorher einen Text markieren, wird dieser beim Aufruf über ⌶⌘⌷+⌶⇧⌷+⌶O⌷ direkt in das Eingabefeld eingetragen, und die Suche startet automatisch.

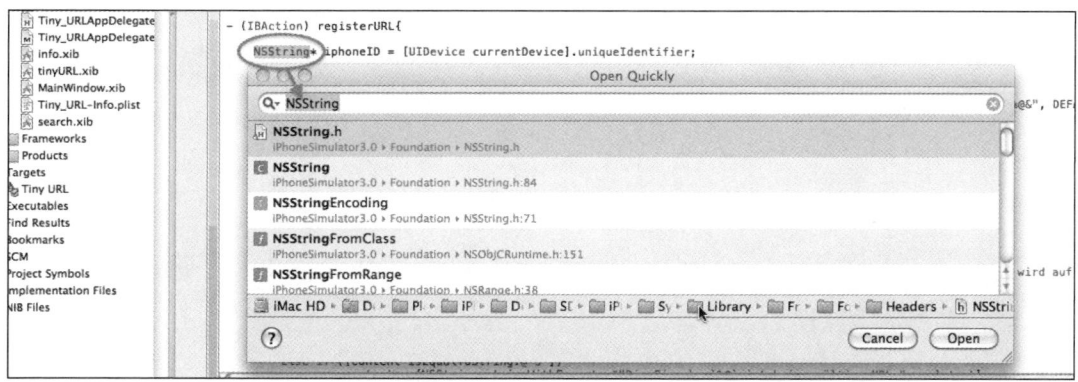

Abbildung A.10: Markierter Text führt Sie bei Open Quickly sofort zu allen Fundstellen.

A.1.16 Komplette Xcode-Shortcut-Liste

Eine ganz hervorragende Zusammenstellung aller Xcode-Shortcuts – noch dazu ästhetisch gelayoutet – hat Colin Wheeler erstellt. Unter *www.iho.me/xcode* (Xcode 3) bzw *www.iho.me/xcode4* finden Sie die gelayoutete PDF-Datei in verschiedenen Farb-Varianten zum Download.

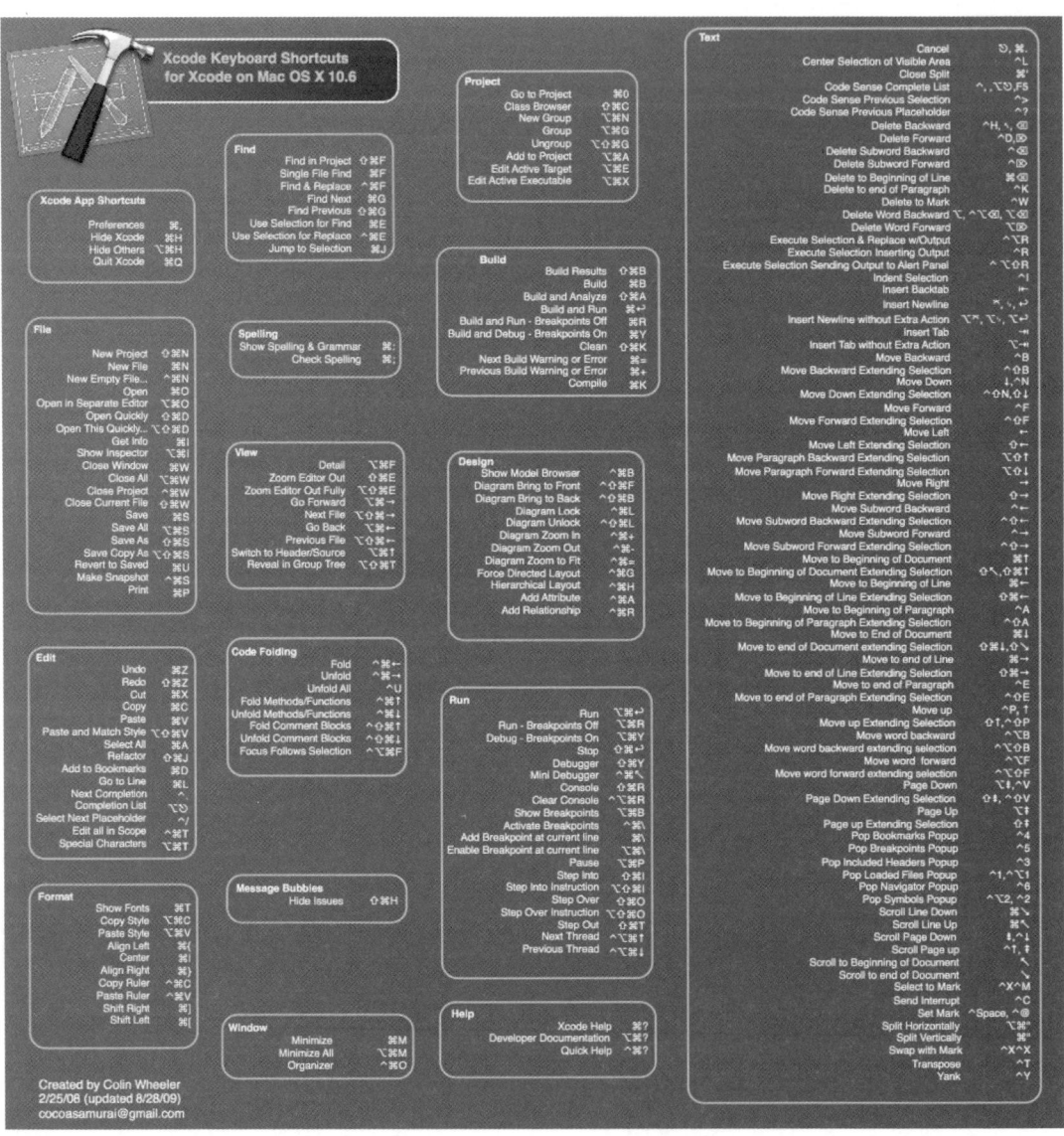

Abbildung A.11: Die gelayoutete Xcode-Shortcut-Liste von Colin Wheeler gibt es als PDF im Internet kostenlos zum Download.

A.1.17 Tastenbelegung

In den Xcode-Einstellungen (⌘+,) können Sie im Abschnitt KEY BINDINGS jedem Befehl im Menü und auch den meisten Aktionen im Editor eigene Tasten-Shortcuts zuordnen. Allerdings gehört die Standard-Xcode-Belegung dem System und kann nicht geändert werden. Erzeugen Sie aber über DUPLICATE einen eigenen Tastensatz, lassen sich alle Tastenkürzel ändern, indem Sie in der Spalte der Tastenkürzel rechts (KEYS) einen Doppelklick auf den entsprechenden Befehl ausführen. Nun brauchen Sie nur noch die entsprechende Tastenkombination zu drücken, und schon ist Ihre Belegung aktiv.

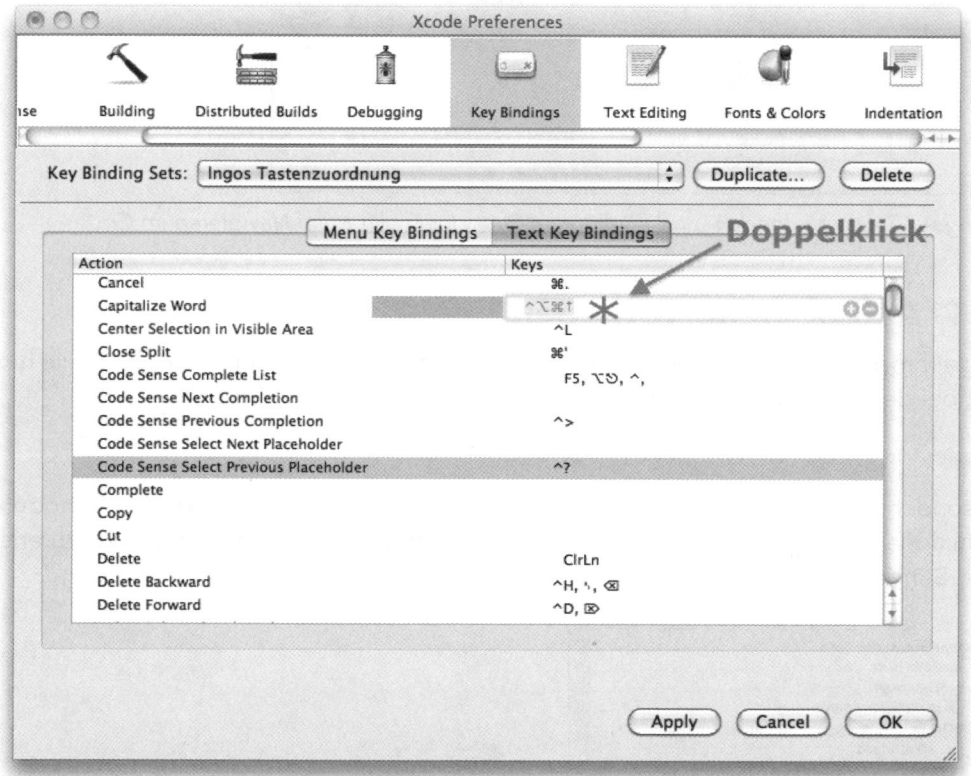

Abbildung A.12: In den Key-Bindings können Sie sämtlichen Befehlen und Menüpunkten von Xcode eigene Tastenkürzel zuweisen.

A.1.18 Liste der Methoden und Funktionen

Ganz unscheinbar über dem Codebereich des Editors befinden sich einige Dropdown-Listen. Die zweite von links, die Sie auch mit Ctrl + 2 bzw. Ctrl + 6 in Xcode 4 öffnen können, zeigt eine Liste aller Methoden und Funktionen des aktuellen Moduls. Indem Sie die Methode auswählen und mit der Eingabetaste bestätigen, gelangen Sie direkt zu der entsprechenden Deklarationszeile im Code.

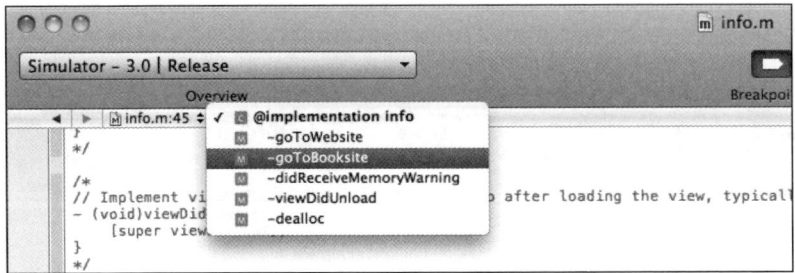

Abbildung A.13: Das Methoden- und Funktionen-Dropdown hilft beim Navigieren im Code.

A.1.19 Aufgaben hervorheben

Ein Programm ist niemals fertig. Hilfreich ist, wenn man einen Kommentar an der Stelle hinterlässt, bei der man noch mal Hand anlegen muss:

//TODO: Speichermanagement nur schlampig gelöst

Das Besondere an solch einem TODO-Kommentar ist, dass er sich auch in der Methoden- und Funktionen-Liste (siehe Abschnitt A.1.18) wiederfindet. So hat man das noch zu erledigende Bündel stets gut vor Augen.

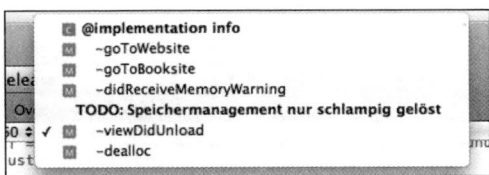

Abbildung A.14: Ein //TODO-Kommentar wird hervorgehoben in der Funktionen-Übersichtsliste aufgeführt.

A.1.20 Code in logische Abschnitte teilen

Es müssen nicht immer //TODO-Einträge wie in Abschnitt A.1.19 sein, um den Quellcode zu strukturieren. Ist beispielsweise eine Moduldatei in Methoden verschiedener Delegate-Objekte eingeteilt, so ist es sinnvoll, über jedem Abschnitt eine Markierung zu setzen. Mit der Kennzeichnung

```
#pragma mark beliebigertext
```

können Sie dies so vornehmen, dass der Text auch in der Methoden- und Funktionen-Liste (siehe Abschnitt A.1.18) erscheint.

Die *#pragma*-Angabe

```
#pragma mark ****** Das TableView-Delegate-Protokoll
```

sehen Sie beispielsweise in Abbildung A.15.

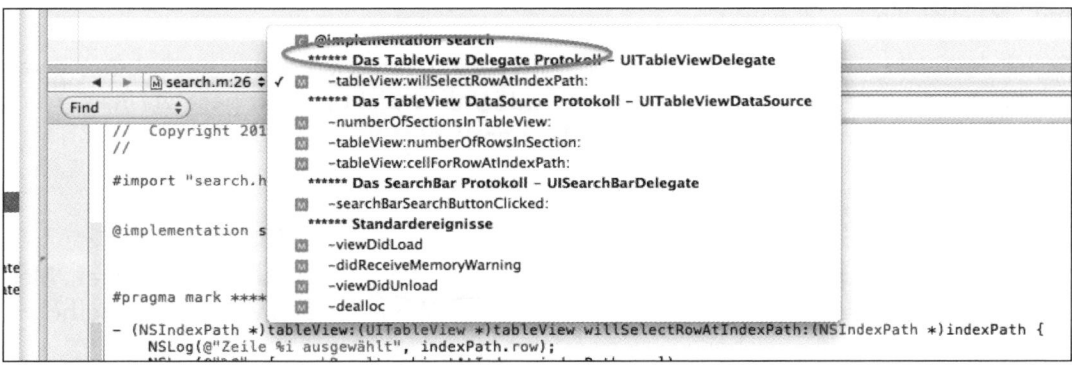

Abbildung A.15: Mit der #pragma-Direktive kann der Quelltext in der Übersicht deutlich gegliedert werden.

A.1.21 Zusammenhängende Methoden markieren

Führen Sie auf einer geschweiften, einer eckigen oder einer runden Klammer einen Doppelklick aus, wird der komplette zu dieser Hierarchie gehörende Codeblock markiert.

A.1.22 Variablen global umbenennen

Objective-C macht es Ihnen leicht, schlampig gewählte Variablennamen in die richtige Form zu bringen. Führen Sie einen Rechtsklick auf einen Variablennamen innerhalb einer Funktion aus, und wählen Sie aus dem Menü EDITOR den Punkt EDIT ALL IN SCOPE. Die Änderungen, die Sie dann an dem Variablennamen vornehmen, werden gleichzeitig bei allen Vorkommen der Variable durchgeführt. Anstatt über den Menüpunkt zu gehen, können Sie die Funktion auch mit [Ctrl]+[⌘]+[T] respektive [Ctrl]+[⌘]+[E] ab Xcode 4.2 aktivieren.

A.1.23 Autovervollständigung durchlaufen

Wenn Sie im Editor Objective C-Code einfügen, versucht dieser, Ihnen die – nach seinem Gutdünken – besten Möglichkeiten vorzugeben. Mit der Taste `Esc` gelangen Sie zur kompletten Auswahlliste. Drücken Sie hingegen `Ctrl` + `.`, bietet der Editor jeweils den nächsten Vorschlag im Code an.

A.1.24 Automatische Code-Einrückung

Xcode versucht, den Code sinnvoll zu strukturieren. Mit einem Zeilenvorschub gelangen Sie genau an die Position der nächsten Zeile, an der der Folgecode stehen sollte.

Hat Ihr Code Abzüge in der B-Note und sieht nach einigen durchtippten Nächten etwas verstreut aus, können Sie sich Xcodes strukturierte Art zunutze machen, um auch Ihren Objective C-Zeilen wieder ein präsentables Aussehen zu verleihen. Markieren Sie einfach den gesamten Code, schneiden Sie ihn mit `⌘` + `X` aus, und fügen Sie ihn sofort wieder mit `⌘` + `V` ein.

Sollte der Code ab einer bestimmten Zeile nach rechts verrückt erscheinen, haben Sie vermutlich eine runde, eckige oder geschweifte Klammer nicht korrekt gesetzt. Insofern ist diese Technik auch ein guter Tipp zum Debugging.

A.1.25 Codeblock auskommentieren

Mit einer Tastenkombination können Sie einen ganzen Codeblock auskommentieren. Markieren Sie den Code, und drücken Sie `⌘` + `⇧` + `7`. Wenn Sie den Vorgang wiederholen, werden die Kommentarzeichen wieder entfernt.

A.1.26 Backslash

Eines der Mankos bei OS X ist, dass der von Windows bekannte Backslash auf der Tastatur fehlt. Allerdings ist er dennoch vorhanden. Man kann sich die Tastenkombination ganz einfach merken: Einen normalen Slash bekommen Sie mit `⇧` + `7`, und beim Backslash drücken Sie einfach zusätzlich die `⌥`-Taste: `⌥` + `⇧` + `7`. Und wenn Sie nun denken: „Wozu brauche ich denn den schon ...", dann denken Sie einfach an *printf-* oder *NSLog*-Sonderzeichen wie \n (neue Zeile) oder \t (Tabulator).

A.1.27 Nicht zusammenhängende Codeteile markieren

Wenn Sie die Taste ⌘ gedrückt halten, können Sie mit der Maus auch Codebereiche markieren, die nicht zusammenhängen.

A.1.28 Weg mit der „Are you sure to undo"–Abfrage!

Wenn Sie ein Undo (⌘+z) nach dem Speichern durchführen, erscheint immer wieder eine Abfrage, ob Sie das wirklich wollen. Wenn Sie das OS X-Dienstprogramm *Terminal* starten und den Befehl

```
defaults write com.apple.Xcode XCShowUndoPastSaveWarning NO
```

eingeben, erhalten Sie nach dem nächsten Xcode-Start keine nervigen Abfragen mehr. Wenn Sie die Abfragen zurückhaben wollen:

```
defaults write com.apple.Xcode XCShowUndoPastSaveWarning YES
```

schaltet sie wieder ein.

A.1.29 Neuer Firmenname in eigenen Templates

Wollen Sie den Firmennamen ändern, der in den Kommentaren am Anfang aller Quell-codedateien eingefügt wird, können Sie ihn im OS X-Dienstprogramm *Terminal* ändern, indem Sie auf der Kommandozeile

```
defaults write com.apple.Xcode PBXCustomTemplateMacroDefinitions '{"ORGANIZATIONNAME" =
"IBMobile";}'
```

eingeben – und natürlich statt *IBMobile* Ihren Namen eintragen. Wie alle Änderungen an den OS X-Einstellungen von Xcode ist das Ergebnis erst nach einem Neustart sichtbar.

A.1.30 „Base SDK missing" umgehen

Bei jedem iOS-Upgrade in Xcode und beim Öffnen von Fremdprojekten ist es jedes Mal dasselbe: Statt der Auswahl der Testplattform mit den Einträgen *Simulator* oder *Device* steht im Xcode-Fenster nur der Hinweis BASE SDK MISSING, und nichts geht mehr. Dann heißt es in Xcode 4: Markieren Sie das Projekt links ganz oben im Projektverzeichnis, wählen Sie das TARGET, und öffnen Sie den Reiter BUILD SETTINGS.

Hier sehen Sie den Eintrag BASE SDK, in dem Sie den Eintrag LATEST IOS wählen. Damit ist das Projekt auch für die Zukunft gewappnet.

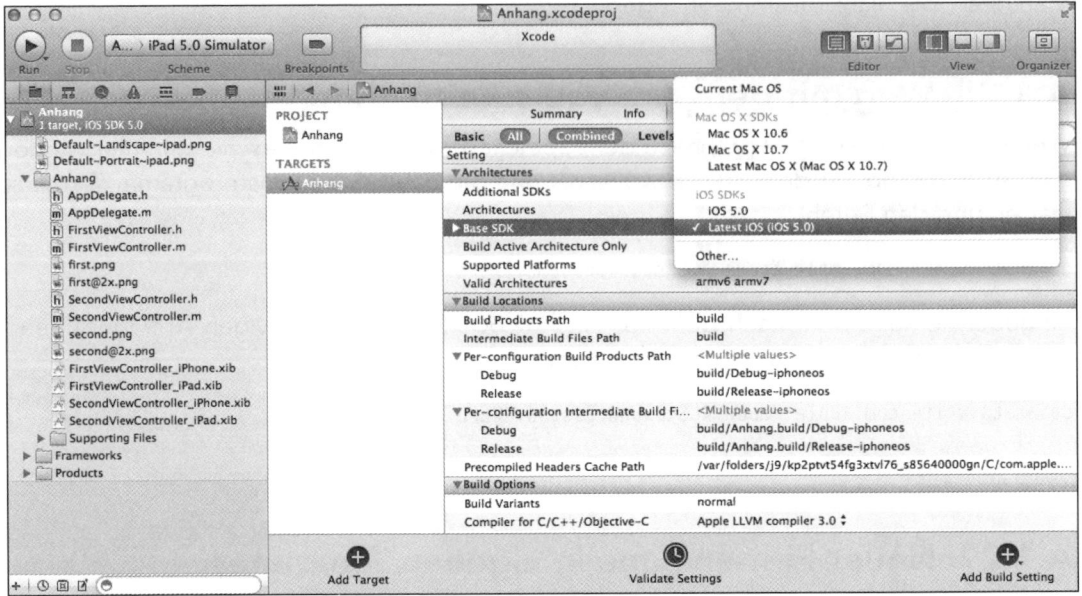

Abbildung A.16: In den Projekteinstellungen können Sie seit Xcode 3.2.5 die monotone Einstellungsroutine beim Upgrade auf eine neue iOS–Version beheben

A.1.31 Rückwärtskompatibel bleiben

Auch wenn Apple mit dem nervigen *iTunes Sync*-Kommentar *„Es ist eine neue Firmware vorhanden ..."* fast jeden zum Upgrade bringt, gibt es doch einige Nutzer, die nicht über die installierte aktuelle iOS-Version auf ihren Geräten verfügen – sei es wegen zu alter Modelle (auf der ersten Generation von iPod und iPhone läuft nun mal kein iOS 4, geschweige denn 5) oder weil es andere wichtige Gründe gibt, etwa die Jailbreak-Thematik.

Hier empfiehlt es sich, zumindest zur Version 3.1.3 rückwärtskompatibel zu bleiben. Der erste Schritt dazu ist, dass Sie links oben das Projekt wählen, das TARGET markieren und im SUMMARY-Tab neben dem Eintrag DEPLOYMENT TARGET dasjenige SDK wählen, das mindestens auf dem Zielgerät vorhanden sein muss. Damit aber nicht genug. Denn wenn z.B. in einem neueren iOS plötzlich neue Properties definiert sind und Sie die in Ihrer App verwenden, stürzt das Programm auf einem iOS 3-Gerät an dieser Stelle ab. Daher müssen Sie in Ihrem Code zudem zur Laufzeit auf das gerade verwendete iOS prüfen. So gibt es beispielsweise ab iOS 4 in der Klasse *CATransition* neben der Eigenschaft *type* für die Art der Animation auch noch die detailliertere Spezifikation *subtype*. In Ihrem Code müssen Sie hier für alle Versionen vor iOS 4 entsprechend die Einstellung abschalten:

```
CATransition *transition = [CATransition animation];
transition.type = kCATransitionReveal;
if ([[UIDevice currentDevice].systemVersion floatValue] >= 3.2) {
    transition.subtype = kCAAlignmentRight;
}
```

A.1.32 Eigene Einstellungen für Xcode

Wenn man weiß wie, sind die Möglichkeiten, das Xcode-Verhalten zu verändern, gigantisch. Neben den normalen Einstellungen (⌘ + ,) kann man, wie auch in Abschnitt A.1.28 und A.1.29, mit

```
defaults write com.apple.Xcode <Schlüssel> <Wert>
```

im OS X-Dienstprogramm Terminal unzählige Verhaltensweisen frei bestimmen. Unter *www.iho.me/XcodeDefault* finden Sie alle von Apple dokumentierten Schlüssel-Wert-Paare.

A.1.33 Klassenbrowser für die bessere Übersicht

In Xcode 3 können Sie mit ⌘ + ⇧ + C den sogenannten *Klassenbrowser* aufrufen, der wie ein Dateimanager durch die verschiedenen Ebenen wahlweise der Cocoa-Frameworks oder Ihres aktuellen Projekts navigiert.

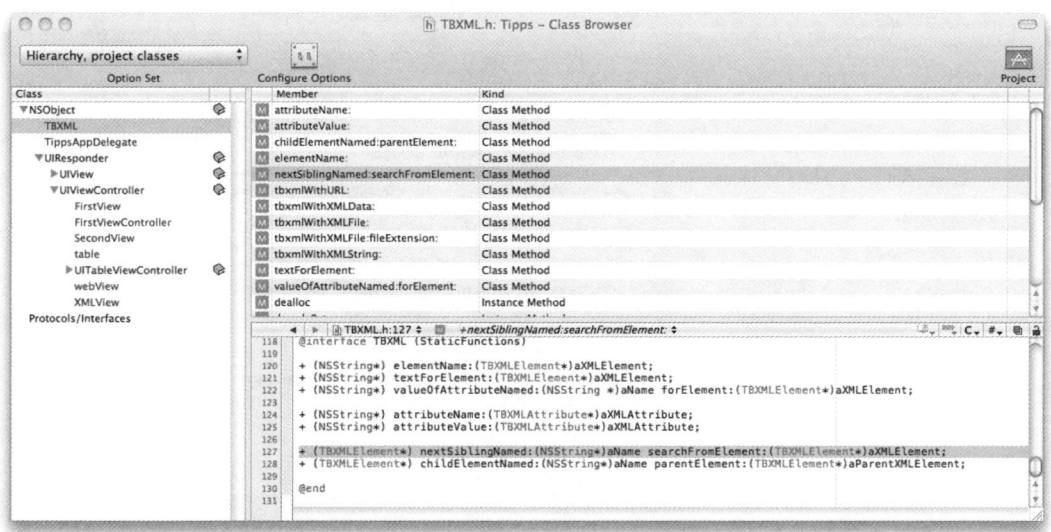

Abbildung A.17: Der Xcode-Klassenbrowser hilft Ihnen, in Ihren Projekten wie auch in fremden Bibliotheken die Übersicht zu behalten.

A.1.34 Perfekter Browser durch das Klassenchaos

Das Cocoa-Touch Framework ist eine gigantische Bibliothek. Allein an den simplen Beispielen, die wir bis dato erstellt haben, sehen Sie, wie wenig Code für mächtige Funktionen benötigt wird. Diese gigantisch umfangreiche Sammlung hat aber auch zur Folge, dass man sich als Programmierer nicht nur in der ersten Zeit ziemlich überfordert vorkommt. Zwar ist die Apple-Hilfe nicht schlecht. Aber noch besser ist die kostenlose Applikation *AppKiDo* – in Anlehnung an AiKiDo (*Ki* = Energie, *Do* = Weg) –, die eine hervorragende Suche nach Klassen und Funktionen bietet. Egal ob Sie die Methoden des *DataSource*-Protokolls suchen oder alles zur Adressbuch-API: In AppKiDo ist es hervorragend hierarchisch geordnet. Das Besondere ist, dass das Programm auf die native API-Beschreibung zugreift und damit auch bei neuen Xcode- oder OS-Releases aktuell bleibt.

Die kostenlose OS X-Applikation finden Sie unter *www.iho.me/appkido*. Wenn Sie *AppKiDo for iPhone* nutzen, stellt es nur die Informationen dar, die iOS unterstützt und lässt die OS X-Zusätze weg.

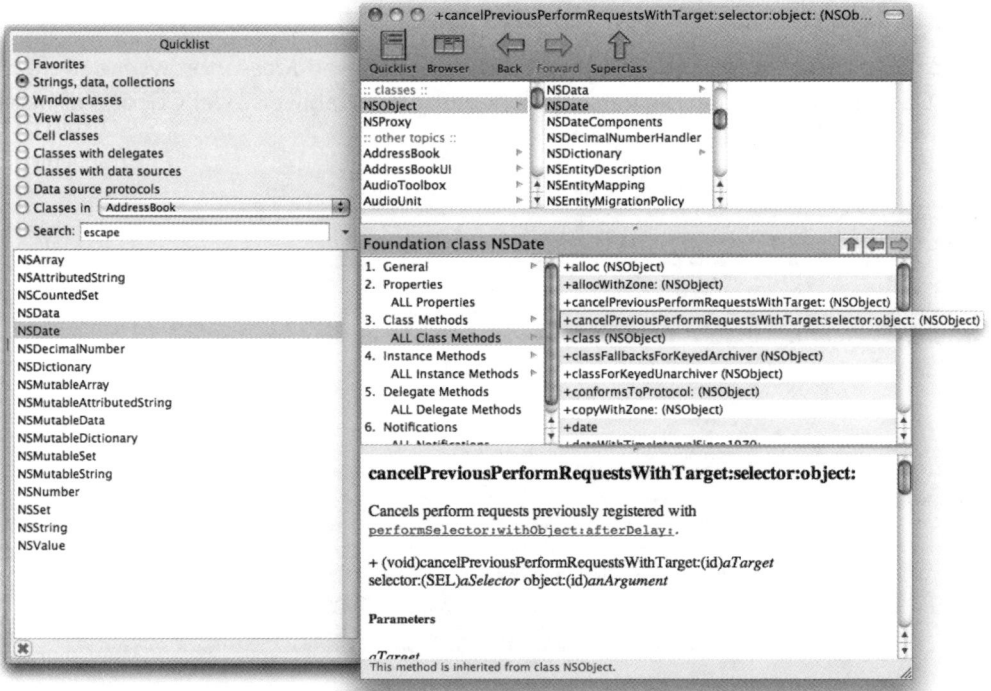

Abbildung A.18: AppKiDo ist eine hervorragende Referenz, um die Cocoa Touch-API nach verschiedenen Gesichtspunkten kategorisiert zu durchsuchen.

A.1.35 Hilfslinien zur Gestaltung

Wie ein Grafikprogramm à la Freehand oder Corel Draw bietet auch der Interface Builder Hilfslinien, an denen die Objekte ausgerichtet werden können. Die Hilfslinien lassen sich über das Layout-Menü einfügen und dann mit der Maus verschieben. Dabei zeigen die Hilfslinien immer die Distanz in Pixeln vom oberen und unteren respektive vom linken und rechten Rand.

Mit der Tastatur bekommen Sie mit ⇧+⌘+☐ eine horizontale und mit ⇧+⌥+ ⌘+7 eine vertikale Hilfslinie. Merken kann man sich die horizontale Linie an dem Unterstrich – der ja auch eine horizontale Linie darstellt – und die vertikale daran, dass mit ⌥+7 auch das Pipe-Zeichen | erzeugt wird. Alternativ bekommen Sie die Hilfslinien mit EDITOR / ADD VERTICAL GUIDE respektive EDITOR / ADD HORIZONTAL GUIDE über das Menü.

Abbildung A.19: Die Hilfslinien lassen sich punktgenau platzieren und erleichtern das symmetrische Ausrichten der Steuerelemente ungemein.

A.1.36 Interface Builder-Objektinformationen

Wenn Sie auf einem Steuerelement im Interface Builder einen Rechtsklick bei gedrückter ⌂-Taste ausführen, erhalten Sie eine Übersicht der Objekthierarchie und der Container, in denen sich das angeklickte Steuerelement befindet.

Abbildung A.20: Der Rechtsklick zusammen mit der ⌂-Taste zeigt im Interface Builder die Containerhierarchie der Steuerelemente.

A.1.37 iPhone/iPad Simulator: Touch-Gesten mit der Maus

Den Simulator bedienen Sie mit der Maus. Ein Klick entspricht dem Antippen bei iDevices. Wollen Sie die Touch-Gesten, wie das Wischen oder das Vergrößern mit Daumen und Zeigefinger, simulieren, halten Sie zum Wischen ⌂+⌥ gedrückt, während Sie mit der Maus bei gedrückter Maustaste über das Display fahren, oder nur ⌥, wenn Sie die Anzeige vergrößern oder verkleinern wollen.

A.1.38 Schaltflächen-Icons leicht gestalten

Gar nichts mit Xcode hat das Opera-Widget *Icon Creator* (*www.iho.me/icon*) zu tun. Allerdings erstellt es sehr schöne Symbolschaltflächen und exportiert die Ergebnisse ins PNG-Format, was wiederum in Xcode verwendet werden kann. Sie können wahlweise die 20 vorhandenen Shapes für die Icons verwenden oder auch eigene Bilder nutzen, wobei die Transparenz erhalten bleibt. Wer noch Grafiken braucht, der findet unter *www.iho.me/grafik* eine große Auswahl und unter *www.iho.me/icons* unzählige fertige Icons bis 256 x 256 Pixel.

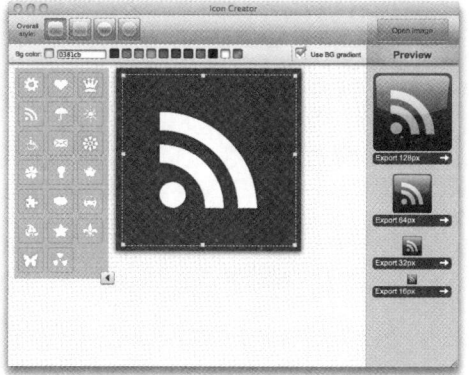 

Abbildung A.21: Das Opera-Widget Icon Creator *erstellt perfekte Bilder für grafische iPhone- und iPad-Schaltflächen.*

A.1.39 HTML-Dateien für das Skalieren vorbereiten

Häufig werden Webseiten – egal ob sie aus dem Internet oder direkt lokal aus dem iPhone-Dateisystem stammen – verzerrt dargestellt. Hier hilft im HTML-Code ein Meta-Tag namens `viewport`, der von anderen Browsern ignoriert wird, dem mobilen Safari allerdings mitteilt, inwieweit die Seite auf kleine Displays optimiert ist:

```
<meta name="viewport" content="320; initial-scale=1.0; maximum-scale=1.5; user-scalable=1"/>
```

In diesem Beispiel wird die Breite auf 320 Pixel festgelegt und ein Zooming bis zur 50-pro-zentigen Vergrößerung (Skalierungsfaktor 1.5) erlaubt.

A.2 Allgemeine Tipps

In diesem Abschnitt finden Sie einige Tipps, die ansonsten nicht so richtig eingeordnet werden können.

A.2.1 Ist eine Farbe hell oder dunkel?

Um zu entscheiden, ob man als Schriftfarbe Weiß oder Schwarz verwendet, ist es wichtig, zu wissen, ob eine Farbe eher hell oder eher dunkel ist. So finden Sie es heraus:

```
- (BOOL) colorIsDark:(UIColor *) theColor
{
    const CGFloat *componentColors =
        CGColorGetComponents(theColor.CGColor);

    CGFloat colorBrightness = ((componentColors[0] * 299)
        + (componentColors[1] * 587)
        + (componentColors[2] * 114)) / 1000;
    return  (colorBrightness < 0.5 ? YES : NO);
}
```

A.2.2 Ausrichtung des Geräts ermitteln

Die Ausrichtung des iPhones oder iPads ermitteln Sie mit:

```
[[UIDevice currentDevice] orientation]
```

Sehr praktisch ist es hier, das Ganze mit einem *#define* zu vereinfachen:

```
#define DEVICEORIENTATION  [[UIDevice currentDevice] \
                            orientation]
```

Um zu ermitteln, ob das Gerät quer gehalten wird, hilft ein weiteres *#define*:

```
#define DEVICELANDSCAPE(orientation) \
    (orientation==UIInterfaceOrientationLandscapeLeft || \
    orientation==UIInterfaceOrientationLandscapeRight)
```

Dadurch reagieren Sie dann im Code mit einer Abfrage im Stil von

```
if(DEVICELANDSCAPE(DEVICEORIENTATION  )) { }
```

auf die Ausrichtung.

A.2.3 Auf Schüttelgesten reagieren

Seit iOS 3.x ist es einfach, auf eine Schüttelgeste zu reagieren, etwa um die letzte Aktion rückgängig zu machen oder um Online-Daten abzugleichen.

In Ihrem Modul des Views schreiben Sie Folgendes:

```
- (void)motionEnded:(UIEventSubtype)motion withEvent:(UIEvent *)event
{
    if(motion == UIEventSubtypeMotionShake & [self isViewLoaded])
    {
        //handle shake here...
    }
}
```

Zusätzlich muss der *UIViewController* zum sogenannten First Responder werden, also als Erster auf Ereignisse reagieren. Das erledigen Sie, wenn das aktuelle View sichtbar wird, also im Ereignis *viewDidAppear*:

```
- (void)viewDidAppear:(BOOL)animated {
[self becomeFirstResponder];
    [super viewDidAppear:animated];
}
```

Zudem brauchen Sie die Methode *canBecomeFirstResponder*, die darüber entscheidet, ob in der aktuellen Situation der *UIViewController* tatsächlich eben jener First Responder sein soll:

```
- (BOOL)canBecomeFirstResponder {
    return YES;
}
```

A.2.4 Kalendereintrag hinzufügen

Mit dem sogenannten EventKit lässt sich jetzt auch der Kalender des iPhones oder iPads abfragen, Sie können aber auch neue Termine eintragen.

Als Erstes müssen Sie das *EventKit*-Framework Ihrem Projekt hinzufügen. In dem Modul, in dem Sie auf die Methoden des EventKit zugreifen, importieren Sie die Headerdatei:

```
#import <EventKit/EventKit.h>
```

Um einen neuen Termin einzutragen, erstellen Sie ein Objekt und legen über die Eigenschaften *title*, *startDate* und *endDate* das Ereignis fest, um es anschließend mit *saveEvents* zu speichern:

```
EKEventStore *eventStore = [[EKEventStore alloc] init];
EKEvent *event = [EKEvent eventWithEventStore:eventStore];
event.title     = @"EVENT TITLE";
event.startDate = [[NSDate alloc] init];
event.endDate   = [[NSDate alloc] initWithTimeInterval:600
                    sinceDate:event.startDate];
[event setCalendar:[eventStore defaultCalendarForNewEvents]];
NSError *err;
[eventStore saveEvent:event span:EKSpanThisEvent error:&err];
```

A.2.5 Das Blitzlicht des iPhone 4 bzw. 4S nutzen

Mit dem Framework *AVFoundation* können Sie auf die Videofunktionen des iPhone, iPod oder iPad 2 zugreifen – und beim iPhone 4 und 4S auch auf die helle LED, die als Blitz oder Kameralicht verwendet wird. In meiner App *quickLight*, die ich gerade im App Store eingereicht habe, verwende ich genau diese Funktionen. Den Quelltext dazu finden Sie unter *www.iho.me/quicklight*.

A.2.6 Das iPhone vibrieren lassen

Um dem iPhone ein „brrrrr" zu entlocken, benötigen Sie erst einmal das *AudioToolbox Framework*, das Sie im Bereich *Build Phases* des Projekts hinzufügen.

In dem Modul, in dem das Vibrieren initiiert werden soll, deklarieren Sie zunächst die Klasse

```
#import <AudioToolbox/AudioToolbox.h>
```

und können dann beispielsweise auf das „Vibrationsgeräusch" zugreifen:

```
AudioServicesPlaySystemSound(kSystemSoundID_Vibrate);
```

Eigentlich leicht, wenn man's weiß.

A.2.7 Das iPhone wach halten

Es ist nicht die feine englische Art, aber zuweilen soll das iPhone eben nicht ausgehen. Dazu müssen Sie den *idleTimerDisabled* aktivieren, also in Deutsch: den Timer *deaktivieren*, der die automatische Abschaltung steuert. In Objective C sieht das so aus:

```
[[UIApplication sharedApplication] setIdleTimerDisabled:YES];
```

A.2.8 Zeitgeber verwenden

Das *NSTimer*-Objekt gibt Ihnen die Möglichkeit, ein Ereignis in regelmäßigen Zeitabständen auszuführen. Soll etwa alle Sekunde eine Methode namens *meineAction* ausgeführt werden, reicht dieser Ausdruck:

```
[NSTimer scheduledTimerWithTimeInterval:1.0
    target:self selector:@selector(meineAction:)
    userInfo:nil repeats:YES];
```

Die Methode muss dann im selben Modul (wegen *target:self*) vorhanden sein und wird immerfort (*repeats:YES*) im Abstand von einer Sekunde (*scheduledTimerWithTimeInter-*

val:1.0) aufgerufen. Die Methode erhält das *NSTimer*-Objekt als Parameter und muss folgendermaßen deklariert sein:

```
-(void)meineAction:(NSTimer *)timer { ... }
```

Sollte es dann doch reichen, stoppen Sie den Timer innerhalb der Methode *meineAction* über die Instanz *timer* mit:

```
[timer invalidate];
```

A.2.9 Eine Methode zeitversetzt starten

Wollen Sie eine Methode einmalig zu einem bestimmten Zeitpunkt starten, brauchen Sie dazu keinen *NSTimer*. Stattdessen rufen Sie die Methode zeitversetzt mit

```
[self performSelector:@selector(onTick:)
   withObject:nil afterDelay:2.0];
```

auf, wobei die aufzurufende Methode in diesem Fall mit einem Parameter aufgerufen wird. Dessen Typ wird von dem Wert bestimmt, der nach *withObject:* folgt. In unserem Falle ist das *nil*, weshalb die Deklaration wie folgt lauten kann:

```
-(void)onTick:(id) anything {
   //irgendwas tun
}
```

A.2.10 Singleton – Aufbewahrung für globale Variablen und Funktionen

Ein Singleton nennt man ein Objekt, von dem es nur eine Instanz gibt oder geben sollte. Sie kennen das bereits. Wenn Sie mit *[UIApplication sharedApplication]* auf Ihre Applikation oder mit *[UIDevice currentDevice]* auf die Klasse *UIApplication* respektive *UIDevice* zugreifen, nutzen Sie dieses Singleton-Objekt dieser Klasse.

Sie können sich selbst eine solche Klasse anlegen. Hierin können Sie dann einerseits Methoden speichern, die allgemein gelten und nützlich sind, und andererseits in Form von Properties Werte ablegen, um diese über die Grenzen von Views und XIBs zu nutzen und auszutauschen.

Legen Sie dazu mit ⌘ + N eine neue *Objective-C class* aus der Kategorie *Cocoa Touch* an, und nennen Sie sie beispielsweise *ToolBox*.

In der Headerdatei *ToolBox.h* legen Sie eine Property an und deklarieren eine exemplarische (und recht sinnfreie) Funktion. Es ist eine Methodenfunktion, wie man an dem Plus-Zeichen erkennt. Das bedeutet, dass der Aufruf über die Klasse und nicht über eine Instanzvariable erfolgt. Ebenso brauchen Sie eine Methode, die – ähnlich wie *sharedApplication* oder *currentDevice* – eine Instanz dieser Klasse zurückliefert. Ich nenne sie hier mal *dieInstanz*:

```
#import <Foundation/Foundation.h>
@interface ToolBox : NSObject
  @property (nonatomic) int meineVariable;
  +(ToolBox *)dieInstanz
  +(int) quadrat: (int) zahl;
@end
```

Die Moduldatei *ToolBox.m* sieht folgendermaßen aus:

```
#import "ToolBox.h"
@implementation ToolBox
@synthesize meineVariable;
+ (ToolBox *)dieInstanz {
    static ToolBox *dieInstanz;
    @synchronized(self) {
        if (!dieInstanz)
            dieInstanz = [[ToolBox alloc] init];
    }
    return dieInstanz;
}
+(int) quadrat: (int) zahl {
    return zahl * zahl;
}
@end
```

Wenn Sie dann in einer beliebigen Moduldatei *#import "ToolBox.h"* hinzufügen, können Sie direkt auf die Methoden und die Properties zugreifen und diese somit überall zum Datenaustausch oder für gemeinsame Funktionen nutzen, etwa mit:

```
NSLog(@"%d", [ToolBox quadrat:123]);
NSLog(@"%d", [ToolBox dieInstanz].meineVariable);
```

A.2.11 Die optimale Referenz-App

Sie wollen von den Profis lernen? Dann sollten Sie sich das Beispiel *UICatalog* anschauen, das bei Xcode enthalten ist. Suchen Sie einfach in der Hilfe nach *UICatalog*. So erfahren Sie, wie Sie *Slider* einfärben, Schaltflächen mit Bildern versehen und vieles mehr.

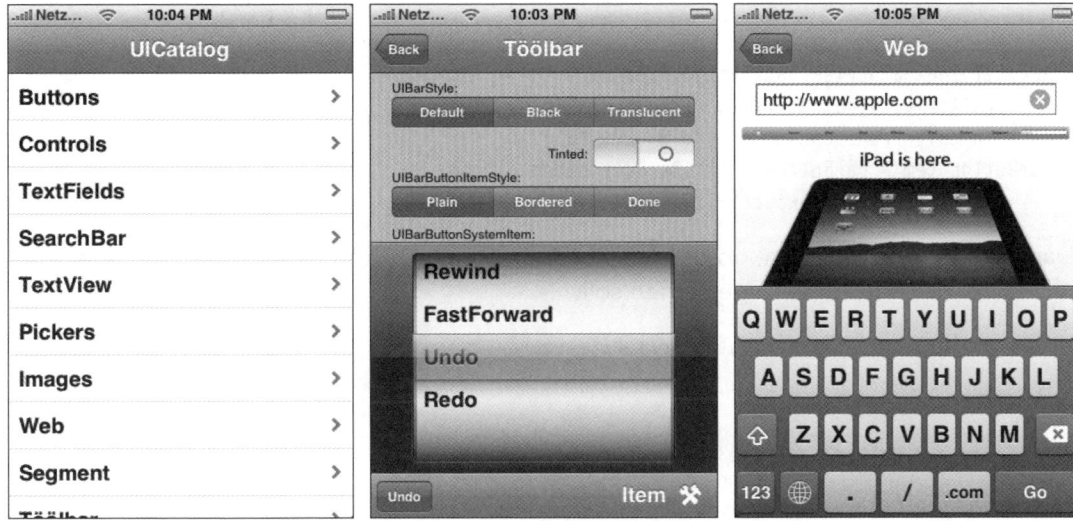

Abbildung A.22: Die Beispiel-App UICatalog zeigt Ihnen, wie die unterschiedlichen Steuerelemente in der Praxis arbeiten.

A.2.12 UILabels zum Anklicken

Ein *UILabel* hat keine Standard-Events, wie beispielsweise eine Schaltfläche. So ist es schwierig, etwa eine Webadresse anklickbar in einem Label darzustellen. Ein kleiner Trick ist, das Label entsprechend zu formatieren und dann einen *UIButton* darüber zu legen. Für diesen wiederum wählen Sie im *Attribute Inspector* als TYPE den Eintrag CUSTOM. Aber Achtung: Merken Sie sich gut, wo der Button ist, denn sehen werden Sie ihn nicht mehr. Insofern sollten Sie erst die *IBOutlet*- und *IBAction*-Verknüpfung durchführen, solange er noch sichtbar ist. Sollten Sie ihn im Nachhinein suchen und nicht finden, hilft ⌘+L, das Rechtecke um die Steuerelemente anzeigt. Diese Rechtecke werden nur zur Designzeit angezeigt und nicht zur Laufzeit.

A.2.13 Activity-Anzeige

Wenn Ihr iPhone, iPod touch oder iPad nach einem Netzwerk sucht, erscheint die kleine Activity-Anzeige in der Statuszeile am oberen Rand. Diese können Sie ganz leicht selbst in Ihren Applikationen nutzen, wenn Sie die Wartezeit bei der Verbindung visualisieren wollen. Um einen Activity-Spinner (*to spin* = drehen) zu erstellen, erzeugen Sie ihn zuerst in einem View und weisen diesen View danach einem neu erzeugten *BarButtonItem* zu:

```
UIActivityIndicatorView *activityIndicator =
     [[UIActivityIndicatorView alloc]
       initWithFrame:CGRectMake(0, 0, 20, 20)];
UIBarButtonItem * barButton = [[UIBarButtonItem alloc]
      initWithCustomView:activityIndicator];
```

Dann bestimmen Sie noch, ob der Activity Spinner links bei der Netzwerkstärke oder eher rechts bei der Batterieanzeige stehen soll:

```
[[self navigationItem] setRightBarButtonItem:barButton];
```

Oder eben

```
[[self navigationItem] setLeftBarButtonItem:barButton];
```

wobei links die thematisch sinnvollere Variante ist.

```
 [activityIndicator startAnimating];
```

Ist die Netzwerkarbeit dann getan, entfernen Sie den wirbelnden Kreis wieder aus dem Sichtfeld:

```
[[self navigationItem] setRightBarButtonItem:nil];
```

Respektive bei der Platzierung links:

```
[[self navigationItem] setLeftBarButtonItem:nil];
```

Und stoppen seine Animation:

```
[activityIndicator stopAnimating];
```

Abbildung A.23: Mit der UIActivityIndicatorView stellen Sie bei längeren Netzwerkzugriffen eine Activity-Anzeige in der Statuszeile dar.

A.2.14 Einstellungen speichern und laden

Grundsätzlich ist iOS ein Single-Task-Betriebssystem. Das bedeutet, dass der User die App jederzeit beenden kann, etwa um ein Telefongespräch anzunehmen. Wenn der Nutzer dann die App neu startet, erwartet er wieder an derselben Stelle anzukommen, an der er war, als er die App verlassen hatte. Das bedeutet, dass der Programmierer jedes Mal, wenn ein View geschlossen wird, dessen Status und gegebenenfalls dessen Formularfelder sichern sollte.

Erstellen Sie beispielsweise ein neues Projekt auf Basis der *Tab Bar Application*-Vorlage, können Sie die Nummer des zuletzt gewählten Tabs aufzeichnen. Ein guter Platz dafür ist zu Beginn der *applicationWillTerminate:*-Methode. Fügen Sie dort den Code

```
NSUserDefaults *prefs = [NSUserDefaults standardUserDefaults];
[prefs setInteger:tabBarController.selectedIndex forKey:@"selectedTab"];
[prefs synchronize];
```

ein. Diesen Wert können Sie dann in *application:didFinishLaunchingWithOptions* wieder einlesen:

```
NSUserDefaults *prefs = [NSUserDefaults standardUserDefaults];
tabBarController.selectedIndex = [prefs integerForKey:@"selectedTab"];
```

Und schon startet die App jedes Mal auf der Seite, auf der das Programm unterbrochen wurde.

Für die verschiedenen Datentypen gibt es entsprechende Methoden, wie [prefs setObject ... oder [prefs setDouble ... Diese finden Sie sämtlich in der Xcode-Hilfe zu *NSUser-Defaults* sowie in der Headerdatei *NSUserDefaults.h*, die Sie sich über die *Open Quickly*-Funktion ([⇧]+[⌘]+[D]) schnell anzeigen lassen können.

A.2.15 iPhone oder Simulator?

Mit den Direktiven

```
#if TARGET_IPHONE_SIMULATOR
```

beziehungsweise

```
#if TARGET_OS_IPHONE
```

können Sie Code abhängig vom Build-Ergebnis einbinden.

A.2.16 Einstellungen speichern und laden

Jede iPhone App hat einen eigenen Bereich, in dem sie ihre Einstellungen (wie Hintergrundfarbe, aktuell gewählter *UITabBarItem*) oder sonstige App-spezifische Infos ablegen und einfach wieder darauf zugreifen kann, und zwar viel einfacher als über ein Dictionary, das ja auch mit der *NSDictionary*-Methode *writeToFile* in einer eigenen *PList*-Datei abgelegt werden kann.

Stattdessen speichern Sie diese Infos mit:

```
NSUserDefaults *prefs = [NSUserDefaults standardUserDefaults];
[prefs setValue:userName.text forKey:@"username"];
[prefs setValue:myTextField.text forKey:@"FELD1"];
```

Genauso können Sie logische Werte mit *setBool* statt *setValue* oder numerische Werte mit *setInteger*, *setFloat* oder *setDouble* setzen.

Sind alle Angaben gemacht, schreiben Sie diese mit

```
[prefs synchronize];
```

in den Einstellungsbereich der App. Tun Sie das möglichst immer beim Ändern einer Benutzereingabe oder spätestens beim *Application Delegate*-Ereignis *applicationWillTerminate*.

Und wollen Sie diese Infos wieder laden, helfen die analogen *NSUserDefaults*-Methoden *boolForKey*, *stringForKey* oder *floatForKey*, um sie wieder in die App einzulesen. Für das obere Beispiel müssten Sie dazu Folgendes schreiben:

```
myTextField.text = [[NSUserDefaults standardUserDefaults] stringForKey:@"searchText"];
```

A.2.17 Einfache Zahlen als Objekt

Die Methoden der iOS- und Cocoa Touch-Bibliotheken sind oft so allgemein gehalten, dass mit einer Notation Zeichenketten, Zahlen oder auch strukturierte Daten, wie Bilder oder Verweise auf andere Objekte, übergeben werden können. Solange es sich um übergebene Objekte handelt, kann hier einfach die Zeigeradresse als Parameter übergeben werden. Bei einfachen Datentypen, wie *int* oder *float*, müssen Sie hingegen den Umweg über das *NSNumber*-Objekt nehmen. Wollen Sie beispielsweise in einem *NSDictionary* einen Wert schreiben, lautet der Code exemplarisch:

```
NSDictionary *myDict = .....
int myValue = 10;
...
[myDict setObject:[NSNumber numberWithInt:myValue]  forKey:@"irgendwas"];
```

A.2.18 Zufallsfarbe

Die Klasse *UIColor* besitzt unzählige Methoden, um eine Farbe zu erzeugen. Was jedoch fehlt, ist die Möglichkeit, eine zufällige Farbe darzustellen. Hier hilft die folgende kleine Funktion:

```
- (UIColor *) randomColor {
    CGFloat red =  (CGFloat)random()/(CGFloat)RAND_MAX;
    CGFloat blue = (CGFloat)random()/(CGFloat)RAND_MAX;
    CGFloat green = (CGFloat)random()/(CGFloat)RAND_MAX;
    return [UIColor colorWithRed:red green:green blue:blue alpha:1.0];
}
```

A.2.19 TabBar mit kleinerem View

Verwenden Sie den *TabBarController*, nimmt das zugehörige *UIView* immer den gesamten Bereich des Displays ein. Wollen Sie aber – unabhängig vom gewählten *UITabItem* – immer am oberen Rand einen Status, ein *iAD*-Objekt oder auch ein Suchfeld anzeigen lassen, können Sie im *AppDelegate*-Modul den Rahmen verkleinern, in dem die Views für die verschiedenen *TabBar*-Bereiche angezeigt werden:

```
#define HOEHE 100.0
CGRect appFrame = [[UIScreen mainScreen] applicationFrame];
appFrame.origin.y +=HOEHE;
appFrame.size.height -= HOEHE;
self.tabBarController.view.frame = appFrame;
```

Abbildung A.24: Ein Suchfeld über den UITabBar-Views erspart viel doppelte Arbeit.

A.3 Bugs und Worakrounds

Es heißt zwar immer, dass Apple fehlerlos sei, doch auch, wenn die Nerven viel mehr geschont werden als unter Windows, so läuft man doch immer wieder in Sackgassen. Und das Schlimmste an den Problemen ist, dass man sie ja immer zuerst bei sich und dem eigenen Code sucht. Wenigstens zu ein paar Themen kann ich Tipps beisteuern, damit Sie sich nicht alle Haare vom Kopf reißen.

A.3.1 Sound auch im Simulator

Wenn Sie Sound in Ihrer App verwenden und im Simulator nichts davon hören, liegt es daran, dass zu viele Quicktime-Erweiterungen installiert sind. Die Lösung ist jedoch simpel: Benennen Sie den Ordner *Library/Quicktime /Library/QuicktimeBackup* um. Wenn Sie dann mit dem Testen fertig sind, machen Sie die Umbenennung wieder rückgängig. Denn ohne diese Erweiterungen werden Sie kaum ein Audio- oder Videoformat auf Ihrem Mac abspielen können.

A.3.2 Verschwundene Interface Builder-Icons

Nur Xcode 3: Zuweilen verschwinden im Interface Builder die kleinen Icons von Schaltflächen oder aus anderen grafischen Elementen. Und auch im *Attribute Inspector* stehen sie plötzlich nicht mehr zur Auswahl. Allerdings kann man sie weiterhin namentlich in der Form *xyz.png*" eintragen.

Es gibt jedoch einen einfachen Weg, das Problem – vorübergehend – aus der Welt zu schaffen.

Wechseln Sie zu Xcode, und erstellen Sie das Projekt mit ⌘+B. Kehren Sie zum Interface Builder zurück, und führen Sie im Menü FILE den Punkt RELOAD ALL CLASS FILES aus.

An dieser Stelle sind bereits wieder alle PNGs in den Dropdown-Listen enthalten. Wenn Sie dann einen Neustart des Macs ausführen, sind auch die Symbolbilder im Formular wieder sichtbar.

A.3.3 Interface Builder erkennt IBAction und IBOutlet nicht mehr

Nur Xcode 3: Auch das Problem, dass neue *IBAction*-Methoden oder *IBOutlet*-Variablen im Interface Builder nicht mehr angezeigt werden, obwohl sie in der *.h*- und der *.m*-Datei korrekt deklariert und sogar definiert sind, lässt sich auf dieselbe Weise beheben, wie das Fehlen der Icons (siehe Abschnitt A.3.2). Zusätzlich müssen Sie jedoch über FILE / READ CLASS FILES (⌘+⌥+R) die Headerdateien neu einlesen und danach ein paar Sekunden warten. Danach erscheinen sie wieder im *Connections Inspector*, wenn Sie APP DELEGATE im Dokumentenfenster des Interface Builder angeklickt haben.

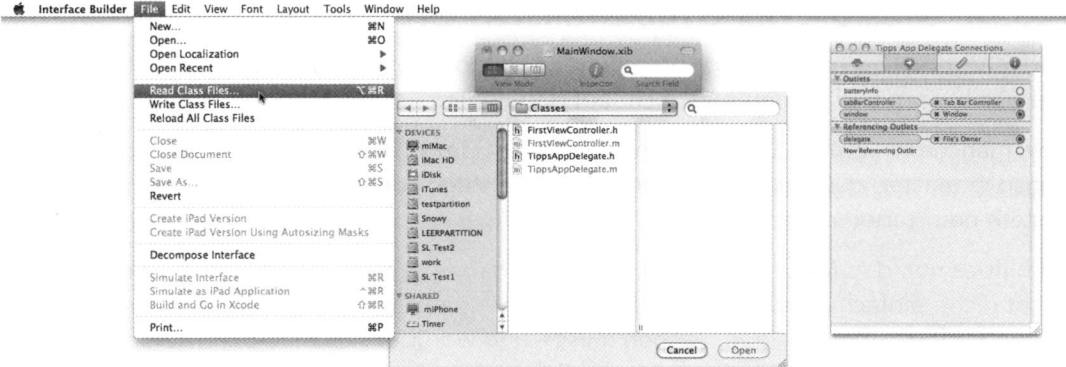

Abbildung A.25: Erst durch das erneute Laden der Headerdateien werden die IBOutlets im Interface Builder wieder sichtbar.

A.3.4 Invalid Entitlements

Wenn Sie beim Ausführen auf einem iDevice die Meldung *The executable was signed with invalid entitlements* (engl. *entitlement* = Berechtigung) erhalten, gibt es folgende drei Gründe:

1. Es gibt keine *Entitlements.plist*.
   Dann erstellen Sie eine über ⌘ + N , und wählen in dem Dialog im Abschnitt CODE SIGNING den Eintrag ENTITLEMENTS und speichern die Datei im Hauptverzeichnis des Projekts unter *Entitlements.plist* ab.

2. *get-task-allow* ist falsch gesetzt.
   Diese Einstellung in der *Entitlements.plist* muss während der Entwicklungsphase ange-kreuzt und für die Distributionsversion wieder entfernt werden.

3. Es liegt einfach eine Ungereimtheit innerhalb der Xcode-Kompilation vor.
   Löschen Sie einfach den gesamten Ordner *Build* Ihres Projekts. Er wird beim nächsten BUILD AND RUN wieder erzeugt, wobei nun der Prozess der Kompilierung etwas länger dauert.

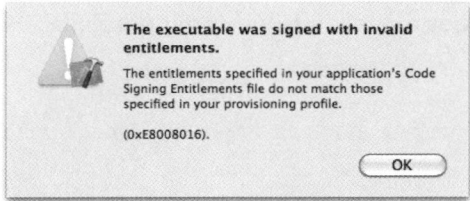

Abbildung 1.26: Typischer Fehler: Die Datei Entitlement.plist ist nicht vorhanden oder falsch konfiguriert.

Ab Xcode 4.2 ist zumindest für den Ad Hoc-Vertrieb die Verwendung von Entitlements nicht mehr nötig.

A.3.5 SigAbrt ohne ersichtlichen Grund

Und manchmal hat man ein *SigAbrt* – zumeist im Modul *main* – und auch nach Stunden der Analyse kommt und kommt man nicht auf den Fehler.

Hey, manchmal liegt es auch einfach an Xcode! Ganz unscheinbar steht dann da auch im Konsolenfenster, dass es einen unerklärlichen Fehler gegeben habe und man doch das System neu starten möge.

Da hilft es nur, den Mac neu zu starten. Ja, Sie haben richtig gehört: den ganzen Mac. Es reicht nicht, einfach Xcode zu beenden und erneut aufzurufen. Ein Neustart, wie man ihn unter Windows öfter am Tage machen muss – und worüber sich Mac-Benutzer in der Regel auch nur amüsieren –, ist in diesem einen Fall leider auch am Mac unumgänglich.

A.4 Systeminformationen und -funktionen

Das iOS bietet Ihnen alle Infos, die Sie brauchen. Sie müssen nur die richtigen Worte finden, um nach ihnen zu fragen.

A.4.1 Den aktuellen Nutzernamen ermitteln

Mit den beiden Funktionen *NSUserName()* respektive *NSFullUserName()* erhalten Sie den Nutzernamen des aktuellen Geräts.

A.4.2 Strukturen debuggen

Zahlen kann man leicht im Debugger anzeigen – verwenden Sie %d oder %f bei *NSLog*, und schon wissen Sie Bescheid. Mit %@ kann man sich Objekte und speziell *NSString*-Inhalte anzeigen lassen. Strukturen, wie *CGRect* oder *CGPoint* hingegen sind in der Regel umständlich zu überwachen. Hier helfen diverse *NSStringFrom*-Funktionen, die die entsprechende Struktur in eine Zeichenkette umwandeln, etwa *NSStringFromRect (someNSRect)*, *NSStringFromPoint (someNSPoint)* oder *NSStringFromSize (someNSSize)*. So können Sie beispielsweise die Größe und Position des aktuellen *UIViews* mit der Zeile

```
NSLog(@"%@",NSStringFromRect (self.view.frame));
```

in der Konsole anzeigen lassen.

A.4.3 Aktuelle Lokalisierung ermitteln

Mit dem folgenden Aufruf ermitteln Sie die vom Nutzer bevorzugte Sprache:

```
NSString *language = [[[NSBundle mainBundle] preferredLocalizations] objectAtIndex: 0];
```

A.4.4 iPhone mit JailBreak?

Wenn Sie prüfen wollen, ob Ihre App auf einem iPhone mit Jailbreak läuft, fragen Sie im *infoDictionary* Ihrer App den Eintrag *SignerIdentity* ab:

```
if ([[[NSBundle mainBundle] infoDictionary] objectForKey: @"SignerIdentity"] != nil) {
  // Jailbroken
```

A.4.5 Keyboard ausblenden

Sobald ein Text- oder sonstiges Editierfeld den Fokus erhält, öffnet sich das virtuelle Keyboard auf dem Display. Mit der Methode *resignFirstResponder* der Textobjekte kann das Keyboard wieder in die Versenkung geschickt werden:

```
[myTextField resignFirstResponder];
```

Wobei *myTextField* eine Instanzenvariable ist, die als Zeiger vom Typ *UITextField* deklariert ist.

```
IBOutlet UITextField *myTextField;
```

A.4.6 Display-Informationen

Klar, das iPhone hat eine Auflösung von 320 x 480 Pixel. Aber wenn sich die Geräte nun vermehren und die Auflösungen immer größer werden, ist es zuweilen sinnvoll, sich über die Displaygröße und den verwendbaren Platz zu informieren.

```
// Linker oberer und rechter unterer Punkt des Bildschirms
CGRect screenBounds = [[UIScreen mainScreen] bounds];
// NSLog-Ausgabe: screen bounds {{0, 0}, {320, 480}}

// Screen-Maße abzüglich der Status-Leiste oben
CGRect applicationFrame = [[UIScreen mainScreen] applicationFrame];
// NSLog-Ausgabe: app frame {{0, 20}, {320, 460}}

// Screen-Größe
CGSize screenSize = [[UIScreen mainScreen] applicationFrame].size;
// NSLog-Ausgabe: Screensize {320, 460}
```

A.4.7 URL im Safari aufrufen

Wollen Sie den Nutzer auf eine Webseite verlinken, die im Safari geöffnet werden soll, hilft dabei die *UIApplication*-Methode *openURL*:

```
UIApplication *system = [UIApplication sharedApplication];
NSURL *url = [NSURL URLWithString:@"http://www.mipad.eu"];
[system openURL: url];
```

A.4.8   E-Mail verschicken

Ganz ähnlich wie mit dem Öffnen der Webseiten in Safari verhält es sich auch mit dem Versenden der Mails von Ihrer App aus. Zuerst legen Sie die Parameter fest:

```
NSString *sendTo = @"bookfeedback@puco.de";
NSString *subject = @"FEEDBACK";
NSString *text = @"Sed ut perspiciatis, unde omnis iste natus error...";
```

Dann machen Sie aus den Angaben zunächst einen *NSString*:

```
NSString *urlString = [NSString stringWithFormat:
    @"mailto:%@?subject=%@&body=%@", sendTo , subject , feedback.text];
```

Und aus diesem wiederum eine valide URL:

```
NSURL *mailURL = [NSURL URLWithString:urlString];
```

Die Sie in der Methode *openURL* verwenden können:

```
 [[UIApplication sharedApplication] openURL:mailURL];
```

Wollen Sie anschließend prüfen, ob die Mail grundsätzlich fehlerfrei war, fragen Sie dies wie folgt ab:

```
BOOL mailOK= [[UIApplication sharedApplication] canOpenURL:mailURL];
if (! mailOK)
    NSLog(@"ERROR: this message can't be sent: %@", mailURL);
```

A.4.9   Telefonnummer wählen

Auch eine Telefonnummer zu wählen, ist keine Hexerei. Wie auch bei der E-Mail (siehe Abschnitt A.4.8) oder beim Öffnen einer Webadresse in Mobile Safari (siehe Abschnitt A.4.7) erzeugen Sie zunächst eine Zeichenkette, die lediglich statt mit *http* oder *mailto* mit *tel* beginnt:

```
NSString *phoneNumber = @"+491739929292";
NSString *phoneString = [[NSString alloc]
                initWithFormat:@"tel:%@",phoneNumber];
```

Dann wandeln Sie diese in eine URL um:

```
NSURL *phoneURL = [[NSURL alloc] initWithString:phoneString];
```

und rufen diese über *openURL* auf:

```
[[UIApplication sharedApplication] openURL:phoneURL];
```

A.4.10 Google Maps mit Koordinaten aufrufen

Google Maps lässt sich auf dem iPhone genauso von jeder beliebigen App ansteuern wie Mail oder Safari. Wollen Sie beispielsweise eine Stadt bei den Koordinaten 50°20N/7°43E anzeigen, rechnen Sie zunächst Breite und Länge in dezimale Werte um:

```
float longitude = 7.716666666666667;
float latitude = 50.33333333333333;
```

Dann setzen Sie daraus eine ganz normale Google-Maps-URL zusammen:

```
NSString *URL = [NSString stringWithFormat:
    @"http://maps.google.com/maps?saddr=%f,%f",
    latitude, longitude];
```

Anschließend wandeln Sie sie wie folgt um

```
NSURL *myURL = [NSURL URLWithString: URL];
```

und geben sie mit der *openURL*-Methode an das *UIApplication*-Objekt weiter:

```
[[UIApplication sharedApplication] openURL:myURL];
```

A.4.11 Messagebox/Alert anzeigen

Was in anderen Programmiersprachen recht simpel mit einem *MsgBox* oder *alert()* erledigt ist, braucht in Objective-C leider einige Aktionen mit einer *UIAlertView*-Instanz:

```
UIAlertView *someError = [UIAlertView alloc];
[someError initWithTitle: @"Info" message: @"Die Meldung halt"
        delegate:self cancelButtonTitle:@"Ok" otherButtonTitles: nil];
[someError show];
```

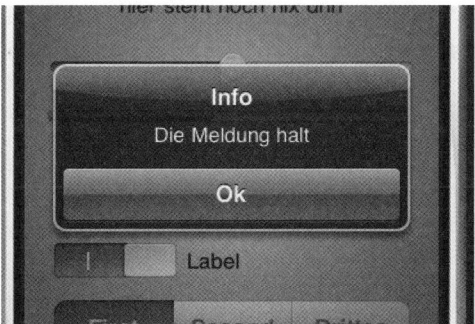

Abbildung A.27: Um einen einfachen Infodialog zu erzeugen, muss der Objective-C-Programmierer schon ein wenig tippen.

Sollen es mehrere Buttons sein, geht man genauso vor. Zwei Buttons stellt man etwa mit

```
[someError initWithTitle: @"Info" message: @"Die Meldung halt"
        delegate:self cancelButtonTitle:@"Abbruch"
        otherButtonTitles: @"OK", nil];
```

dar. Diese werden dann noch – sofern es vom Platz her passt – nebeneinander angezeigt. Aber spätestens ab drei Schaltflächen ordnet das iOS sie untereinander an:

```
[someError initWithTitle: @"Info" message: @"Die Meldung halt"
    delegate:self cancelButtonTitle:@"Abbruch"
    otherButtonTitles: @"OK", @"oder so ", nil];
```

Wobei der *cancelButtonTitle* stets ganz unten steht.

Abbildung A.28: Der UIAlertView-Dialog zeigt beliebig viele Schaltflächen an und ordnet diese nach verfügbarem Platz an.

Wie aber werten Sie die Schaltflächen aus? Im Grunde ganz simpel: Im Aufruf von *initWith-Title:message:delegate:cancelButtonTitle:otherButtonTitles* ist als *delegate* der Verweis auf die aktuelle Klasse angegeben: *self*. Das bedeutet, dass Sie nur die Delegate-Methode

```
- (void)alertView:(UIAlertView *)alertView
        clickedButtonAtIndex:(NSInteger)buttonIndex
```

in Ihren Code implementieren müssen. Diese Methode wird automatisch ausgeführt, wenn eine der Schaltflächen gedrückt wird. Und der *buttonIndex* ist eben die Nummer der gedrückten Schaltfläche. Weitere Infos finden Sie in der Hilfe unter *UIAlertViewDelegate Protocol*.

A.4.12 Applikationsicon

Das Applikationsicon muss lediglich drei Anforderungen entsprechen:

1. Der Name muss *Icon.png"* lauten.
2. Das Icon muss ins Projekt-Hauptverzeichnis kopiert werden.
3. Das Icon muss genau die Größe 57 x 57 Pixel haben.

Weitere Eintragungen in Einstellungsdateien sind nicht nötig.

Seit Xcode 4 können Sie das Icon auch beliebig benennen und per Drag&Drop in die Projektübersicht ziehen. Markieren Sie dazu das Projekt (ganz oben) in der Dateiliste links, und markieren Sie TARGET und den Reiter SUMMARY. Hier können Sie aus Ihrem Projekt oder auch aus dem Finder heraus das Applikationsicon belegen.

Wollen Sie auch das Retina-Display mit seiner höheren Auflösung unterstützen, können Sie ein zweites Icon mit einer Auflösung von 114 x 114 Pixel dafür verwenden.

A.4.13 Splashscreen erzeugen

Direkt nach dem Start einer App sucht das System im Hauptverzeichnis nach einer Grafik, die den Namen *Default.png"* trägt. Die Größe sollte bei iPhone Apps 320 x 480 Pixel betragen. Diese Grafik wird einen Sekundenbruchteil, nachdem der Nutzer auf das Programmicon tippt, animiert auf dem Display angezeigt. Es hat sich für das Feeling des Benutzers bewährt, den ersten echten Screen der Applikation abzufotografieren (halten Sie dazu den Ein-/Aus-Schalter, und drücken Sie die Home-Taste) und diesen als *Default.png"* zu verwenden.

> **Hinweis**
>
> Der Name muss genau so geschrieben werden, also mit großem „D", und die Datei muss sich im Projekt-Hauptverzeichnis befinden.

Seit Xcode 4 können Sie die Splashscreens direkt per Drag&Drop in die Projektübersicht ziehen. Markieren Sie dazu das Projekt (ganz oben) in der Dateiliste links, und markieren Sie TARGET und den Reiter SUMMARY. Hier können Sie aus Ihrem Projekt oder auch aus dem Finder heraus die Splashscreens für die vier Ausrichtungen belegen.

A.4.14 Splashscreens auf dem iPad

Diesen Tipp finden Sie in Abschnitt A.13.1.

A.4.15 Ein Splashscreen für 1 Sekunde

Wenn Ihre App zu schnell startet, Sie aber – wie im Falle von *Tiny URL* aus Kapitel 11 – auf dem Splashscreen ein wenig Eigenwerbung machen wollen, bietet es sich an, ein Weilchen zu warten. Der optimale Ort dafür ist in der *Delegate*-Moduldatei in der Startmethode *application:didFinishLaunchingWithOptions*, direkt nach dem Aufruf von *[window makeKeyAndVisible]*;. Wenn Sie dort

```
NSDate *future = [NSDate dateWithTimeIntervalSinceNow: 1.0 ];
[NSThread sleepUntilDate:future];
```

eingeben, wird der Splashscreen genau für 1.0 Sekunden angezeigt.

A.4.16 Statusbar anzeigen und verbergen

Vielleicht wollen Sie Ihre Applikation bildschirmfüllend darstellen. Die Titelzeile – auch als Statusbar bezeichnet – können Sie mit

```
[UIApplication sharedApplication].statusBarHidden = YES;
```

ausblenden und mit

```
[UIApplication sharedApplication].statusBarHidden = NO;
```

wieder anzeigen lassen.

A.4.17 Batterieinfos auslesen

Besonders bei Anwendungen, die ressourcenintensiv sind oder – wie etwa ein Benchmark – über längere Zeit laufen, müssen Sie die Infos zur Batterie des iPhones im Auge behalten:

```
// ** Batterieanzeige. Bei level=-1 ist die Ladung unbekannt
  float level = [UIDevice currentDevice].batteryLevel;
  if (level>=0) {
    NSLog(@"Ladung: %3.0f %%", level*100);
  }
```

Die Informationen erhalten Sie jedoch nur, wenn das sogenannte *Battery Monitoring* eingeschaltet ist:

```
[UIDevice currentDevice].batteryMonitoringEnabled = YES;
```

Wenn es Sie zudem interessiert, in welchem Zustand sich das Gerät gerade befindet – also ob es gerade lädt, voll ist oder auf Batterie läuft –, liefert diese Information die *UIDevice*-Eigenschaft *batteryState*. Diese liefert vier unterschiedliche Zustände zurück, die man leicht mit einem switch-Statement abfragen kann:

```
// ** Den aktuellen Status des iPhones ermitteln
switch ([UIDevice currentDevice].batteryState) {
  case UIDeviceBatteryStateUnknown:
    NSLog( @"keine Angabe"); break;
  case UIDeviceBatteryStateCharging:
    NSLog( @"am Laden"); break;
  case UIDeviceBatteryStateUnplugged:
    NSLog( @"Batteriestrom"); break;
  case UIDeviceBatteryStateFull:
    NSLog( @"geladen"); break;
}
```

A.4.18 Auf Batterieänderungen reagieren

Wollen Sie sich bei wechselndem Batteriestatus oder bei Veränderungen der Ladekapazität die Infos anzeigen lassen, kapseln Sie diese zuerst in eine Methode:

```
-(void) DisplayInfos:(NSNotification *)notification {
  // Anzeige der Infos
}
```

Der Parameter ist ohne Belang. Er muss nur für das Einrichten eines *Notification Selectors* vorhanden sein.

Am Anfang der App legen Sie dazu fest, dass die Methode *DisplayInfos* aufgerufen werden soll, wenn sich der Ladezustand ändert, also wenn das Ereignis *UIDeviceBatteryLevelDidChangeNotification* eintritt:

```
[[NSNotificationCenter defaultCenter] addObserver:self
        selector:@selector(DisplayInfos:)
        name:UIDeviceBatteryLevelDidChangeNotification object:nil];
```

Und auch, wenn der Zustand des Ladens wechselt (*UIDeviceBatteryStateDidChangeNotification*):

```
[[NSNotificationCenter defaultCenter] addObserver:self
        selector:@selector(DisplayInfos:)
        name:UIDeviceBatteryStateDidChangeNotification object:nil];
```

Diesen Code können Sie natürlich nur auf einem echten iPhone, iPod touch oder iPad ausprobieren, weil sich beim Simulator nie etwas ändert.

A.4.19 Aktuelle Lage des iPhones/iPads

Ein iPhone, iPod touch und iPad kann – wie ein Würfel – sechs unterschiedliche Orientierungen haben. Das iPhone liefert diese über die Eigenschaft *orientation* der *[UIDevice currentDevice]*-Instanz – also des aktuellen Geräts. Mit

```
switch ([UIDevice currentDevice].orientation) {
  case UIDeviceOrientationPortrait: NSLog(@"Portrait"); break;
  case UIDeviceOrientationPortraitUpsideDown:
    NSLog(@"Portrait Upside down"); break;
  case UIDeviceOrientationLandscapeLeft: NSLog(@"Landscape left"); break;
  case UIDeviceOrientationLandscapeRight:
    NSLog(@"Landscape right"); break;
  case UIDeviceOrientationFaceUp: NSLog(@"FaceUp"); break;
  case UIDeviceOrientationFaceDown: NSLog(@"FaceDown"); break;
  default: NSLog(@"unbekannt"); break;
}
```

erhalten Sie die korrekte Lage des iDevice. Wollen Sie auf Änderungen reagieren, setzen Sie – wie in Abschnitt A.4.18 beschrieben – einen Observer:

```
[[NSNotificationCenter defaultCenter] addObserver:self
    selector:@selector(DisplayOrientation:)
    name:UIDeviceOrientationDidChangeNotification object:nil];
```

Dabei müssen Sie die Methode

```
-(void) DisplayOrientation:(NSNotification *)notification {
// switch ...
}
```

noch innerhalb der Klasse bereitstellen und dort dann mit dem `switch`-Konstrukt auf die neue Lage reagieren.

A.4.20 Annäherungsprüfung

Seit iOS 3.0 können iDevices auf Annäherung reagieren – theoretisch. De facto kann dies derzeit nur das iPhone, denn nur dieses hat oben links den entsprechenden Sensor. Mithilfe der Annäherungsprüfung lassen sich witzige Elemente in Apps einbauen, etwa eine Fass-mich-nicht-an-Alarmanlage.

Als Erstes setzen Sie – wie in A.4.18 beschrieben – einen Observer, der sich auch wieder auf eine existierende *Notification*-Methode bezieht:

```
[[NSNotificationCenter defaultCenter] addObserver:self
        selector:@selector(DisplayInfos:)
        name:UIDeviceProximityStateDidChangeNotification object:nil];
```

Wobei *DisplayInfos* die Methode aus Abschnitt A.4.18 ist. Wie der Status der Annäherung ist, verrät die *UIDevice*-Eigenschaft *proximityState*, die das boolesche *YES* oder *NO* liefert – zumindest, wenn das Monitoring eingeschaltet ist:

```
[UIDevice currentDevice].proximityMonitoringEnabled = YES;
NSLog([UIDevice currentDevice].proximityState ?
    @"Annäherungsalarm" : @"Niemand da");
```

Hinweis

Der C-typische Ausdruck

```
LogischerAusdruck ? WahrAusdruck : FalschAusdruck
```

ist in vielen Fällen die kürzeste Schreibweise, auch wenn

```
if(LogischerAusdruck)
  /*mach was mit */ WahrAusdruck;
else
/*mach was mit */ FalschAusdruck
```

sicher besser lesbar ist.

A.4.21 OS-Version ermitteln

Die Art des Betriebssystems und die Versionsnummer liefern die beiden *UIDevice*-Eigenschaften *systemName* und *systemVersion* als *NSString* zurück.

```
NSLog(@"%@ %@",
    [UIDevice currentDevice].systemName,
    [UIDevice currentDevice].systemVersion);
```

liefert die Ausgabe

```
iOS 3.1.3
```

oder

```
iOS 3.2
```

beim iPad.

A.4.22 UDID auslesen

Jedes iPhone hat eine individuelle 40-stellige ID. Diese ermitteln Sie mit

```
NSString* uniqueID = [UIDevice currentDevice].uniqueIdentifier;
```

beispielsweise, um bei Online-Abfragen das iPhone identifizieren zu können.

A.4.23 iTunes-Name des iPhones

Mit der *UIDevice*-Eigenschaft *name* ermitteln Sie den Namen, den das aktuelle Gerät in iTunes trägt, also den Namen, den der Besitzer ihm in iTunes gegeben hat:

```
NSString* iTunesName = [UIDevice currentDevice].name;
```

A.4.24 iPhone-Autolock vermeiden

Wollen Sie ein Device davon abhalten, stromsparend das Display auszuschalten, können Sie den sogenannten *idleTimer* deaktivieren – also den Timer, der anspringt, sobald das iPhone nichts mehr tut. Am besten geschieht dies direkt am Anfang, nämlich nach dem Start der App in der Methode *applicationDidFinishLaunching:*

```
application.idleTimerDisabled = YES;
```

A.4.25 Den ersten App-Start ermitteln

Wollen Sie schauen, ob es sich beim aktuellen Start um den ersten Start der App handelt, prüfen Sie einfach, ob ein Standard-Eintrag Ihrer App – etwa mit dem Namen *isFirstTime* – vorhanden und logisch wahr ist.

Als Erstes initialisieren Sie – am besten ganz am Anfang der App, im *AppDelegate*-Modul in der *applicationDidFinishLaunching* Methode – mit

```
[[NSUserDefaults standardUserDefaults]
    registerDefaults:[NSDictionary dictionaryWithObjectsAndKeys:
    [NSNumber numberWithBool:YES], @"isFirstTime",nil]];
```

den Eintrag und belegen den Wert, falls er noch nicht existiert, mit *YES*. Dann können Sie jederzeit mit

```
if ([[NSUserDefaults standardUserDefaults] boolForKey:@"isFirstTime"]) {
    // wenn der Code hier landet, ist isFirstTime YES
}
```

prüfen, ob es der erste Start ist. Haben Sie dem User die nötigen Infos gegeben, setzen Sie mit

```
[[NSUserDefaults standardUserDefaults] setBool:NO forKey:@"isFirstTime"];
```

ein Zeichen, nämlich den Dictionary-Eintrag in den Applikationspräferenzen, auf *NO*. Damit gelangt die App beim nächsten Mal nicht mehr in den if-Zweig.

A.4.26 Massenweise App-Informationen

Die aktuelle Versionsnummer der laufenden App als *NSString* ermitten Sie mit:

```
[[[NSBundle mainBundle] infoDictionary] objectForKey:@"CFBundleVersion"]
```

Neben dieser Information bietet dieses *NSDictionary* noch zahlreiche wissenswerte Informationen, wie die Bundle-Identifier, die Default-Sprache der App und vieles mehr. Über

```
NSLog(@"infoDoctionary:\n%@", [[NSBundle mainBundle] infoDictionary]);
```

etwa im *viewDidLoad*-Ereignis, erhalten Sie eine entsprechende Übersicht.

A.5 Makros für Objective-C

A.5.1 Prüfen, ob eine Datei existiert

Die Prüfung, ob eine Datei existiert, nehmen Sie mit dem *NSFileManager*-Objekt vor. Auch hier eignet sich wieder ein *#define*:

```
#define FILEEXISTS(filename) [[NSFileManager \
        defaultManager] fileExistsAtPath:filename]
```

A.5.2 Zugriff auf das Haupt-View

Um beispielsweise eine Statusmeldung anzuzeigen, müssen Sie dem obersten View ein Subview hinzufügen – ganz oben natürlich.

```
#define MAINVIEW [[UIApplication sharedApplication] \
                keyWindow].rootViewController.view
```

A.5.3 #define – das verkannte Genie

Neben der eigentlichen Sprache Objective-C kennt der Compiler zahlreiche Direktiven. Eine davon ist *#define*. Diese unscheinbare Anweisung wird zumeist nur verwendet, um Konstanten festzulegen, etwa in der Form

```
#define PI 3.1415926
```

um dann im Programmcode statt der tatsächlichen Zahl den Platzhalter – in diesem Falle PI – verwenden zu können. Tatsächlich wird der Platzhalter noch vor dem Compile-Vorgang ersetzt, sodass im Code de facto der letzte Ausdruck steht. Dadurch bleibt der Programmcode lesbar. Der ausführbare Code hingegen ist genauso schnell, als hätte man den tatsächlichen Wert verwendet.

Das Besondere an der Direktive *#define* ist jedoch, dass damit auch parametrisierte Erset-
zungen durchgeführt werden können, etwa in der Form:

```
#define KREISUMFANG(radius)  2 * 3.1415 * radius
```

Dadurch wird es leicht, teilweise komplizierte Methodenkonstrukte aus Objective-C beziehungsweise den Frameworks in einen simplen Befehl zu packen.

A.5.4 Objekt-Inhalte im Debugger anzeigen

Um Objekte im Debugger – genauer gesagt in der Konsole – anzuzeigen, verwendet man bei
Objective-C und Xcode die Funktion *NSLog*. Um beispielsweise eine Zeichenkette namens
zeichenKette vom Typ *NSString* anzuzeigen, lautet der Funktionsaufruf:

```
NSLog(@"%@", zeichenKette);
```

Und analog, wenn sie beispielsweise den Inhalt eines *NSArray* darstellen wollen:

```
NSLog(@"%@", meinArray);
```

Mit den vielen Klammeraffen und Sonderzeichen vertippt man sich jedoch leicht. Eine
Ersetzung im Stil von

```
#define DEB(object)  NSLog(@"%@", object)
```

hilft, solche Fehler zu vermeiden. Zudem können Sie Ihrer App mit einem einfachen // von
sämtlichen *NSLog*-Aufrufen befreien, indem Sie die *#define*-Direktive ein klein wenig abändern:

```
#define DEB(object)  // NSLog(@"%@", object)
```

A.5.5 #define über mehrere Zeilen

Besonders dann, wenn Sie umfangreichere Methodenaufrufe durch ein *#define* ersetzen,
wird die Zeile schnell ziemlich voll und damit unübersichtlich. Mithilfe eines Sonderzei-
chens – dem Backslash, den Sie über die Tastenkombination ⌂+⌐+7 erzeugen –
können Sie ein *#define* auch über mehrere Zeilen schreiben. Wichtig ist hierbei jedoch,
dass der Backslash das letzte Zeichen vor dem Zeilenumbruch ist. Es darf ihm also auch
kein Leerzeichen folgen.

A.5.6 Alertbox mit einfachem Aufruf

Um in Xcode eine Meldungsbox auf das Display zu zaubern, brauchen Sie einige Methoden-
aufrufe der Klasse *UIAlertView*. Der Grund ist, dass die Klasse nicht nur eine einfache
Anzeige einer Meldung beinhaltet, sondern mehrere Schaltflächen anzeigen und auf die
Klicks mithilfe eines Delegate reagieren kann. In 90 % der Fälle wird man jedoch dem Benut-

zer lediglich einen Status mitteilen, und er soll lediglich eine OK-Schaltfläche sehen. In diesem Falle hilft ein *#define*, um eine speicherbereinigte Variante eines Mitteilungsfensters im Code leicht zugänglich zu machen:

```
#define INFOBOX(messageToDisplay) \
    UIAlertView *alertView; \
        alertView = [[UIAlertView alloc] initWithTitle:@"INFO" message:messageToDisplay
        delegate:nil cancelButtonTitle:@"OK" otherButtonTitles:nil]; \
        [alertView show];  \
```

Im Code brauchen Sie dann lediglich einen Aufruf in der Form

```
INFOBOX(@"Hallo Welt")
```

um die Nachricht auf das Display zu bringen.

Abbildung A.29: Eine einfache Alertbox braucht schon einige Zeilen Code – mit #define wird das zum Kinderspiel.

A.5.7 Sound abspielen

Das Abspielen eines Sounds ist in Xcode nicht ganz so trivial. Auch wie bei der einfachen Alertbox aus dem vorigen Abschnitt gilt wieder, dass die Flexibilität der Klasse *AVAudioPlayer* dazu führt, dass ein einfacher Sound – ganz ohne Steuerung oder sonstige Sperenzchen – entsprechend kompliziert aufgebaut ist. Ein *#define* schafft auch hier Abhilfe:

```
#define SOUND(soundname) \
    NSString *path = [[NSBundle mainBundle] pathForResource:@soundname ofType:@"aiff"]; \
    AVAudioPlayer* theAudio=[[[AVAudioPlayer alloc] initWithContentsOfURL:[NSURL
    fileURLWithPath:path] error:NULL] autorelease]; \
    theAudio.delegate=nil; \
    [theAudio play];
```

Diese Routine können Sie beispielsweise einsetzen, um beim Drücken einer Schaltfläche ein Klickgeräusch zu erzeugen, also beispielsweise

```
SOUND(@"klick");
```

was jedoch voraussetzt, dass in Ihrem Projekt eine Sounddatei namens *klick.aiff* enthalten ist. Bevorzugen Sie andere Dateiformate, müssen Sie entsprechend im Makro *@"aiff"* durch *@"caf"* oder *@"mp3"* ersetzen.

A.5.8 Bundle- versus Dokumentenverzeichnis

Ist die App auf dem iPhone installiert, liegen die Dateien, die Sie mit der App zusammengeschnürt haben, im sogenannten *MainBundle*. Dies ist theoretisch ein ganz normaler, hierarchisch flacher Ordner, auf den Sie lediglich nicht schreibend zugreifen können.

Den Pfadverweis auf die Objekte des *MainBundle*s erhalten Sie als *NSString* über:

```
[[NSBundle mainBundle] resourcePath]
```

Das Dokumentenverzeichnis hingegen ist der Platz, an dem die App lokale Dateien speichern kann. Hierzu steht die Funktion

```
NSHomeDirectory()
```

zur Verfügung, die eben jenes Verzeichnis als *NSString* liefert. Da es zumeist um die Pfadangabe einer Datei geht, leisten folgende *#define*-Direktiven gute Arbeit:

```
#define DOCUMENTPATHFILENAME(filename) [DOCUMENTPATH
stringByAppendingPathComponent:filename]
#define BUNDLEFILENAME(filename, extension) [[NSBundle mainBundle] pathForResource:filename
   ofType:extension]
#define BUNDLEPATHFILENAME(filename) [[[NSBundle mainBundle] resourcePath]
stringByAppendingPathComponent:filename]
```

So erhalten Sie über *BUNDLEPATHFILENAME(@"hallo.txt")* beziehungsweise *DOCU-MENTPATHNAME(@"hallo.txt")* direkt den kompletten Pfadnamen der Datei, einmal im Bundle und einmal im Dokumentenverzeichnis.

A.6 UITableView und UIPickerView

UITableView und *UIPickerView* sind die beiden am häufigsten verwendeten Steuerelemente für Navigation und Auswahl. In diesem Abschnitt erhalten Sie ein paar simple Rezepte, mit denen Sie diese individuell nutzen können.

A.6.1 UITableView-Zeile anklicken

Wenn der Benutzer in einer *UITableView*-Tabelle eine Zeile antippt, wird die *Delegate*-Methode *didSelectRowAtIndexPath* ausgeführt:

```
- (void)tableView:(UITableView *)tableView
             didSelectRowAtIndexPath:(NSIndexPath *)indexPath {
   NSLog(@"SELECT %i", indexPath.row);
}
```

Voraussetzung ist, dass Sie die Eigenschaft *delegate* der *UITable*-Komponente einer passenden Klasse zugewiesen haben.

A.6.2 UITableView – individuell

Mit der *UITable*-Klasse lassen sich die vielfältigsten Informationen darstellen: Auswahllisten, Einstellungen oder auch Bilder. Allerdings ist das nicht so simpel, wie wir es in Kapitel 8 mit dem einfachen Zuweisen der *textLabel.text*-Eigenschaft gelöst haben.

Abbildung A.30: UITableViews sind vielfältig einsetzbar. Und sie sind kinderleicht zu gestalten – wenn man weiß, wie´s geht.

Wollen Sie eine individuelle Gestaltung einer *UITableView* erreichen, gehen Sie am einfachsten wie folgt vor:

4. Erzeugen Sie am einfachsten ein *Master-Detail* -Projekt in Xcode, weil hier bereits eine *UITable* mit allen nötigen *DataSource*- und *Delegate*-Methoden enthalten ist. Es geht aber auch mit jeder anderen *UITable*.

5. Wählen Sie über FILE/NEW FILE ($\boxed{\mathfrak{H}}$+$\boxed{\text{N}}$) den Template-Dialog, und markieren Sie links unter iOS den obersten Eintrag COCOA TOUCH CLASS. Klicken Sie rechts oben auf den ersten Eintrag OBJECTIVE-C CLASS, und bestätigen Sie in der Dropdown-Liste darunter die Unterklasse UITABLEVIEWCELL. Nennen Sie das Ganze *myTableCell*.

6. Wählen Sie den Dialog erneut, und erstellen Sie im Abschnitt iOS/USER INTERFACE ein View-Formular (VIEW XIB). Nennen Sie es ebenfalls *myTableCell*.

7. Öffnen Sie die neue *.xib*-Datei im Interface Builder, löschen Sie das View, und ziehen Sie ein *Table View Cell*-Steuerelement aus der *Library* in das Dokumentenfenster MYTABLECELL.XIB. Benennen Sie es beispielsweise in *My Cell* um – nur zur besseren Übersicht.

8. Öffnen Sie den *Identity Inspector* ($\boxed{\mathfrak{H}}$+$\boxed{4}$), und setzen Sie den *Class*-Eintrag von *My Cell* auf die Klasse *MyTableCell* (siehe Schritt 3). Ändern Sie ebenso den Eintrag neben *Identifier* im *Attribute Inspector* auf *MyTableCell*.

9. Öffnen Sie *My Cell* mit einem Doppelklick, und formatieren Sie es mit beliebigen Steuerelementen aus der Library so, wie jede einzelne Zelle des *UITableView* später aussehen soll (beispielsweise wie in Abbildung A.31).

10. Erzeugen Sie in der *MyTableCell.h* im *interface*-Abschnitt alle Outlets, mit denen Sie auf die einzelnen Elemente der Tabellenzelle zugreifen wollen, etwa

```
IBOutlet UILabel  *cellLabel;
IBOutlet UISwitch *cellSwitch;
IBOutlet UIButton *cellButton;
```

wenn Sie – wie in Abbildung A.31 dargestellt – drei Steuerelemente und ein *UIImage* als Hintergrund verwendet haben. Verbinden Sie im Interface Builder die *IBOutlets* mit den Steuerelementen.

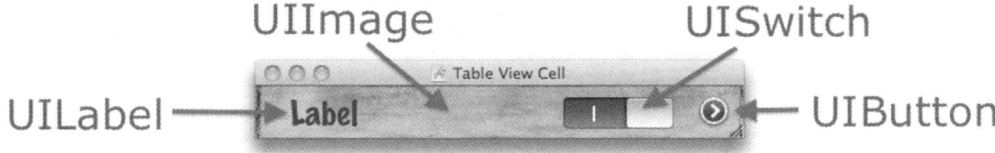

Abbildung A.31: In der Tabellenzelle (UITableViewCell) gestalten Sie eine virtuelle Schablone für jede Zelle der zugewiesenen UITable.

Vor dem *@end* der Klasse fügen Sie dann für jede Outlet-Variable einen *@property*-Eintrag hinzu. Auf diese Weise können Sie später über das Objekt der Tabellenzelle auf die Eigenschaften zugreifen und diese verändern:

```
@property (nonatomic) IBOutlet UILabel  *cellLabel;
@property (nonatomic) IBOutlet UISwitch *cellSwitch;
@property (nonatomic) IBOutlet UIButton *cellButton;
```

In der Datei MyTableCell.m machen Sie direkt nach der Zeile *@implementation MyTableCell* die drei Eigenschaften bekannt

```
@synthesize cellLabel;
@synthesize cellSwitch;
@synthesize cellButton;
```

sodass Sie dann später von der Moduldatei des *UITableView*-Controls darauf zugreifen können.

11. Wechseln Sie im Interface Builder in die zugehörige Moduldatei des *UITable*-Steuerelements. Beim Template *Navigation based Application* ist dies die Datei *RootViewController.m*. Fügen Sie dort die Zeile

```
#import "myTableCell.h"
```

ein.

12. Die *DataSource*-Methode *tableView:cellForRowAtIndexPath*, in der Sie auch bei Standardzellen den Inhalt der einzelnen Tabellenzeilen füllen, ist auch hier der Platz, an dem das benutzerdefinierte Element eingefügt und mit Werten belegt wird:

```
- (UITableViewCell *)tableView:(UITableView *)tableView
                cellForRowAtIndexPath:(NSIndexPath *)indexPath {
    static NSString *CellIdentifier = @"CustomCell";
    static NSString *xibName = @"CustomCell"
    CustomCell *cell = (CustomCell *)
            [tableView dequeueReusableCellWithIdentifier:CellIdentifier];
    if (cell == nil) {
        NSArray *topLevelObjects = [[NSBundle mainBundle]
                loadNibNamed:@xibName owner:nil options:nil];
        for (id currentObject in topLevelObjects) {
            if ([currentObject isKindOfClass:[UITableViewCell class]]) {
                cell = (CustomCell *) currentObject;
                break;
            } // if
        } // for
    } // if
    // Belegung der Properties, also beispielsweise:
    cell.cellLabel.text = [NSString stringWithFormat:
                                @"Zeile %i", indexPath.row];
    cell.cellSwitch.on = indexPath.row % 2 == 0 ? YES : NO;
    // Rückgabe der Instanz cell an UITable
    return cell;
}
```

Nun brauchen Sie die App nur noch zu starten, und die benutzerdefinierte Tabelle wird angezeigt.

A.6.3 UITableView mit festem Hintergrund

Ersetzen Sie in einem *UITableView* die *backgroundColor* durch ein Bild wie hier

```
tableView.backgroundColor = [UIColor clearColor];
tableView.backgroundColor =
    [UIColor colorWithPatternImage:[UIImage imageNamed:@"back.png""]];
```

dann wird dieses Bild für jede Zelle der Tabelle verwendet und erscheint wieder und wieder im Display.

Wollen Sie stattdessen ein Hintergrundbild für die gesamte Tabelle, legen Sie im Interface Builder ein *UIImageView*-Steuerelement hinter die Tabelle, wählen das *back.png*"-Bild im *Attribute Inspector* und setzen die Eigenschaft *Background* im Abschnitt *View* der *Attribute Inspector*-Ansicht der *UITableView* auf *Clear Color*.

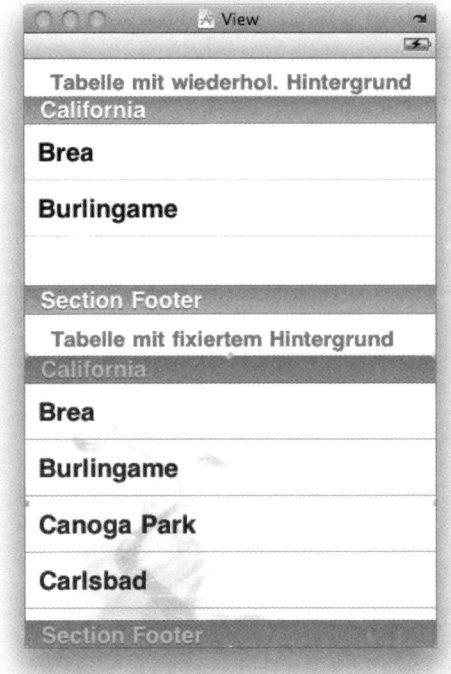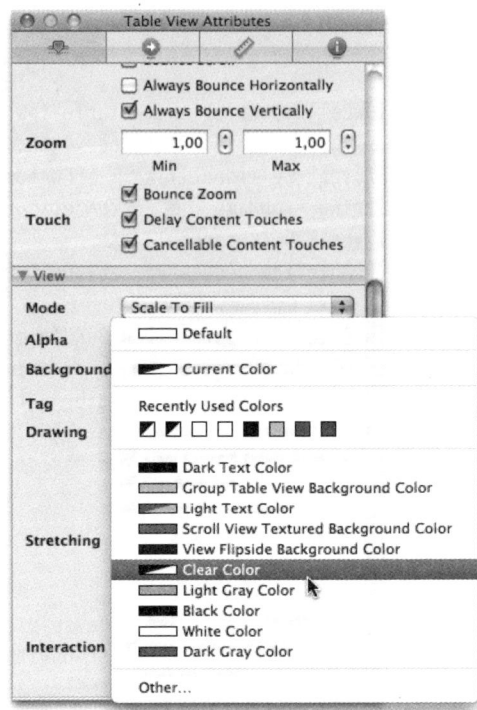

Abbildung A.32: Mit transparentem Hintergrund scheint das dahinter liegende Bild durch die Tabelle hindurch und sieht so wie ihr Hintergrundbild aus.

A.6.4 Zu einem bestimmten Eintrag scrollen

Wollen Sie beispielsweise zur fünfzehnten Zeile im ersten Abschnitt eines *UITableView* scrollen, erzeugen Sie zunächst eine *NSIndexPath*-Instanz mit folgenden Angaben:

```
NSIndexPath *newRow = [NSIndexPath indexPathForRow: 15 inSection: 0];
```

Dann rufen Sie im Objekt des *UITableView* die Methode *scrollToRowAtIndexPath* auf:

```
[self.tableView scrollToRowAtIndexPath: newRow
    atScrollPosition: UITableViewScrollPositionBottom
    animated: YES];
```

Dadurch wird die markierte Zeile unten im Fenster angezeigt. Sie kann auch in der Mitte oder oben dargestellt werden, wenn Sie als *atScrollPosition* die Konstante *UITableView-ScrollPositionTop* respektive *UITableViewScrollPositionMiddle* setzen.

Beachten Sie allerdings, dass die Zeile zwar angezeigt, aber nicht selektiert wird.

A.6.5 Zeile in einer UITableView auswählen

Um eine Zeile in einem *UITableView* zu markieren, erzeugen Sie zuerst wieder einen *NSIndexPath* mit:

```
NSIndexPath *indexPath = [NSIndexPath indexPathForRow: 15 inSection: 0];
[self.tableView reloadData]; // evtl. Daten neu laden
```

Rufen Sie dann die Methode

```
[self.tableView selectRowAtIndexPath: indexPath
    animated: YES scrollPosition: UITableViewScrollPositionNone];
```

auf.

A.6.6 Hintergrundfarbe einer Zelle setzen

Um die Hintergrundfarbe einer Zelle eines *UITableView* zu setzen, müssen Sie die *backgroundColor*-Eigenschaft des *contentView*-Elements setzen:

```
cell.contentView.backgroundColor = [UIColor redColor];
```

A.6.7 Aktuell ausgewählte Zeile in einem UITableView

Um die Zeilennummer der aktuell ausgewählten Zeile zu ermitteln, verwenden Sie:

```
NSIndexPath *indexPath = [self.tableView indexPathForSelectedRow];
```

Ist keine Zeile markiert, hat *indexPath* danach den Wert *nil*.

A.6.8 UIPickerView-Komponenten synchronisieren

Wenn Sie Wertepaare, wie beispielsweise das Währungssymbol und den Wechselkurs in dem Beispiel aus Abschnitt A.11.3, in einem *PickerView*-Steuerelement synchronisieren wollen, nutzen Sie dazu die *selectRow:inComponent:animated*-Methode des *UIPickerView*-Objekts im Ereignis *didSelectRow:inComponent*.

```
- (void)pickerView:(UIPickerView *)pickerView
      didSelectRow:(NSInteger)row inComponent:(NSInteger)component {
  if (component == 0) {
    [pickerView selectRow:row inComponent:1 animated:YES];
  } else {
    [pickerView selectRow:row inComponent:0 animated:YES];
  }
}
```

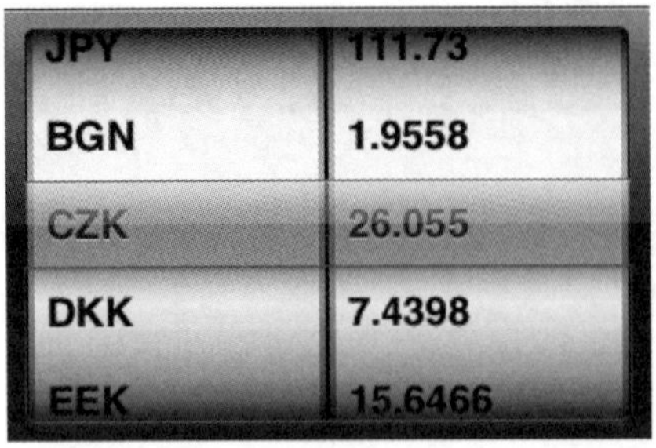

Abbildung A.33: Über die didSelectRow werden die beiden Auswahlräder des UIPickerView-Steuerelements gekoppelt.

A.7 UIView und UIViewController

A.7.1 UIView mit runden Ecken

Insbesondere Meldungen, die den Fortschritt einer Aktion anzeigen, werden häufig als schwarze Boxen mit runden Ecken auf dem Display angezeigt. Das ist keine Zauberei, sondern gehört zu den Bordmitteln von Objective C und Cocoa.

Zunächst müssen Sie das *QuartzCore*-Framework einbinden (Projekt links markieren, dann *Target* markieren und in *Build-Phases / Link Binaries* hinzufügen).

Dann brauchen Sie das Include:

```
#import <QuartzCore/QuartzCore.h>
```

Um eine einfache Box auf das Display zu bringen, gehen Sie wie folgt vor:

Als Erstes erzeugen Sie ein neues *UIView* mit schwarzem Hintergrund und ein wenig Transparenz. Anschließend zentrieren Sie es an dem aktuellen View.

```
UIView *boxView = [[UIView alloc] initWithFrame:CGRectMake(0, 0, 300, 150)];
[boxView setBackgroundColor:[UIColor blackColor]];
[boxView setAlpha:0.7];
boxView.center = self.view.center;
```

Nun greifen Sie auf die Eigenschaft *layer* zu und verändern Radius, Farbe und diverse andere Parameter:

```
[boxView.layer setCornerRadius:10.0f];
[boxView.layer setBorderColor:[UIColor lightGrayColor].CGColor];
[boxView.layer setBorderWidth:1.5f];
[boxView.layer setShadowColor:[UIColor blackColor].CGColor];
[boxView.layer setShadowOpacity:0.8];
[boxView.layer setShadowRadius:3.0];
[boxView.layer setShadowOffset:CGSizeMake(2.0, 2.0)];
```

Zuletzt fügen Sie die Box Ihrem aktuellen View hinzu:

```
[self.view addSubview:boxView];
```

Wollen Sie einen weißen Text in der Box darstellen, können Sie das beispielsweise mit einem Label tun:

```
UILabel *headlineLabel = [[UILabel alloc] initWithFrame:CGRectMake(20, 10, 180, 25)];
headlineLabel.textColor=[UIColor whiteColor];
headlineLabel.backgroundColor=[UIColor clearColor];
headlineLabel.text=@"Hallo Welt";
```

Fügen ihn nun als *SubView* Ihrer Box hinzu:

```
[boxView addSubview:headlineLabel];
```

Abbildung A.34: Mit wenigen Zeilen Code zaubern Sie individuelle halbtransparente Infoboxen auf das Display.

A.7.2 Rotieren

Im Grunde ist es ganz simpel, die automatische Drehung zu aktivieren. Handelt es sich um ein einzelnes *UIView*, reicht es, innerhalb der zugehörigen Klasse die Kommentarzeichen zu entfernen, die standardmäßig um die Methode *shouldAutorotateToInterfaceOrientation* angeordnet sind, und den `return`-Wert durch

```
return YES;
```

zu ersetzen.

Haben Sie mehrere *UIViews*, gibt es zwei Möglichkeiten:

1. Ein *UINavigationController* wird nur dann rotieren, wenn sein *Root View*-Controller ebenfalls rotiert, also wenn dessen *shouldAutorotateToInterfaceOrientation*-Methode ebenfalls *YES* zurückliefert.

2. Ein *UITabBarController* hingegen wird sich nur dann drehen, wenn alle seine verwalteten Views sich ebenfalls drehen.

A.7.3 Hintergrundfarbe im View setzen

Den Hintergrund des aktuellen View setzen Sie mit:

```
self.view.backgroundColor = [UIColor redColor];
```

A.7.4 Hintergrundbild im View setzen

Soll Ihr View ein Hintergrundbild erhalten, nehmen Sie dies in der *viewDidLoad*-Methode vor:

```
self.view.backgroundColor = [[UIColor alloc] initWithPatternImage:
                [UIImage imageNamed:@"myImageRessource.png""]];
```

Die Grafik *myImageRessource.png"* müssen Sie per Drag&Drop in Ihr Projekt einfügen.

A.7.5 Einen modalen UIViewController anzeigen

Um einen *UIViewController* – also beispielsweise eine *.xib*-Datei – über dem aktuellen *ViewController* anzeigen zu lassen, verwenden Sie

```
[self presentModalViewController: neuerViewController animated: YES];
```

Um ihn wieder verschwinden zu lassen, rufen Sie innerhalb des darüber gelegten *ViewControllers*

```
[self dismissModalViewControllerAnimated: YES];
```

auf.

A.8   NSString

Die Zeichenketten-Klasse *NSString* hat deutlich mehr Komfort zu bieten als die Null-termi-
nierten Strings des klassischen C. Für die Konvertierung werden hier die Klassen- und
Instanzenmethoden verwendet und keine Funktionen wie in Standard-C. Der Funktionsumfang der Klasse ist riesig, weshalb ich nur ein paar nach meinem Dafürhalten wichtige
Varianten erwähnen möchte. Ansonsten gilt wie immer: Recherchieren Sie in der Hilfe nach
dem Klassennamen *NSString*.

A.8.1   Wörter zählen

Mit dem *NSScanner* überprüfen Sie das Vorhandensein von Zeichen – etwa in *NSString*s.
Die folgende Methode zählt die Wörter einer Zeichenkette:

```
- (NSInteger) countWords: (NSString *) string {
    NSScanner *scanner =
        [NSScanner scannerWithString: string];
    NSCharacterSet *whiteSpace =
        [NSCharacterSet whitespaceAndNewlineCharacterSet];
    NSInteger count = 0;
    while ([scanner scanUpToCharactersFromSet:
                whiteSpace  intoString: nil]) {
        count++;
    }
    return count;
} // countWords
```

A.8.2   NSStrings verbinden

Es gibt zwar keine *concat*-Methode, aber mit der Klassenmethode *stringWithFormat* lassen sich auch mehrere Zeichenketten koppeln:

```
NSString *zusammen =
        [NSString stringWithFormat:@"%@ %@", @"erster",@"zweiter"];
```

A.8.3   Numerische Werte in NSString

Auch numerische Werte wandeln Sie mit der Klassenmethode *stringWithFormat* in eine
Zeichenkette um, um sie dann beispielsweise einem Label zuzuweisen:

```
int i = 42;
NSString *wert = [NSString stringWithFormat:@"%i", i];
```

In der Xcode-Hilfe finden Sie unter dem Suchbegriff *String Format Specifiers* eine Liste
sämtlicher symbolischer Platzhalter.

A.8.4 Typumwandlung

Aber nicht nur Zahlen in Strings, auch der umgekehrte Weg ist gangbar:

```
double d = [@"3.1415926" doubleValue];
float  f = [@"3.1415926" floatValue];
int    i = [@"3234567"   intValue];
long   l = [@"31415926"  longLongValue];
bool   b = [@"YES"       boolValue];
```

A.8.5 Führende Nullen

Führende Nullen – etwa für die tabellarische Darstellung oder als Suffix für aufeinanderfolgende Dateinamen oder für normierte Datumsanzeige im TT.MM.YYYY-Stil – erzeugen Sie mit der Formatierung der symbolischen Platzhalter. %02d steht dabei für ganze Zahlen mit mindestens zwei Zeichen. Bei einstelligen Zahlen wird eine Null vorangestellt.

```
[day setText: [NSString stringWithFormat:@"%02d", [components day]]];
```

A.8.6 Zeichenketten vergleichen

Während einfache Datentypen mit Operatoren wie < oder > oder == verglichen werden können, ist dies bei Objekten nicht möglich. Für *NSString* gibt es zahlreiche Instanzenmethoden, mit denen zwei *NSString*-Variablen verglichen werden können. Es gibt hier zahlreiche Methoden, die Sie sämtlich in der Xcode-Hilfe zu *NSString* finden. Wenn Sie auf der Seite mit ⌘+F nach *Identifying and Comparing Strings* suchen, sehen Sie eine Auflistung aller Varianten. Die Vorgehensweise ist jedoch immer dieselbe:

```
NSString *erster = @"Ein String";
NSString *zweiter = @"ein string";
bool gleich = [erster isEqual:zweiter];
```

Dabei wird jedoch nur auf exakte, byte-orientierte Gleichheit geprüft. Etwas informativer sind jene Methoden, die ein Ergebnis vom Typ *NSComparisonResult* zurückliefern:

```
NSComparisonResult result ;
```

wie etwa:

```
result = [erster compare:zweiter];
```

Hier gibt es genau drei Elemente: *NSOrderedAscending* bedeutet, dass der linke Wert (*erster*) kleiner ist als der rechte (*zweiter*); *NSOrderedSame* bedeutet, dass die Prüfung Gleichheit festgestellt hat. Und *NSOrderedDescending* zeigt an, dass der Methodenparameter (*zweiter*) kleiner ist.

Neben *compare* gibt es auch

```
result = [erster caseInsensitiveCompare:zweiter];
```

was prüft, ohne auf die Groß-/Kleinschreibung Rücksicht zu nehmen. Und wenn Sonder-zeichen wie die deutschen Umlaute oder die im romanischen Sprachraum gebräuchlichen Accent-Vokale é, è, ê usw. korrekt überprüft werden sollen, müssen Sie statt *compare* die Methode *localizedCompare* beziehungsweise statt *caseInsensitiveCompare* entsprechend *localizedCaseInsensitiveCompare* verwenden:

```
result = [erster localizedCompare:zweiter];
result = [erster localizedCaseInsensitiveCompare:zweiter];
```

A.8.7   Dateiinhalt in NSString einlesen und speichern

Mit der *NSString*-Methode *stringWithContentsOfFile* können Sie eine komplette Datei in eine Zeichenkette einlesen:

```
NSString *entireFileInString =
              [NSString stringWithContentsOfFile:filePath];
```

Der *filePath* sollte innerhalb des Dokumentenordners Ihrer App liegen (siehe Abschnitt A.12.1). Wollen Sie diese in die einzelnen Zeilen aufsplitten, teilen Sie sie anhand der Zeilenschaltung (ASCII 13 / "\n").

```
NSArray *lines = [entireFileInString componentsSeparatedByString:@"\n"];
```

Nun können Sie sie in einer for-Schleife Zeile für Zeile durchlaufen:

```
for (NSString *line in lines)
   NSLog([NSString stringWithFormat:@"line: %@", line]);
```

Um einen *NSString* zurückzuschreiben, verwenden Sie *writeToFile*. In dem Beispiel

```
[@"Hallo Welt" writeToFile:@"dateiname.txt"
          atomically:YES encoding:NSASCIIStringEncoding  error:nil];
```

wird eine Datei namens *dateiname.txt* erzeugt und mit der Zeichenkette *Hallo Welt* gefüllt. Der Parameter *atomically:YES* bedeutet dabei, dass zuerst der Dateiinhalt in eine tempo-räre Datei geschrieben und erst am Ende eine eventuell existierende Datei gelöscht und die temporäre Variante umbenannt wird.

A.9 UITextField und UILabel

A.9.1 Labels vertikal oben ausrichten

Wenn Sie ein mehrzeiliges Label nicht vertikal zentrieren, sondern am oberen Rand ausrichten wollen, hängen Sie einfach ein paar Zeilenumbrüche an den Labeltext:

```
meinLabel.text =
    [NSString stringWithFormat:@"%@\n\n\n\n", meinLabel.text];
```

A.9.2 Höhe eines Labels bestimmen

Haben Sie einen Label mit Text gefüllt, wird dieser vertikal zentriert dargestellt. Wenn Sie die Höhe beim aktuell eingestellten Font ermitteln, können Sie die vertikale Größe des Labels anpassen, wodurch die Ausrichtung wieder stimmt. Die Methode *getLabelHeight* liefert genau diesen Wert:

```
+(float) getLabelHeight: (UILabel*) label  {
   CGSize labelSize = [label.text sizeWithFont:label.font
     constrainedToSize:label.frame.size
     lineBreakMode:UILineBreakModeWordWrap];
   return labelSize.height;
}
```

In der Praxis erstellen Sie dann eine *CGRect*-Variable aus der Größe und Position Ihres Labels:

```
CGRect frame = myLabel.frame;
```

Ersetzen Sie die Höhe nun durch den Methodenwert:

```
frame.size.height = [self getLabelHeight:myLabel];
```

Und weisen Sie dem Label dann den Frame wieder zu:

```
[myLabel setFrame:frame];
```

A.9.3 Eingabebeschränkung für Textfelder

Um die Eingabe des Nutzers zu überwachen und darauf zu reagieren, müssen Sie ein *UITextField* mit einem Behandlungsobjekt – einem Delegate – verknüpfen.

```
UITextField *meinText = …..
meinText.delegate = self;
```

Im Modul selbst wird bei jeder Inhaltsänderung die Methode *shouldChangeCharactersIn-Range* aufgerufen. Deren boolescher Rückgabewert (*YES/NO*) entscheidet darüber, ob die Nutzereingabe zulässig ist. Wollen Sie etwa die Textlänge auf 4 Zeichen begrenzen, lautet der Code:

```
- (BOOL)textField:(UITextField *)textField shouldChangeCharactersInRange:(NSRange)range
replacementString:(NSString *)strin{
        if ([strin length] > 0) {
                return [textField.text  length] < 5;
        }
        return YES;
}
```

A.9.4   Textlabel rotieren

Die Funktion *CGAffineTransformMakeRotation* können Sie dazu verwenden, um einen *UIView* um einen beliebigen Winkel rotieren zu lassen. Da ein UILabel ebenfalls ein Nachfahre von *UIView* ist, kann es auch verwendet werden, um den Text zu drehen. In dem folgenden kleinen Beispiel wird ein Text gedreht und in zufälligen Farben dargestellt (siehe den Tipp in Abschnitt A.2.18 zu *randomColor*):

```
for (float w=0; w<M_PI; w+=M_PI/10) {
  UILabel *label = [[UILabel alloc] initWithFrame:CGRectMake(10, 10, 300, 400)];
  label.numberOfLines = 2;
  label.text = @"Voll gedreht";
  label.backgroundColor = [UIColor clearColor];
  label.textColor = [self randomColor];
  label.highlightedTextColor = [UIColor blackColor];
  label.textAlignment = UITextAlignmentLeft;
  label.font = [UIFont systemFontOfSize:16.0 + w*5];
  label.transform = CGAffineTransformMakeRotation( w );
  [self.view addSubview:label];
  [label release];
}
```

Abbildung A.35: Mit der Funktion CGAffineTransformMakeRotation können Sie Labels um beliebige Winkel rotieren.

A.10 NSDate – Rechnen mit Zeit und Datum

NSDate bietet eine praktische Sammlung an Methoden, um Datumsangaben zu vergleichen oder formatiert auszugeben.

A.10.1 Sekunden seit Referenzdatum

Mit der *NSDate*-Methode *timeIntervalSinceReferenceDate* ermitteln Sie die Sekunden seit einem fixen Referenzdatum als *float*-Wert. Auf diese Weise können Sie leicht Datumswerte vergleichen:

```
NSDate *date;
date = datePicker.date;
NSLog(@"Sekunden seit dem 1.1.2001 00:00:00 %f",
                        [date timeIntervalSinceReferenceDate]);
```

A.10.2 Das Jahr ermitteln

Mit der *NSDateFormatter*-Klasse können Sie Datumsangaben beliebig formatieren; beispielsweise auch so, dass nur das Jahr angezeigt wird:

```
NSDate * myNSDateInstance;
// myNSDateInstance vorbelegen oder aus einem DatePicker entnehmen
NSDateFormatter *formatter = [[NSDateFormatter alloc] init];
[formatter setDateFormat:@"yyyy"];
NSString *stringFromDate = [formatter stringFromDate:myNSDateInstance];
```

A.10.3 Heutiges Datum

Das heutige Datum ermitteln Sie mit:

```
NSDate *today = [NSDate date];
```

A.10.4 Datumswerte vergleichen

Wie bei den Strings, können Sie Datumswerte mit Methoden vergleichen:

```
NSDate *date1, *date2;
bool b = [date1 isEqualToDate:date2];
```

Oder Sie verwenden die beiden Methoden *earlierDate* und *laterDate*, die jeweils das frühere (*earlierDate*) respektive das spätere (*laterDate*) als Ergebnis zurückliefern:

```
NSDate result;
result  = [date1 earlierDate:date2]; // result ist das frühere der beiden
```

Wie bei den Zeichenketten (siehe Abschnitt A.8.6) kann man auch zwei Datumswerte mit-einander mittels *compare* vergleichen. Auch hier ist das Ergebnis vom Typ *NSComparison-Result* und hat als Ergebnis einen der drei Werte *NSOrderedAscending*, *NSOrderedSame* und *NSOrderedDescending*.

A.10.5 Datumsarithmetik

Haben Sie mit

```
NSDate *today = [NSDate date];
```

das heutige Datum ermittelt, so können Sie mit

```
NSDate *nextWeek = [today dateByAddingTimeInterval: (7 * 24 * 3600)];
```

genau eine Woche in die Zukunft und mit

```
NSDate *lastWeek = [today dateByAddingTimeInterval: (-7 * 24 * 3600)];
```

eine Woche in die Vergangenheit reisen.

A.10.6 Zeitformatierung

Zwei einfache Methoden der *NSDate*-Klasse helfen Ihnen bei der Formatierung der Werte.

Während

```
NSLog([[NSDate date] description]);
```

eine standardisierte und sortierbare Anzeige im Stil von YYYY-MM-DD HH:MM:SS +/-ZZZZ ausgibt, zeigt

```
NSLog([today descriptionWithLocale: [NSLocale currentLocale]]);
```

die Zeitdarstellung in der aktuellen Landeseinstellung an. Für Deutschland ist dies bei-spielsweise:

```
Montag, 7. Juni 2010 14:06:14 Mitteleuropäische Sommerzeit
```

A.11 Arbeiten mit XML-Daten

XML-Daten sind eine intuitive Form, strukturierte Daten weiterzugeben. Die Nutzung von XML-Daten aus der Anwendung heraus ist hingegen doch etwas gewöhnungsbedürftig, besonders, wenn Sie das Cocoa-eigene *NSXMLParser*-Objekt verwenden. Als Alternative stehen zahlreiche C- und Objective-C-Bibliotheken zur Verfügung. Ray Wenderlich (*www.iho.me/xml*) hat sich nahezu alle Libraries angeschaut und sie einem ausführlichen Test unterzogen. Dabei stellte sich heraus, dass die am simpelsten anzuwendende XML-

Bibiothek auch gleichzeitig die schnellste ist. Für die knapp ein Megabyte große Testdatei brauchte TBXML (*www.iho.me/tbxml*) auf einem iPhone 3GS lediglich 0,68 Sekunden für das Parsing und Bereitstellen der Daten. Die Xcode-eigene Variante NSXML hingegen brauchte knapp dreimal so viel Zeit (siehe Abbildung A.36).

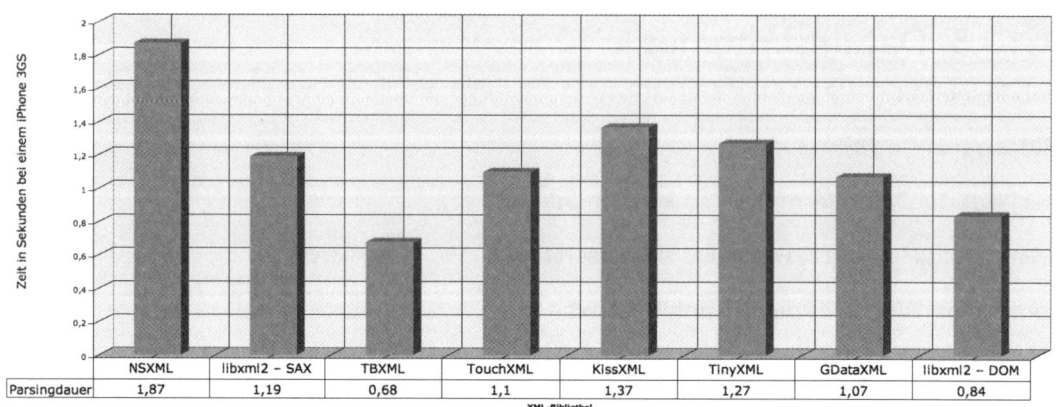

	NSXML	libxml2 – SAX	TBXML	TouchXML	KissXML	TinyXML	GDataXML	libxml2 – DOM
Parsingdauer	1,87	1,19	0,68	1,1	1,37	1,27	1,07	0,84

Abbildung A.36: Bei der Geschwindigkeit der XML-Verarbeitung schneidet die Cocoa-eigene NSXML-Klasse am schlechtesten ab. TBXML erfüllt dieselbe Aufgabe in einem Drittel der Zeit.

Und auch beim Speicherverbrauch ist TBXML durchaus sparsam. Aus diesem Grund zeige ich Ihnen am Beispiel dieser Fremdbibliothek den leichtesten und definitiv schnellsten Zugriff auf XML-Daten.

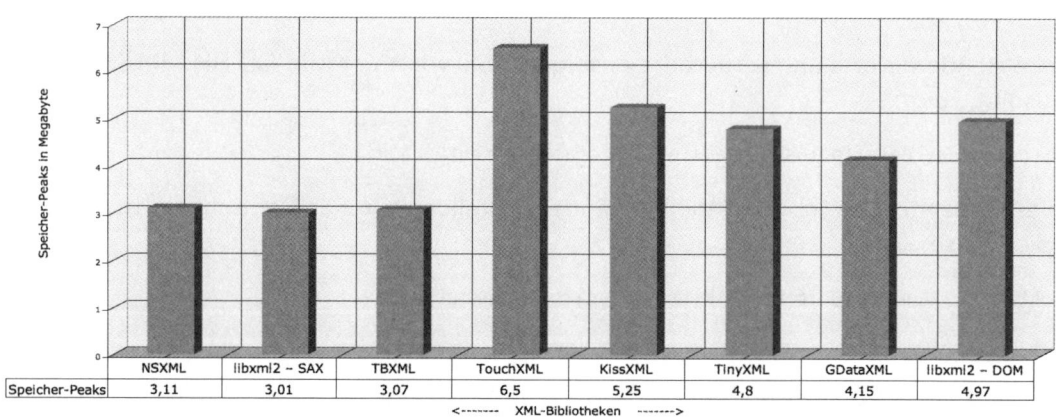

	NSXML	libxml2 – SAX	TBXML	TouchXML	KissXML	TinyXML	GDataXML	libxml2 – DOM
Speicher-Peaks	3,11	3,01	3,07	6,5	5,25	4,8	4,15	4,97

Abbildung A.37: Beim Speicherverbrauch bei der XML-Verarbeitung zeigt TBXML ebenfalls, dass viel Leistung nicht auf Kosten der Ressourcen gehen muss.

Bei der Funktionalität müssen Sie entscheiden, ob Sie XML-Dateien nur lesen oder auch schreiben wollen. In letzterem Fall sollten Sie zu *GDataXML* greifen, weil dieses Paket sowohl schnell als auch speicherschonend ist und zudem in Objective-C vorliegt.

Bibliothek	Intern	XML schreiben	XPath-Unterstützung	Sprache
NSXML	Ja	Nein	Nein	Obj-C
libxml2 – SAX	Ja	Nein	Nein	C
TBXML	Nein	Nein	Nein	Obj-C
TouchXML	Nein	Nein	Ja	Obj-C
KissXML	Nein	Ja	Ja	Obj-C
TinyXML	Nein	Ja	Ja	C
GDataXML	Nein	Ja	Ja	Obj-C
libxml2 – DOM	Ja	Ja	Ja	C

Tabelle 1.1: Ray Wenderlich (www.iho.me/xml) hat sämtliche Infos zu XML-Bibliotheken zusammengefasst.

A.11.1 Alle XML-Bibliotheken in einer App

Ray Wenderlich hat den Quellcode der iPhone App, die er zum Testen von Geschwindigkeit und Speicherverbrauch entwickelt hat, online gestellt. Wenn Sie die Datei unter *www.iho.me/ xmlapp* herunterladen, haben Sie nicht nur alle Bibliotheken sofort verfügbar, sondern in der App selbst auch noch eine Anleitung, wie sie für ein und dieselbe Aufgabe – das Parsing einer Musiktitel-XML-Datenbank – verwendet wird.

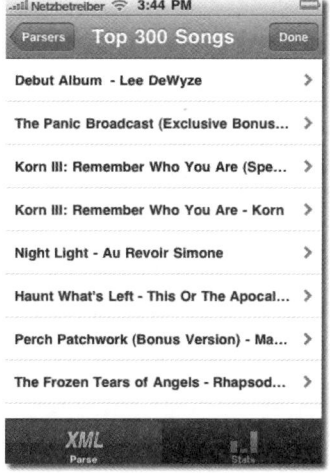

Abbildung A.38: Die Test-App von Ray Wenderlich zeigt einerseits den Speicher- und Ressourcen-Benchmark und führt andererseits vor, wie man mit den XML-Bibliotheken umgeht.

A.11.2 TBXML in eigene Projekte einbinden

Laden Sie von *www.iho.me/tbxml* das ZIP-Archiv herunter. Nehmen Sie aus dem Archiv die Dateien *TBXML.c* und *TBXML.h* sowie *NSDataAdditions.h* und *NSDataAdditions.m*, und schieben Sie sie in Xcode in die linke Übersicht in den *Ressources-* oder *Other Sources*-Ordner. Achten Sie darauf, dass die Checkbox Copy items in ... markiert ist, damit die Dateien auch tatsächlich in das Projektverzeichnis kopiert werden.

Dann brauchen Sie noch ein bereits existierendes Framework namens *libz.dylib* in Ihrem Projekt. Markieren Sie in der linken Spalte den Ordner *Frameworks*, und wählen Sie aus dem Kontextmenü Add den Eintrag Existing Frameworks. In der Liste scrollen Sie nach unten zu dem Eintrag *libz.dylib* und fügen die Bibliothek mit Add hinzu.

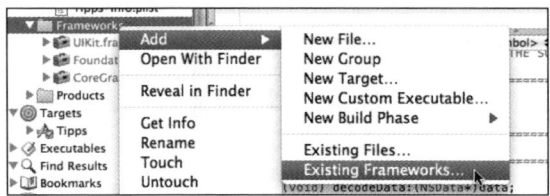

Abbildung A.39: TBLXML benötigt neben den beiden Moduldateien auch noch ein Cocoa-Framework namens libz.dylib, mit dem die ZIP-Funktionalität unterstützt wird.

In Xcode 4 finden Sie den Punkt, an dem Bibliotheken hinzugefügt werden, an anderer Stelle. Markieren Sie in der Projektübersicht links ganz oben das Projekt. Dann wählen Sie in der Spalte daneben das Target und klicken auf den Reiter Build Phases. Darunter sehen Sie den Abschnitt Link Binary with Libraries. Hier fügen Sie mit der Plus-Schaltfläche die gewünschte Bibliothek ein.

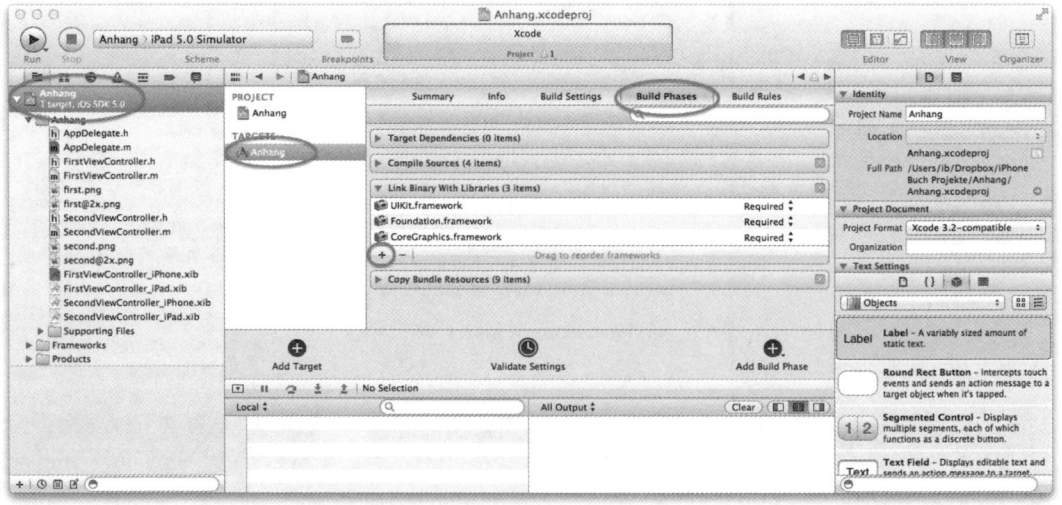

Abbildung A.40: In Xcode 4 fügen Sie zusätzliche Bibliotheken in den Target-Einstellungen hinzu.

Als Letztes müssen Sie noch in der Headerdatei der Moduldatei, in der Sie die XML-Funktionen nutzen wollen, den Import-Befehl

```
#import "TBXML.h"
```

einfügen, damit die Klasse auch bekannt ist.

A.11.3 Kurse der Europäischen Zentralbank lesen

Die Europäische Zentralbank (EZB/ECB) stellt täglich gegen 15 Uhr MEZ die aktuellen Wechselkurse online. Die URL lautet:

```
NSString *url=@"http://www.ecb.int/stats/eurofxref/eurofxref-daily.xml";
```

Wenn Sie diese URL mit Ihrem Browser aufrufen und sich den Quellcode anzeigen lassen, sehen Sie den einfachen Aufbau dieser Datei (siehe Abbildung A.41).

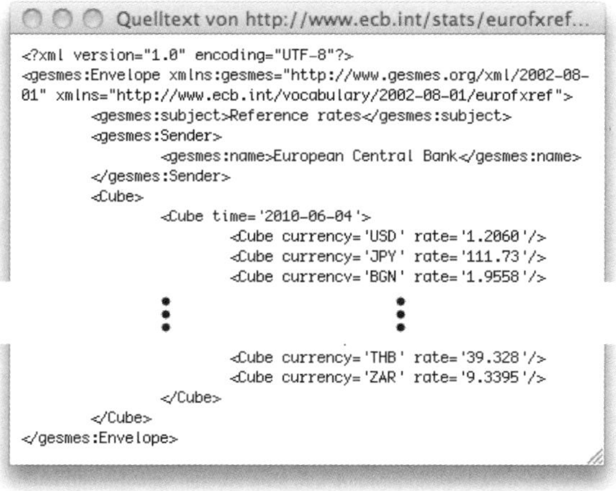

```
Quelltext von http://www.ecb.int/stats/eurofxref...
<?xml version="1.0" encoding="UTF-8"?>
<gesmes:Envelope xmlns:gesmes="http://www.gesmes.org/xml/2002-08-
01" xmlns="http://www.ecb.int/vocabulary/2002-08-01/eurofxref">
	<gesmes:subject>Reference rates</gesmes:subject>
	<gesmes:Sender>
		<gesmes:name>European Central Bank</gesmes:name>
	</gesmes:Sender>
	<Cube>
		<Cube time='2010-06-04'>
			<Cube currency='USD' rate='1.2060'/>
			<Cube currency='JPY' rate='111.73'/>
			<Cube currency='BGN' rate='1.9558'/>
		⋮			⋮
			<Cube currency='THB' rate='39.328'/>
			<Cube currency='ZAR' rate='9.3395'/>
		</Cube>
	</Cube>
</gesmes:Envelope>
```

Abbildung A.41: Der Aufbau der täglich aktualisierten Wechselkurse-Datei der Europäischen Zentralbank ist simpel gehalten.

Zur Weiterverarbeitung mit der *TBLXML*-Klasse wandeln Sie als Erstes diesen String in eine *NSURL* um:

```
NSURL *encodedURL = [NSURL URLWithString:url];
```

Mit dieser können Sie die *TBLXML* instanziieren, indem gleich die Daten gelesen werden:

```
TBXML * tbxml = [TBXML tbxmlWithURL: encodedURL];
```

Wenn die Instanz in der geladenen XML-Datei einen Wurzelknoten findet, kann innerhalb einer entsprechenden if-Abfrage die Verarbeitung der Daten stattfinden:

```
if (tbxml.rootXMLElement) {
  // Verarbeitung
  [self getXMLElements:tbxml.rootXMLElement];
}
```

Bei der Verarbeitung handelt es sich um eine normale void, die genau einen Parameter erhält, nämlich die Wurzel der XML-Daten:

```
-(void) getXMLElements:(TBXMLElement *)element {
  do { // Anzeige des Elemente-Namens
    NSLog(@"%@",[TBXML elementName:element]);

    // Das erste Attribut des Elements ermitteln
    TBXMLAttribute * attribute = element->firstAttribute;

    // In einer Schleife werden alle Attribute durchlaufen
    while (attribute) {
      NSLog(@"%@->%@ = %@",
          [TBXML elementName:element],
          [TBXML attributeName:attribute],
          [TBXML attributeValue:attribute]);

      // Nächstes Attribut holen
      attribute = attribute->next;
    }

    // Falls das Element Child-Einträge besitzt, wird die void
    // rekursiv für diese als Wurzelknoten aufgerufen:
    if (element->firstChild)
          [self getXMLElements:element->firstChild];

    // Danach wird das nächste Eltern-Element geholt
  } while ((element = element->nextSibling));
  //Solange bis keines mehr vorhanden ist.
}
```

Die Daten könnten Sie auf diese Weise in ein *NSDictionary* oder *NSArray* einlesen und dann weiterverarbeiten.

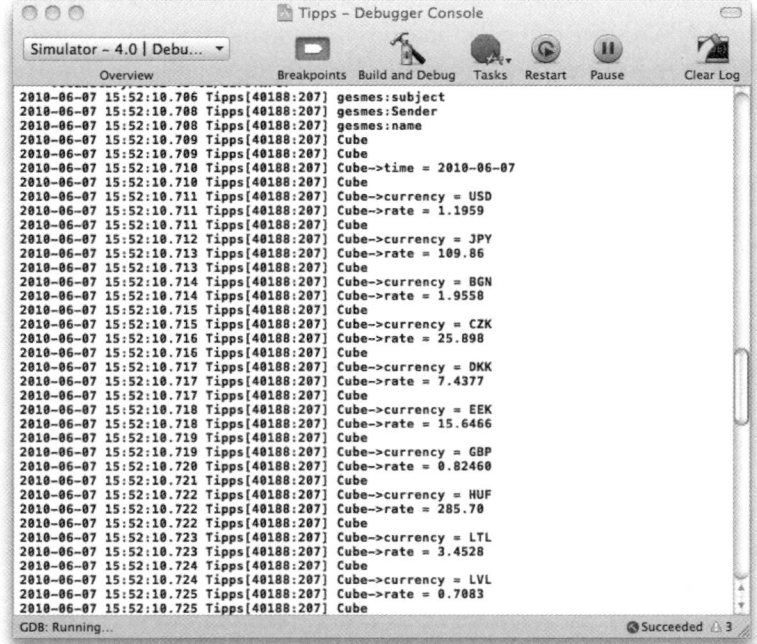

Abbildung A.42: Die Debugger-Ausgabe des rekursiven Durchlaufs durch die XML-Daten der ECB-Wechselkurse.

A.12 Dateisystem

iOS basiert wie OS X auf Unix. Insofern gibt es auch dieselben Dateihierarchien und vor allem auch Dateirechte.

A.12.1 Der Pfad zum Datenverzeichnis

Jede App hat ein Dokumentenverzeichnis, in dem Sie Ihre Daten speichern können. Mit

```
NSArray *paths = NSSearchPathForDirectoriesInDomains
                      (NSDocumentDirectory, NSUserDomainMask, YES);
NSString *documentsDirectory = [paths objectAtIndex:0];
NSLog(@"%@", documentsDirectory);
```

können Sie dieses ermitteln. Den kompletten Pfad zu einer Datei – beispielsweise *readme.txt* – erhalten Sie dann mit:

```
NSString *fileName = [documentsDirectory
                    stringByAppendingPathComponent:@"readme.txt"];
NSLog(@"%@", fileName);
```

Suchen Sie nicht das Datenverzeichnis, sondern einen temporären Ordner, erhalten Sie diesen, wenn Sie in der Funktion *NSSearchPathForDirectoriesInDomains* statt *NSDocumentDirectory* als Parameter *NSDocumentDirectory* angeben. Weitere Parameter, die für Apps interessant sind, sind *NSHomeDirectory* und *NSHomeDirectoryForUser*.

A.12.2 Verzeichnisse und Dateien eines Ordners auflisten

Wollen Sie alle Ordner des Datenverzeichnisses aus Abschnitt A.12.1 auflisten, gehen Sie wie folgt vor:

```
NSFileManager *fm = [NSFileManager defaultManager];
NSArray *files = [fm contentsOfDirectoryAtPath: documentsDirectory
                    error:nil];
for(NSString *file in files) {
  NSString *path = [documentsDirectory
                          stringByAppendingPathComponent:file];
    BOOL isDirectory = NO;
    [fm fileExistsAtPath:path isDirectory:(&isDirectory)];
    if(isDirectory) {
      NSLog(@">> %@", file); // DIRECTORY
    } else {
      NSLog(@"**%@", file); // FILE
    }
}
```

A.12.3 Funktionen des Dateisystems

Sämtliche Funktionen zum Kopieren, Verschieben, Löschen, aber auch zum Setzen und Prüfen von Dateirechten enthält die Klasse *NSFileManager*. Wie im Beispiel aus Abschnitt A.12.2 müssen Sie lediglich mit

```
NSFileManager *fm = [NSFileManager defaultManager];
```

eine Instanz erzeugen und haben dann Zugriff auf knapp drei Dutzend Methoden rund um die Dateiverwaltung. Suchen Sie einfach nach *NSFileManager* in der Xcode-Hilfe.

A.13 iPad

Im Grunde erfolgt die Entwicklung für das iPad genauso wie die für die kleineren iDevices. Neben der Bildschirmgröße ist es nur der *Split View Controller*, der die beiden Gerätetypen voneinander unterscheidet.

A.13.1 Individuelle Splashscreens

Während die Rotation beim iPhone optional ist, ist es für iPad-Entwickler verpflichtend, ihre App in allen vier Ausrichtungen darzustellen. Und so ist es für iPad-Nutzer auch völlig Usus, das Gerät in jeder beliebigen Lage einzuschalten. Damit auch der Splashscreen entsprechend korrekt ausgerichtet erscheint, gibt es – neben der Standardvariante für iPhone und iPod touch mit dem Namen *Default.png*" – fünf weitere vordefinierte Dateinamen, mit denen Sie den verschiedenen Startlagen gerecht werden. Die Abmessung muss jeweils 1024 x 748 Pixel für die beiden Querdarstellungen links (*Default-LandscapeLeft.png*") und rechts (*Default-LandscapeRight.png*") sowie 768 x 1004 Pixel für die Standardansicht (*Default-Portrait.png*") sowie für die umgedrehte Ansicht (*Default-PortraitUpsideDown.png*") mit oben liegendem Home-Button betragen.

Wenn Sie die beiden *Portrait*-Bilddateien weglassen und stattdessen eine Datei namens *Default-Landscape.png*" verwenden, wird dieser Splashscreen in beiden Richtungen angezeigt. Dasselbe gilt auch, wenn Sie *Default-PortraitUpsideDown.png*" weglassen, was zur Folge hat, dass *Default-Portrait.png*" in beiden Hochkantlagen angezeigt wird.

> ### Hinweis
>
> Alle Dateinamen sind *case-sensitive*, das heißt, sie müssen genauso geschrieben werden, wie es hier gezeigt ist. Eine Datei namens *default-portrait.png*" würde wegen der Kleinschreibung einfach ignoriert.

A.13.2 iPhone oder iPad?

Über die *model*-Eigenschaft von *UIDevice* erhalten Sie den Gerätetyp, also *iPod touch*, *iPhone* oder *iPad*, aber auch *iPhone Simulator* als *NSString*:

```
NSString *iDevice = [UIDevice currentDevice].model;
```

A.14 Zugriff auf Internet-Ressourcen

A.14.1 Einen Netzwerkindikator in der Statusbar anzeigen

Wenn Sie auf Netzwerkressourcen zugreifen, etwa beim Laden von Inhalten aus dem Internet, sollten Sie dies durch die sich drehende Activity-Anzeige in der Statuszeile deutlich machen:

```
[UIApplication sharedApplication].networkActivityIndicatorVisible = YES;
```

Sind Sie dann fertig, reicht ein

```
[UIApplication sharedApplication].networkActivityIndicatorVisible = NO;
```

und der nervöse Quirl ist wieder weg.

A.14.2 Inhalt einer Webdatei lesen

Mit der *NSString*-Methode *stringWithContentsOfURL* lesen Sie den gesamten Inhalt einer Webressource in eine *NSString*-Variable ein. Wollen Sie etwa die Wechselkurse der Europäischen Zentralbank (ECB), die täglich circa um 15 Uhr aktualisiert werden und im XML-Format vorliegen, einlesen, dann deklarieren und vorbelegen Sie eine *NSString*-Variable mit der URL:

```
NSString *url =
        @"http://www.ecb.int/stats/eurofxref/eurofxref-daily.xml";
```

Wandeln Sie diesen String in eine URL um:

```
NSURL *encodedURL = [NSURL URLWithString:url];
```

Grabben Sie dann den Inhalt direkt aus der XML-Datei der ECB:

```
NSString *content = [NSString stringWithContentsOfURL:encodedURL
                encoding:NSASCIIStringEncoding error:nil];
```

Und dann können Sie den XML-Inhalt weiterverarbeiten:

```
NSLog(@"URL: %@ \n%@",url,content);
```

Wenn Sie wissen wollen, wie man diese XML-Daten weiterverarbeitet, lesen Sie in Abschnitt A.11.3 weiter.

A.14.3 E-Mail-Adressen validieren

Nicht immer geben Benutzer ihre E-Mail-Adresse richtig an. Mal tippen sie ein Leerzeichen zu viel ein, mal ein Komma statt einem Punkt. Mit einem regulären Ausdruck kann man jedoch leicht prüfen, ob die angegebene Adresse wenigstens valide ist, das heißt, ob sie den Regeln für eine E-Mail-Adresse entspricht. Die Funktion

```
+ (BOOL)validateEmail:(NSString *)email {
  NSString *emailRegex =
                @"[A-Z0-9a-z._%+-]+@[A-Za-z0-9.-]+\.[A-Za-z]{2,4}";
  NSPredicate *emailTest = [NSPredicate predicateWithFormat:
                                @"SELF MATCHES %@", emailRegex];
  return [emailTest evaluateWithObject:email];
}
```

erhält als Parameter eine *NSString*-Zeichenkette – die E-Mail-Adresse eben. Und dann liefert sie den booleschen Wert *true* zurück, wenn es sich um eine gültige Mail-Adresse handelt, und ansonsten *false*.

```
NSString *mail = @"karl@auer.de";
if ([self validateEmail:mail) NSLog(@"OK!");
else NSLog(@"Falsche Mailadresse!");
```

A.15 Accelerometer

Eine der Besonderheiten der iDevices ist der Accelerometer, also jenes Schwerkraftinstrument im iPhone, das die Bewegung erspürt. Daher gibt es eine von allen Apps des jeweiligen iPhones geteilte Accelerometer-Instanz, die ständig die Bewegung des Geräts an die Anwendung sendet. Diese kann dann über Delegate-Routinen auf die X-, Y- und Z-Werte zugreifen. Was diese Werte im Einzelnen bedeuten, sehen Sie schematisch in Abbildung A.43. Bewegt man das iPhone nach oben, liefert der Accelerometer einen positiven Y-Wert größer 0 und kleiner oder gleich 1. Gleiches gilt bei der Bewegung nach rechts für den X-Wert und zum Benutzer hin für den Z-Wert.

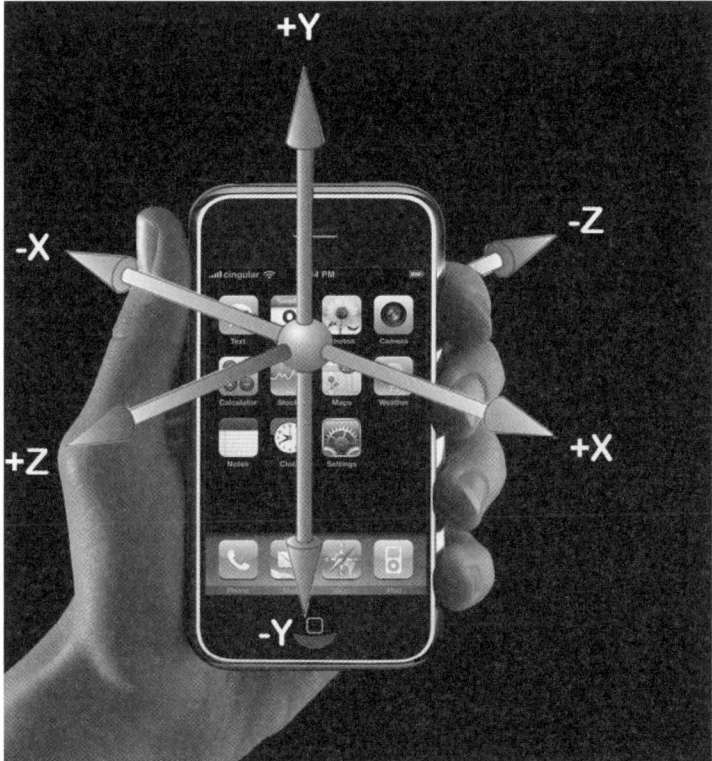

Abbildung A.43: Der Accelerometer liefert die Bewegungen in allen drei Dimensionen.

A.15.1 Den Accelerometer aktivieren

Als Erstes müssen Sie den Accelerometer aktivieren und ihm mitteilen, welche Klasse auf seine gesendeten Informationen reagiert. Grundsätzlich können Sie das in jedem View – optimalerweise in *viewDidLoad* – initiieren.

```
- (void)viewDidLoad {
  UIAccelerometer *accelerometer = [UIAccelerometer sharedAccelerometer];
  [accelerometer setDelegate: self];
  [super viewDidLoad];
}
```

Wollen Sie hingegen in mehreren Views auf die Daten zugreifen, können Sie dies auch in der App-*Delegate*-Methode *application:didFinishLaunchingWithOptions*.

So oder so müssen Sie in der zugehörigen Headerdatei mitteilen, dass diese Klasse als Delegate für den *UIAccelerometer* reagiert, also das *UIAccelerometerDelegate*-Protokoll unterstützt:

```
@interface SecondView : UIViewController <UIAccelerometerDelegate> {
```

A.15.2 Auf Accelerometer-Aktionen reagieren

Sobald eine Klasse als Delegate für den Accelerometer deklariert ist, treffen die Nachrichten dort zur Laufzeit ohne weiteres Zutun ein. Im Falle des *UIAccelerometerDelegate*-Protokolls brauchen Sie lediglich die *void*-Methode *accelerometer:didAccelerate* zu definieren:

```
- (void)accelerometer:(UIAccelerometer *)accelerometer
                didAccelerate:(UIAcceleration *)acceleration {
// Verarbeitung von acceleration
}
```

Diese *void*-Methode erhält als Parameter eine Instanz von *UIAcceleration*. Diese wiederum besitzt im Grunde nur drei interessante Eigenschaften, die alle drei vom Typ *float* sind: *x*, *y* und *z* – also genau die Bewegungen in den drei Dimensionen (siehe Abbildung A.43).

Somit können Sie nun diese Daten auslesen und beispielsweise über *NSLog* ausgeben:

```
NSLog(@"x=%f  y=%f  z=%f",acceleration.x,acceleration.y,acceleration.z);
```

A.16 Was bedeutet eigentlich ...

A.16.1 ... @interface?

Das Interface – zumeist die Headerdatei – ist der Bereich, in dem die für die Instanz einer Klasse verwendeten Variablen deklariert werden. Bei diesen Variablen kann es sich um *IBOutlets* handeln, die mit dem Interface Builder gekoppelt werden können, oder um Variablen, die nur vom Code her verwendet werden. Aus jeder der Variablen können Sie über *@property* (siehe Abschnitt A.16.2) eine Eigenschaft des Objekts machen, so dass andere *.xib*-Dateien darauf zugreifen können.

Ebenso werden hier jene Methoden deklariert, die wahlweise auf die Instanz – also das konkrete Objekt – oder auf die Klasse angewendet werden. Klassenmethoden werden beispielsweise mit

```
+(void) ...
```

deklariert, wohingegen Instanzenmethoden, die ein konkretes Objekt voraussetzen, mit

```
-(void)...
```

gekennzeichnet sind.

A.16.2 ... @property?

Grundsätzlich ist es verpönt, direkt auf Variablen einer Klasse zuzugreifen. Stattdessen soll jede Variable mithilfe einer Setter-Methode (engl. *to set* = setzen, zuweisen) belegt und mithilfe der Getter-Methode (engl. *to get* = nehmen, holen) abgefragt werden. Haben Sie beispielsweise im *@interface*-Abschnitt eine Variable wie folgt deklariert:

```
NSString *myString;
```

so brauchen Sie zusätzlich zwei Funktionen, um deren Wert zu belegen:

```
- (void) setMyString:(NSString*)var {
      myString = [var copy];
}
```

und um ihn abfragen zu können:

```
-(NSString) myString{
   return myString;
}
```

und Sie müssen diese natürlich in der Headerdatei deklarieren. Umständlich? Da gebe ich Ihnen recht.

Aus diesem Grunde wurden auch die Properties eingeführt. Haben Sie wie oben die Variable *myString* deklariert, schreiben Sie einfach:

```
@property (assign) NSString *myString;
```

Dadurch werden automatisch Getter- und Setter-Funktionen erzeugt, und wenn im Code dann von

```
Objekt.mySting = @"irgendwas";
```

die Rede ist, wird tatsächlich die Setter-Methode ausgeführt.

In den Klammern können mehrere Bezeichner stehen, die durch Kommata getrennt werden:

@property-Option	Bedeutung
readonly	Es wird nur ein Getter erzeugt, kein Setter.
readwrite	Es werden Getter und Setter erzeugt. Dies ist die Standardeinstellung.
assign	Der übergebene Wert wird direkt zugewiesen. Dies ist die Standardeinstellung.
copy	Nur bei Objekten anwendbar. Das Objekt wird komplett kopiert, nicht nur die Zeigeradresse an zugewiesene Objekte übergeben.
nonatomic	Normalerweise kümmern sich Getter und Setter darum, dass der Zugriff und die Speicherverwaltung der Instanzvariablen geregelt ist. Diese Option schaltet diese zusätzliche Prüfung aus.

Tabelle 1.2: Liste der @property-Optionen

A.16.3 ... @implementation?

Dies ist der Abschnitt, in dem das vorher im *@implementation*-Bereich Angekündigte mit Fleisch gefüllt wird. Denn hier steht der eigentliche Code der Klasse.

Wollen Sie innerhalb einer Methode eine andere Methode der Klasse nutzen, müssen Sie den auf sich selbst verweisenden Pointer *self* verwenden:

```
[self methodenName ...
```

A.16.4 ... @synthesize?

@synthesize steht am Anfang des *@implementation*-Abschnitts. Diese Direktive dient dazu, die Getter- und Setter-Methoden für eine mit *@property* deklarierte Eigenschaft automatisch zu erzeugen:

```
@synthesize meinString;
```

A.16.5 ... @class?

@class ist so etwas wie eine Vorwärts-Deklaration. So sind mit *@class meineKlasse* sämtliche Methoden und Eigenschaften von *meineKlasse* bekannt.

A.17 Know-how-Quellen im Internet

Unter *www.iho.me/developer* finden Sie eine von mir gewartete Linkliste mit vielen guten Quellen, FAQ-Seiten und sehr vielen Tipps und Tricks. Aber der ganz klare Favorit unter allen Seiten im Web ist *www.stackoverflow.com*. Wann immer ich nach einer Lösung suche oder auch nach einer guten Art und Weise, suche ich dort. Allerdings suche ich nicht auf der Seite direkt. Wie bei den meisten Seiten ist die Suche bei Weitem nicht so gut wie Google. Aber ich teile Google mit, dass sich die Suche nur auf *stackoverflow.com* beschränken soll. Will ich etwa wissen, wie man einen *UIButton* per Code – also ohne Interface Builder zur Laufzeit – erzeugt, gebe ich bei Google

```
UIButton programmatically site:stackoverflow.com
```

ein und erhalte als Ergebnis ein toll gegliedertes und aussagekräftiges Ergebis.

Stichwortverzeichnis

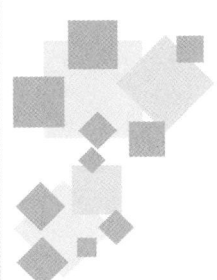

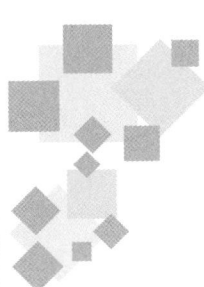

Das iPad 2 ist seit einigen Monaten im Handel und übertrifft längst schon den Erfolg des Vorgängers. In dieser Neuauflage seines Bestsellers erläutert unser Apple-Experte Giesbert Damaschke alle neuen Features - wie etwa Videotelefonie mit FaceTime, Fotos und Videos mit der eingebauten Kamera aufnehmen, via WLAN drucken mit AirPrint, Musik & Video streamen via AirPlay und vieles mehr. Mit zwei Extra-Kapiteln zu MobileMe und zu iTunes auf Mac und Windows!

Giesbert Damaschke
ISBN 978-3-8272-4706-3
19.95 EUR [D], 20.60 EUR [A], 33.50 sFr*
276 Seiten
http://www.mut.de/24706